# 시원스쿨 4주 완성

# TOEIC Speaking

조앤박 | 시원스쿨어학연구소

# 학습지

1

시원스쿨
**토익스피킹학습지**

**초판 1쇄 발행** 2023년 1월 2일

**지은이** 조앤박·시원스쿨어학연구소
**펴낸곳** (주)에스제이더블유인터내셔널
**펴낸이** 양홍걸 이시원

**홈페이지** www.siwonschool.com
**주소** 서울시 영등포구 국회대로74길 12 시원스쿨
**교재 구입 문의** 02)2014-8151
**고객센터** 02)6409-0878

**ISBN** 979-11-6150-655-5 13740
**Number** 1-110303-19190400-08

# 1

## Questions 1-2
### 지문 읽기

## 목차

---

# 머리말

Hello, everyone! 조앤박입니다.
시원스쿨랩과 함께 국내 최초 토익스피킹 학습지를 출간하게 되었습니다.

시원스쿨랩의 시작부터 지금까지 가장 든든한 지원군이 되어 주신 신승호 이사님, 7년 동안 기획부터 출판까지 모든 손발을 맞춰온 환상의 팀워크, 홍지영 팀장님, 문나라 대리님, 이번 학습지 총괄 검수를 맡아주신 Henry Kim, 더불어 이 교재를 만들기까지 힘써주신 시원스쿨랩 시험영어사업부 외 힘써 주신 모든 분께 진심으로 감사의 말씀을 전합니다.

**13년 토익스피킹 강의 노하우를 집대성한 핵심 전략서**
이 학습지는 수년간의 시험 출제 경향과 최신 기출 문제들의 분석 자료를 통해 고득점 달성에 가장 적합한 전략과 표현법을 4-step speaking training system을 통해 체계적으로 훈련하도록 설계되었습니다.

**학습지로 끝내는 쉽고 빠른 목표 달성**
각 문항별 기출 분석 및 기본기 강화를 시작으로 답변의 뼈대가 되는 만능 템플릿, 늘 쓰는 만능 패턴들을 암기해 유형 연습으로 실전 감각을 올리는 순서로 학습이 진행됩니다. 실제 시험장과 동일한 환경에서 등급별 난이도를 변경해가며 훈련하는 실전 모의고사까지 이 학습지로 모두 끝낼 수 있습니다.

**학습지의 효과를 극대화하려면 어떻게 해야 할까요?**
조앤박과 아래 3가지 약속을 지켜주세요. 마음을 단단히 먹고 단시간 집중해 끝내겠다는 목표와 각오를 부탁드립니다.

① 이미 아는 표현이라도, 원어민의 발음을 듣고 입으로 직접 소리를 내 정확한 발음과 억양으로 암기하세요.
② 반복 훈련이 등급을 좌우합니다. 툭 치면 술술 나올 때까지 입으로 소리를 내 연습하세요.
③ 외운 표현들을 문제에 엮어 쓰려고 작정하고 계속 상기시켜 활용하세요. 늘 통하는 조앤박 만능 템플릿, 만능 패턴, 아이디어 전략은 시험장에서 어떻게든 쓰입니다.

이 학습지는 토익스피킹 왕초보부터 점수 정체기를 겪고 있는 학습자까지 득점에 꼭 필요한 요점만 알려주는 좋은 자습서가 될 거라 자신합니다. 고득점 달성 신화로 검증된 조앤박 토스훈련소의 새 프로젝트, <시원스쿨 토익스피킹학습지>를 통해 쉽고 빠르게 토익스피킹의 마침표를 찍어 보겠습니다.
기억하세요. 노력은 꼭 보상으로 돌아옵니다.

## Practice makes perfect.

훈련은 완벽을 만든다.

조앤박

*Joanne Park*

# 토익스피킹 기본 정보

## 1 시험 목적

영어권 원어민이나 영어에 능통한 비원어민과 일상생활 또는 업무상 필요한 대화를 얼마나 정확히 할수 있는지를 측정하는 테스트로써 일반적인 업무 상황에서 있어 지시하거나 받거나, 정보나 설명을 주고받거나, 본인의 의견을 말하는 등 이해하기 쉬운 말로 지속적인 대화가 가능한지를 등급으로 측정합니다.

## 2 시험 구성

| 문제 번호 | 문항 수 | 문제 유형 | 준비 시간 | 답변 시간 |
|---|---|---|---|---|
| 1-2 | 2 | 지문 읽기 | 각 45초 | 각 45초 |
| 3-4 | 2 | 사진 묘사하기 | 각 45초 | 각 30초 |
| 5-7 | 3 | 듣고 질문에 답하기 | 각 문항별 3초 | 15/15/30초 |
| 8-10 | 3 | 제공된 정보를 사용하여 질문에 답하기 | 표 분석 45초<br>각 3초 | 15/15/30초 |
| 11 | 1 | 의견 제시하기 | 45초 | 60초 |

※ 문항 별 준비시간과 답변시간이 다릅니다.

## 3 평가 기준

답변은 ETS Online Scoring Network로 보내지며 수험자의 답안은 전문 채점관이 아래와 같은 기준으로 평가합니다.

| 문제 번호 | 평가 기준 |
|---|---|
| 1-2 | 발음 / 억양과 강세 |
| 3-4 | 발음 / 억양과 강세 / 문법 / 어휘 / 일관성 |
| 5-7 | 발음 / 억양과 강세 / 문법 / 어휘 / 내용의 일관성 / 내용의 완성도 |
| 8-10 | 발음 / 억양과 강세 / 문법 / 어휘 / 내용의 일관성 / 내용의 완성도 / 듣기 능력 |
| 11 | 발음 / 억양과 강세 / 문법 / 어휘 / 내용의 일관성 / 내용의 완성도 / 발화량 |

## 4 점수별 등급

TOEIC Speaking 성적표는 세부 점수 (0-200점)와 함께 ACTFL (American Council on the Teaching of Foreign Languages)등급으로 표기됩니다.

| 등급 | 점수 |
|---|---|
| Advanced High | 200 |
| Advanced Mid | 180-190 |
| Advanced Low | 160-170 |
| Intermediate High | 140-150 |
| Intermediate Mid 3 | 130 |
| Intermediate Mid 2 | 120 |
| Intermediate Mid 1 | 110 |
| Intermediate Low | 90-100 |
| Novice High | 60-80 |
| Novice Mid / Low | 0-50 |

## 5 시험 진행

시험 시작과 함께 오리엔테이션에 약 20분, 실제 시험에 약 20분, 본인 답변 확인 후 제출까지 전체 시험 시간은 입실부터 퇴실까지 총 40~45분 정도로 정도 소요됩니다.

## 6  시험 접수 및 관련 사항

| | |
|---|---|
| **시험 접수** | www.toeicspeaking.co.kr 에서 온라인으로 접수<br>스마트폰 앱을 통해서도 접수 가능 |
| **응시료** | 84,000원 |
| **시험 일정** | www.toeicspeaking.co.kr에서 시험 센터와 함께 선택 |
| **시험 장소** | ETS 인증 CBT 시험 센터 |
| **성적 발표** | 응시일로부터 약 3~5일 후 오후 12시 또는 3시에 일괄 발표<br>(온라인 접수 시 시험 일자와 함께 확인 가능) |
| **성적표 수령** | 온라인 접수 시 홈페이지에 안내된 성적 발표일에 홈페이지 및 앱을 통해 확인 가능 |
| **성적 유효 기간** | 2년 |
| **유의 사항** | 토익스피킹 시험은 시험 아래 규정 신분증을 반드시 지참해야 하며 신분증 미소지 시<br>시험 응시가 불가합니다. 대학생의 경우 학생증은 신분증으로 인정하지 않습니다.<br>• 주민등록증<br>• 운전면허증, 모바일 운전면허증(경찰청 발행)<br>  ＊ 통신사 PASS모바일 운전면허 확인 서비스는 인정 불가<br>• 기간 만료 전의 여권<br>• 공무원증, 모바일 공무원증 (행정안전부 발행)<br>• 장애인 복지카드<br>• 군인: 군무원증, 사병(TOEIC Speaking 정기시험 신분확인증명서) |

＊ 변동이 가능한 부분으로 공식 홈페이지를 참조해 주세요.

# 토익스피킹 학습 플랜

## 4주 완성

| | Day 1 | Day 2 | Day 3 | Day 4 | Day 5 | Day 6 | Day 7 |
|---|---|---|---|---|---|---|---|
| | Q1-2 | | Q3-4 | | Q5-7 | | Q8-10 |
| **1주** | 목표 레벨 공략 가이드 기출 포인트 필수 이론 | 핵심 전략 유형 연습 Q1-2 복습 | 기출 포인트 필수 이론 핵심 전략 | 유형 연습 Q3-4 복습 | 기출 포인트 필수 이론 핵심 전략 | 유형 연습 Q5-7 복습 | 기출 포인트 필수 이론 |

| | Day 8 | Day 9 | Day 10 | Day 11 | Day 12 | Day 13 | Day 14 |
|---|---|---|---|---|---|---|---|
| | Q8-10 | | Q11 | | | | Q1-11 |
| **2주** | 핵심 전략 유형 연습 | 유형 연습 Q8-10 복습 | 기출 포인트 필수 이론 | 핵심 전략 유형 연습 | 유형 연습 | 유형 연습 Q11 복습 | Q1-11 이론 총정리 |

| | Day 15 | Day 16 | Day 17 | Day 18 | Day 19 | Day 20 | Day 21 |
|---|---|---|---|---|---|---|---|
| | IM-IH 실전모의고사 | | | | IH-AL 실전모의고사 | | |
| **3주** | 실전모의고사 1-2회 문제 및 해설 | 실전모의고사 3회 문제 및 해설 | 실전모의고사 4회 문제 및 해설 | 실전모의고사 5회 문제 및 해설 1-5회 복습 | 실전모의고사 1-2회 문제 및 해설 | 실전모의고사 3회 문제 및 해설 | 실전모의고사 4회 문제 및 해설 |

| | Day 22 | Day 23 | Day 24 | Day 25 | Day 26 | Day 27 | Day 28 |
|---|---|---|---|---|---|---|---|
| | AL-AH 실전모의고사 | | | | | | Q1-11 |
| **4주** | 실전모의고사 5회 문제 및 해설 1-5회 복습 | 실전모의고사 1회 문제 밋 해설 | 실전모의고사 2회 문제 및 해설 | 실전모의고사 3회 문제 및 해설 | 실전모의고사 4회 문제 및 해설 | 실전모의고사 5회 문제 및 해설 1-5회 복습 | 시험장에 들고가는 핵심 노트 |

## 평가 기준에 따른 학습량

모든 문항이 다 중요하겠지만, 점수 배당이 5점으로 가장 높은 11번의 평가 항목이 가장 많으므로, 학습량을 산정할 때 아래 비중에 따라 학습하시면 보다 효율적인 시간 관리를 할 수 있어요.

| 문제 번호 | 제목 | 학습량 | 학습 포인트 |
|---|---|---|---|
| 1-2 | 지문 읽기 | 5% | 발음, 억양 정확도 |
| 3-4 | 사진 묘사하기 | 15% | 발음, 억양, 문법 정확도 / 어휘 적합도 |
| 5-7 | 듣고 질문에 답하기 | 25% | 발음, 억양, 문법, 답변 정확도 / 어휘 적합도 / 내용의 일관성 |
| 8-10 | 제공된 정보를 사용하여 질문에 답하기 | 20% | 발음, 억양, 문법, 답변, 정확도 / 어휘 적합도 / 내용의 일관성 / 듣기 능력 |
| 11 | 의견 제시하기 | 35% | 발음, 억양, 문법, 답변, 정확도 / 어휘 적합도 / 내용의 일관성 / 발화량 |

# 토익스피킹 목표 등급 공략 가이드

**답변 능력**

## 문제점
- 마음이 급하다 보니 발음이 뭉게지는 경우가 있습니다.
- 답변 문장 끝을 올리거나 내리지 않아 불분명하고 전달력이 떨어집니다.
- 암기한 패턴을 말할 때는 속도가 빨라지고, 본인 생각을 말할 때는 속도가 느려집니다.
- 단순한 질문에는 기본적인 정보로 답할 수 있지만, 복잡한 요청의 질문에는 머뭇거림이 잦고 정확한 답변이 힘듭니다.
- 떠오른 생각이 뒤죽박죽 섞여 버벅거리는 경우가 있습니다.

## 학습 방향
- 속도보다 중요한 것은 전달력 입니다. 발음이 뭉게지지 않게 또박또박 정확히 말해주세요.
- 답변 중 자연스럽게 숨쉬고 마침표에서 억양을 내려 문장이 끝난 느낌을 제대로 주세요.
- 아이디어를 연결해주는 패턴과 안정적인 시작을 도모하는 답변 템플릿을 통해 머뭇거림 없이 답하는 연습을 해주세요.

**어휘**

## 문제점
- 요청한 질문의 답변으로 종종 제한적이고 부정확한 어휘로 답변합니다.
- 단어가 빨리 떠오르지 않는 경우가 많습니다.

## 학습 방향
- 문항별 빈출 어휘를 여러번 입으로 반복해 생각과 동시에 자연스럽게 말할 수 있도록 연습을 해주세요.

**문법**

## 문제점
- 짧은 문장은 가능하지만 복문이나 장문 구성에는 제약이 있어요.
- 의견에 대한 이유나 자세한 설명을 할 때, 문장과 문장의 연결이 매끄럽지 않아요.
- 과거, 현재, 미래 시제가 혼용되거나 3인칭의 수일치에서 실수가 종종 있습니다.

## 학습 방향
- 짧은 문장을 연결해 주는 to부정사구, 접속사구 등을 사용해 문장의 길이를 조금씩 늘려보세요.
- 생각의 흐름을 연결할 때는 배경-경험-결과 순으로 연결해 설명하는 연습을 해주세요.
- 빈출 동사의 시제, 3인칭 수일치, 관사의 사용은 한 번 연습할 때 2~3번씩 입으로 반복 연습해 익숙해지세요.

**듣기**

## 문제점
- 짧고 단순한 질문은 들을 수 있으나 표현이 길어지거나 뉘앙스가 달라지면 알아듣기 힘들어요.

## 학습 방향
- 표 유형별 빈출 질문들을 여러번 따라해 입에 익어야 귀에도 잘 들립니다. 연음 발음도 함께 익혀주세요.

**답변 능력**

### 문제점
- 발화량이 많기 때문에 말의 속도가 빨라질 때, 종종 발음이 꼬이거나 뭉게집니다.
- 대부분의 질문에 적절히 답변할 수 있지만, 복잡한 요청의 질문에는 답변에 제약이 있습니다.
- 떠오른 생각이 뒤죽박죽 섞여 버벅거리는 경우가 있습니다.
- 의견에 대한 자세한 이유를 설명할 때 종종 실수가 있어요.

### 학습 방향
- 자연스럽게 숨 쉬면서 또박또박 발음해 전달력을 높여주세요.
- 아이디어를 연결해주는 패턴과 시작 문장 템플릿을 통해 머뭇거림 없이 답하는 연습을 해주세요.

**어휘**

### 문제점
- 한정된 어휘나 적합하지 않은 단어를 쓰는 경우가 있습니다.

### 학습 방향
- 문항별 빈출 어휘를 여러번 입으로 반복해 적합한 어휘를 자연스럽게 쓸 수 있게 연습을 해주세요.

**문법**

### 문제점
- 복잡한 문법 구조를 만들 때 어법 실수가 종종 있어요.
- 자세한 설명을 할 때, 문장 사이의 흐름이 끊어지는 경우가 있어요.
- 가끔 시제와 수일치 실수가 있습니다.

### 학습 방향
- 복잡한 복문으로 한 문장의 길이를 늘리는 것 보다는 단문을 잘 연결하여 내용의 흐름을 늘려주세요.
- 이유를 설명할 때, 배경-경험-결과 순으로 연결해 말하는 훈련을 많이 해주세요.
- 말하다가 문법이 틀렸을 때, 당황하지 말고 맞는 문법으로 고쳐 답변하는 훈련을 해주세요.

**듣기**

### 문제점
- 전반적인 질문들은 들을 수 있지만 생소한 표현과 뉘앙스는 놓치는 경우가 있어요.

### 학습 방향
- 표 유형별 빈출 질문들을 여러번 따라해 입에 익어야 귀에도 잘 들립니다. 연음 발음도 함께 익혀주세요.

**답변 능력**

### 문제점
· 다양한 질문에 짜임새 있게 답할 수 있으나 가끔 문장 구조상 약간의 실수가 생깁니다.

### 학습 방향
· 본인의 아이디어에 자연스럽게 만능 패턴과 템플릿을 적절히 섞어 쓸 수 있도록 연습을 해주세요.
· 질문한 내용에 상응하는 답변을 하는 것에 주력합니다.

**어휘**

### 문제점
· 가끔 부정확한 어휘로 답변할 수 있습니다.

### 학습 방향
· 문항별 빈출 어휘를 여러번 입으로 반복해 생각과 동시에 자연스럽게 말할 수 있도록 연습을 해주세요.

**문법**

### 문제점
· 복문이나 장문을 사용할 때 어법 실수가 가끔 있어요.
· 다양한 아이디어가 한꺼번에 떠오르는 경우, 순서와 연결이 매끄럽지 않아요.
· 비슷한 문법 실수가 몇 번 있을 수 있어요.

### 학습 방향
· 문장의 길이를 늘리는 것 보다 질문에 대한 답변 정확도를 높이는 것이 고득점에 더 유리합니다.
· 답변 패턴으로 자주 사용되는 동사의 시제와 수일치를 익숙해질 때까지 입으로 연습해 보는 것이 중요해요.
· 생각의 흐름을 논리적으로 연결하는 연습을 해주세요.

**듣기**

### 문제점
· 대부분의 질문은 들을 수 있고 어려운 질문의 경우, 뉘앙스의 추측은 가능하나 완전히 듣지는 못합니다.

### 학습 방향
· 표 유형별 빈출 질문들을 여러번 따라해 입에 익어야 귀에도 잘 들립니다. 연음 발음도 함께 익혀주세요.

# 기출 포인트

## 문제 구성

| 문제 번호 | Questions 1-2 (2문제) |
|---|---|
| 문제 유형 | Read a text aloud 지문 읽기 |
| 준비 시간 | 45초 |
| 답변 시간 | 45초 |

## 진행 순서

> TOEIC Speaking
>
> **Questions 1-2: Read a text aloud**
>
> **Directions:** In this part of the test, you will read aloud the text on the screen. You will have 45 seconds to prepare. Then you will have 45 seconds to read the text aloud.    .

**1 안내문**

시험 진행 방식을 설명하는 안내문을 화면에 보여준 뒤 음성으로 들려줍니다.

> TOEIC Speaking
>
> **Question 1 of 11**
>
> Now it's time for a local traffic update. Currently, several roads are closed in the downtown area due to the national championship ceremony and parade, which will be held this afternoon. Commuters should avoid Fleet Street, Roosevelt Avenue, and Canal Lane. However, Lawrence Tunnel and all exits near the city center are clear. These roads will reopen after the event finishes at 7 p.m.
>
> **PREPARATION TIME**
> 00:00:45

**2 준비 시간(Question 1)**

화면에 1번 문제가 나타나며 "Begin preparing now."라는 음성과 함께 45초의 준비 시간이 주어집니다.

> TOEIC Speaking
>
> **Question 1 of 11**
>
> Now it's time for a local traffic update. Currently, several roads are closed in the downtown area due to the national championship ceremony and parade, which will be held this afternoon. Commuters should avoid Fleet Street, Roosevelt Avenue, and Canal Lane. However, Lawrence Tunnel and all exits near the city center are clear. These roads will reopen after the event finishes at 7 p.m.
>
> **RESPONSE TIME**
> 00:00:45

**3 답변 시간(Question 1)**

준비 시간이 끝나면 "Begin reading aloud now."라는 음성과 함께 45초의 답변 시간이 주어집니다.

The next stop on our tour of Rosedale's famous neighborhoods will be Summerville. Although this neighborhood was once filled with industrial factories and warehouses, it has transformed into a huge tourist attraction recently. In the past two decades, it has become the most fabulous town with many trendy shops, restaurants, and art galleries.

**PREPARATION TIME**
00:00:45

## 4 준비 시간(Question 2)

화면에 2번 문제가 나타나며 "Begin preparing now."라는 음성과 함께 45초의 준비 시간이 주어집니다.

The next stop on our tour of Rosedale's famous neighborhoods will be Summerville. Although this neighborhood was once filled with industrial factories and warehouses, it has transformed into a huge tourist attraction recently. In the past two decades, it has become the most fabulous town with many trendy shops, restaurants, and art galleries.

**RESPONSE TIME**
00:00:45

## 5 답변 시간(Question 2)

준비 시간이 끝나면 "Begin reading aloud now." 라는 음성과 함께 45초의 답변 시간이 주어집니다.

## 출제 비율

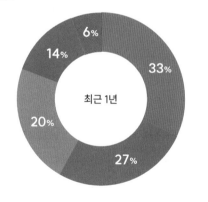

6%
14%
33%
20%
27%
최근 1년

- ■ 소개문
- ■ 안내문
- ■ 광고문
- ■ 뉴스
- ■ 자동 응답 메시지

## 채점 포인트

· 발음과 억양이 얼마나 정확하고 모국어의 영향을 덜 받는가?

· 얼마나 지문의 유형에 맞춰 표현할 수 있는가?

· 얼마나 유창하고 자연스럽게 지문을 전달하는가?

# 필수 이론

## 지문 속 3종 폭탄

1, 2번 지문에는 늘 수험생들을 위한 폭탄 3개가 함께 출제됩니다. 준비 시간 45초 동안 아래 3종 폭탄을 어떻게 제거하는지 알아봅시다.

### 1 복수급 발음 [S]

복수급 단어 뒤에 붙는 -s, -es, -ies 등의 발음은 끝까지 잘 소리내 주세요. 채점관이 녹음된 목소리를 들었을 때 단어 끝 [-스, -으스, -이스] 발음이 들려야 좋은 점수를 받을 수 있습니다.

| customers | challenges | facilities |
|---|---|---|

### 2 모음 소리 앞 정관사 the [디]

모음의 소리가 나는 단어 앞에 정관사 the가 있다면 [디]로 발음됩니다. 그런데 종종 모음이 자음 소리를, 자음이 모음 소리를 낼 때도 있어요. 결국 읽어봐야 알 수 있기 때문에 지문을 읽다가 정관사 the가 보이면 발음을 [더]로 할지 [디]로 할지부터 판단해야 합니다. 따라서, 모음 발음이 무엇인지 알고 있어야 합니다. 모음은 A, E, I, O, U을 기준으로 하며 발음은 아래와 비슷합니다.

| A (æ : 애, 애이), E (ɛ : 에, 이이), I (í : 아이, 이), O (ɔ : 어, 아, 오우), U (ə, ʊ : 어, 으어, 우) | | |
|---|---|---|
| the art | the evening | the MVP |

### 3 나열식 구조 [쉼표]

2개 이상의 단어나 긴 수식의 내용이 쉼표, and, or 등으로 연결된 나열식 구조가 무조건 출제됩니다. 쉼표, and, or 앞에서 살짝 쉬면서 억양은 떨어지지 않게 유지하고 마침표에서 억양이 내려갑니다.

your name, ↗ / address ↗ / and telephone number. ↘ //

쉬운 듯 쉽지 않은 것이 바로 모음의 발음입니다. 정확한 모음의 발음, 정관사 the의 발음 변화, 발음이 어렵고 혼동되는 빈출 단어와 연음 발음까지 다양한 발음을 자연스럽게 읽을 수 있도록 원어민 MP3를 듣고 큰 소리로 연습해 보세요.

## 1 [디]로 발음되는 정관사 the

 MP3 1_4

'디'로 발음되는 정관사 the와 모음 소리로 시작하는 빈출 단어들을 크게 읽어봅시다.

| the area | 지역 | the office | 사무실 |
|---|---|---|---|
| the architecture | 건축학, 건축 양식 | the online training | 온라인 교육 |
| the apartment | 아파트 | the outdoor café | 야외(노천) 카페 |
| the annual report | 연례 보고서 | the others | 다른 사람들 |
| the agenda | 의제, 안건 | the update | 갱신 |
| the afternoon | 오후 | the interior design | 인테리어 디자인 |
| the end | 종료 | the hour | 시간 |
| the event | 이벤트 | the information | 정보 |
| the environment | 환경 | the MVP | 최우수 선수 |
| the eastern | 동쪽의 | the HR department | 인사과 |

## 2 발음이 어려운 단어들

MP3 1_5

지피지기 백전백승! 시험에 자주 출제되는 빈출 단어들입니다. 강세와 발음에 신경쓰며 읽어봅시다.

| outage | 정전 | fasten | (벨트 등을) 매다 |
|---|---|---|---|
| beautiful | 아름다운 | walk | 걷다 |
| historic | 역사적인 | work | 일하다 |
| comedy | 코미디 | guided tour | 가이드 투어 |
| celebration | 축하 | facility | 시설 |
| consider | 고려하다 | unique | 독특한 |
| local | 지역의 | competitors | 경쟁자들 |
| athlete | 선수 | spectacular | 장관을 이루는, 극적인 |
| convenient | 편리한 | shorten | 짧게 하다 |
| architecture | 건축물 | areas | 지역들 |
| approximately | 거의 | specific | 구체적인, 명확한 |
| definitely | 확실히 | grocery shoppers | 식료품 쇼핑객들 |
| particularly | 특히 | all available | 모두 구할(이용할) 수 있는 |
| additionally | 추가적으로 | warm welcome | 따뜻한 환대 |
| jewelry | 보석 | material | 재료, 물질 |
| advantage | 유리한 점, 장점 | relocate | 이전하다 |
| fantastic | 환상적인 | varieties | 여러 가지 |
| temperatures | 온도 | opportunities | 기회 |
| recipe | 레시피 | celebrities | 연예인 |
| aisle | 통로 | latest | 최근의 |

## 3 혼동되는 단어들

눈으로는 아는 단어인데 막상 입은 다른 발음으로 읽고 있는 나, 실수 방지턱이 필요하겠어요. 아래 자주 혼동되는 단어들을 읽어보면서 눈으로 본 스펠링대로 잘 발음하고 있는지 확인해보세요.

| | | | |
|---|---|---|---|
| quite - quiet | 상당히 - 조용한 | pleasant - present | 쾌적한 - 선물 |
| chicken - kitchen | 닭 - 부엌 | run - learn | 달리다 - 배우다 |
| dairy - daily | 유제품 - 매일의 | statue - status | 동상 - 신분 |
| resort - result | 리조트 - 결과 | corporate - cooperate | 기업의 - 협력하다 |
| royal - loyal | 국왕의 - 충실한 | quality - quantity | 질 - 양 |
| split - spirit | 분열되다 - 돛의 활대 | leave - live | 떠나다 - 살다 |

## 4 연음

지문 읽기 유형 중 광고문, 안내 방송, 소개문은 정보 전달력이 핵심이라 또박또박 잘 읽는 것이 제일 중요합니다. 하지만, 너무 단어를 뚝뚝 끊어 읽어도 부자연스럽고 유창성 부분에 감점이 생기기 때문에 적절한 묶어 읽기로 자연스럽게 생기는 연음을 활용해 읽어줍니다.

| | |
|---|---|
| in-order-to-speed-up | 이[노-]러투스[삐-]럽 |
| audience-around-you | [어-]디언써[롸-]운쥬 |

# 핵심 전략

## 강세

영어에는 일정한 규칙에 따라 발음되는 강세가 있습니다. 강세 노하우를 알면 단어의 뜻은 몰라도 유창하고 자연스럽게 읽을 수 있습니다.

### 1  모음 강세

 MP3 1_8

강세는 항상 모음 (a, e, i, o, u)에 줍니다. 강세를 받는 음절은 약간 힘주어 발음하고 강세를 받지 않는 음절은 상대적으로 약하게 발음합니다.

| courses [코-어r]씨쓰 | building [비-어을]딩 | events 이[베-엔]츠 |
|---|---|---|

또한, 영어의 음절은 모음을 기준으로 나누며 모음의 소리가 1개면 1음절, 2개면 2음절이 됩니다.

| 1음절 | 2음절 | 3음절 |
|---|---|---|
| this | e / vents | re /si / dents |

### 2  2음절 강세

 MP3 1_9

대부분의 2음절 단어는 명사, 형용사, 부사일 땐 첫 음절에, 동사일 땐 두 번째 음절에 강세가 옵니다.

| 명사 | 형용사 | 동사 |
|---|---|---|
| garden | local | reopen, provide |

### 3  접미사 강세

 MP3 1_10

접미사는 단어의 끝에 붙어 의미와 품사를 바꾸는데 이때 특정한 강세 법칙이 생깁니다.

| -tion, -sion, -ic | -ate, -ize, -ise | 자음 + y<br>-cy, -ty, -gy, -fy, -phy |
|---|---|---|
| 바로 앞 음절 강세 | 뒤에서 3번째 음절 강세 | |
| public<br>recreational | celebrate | library<br>community<br>activities |

## 4  숫자 강세

10단위를 시작하는 숫자는 첫 음절에 강세, 그 외 숫자들은 뒷 음절에 강세를 줍니다.

| ten | eleven |
|---|---|

## 5  복합 품사 강조

2개의 단어가 합쳐진 경우, **동사+부사**, **명사+명사**는 앞 단어를, **부사+형용사**, **형용사+형용사**는 뒤에 있는 단어를 강조해 주세요.

| 명사+명사 | 형용사+형용사 |
|---|---|
| timetable | old-fashioned |

## 6  부사 강조

부사의 목적은 강조입니다. 단어를 읽을 때에는 좀 더 길게 발음해 강조해 줍니다.

| all | exactly | approximately |
|---|---|---|

**Tip** 강세가 헷갈릴 때는 단어들을 또박또박 읽어주세요.

MP3 음원을 들으면서 강세를 표시해 보고 앞서 배운 강세 규칙에 따라 다음 문장들을 읽어 보세요.
음원은 세 번 들려줍니다. 🔊MP3 1_14

**1**  The Edgewater Public Library will be reopening this Friday.

**2**  To celebrate, there will be a picnic and recreational events in the new garden area from eleven a.m. to ten p.m.

**3**  The old-fashioned building was newly renovated with funding from local businesses and the city government.

**4**  The library will provide many learning courses, community events and cultural activities for residents.

**5**  World of Circus is coming to Garden Hills!

---

### 모범 답안

**1**  The Edgewater Public Library will be reopening this Friday.
에지워터 공공 도서관이 이번 주 금요일에 재개장할 예정입니다.

**2**  To celebrate, there will be a picnic and recreational events in the new garden area from eleven a.m. to ten p.m.
이를 기념하기 위해, 오전 11시부터 오후 10시까지 새 정원 구역에서 피크닉 및 오락 행사가 있을 것입니다.

**3**  The old-fashioned building was newly renovated with funding from local businesses and the city government.
구식 건물이 지역 업체들과 시 정부에서 제공한 자금으로 새롭게 개조되었습니다.

**4**  The library will provide many learning courses, community events and cultural activities for residents.
이 도서관은 주민들을 위해 많은 학습 과정과 지역 사회 행사, 그리고 문화 활동들을 제공할 것입니다.

**5**  World of Circus is coming to Garden Hills!
월드 오브 서커스가 가든 힐즈에 찾아옵니다!

**어휘** reopen 재개장하다  recreational 오락의, 여가의  old-fashioned 구식의, 옛날식의  renovate ~을 개조하다, ~을 보수하다  funding 자금 (제공)  local 지역의, 현지의  business 업체, 회사  government 정부  provide ~을 제공하다  community 지역 사회, 지역 공동체  cultural 문화의  resident 주민

문장 속 어떤 의미를 강조하느냐에 따라 억양과 리듬이 달라집니다. 강조할 핵심 단어는 조금 억양을 올리며
힘주어 읽고 강조가 불필요한 단어는 억양을 내리며 약하게 읽어주세요.

## 1 중요도에 따른 억양

문장 안에서 중요 정보를 전달하는 내용어는 억양을 올리며 정확히 잘 들리게 읽어주세요. 강조가 불필요한 기능어는 억양을 내리며
짧게 읽는데 이때 자연스럽게 연음이 일어나게 됩니다.

| 내용어 - 중요한 내용 | | 기능어 - 덜 중요한 내용 | |
|---|---|---|---|
| 높은 억양 ↗ 정확하고 길게 발음 | | 낮은 억양 ↘ 연음(축약)으로 짧게 발음 | |
| 명사 | attention, shoppers, suits | Be동사 | is, are |
| 본동사 | remind, get, feel, wait | 조동사 | would, can |
| 형용사 | additional, regular, free | 접속사 | so, as |
| 부사 | all, always, additionally | 대명사 | we, you, them, our, us |
| 의문사 | what, where, who | 전치사 | to, about, on, at, for, of, with |
| 부정어 | any, not, never | 관사 | a, an, the |
| 숫자 | ten, twenty-five | | |

## 2 나열식 구문 억양   🔊 MP3 1_15

단어 또는 구문 3개가 열거될 때 쉼표, and, or 에서 억양을 살짝 올리고 마침표에서 억양을 내립니다.

colors, ↗ sizes ↗ or styles, ↗
색상, 사이즈 혹은 스타일,

all suits, ↗ dresses ↗ and shoes. ↘
모든 정장과 드레스 그리고 신발

## 3 문장 끝 억양   🔊 MP3 1_16

문장의 형식에 따라 마지막 억양의 높낮이가 결정됩니다.

• 일반적인 평서문은 마지막에 억양 내리기

We thank you for shopping with us. ↘
저희 매장에서 쇼핑해 주셔서 감사합니다.

• 의문사 (What, Where 등) 의문문은 의문사를 강조해 읽고 마지막은 억양 내리기

What are you waiting for? ↘
무엇을 망설이고 계신가요?

• 반대로, 의문사 없이 Be동사 (Is, Are, Was, Were 등) 또는 조동사 (Do, Does, Did, Have, Can, Would 등)으로
시작하는 의문문은 마지막에 억양 올리기

Are you looking for the best deals today? ↗
오늘 최고의 구매 조건을 찾고 계신가요?

MP3 음원을 들으면서 괄호 안에 억양을 표시해 보고 앞서 배운 억양 규칙에 따라 다음 문장들을 읽어 보세요. 음원은 세 번 들려줍니다. 🔊 MP3 1_17

1  Attention shoppers. (　) Are you looking for the best deals today? (　)

2  We'd like to remind you about this week's discounts (　) on all suits, (　) dresses (　) and shoes. (　)

3  You can get them (　) at twenty-five percent off the regular price, (　) so what are you waiting for? (　)

4  For assistance with colors, (　) sizes (　) or styles, (　) feel free to ask any of our staff members. (　)

5  As always, (　) we thank you for shopping with us. (　)

---

**모범 답안**

1  Attention shoppers. ↘ Are you looking for the best deals today? ↗
   쇼핑객 여러분께 알립니다. 오늘 최고의 구매 조건을 찾고 계신가요?

2  We'd like to remind you about this week's discounts ↗ on all suits, ↗ dresses ↗ and shoes. ↘
   모든 정장과 드레스 그리고 신발 제품에 대한 이번 주의 할인 행사에 관해 다시 한 번 알려 드리고자 합니다.

3  You can get them ↗ at twenty-five percent off the regular price, ↗ so what are you waiting for? ↘
   정가에서 25퍼센트 할인된 가격에 구입할 수 있는데, 무엇을 망설이고 계신가요?

4  For assistance with colors, ↗ sizes ↗ or styles, ↗ feel free to ask any of our staff members. ↘
   색상, 사이즈, 또는 스타일에 대해 도움이 필요하실 경우, 언제든지 저희 직원들 중 누구에게든 문의해주세요.

5  As always, ↗ we thank you for shopping with us. ↘
   언제나처럼, 저희 매장에서 쇼핑해 주셔서 감사합니다.

**어휘**  attention 알립니다  look for ~을 찾다  deal 거래 조건, 거래 상품  would like to ~하고자 하다, ~하고 싶다  remind ~에게 상기시키다, ~에게 다시 한 번 알리다  twenty-five off ~에서 25퍼센트 할인된  regular price 정가  wait for ~을 기다리다  assistance 도움, 지원  feel free to do 언제든지 ~하세요, 마음껏 ~하세요  as always 늘 그렇듯이, 언제나처럼

지문 읽기에서는 호흡 포인트를 잘 찾는 것이 중요합니다. 묶고 끊어 읽기만 잘해도 채점관에게 지문의 내용을 보다 명확히 전달할 수 있기 때문에 득점에 많은 도움이 됩니다.

## 1 쉼표, 마침표 끊어 읽기

MP3 1_18

- 쉼표에서는 잠깐씩 끊어 숨을 쉬고, 마침표에서는 제대로 멈춰 숨을 쉽니다.

  fiction, / fantasy / and horror. //
  소설, 판타지 그리고 공포.

- 인사말에 쉼표가 없더라도 살짝 끊어 자연스럽게 인사하는 느낌을 살립니다.

  Good afternoon / Little Falls Bookstore customers. //
  안녕하세요, 리틀 폴즈 서점 고객 여러분.

- 강조를 위한 부사가 문장의 시작에 있다면 더욱 확실하게 끊어 읽습니다.

  Additionally, / you'll find extensive genres on sale. /
  추가로, 할인 행사 중인 폭넓은 장르도 찾아보게 될 것입니다.

## 2 구, 절 단위 끊어 읽기

MP3 1_19

- 문장을 읽을 때, 하나의 의미 단위인 구(단어+단어)와 절(주어+동사)에서 적절히 끊어 자연스럽게 숨쉴 타이밍을 찾아줍니다. 전치사구 (in, at, on, for, of)와 준동사구 (to부정사, 분사) 앞에서 살짝 끊어 읽어주세요.

  We encourage you / to take advantage of this week's promotions. //
  이번 주 판촉 행사들을 이용해 보시도록 권해 드립니다.

- 전치사는 다 끊어 읽으면 뚝뚝 끊겨 듣기 어색합니다. 하나의 의미 단위로써 연결해 읽는 것이 더 자연스럽다면 선택적으로 묶어서 읽어주세요.

  As you browse our wide variety of books, /
  아주 다양한 저희 도서를 둘러보는 동안,

- 관계사절 (that, which, who) 앞에서 살짝 끊어 읽어주세요.

  this week's promotions / which end on Sunday //
  일요일에 종료되는 이번 주 홍보 행사들

## 3 한 의미 단위 묶어 읽기

MP3 1_20

- 2단어 이상이 합쳐진 긴 주어, 고유 명사, 하나의 의미 단위는 중간에 끊기지 않게 묶어 읽습니다.

  Little Falls Bookstore customers! // If you purchase any three books, / you'll receive a fourth one free. //
  리틀 폴즈 서점 고객 여러분! 어느 책이든 세 권을 구입하시는 경우, 네 번째는 무료로 받으시게 됩니다.

MP3 음원을 들으면서 끊어 읽기를 표시해 보고 앞서 배운 끊어 읽기 규칙에 따라 다음 문장들을 읽어 보세요. 음원은 세 번 들려줍니다. 🔊 **MP3** 1_21

**1** Good afternoon Little Falls Bookstore customers.

**2** As you browse our wide variety of books, we encourage you to take advantage of this week's promotions which end on Sunday.

**3** Additionally, you'll find extensive genres on sale including fiction, fantasy and horror.

**4** If you purchase any three books, you'll receive a fourth one free. Don't miss this great opportunity!

**5** In the meantime, please wait in our lounge, Lenox Cafe, or the seating area on platform fourteen. We are sorry for the inconvenience.

---

**모범 답안**

**1** Good afternoon / Little Falls Bookstore customers. //
안녕하세요, 리틀 폴즈 서점 고객 여러분.

**2** As you browse our wide variety of books, / we encourage you / to take advantage of this week's promotions / which end on Sunday. //
아주 다양한 저희 도서를 둘러보는 동안, 일요일에 종료되는 이번 주 홍보 행사들을 이용해 보시도록 권해 드립니다.

**3** Additionally, / you'll find extensive genres on sale / including fiction, / fantasy / and horror. //
추가로, 소설과 판타지, 그리고 공포를 포함해 할인 행사 중인 폭넓은 장르도 찾아보게 될 것입니다.

**4** If you purchase any three books, / you'll receive a fourth one free. // Don't miss this great opportunity! //
어느 책이든 세 권을 구입하시는 경우, 네 번째는 무료로 받게 됩니다. 아주 좋은 이 기회를 놓치지 마세요!

**5** In the meantime, / please wait in our lounge, / Lenox cafe, / or the seating area on platform fourteen. //
We are sorry for the inconvenience. //
그 사이에, 저희 라운지나 레녹스 카페, 또는 14번 플랫폼의 좌석 구역에서 기다려 주시기 바랍니다. 불편함에 대해 사과 드립니다.

**어휘** browse ~을 둘러보다 one's wide variety of 아주 다양한 encourage A to do A에게 ~하도록 권하다 take advantage of ~을 이용하다 promotion 판촉 행사 additionally 추가로, 게다가 extensive 폭넓은, 광범위한 genre 장르 on sale 할인 중인, 세일 중인 including ~을 포함해 purchase ~을 구입하다 receive ~을 받다 free 무료로 miss ~을 놓치다, ~을 지나치다 opportunity 기회 in the meantime 그 사이에, 그러는 동안 seating area 좌석 공간 inconvenience 불편함

# 유형 연습

**유형 1** 소개문 (프로그램/인물 소개)

## 1 특징

라디오나 행사 진행자가 다양한 프로그램, 인물 등에 대해 소개합니다. 경쾌한 목소리와 톤으로 또박또박 읽어주세요.

🔊 MP3 1_22

디 발음 강세 ↗ 올려 읽기 ↘ 내려 읽기 / 끊어 읽기

> Welcome to Next Digital Industries, ↗/ the radio program ↗/ where we discuss the latest technology. ↘//
> On today's show, ↗/ we'll speak with a computer programmer, ↗/ William Clark. ↘// Mr. Clark has been involved ↗/ in the creation of many leading smartphones, ↗/ laptops ↗/ and computer monitors. ↘// Please join me in welcoming William ↗/ to the show. ↘//

최신 기술을 이야기해 드리는 라디오 프로그램 넥스트 디지털 인더스트리를 찾아주셔서 감사합니다. 오늘 프로그램에서는, 컴퓨터 프로그래머 윌리엄 클라크 씨와 이야기 나눠 보겠습니다. 클라크씨는 많은 선도적인 스마트폰과 노트북 컴퓨터, 그리고 컴퓨터 모니터들의 제작에 참여해 오셨습니다. 프로그램을 찾아주신 윌리엄 씨를 저와 함께 환영해 주시기 바랍니다.

## 2 고득점 포인트

- 고유 명사, 나열식 구조의 고유명사는 또박또박 잘 들리게 읽어주세요.
  Next Digital Industries
- L과 R발음이 꼬이지 않게 주의하면서 최상급에 강조해 줍니다.
  latest [레-이]르스트
- 접미사 강세 법칙에 주의해 강세를 만들어 주세요.
  technology, creation
- 소개문에 등장하는 사람 이름이나 고유 명사는 강세를 몰라도 또박또박 스펠링 대로만 발음하면 감점되지 않아요.
  William Clark
- 줄 바꿈 시, 끊김없이 붙여 읽을 수 있도록 준비 시간에 손가락으로 짚어가며 미리 연습해 주세요.
  Mr. Clark has been involved
- 단어를 콩글리쉬 발음으로 읽지 않도록 준비 시간에 정확한 발음으로 연습해 주세요.
  Welcome [웨-어]커엄, radio [뤠-이]디오우, show [쇼-우]
- 복합 명사는 앞 단어를 강조해 주고 단어 끝 -es, -s까지 정확히 발음합니다.
  smartphones, laptops
- 여러 단어들로 연결된 긴 나열식 구조에서는 자연스러운 강조로 밋밋하지 않게 억양을 줍니다.
  many leading smartphones, laptops and computer monitors.

## 3 빈출 표현

🔊 MP3 1_23

| | | | |
|---|---|---|---|
| ☐ popular | 유명한 | ☐ join | 참여하다 |
| ☐ radio program | 라디오 프로그램 | ☐ experience | 경험하다 |
| ☐ latest | 최신의 | ☐ applause | 박수 |

## 연습 문제

아래 지문을 준비 시간 45초 답변 시간 45초에 맞춰 또박또박 읽으며 3종 폭탄, 어려운 발음, 강세, 억양, 끊고 묶을 부분을 찾아 표시하세요. 어려운 발음, 강조 포인트는 2~3번 정도 소리내어 읽으며 위치를 기억합니다.

**1**  1_실전연습

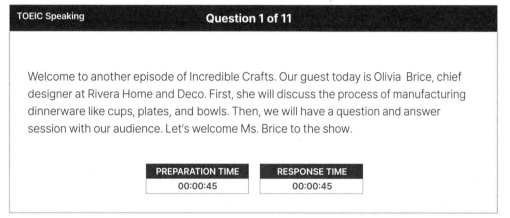

> **TOEIC Speaking**　　　　　**Question 1 of 11**
>
> Welcome to another episode of Incredible Crafts. Our guest today is Olivia Brice, chief designer at Rivera Home and Deco. First, she will discuss the process of manufacturing dinnerware like cups, plates, and bowls. Then, we will have a question and answer session with our audience. Let's welcome Ms. Brice to the show.
>
> | PREPARATION TIME | RESPONSE TIME |
> |---|---|
> | 00:00:45 | 00:00:45 |

**2**  MP3 1_실전연습

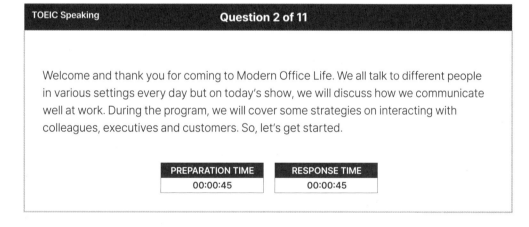

> **TOEIC Speaking**　　　　　**Question 2 of 11**
>
> Welcome and thank you for coming to Modern Office Life. We all talk to different people in various settings every day but on today's show, we will discuss how we communicate well at work. During the program, we will cover some strategies on interacting with colleagues, executives and customers. So, let's get started.
>
> | PREPARATION TIME | RESPONSE TIME |
> |---|---|
> | 00:00:45 | 00:00:45 |

모범 답안 MP3를 들으며 원어민의 발음, 강세, 억양을 확인해 보고 따라 읽어 보세요.

## 1 프로그램, 인물 소개

 MP3 1_24

디 발음　강세 ↗ 올려 읽기　↘ 내려 읽기　/ 끊어 읽기

> Welcome to another episode of Incredible Crafts. ↘// Our guest today is Olivia Brice, ↗/ chief designer ↗/ at Rivera Home and Deco. ↘// First, ↗/ she will discuss the process of manufacturing dinnerware ↗/ like cups, ↗/ plates, ↗/ and bowls. ↘// Then, ↗/ we will have a question and answer session with our audience. ↘// **Let**'s welcome Ms. Brice to the show. ↘//

저희 인크레더블 크래프트 방송을 다시 찾아주신 여러분을 환영합니다. 오늘 초대 손님은 리베라 홈 앤 데코의 책임 디자이너이신 올리비아 브라이스 씨입니다. 먼저, 브라이스 씨께서 컵과 접시, 그릇 같은 식기 제작 과정을 이야기해 주실 것입니다. 그런 다음, 방청객 여러분과 함께 하는 질의응답 시간을 갖도록 하겠습니다. 출연해 주신 브라이스 씨를 함께 환영해 주시기 바랍니다.

**어휘** episode 방송 1회분　chief 책임자의, 선임의, 최고의　process 과정　manufacture ~을 제조하다　dinnerware 식기　bowl (움푹한) 그릇　a questions and answer session 질의응답 시간　audience 청중, 관객, 시청자들

**고득점 포인트**
- chief (치f으)인데 chef (쉐f으)로 혼동하지 않도록 가이드 리딩하며 정확히 읽어주세요.
- 복수급 단어들 뒤에 -s를 빠뜨리지 않도록 끝까지 발음합니다. crafts, cups, plates, bowls
- Ms. '미즈'로 발음합니다.

## 2 프로그램 소개

 MP3 1_25

디 발음　강세 ↗ 올려 읽기　↘ 내려 읽기　/ 끊어 읽기

> Welcome and thank you for coming to Modern Office Life. ↘// We all talk to different people in various settings every day ↗/ but on today's show, ↗/ we will discuss ↗/ how we communicate well at work. ↘// During the program, ↗/ we will cover some strategies ↗/ on interacting with colleagues, ↗/ executives ↗/ and customers. ↘// So let's get started. ↘//

모던 오피스 라이프에 오신 것을 환영하며 감사 드립니다. 우리는 모두 매일 다양한 환경 속에서 다른 사람들과 이야기를 나누지만, 오늘 프로그램에서는, 직장에서 의사소통을 잘하는 방법을 이야기해 보겠습니다. 프로그램 진행 중에, 동료 직원과 임원, 그리고 고객들과의 교류에 관한 몇 가지 전략을 다룰 것입니다. 그럼, 시작해 보겠습니다.

**어휘** various 다양한　setting 환경, 배경, 주위　cover (주제 등) ~을 다루다　strategy 전략　interact with ~와 교류하다, ~와 상호작용하다　colleague 동료 (직원)　executive 임원, 이사　get started 시작하다

**고득점 포인트**
- 콩글리시 발음이 나오지 않게 주의해 주세요.
  Modern 마-더rn, talk 터-억k, strategies 스트뤠-러쥐즈, executives 이그z에-엑끄리v으즈

## 1 특징

기내 방송, 상점 안내, 관광 안내문 등이 출제되며 중요한 안내 정보가 잘 들리도록 또박또박 읽어주세요.

🔊 MP3 1_26

**디 발음** 강세 ↗ 올려 읽기 ↘ 내려 읽기 / 끊어 읽기

---

Welcome to Singapore International Airport! ↘// Your check-in process ↗/ will take fifteen to twenty minutes. ↘// In order to speed up the process, ↗/ please have your identification and ticket ready ↗/ as you approach the counter. ↘// Also ↗/ please make sure ↗/ your luggage or belongings are all labeled ↗/ with your name, ↗/ address ↗/ and telephone number. ↘// Thank you for your cooperation. ↘//

---

싱가포르 국제 공항에 오신 것을 환영합니다. 여러분의 체크인 과정은 15분에서 20분 정도 소요될 것입니다. 이 과정을 더 빠르게 진행할 수 있도록, 카운터 쪽으로 다가가실 때 신분증과 티켓을 준비해 주시기 바랍니다. 또한, 반드시 여러분의 수하물 또는 소지품에 모두 성함과 주소, 그리고 전화번호가 들어간 라벨을 부착해 주시기 바랍니다. 여러분의 협조에 감사 드립니다.

## 2 고득점 포인트

- 안내문에 자주 나오는 긴 고유 명사나 긴 하나의 단위는 중간에 끊지 말고 묶어 읽어 주세요.
  Singapore International Airport, your identification and ticket
- 동사와 전치사가 붙어 연음이 생기는 부분은 부드럽게 읽어줍니다.
  Your check-in process 요얼 [체-엑]낀 [프롸-]쎄스, speed up [스삐-이]덥
- 숫자는 또박또박 정확히 발음하고 '15분에서 20분'은 하나의 의미이므로 to 앞에서 쉬지 말고 묶어 읽어요.
  fifteen to twenty
- 접미사 강세 법칙을 주의해 읽습니다. 긴 단어는 2차 강세로 억양을 살려주세요.
  identification, cooperation
- 안내문에서 중요 안내 사항은 모두가 강조 포인트이므로 단어마다 꾹꾹 눌러 읽어주세요.
  please make sure
- 단어 끝에 s있는지 없는지 꼼꼼히 읽고 s[스]까지 빠짐없이 발음해 주세요.
  luggage or belongings
- L과 R발음이 꼬이지 않게 주의하면서 be동사인 are보다 부사인 all를 더 길게 발음합니다.
  are all labeled 아 [어-을] [레-이]브을드
- 2음절 단어인 address는 지문에서 명사의 의미로 쓰였으므로 앞 음절에 강세를 주어 읽어주세요.
  address [애-]드뤄스

## 3 빈출 표현

🔊 MP3 1_27

| | | | |
|---|---|---|---|
| ☐ welcome | 환영합니다 | ☐ identification | 신분증 |
| ☐ passenger | 승객 | ☐ approach | 다가가다(오다) |
| ☐ temporarily | 일시적으로 | ☐ belongings | 소지품 |
| ☐ check-in process | 체크인 과정 | ☐ label | 표(라벨) |
| ☐ speed up | 속도를 높이다 | ☐ cooperation | 협조 |

아래 지문을 준비시간 45초 답변 시간 45초에 맞춰 또박또박 읽으며 3종 폭탄, 어려운 발음, 강세, 억양, 끊고 묶을 부분을 찾아 표시하세요. 어려운 발음, 강조 포인트는 2~3번 정도 소리내어 읽으며 위치를 기억합니다.

**1**   🔊 MP3  1_실전연습

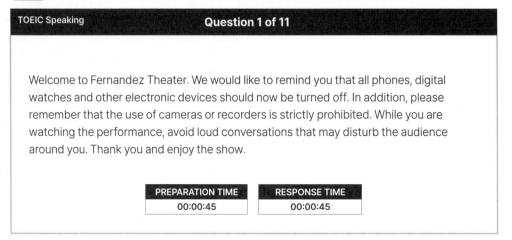

**TOEIC Speaking**                    **Question 1 of 11**

Welcome to Fernandez Theater. We would like to remind you that all phones, digital watches and other electronic devices should now be turned off. In addition, please remember that the use of cameras or recorders is strictly prohibited. While you are watching the performance, avoid loud conversations that may disturb the audience around you. Thank you and enjoy the show.

| PREPARATION TIME | RESPONSE TIME |
|:---:|:---:|
| 00:00:45 | 00:00:45 |

**2**   🔊 MP3  1_실전연습

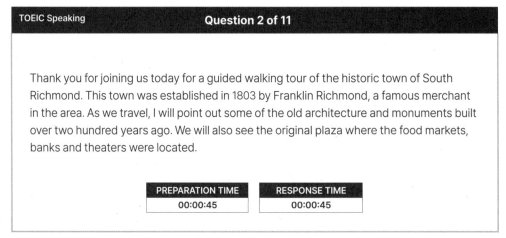

**TOEIC Speaking**                    **Question 2 of 11**

Thank you for joining us today for a guided walking tour of the historic town of South Richmond. This town was established in 1803 by Franklin Richmond, a famous merchant in the area. As we travel, I will point out some of the old architecture and monuments built over two hundred years ago. We will also see the original plaza where the food markets, banks and theaters were located.

| PREPARATION TIME | RESPONSE TIME |
|:---:|:---:|
| 00:00:45 | 00:00:45 |

모범 답안 MP3를 들으며 원어민의 발음, 강세, 억양을 확인해 보고 따라 읽어 보세요.

## 1 공연 전 안내방송

🔊 MP3 1_28

디 발음 강세 ↗ 올려 읽기 ↘ 내려 읽기 / 끊어 읽기

> Welcome to Fernandez Theater. ↘// We would like to remind you ↗/ that all phones, ↗/ digital watches ↗/ and other electronic devices ↗/ should now be turned off. ↘//
> In addition, ↗/ please remember ↗/ that the use of cameras or recorders ↗/ is strictly prohibited. ↘// While you are watching the performance, ↗/ avoid loud conversations ↗/ that may disturb the audience around you. ↘// Thank you and enjoy the show. ↘//

페르난데즈 극장에 오신 것을 환영합니다. 모든 전화기와 디지털 시계, 그리고 기타 전자 기기들을 이제 꺼놓으셔야 한다는 점을 다시 한 번 알려 드리고자 합니다. 추가로, 카메라 또는 녹음기 사용이 엄격히 금지된다는 점도 기억해 주시기 바랍니다. 공연을 관람 하시는 동안, 주변의 다른 관객들에게 방해가 될 수 있는 큰 소리의 대화는 피해 주세요. 감사 드리며, 즐거운 공연 관람 되시기 바랍니다.

**어휘** would like to do ~하고자 하다, ~하고 싶다  remind A that A에게 ~라고 상기시키다  device 기기, 장치  turn off ~을 끄다  strictly 엄격하게  prohibit ~을 금지하다  performance 공연, 연주(회)  avoid ~을 피하다  disturb ~을 방해하다, ~에 지장을 주다

**고득점 포인트**
· 3종 폭탄 (s,디,쉼표)를 찾아 처리해 주세요.
· 강조 포인트는 위치를 파악해 두었다가 꾸욱 누르듯이 읽어주세요. welcome, all, off, strictly
· 강세 법칙에 적용되는 단어들은 준비 시간에 미리 연습해 둡니다. electronic, addition, conversations

## 2 관광 안내

🔊 MP3 1_29

디 발음 강세 ↗ 올려 읽기 ↘ 내려 읽기 / 끊어 읽기

> Thank you for joining us today ↗/ for a guided walking tour of the historic town of South Richmond. ↘// This town was established in 1803 by Franklin Richmond, ↗/ a famous merchant in the area. ↘// As we travel, ↗/ I will point out some of the old architecture and monuments ↗/ built over two hundred years ago. ↘// We will also see the original plaza ↗/ where the food markets, ↗/ banks ↗/ and theaters were located. ↘//

오늘 역사적인 도시 사우스 리치먼드에서 가이드 동반 도보 투어를 위해 저희와 함께 해주셔서 감사합니다. 이 도시는 지역 내에서 유명했던 상인 프랭클린 리치먼드 씨에 의해 1803년에 설립되었습니다. 함께 이동하면서, 제가 몇몇 과거의 건축 양식 및 200년도 더 이전에 지어진 오래된 기념물들을 짚어 드리겠습니다. 또한 식료품 시장과 은행, 그리고 극장들이 위치해 있던 원래의 광장도 확인해 볼 것입니다.

**어휘** join ~와 함께 하다, ~에 합류하다  guided 가이드를 동반한  establish ~을 설립하다  merchant 상인  point out ~을 짚어주다  architecture 건축 양식, 건축학  monument 기념물, 기념비  plaza 광장

**고득점 포인트**
· 1803는 eighteen o three로 읽습니다.
· 고유 명사는 천천히 누르듯이 읽어 잘 녹음되게 해주세요.
· 정관사 the 뒤에 모음 소리가 나면, '디'로 읽어줍니다.

## 1 특징

상점, 식당, 제품 광고 등으로 출제되며, 핵심은 전달력과 자신감 입니다. 또박또박 경쾌하게 읽어주세요.

 MP3 1_30

디 발음 강세 ↗ 올려 읽기 ↘ 내려 읽기 / 끊어 읽기

> Are you going to have a birthday party, ↗ / wedding ceremony ↗ / or family celebration? ↗ // If so, ↗ / look no further ↗ / and call / East Anchor Catering. ↘ // Our versatile event hall ↗ / is located in Clarksville ↗ / and we offer ↗ / first-rate facilities and services. ↘ // Give us a call ↗ / and let us plan the event of your dreams ↗ / today! ↘ //

생일 파티나 결혼식, 또는 가족 기념 행사를 열 예정이신가요? 그렇다면, 더 이상 찾아볼 필요 없이 이스트 앵커 케이터링에 전화 주시기 바랍니다. 저희의 다목적 행사용 홀은 클라크빌에 위치해 있으며, 1등급 시설과 서비스를 제공해 드립니다. 오늘 저희에게 전화 주시면, 꿈에 그리던 행사를 계획해 드리겠습니다.

## 2 고득점 포인트

- 발음을 모르거나 헷갈리는 단어는 임의로 강세를 넣지 말고 스펠링대로 또박또박 읽어주세요.
  ceremony [쎄-]뤄모오니, versatile [v버-얼]서타-여얼
- 접미사 강세 법칙을 적용해 준비 시간에 미리 강세 연습을 해두면 답변 녹음 때 자신있게 읽을 수 있어요.
  family, celebration
- 부정어, 비교급, 고유명사 등 중요 내용은 속도를 좀 줄이고 꾹꾹 눌러 강조해 읽어요.
  no further [노 f어r]더, Clarksville [클-락스]v뷔-여얼
- 긴 고유 명사, 할인율, 기간 등 중요 정보는 발음이 꼬이지 않게 차근차근 더 크게 읽어 주세요.
  East Anchor Catering
- 광고문에서의 동사는 보다 힘주어 읽어 광고 느낌을 살려주세요..
  look, call, offer, give
- L과 R발음 시 꼬임 실수가 일어나지 않게 천천히 읽어요. 단어 끝 복수급 -ies까지 정확히 발음해 주세요.
  first-rate facilities [f훨]스트-[뤠]잇 f훠[씨-얼]르리즈
- 정관사 the 뒤에 모음 소리가 나면, '디'로 읽어주세요.
  the event 디 이[v베-엔]트
- 광고에 자주 등장하는 강조어는 억양을 경쾌하게 살려 읽어요.
  Today, Now, Here

## 3 빈출 표현

MP3 1_31

| | | | |
|---|---|---|---|
| □ celebrities | 연예인 | □ discount | 할인 |
| □ local | 지역의 | □ crowded | 붐비는 |
| □ essential | 필수적인 | □ purchase | 구입, 구매 |
| □ relax | 휴식을 취하다 | □ appointment | 약속 |
| □ facilities | 시설 | □ versatile | 다용도의 |

아래 지문을 준비시간 45초 답변 시간 45초에 맞춰 또박또박 읽으며 3종 폭탄, 어려운 발음, 강세, 억양, 끊고 묶을 부분을 찾아 표시하세요. 어려운 발음, 강조 포인트는 2~3번 정도 소리내어 읽으며 위치를 기억합니다.

**1** 🔊 MP3 1_실전연습

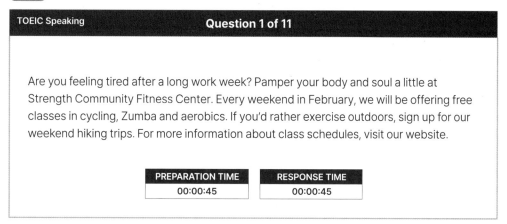

**TOEIC Speaking** — Question 1 of 11

Are you feeling tired after a long work week? Pamper your body and soul a little at Strength Community Fitness Center. Every weekend in February, we will be offering free classes in cycling, Zumba and aerobics. If you'd rather exercise outdoors, sign up for our weekend hiking trips. For more information about class schedules, visit our website.

| PREPARATION TIME | RESPONSE TIME |
| --- | --- |
| 00:00:45 | 00:00:45 |

**2** 🔊 MP3 1_실전연습

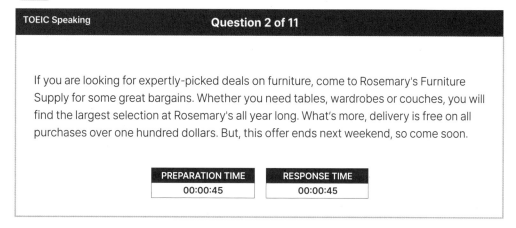

**TOEIC Speaking** — Question 2 of 11

If you are looking for expertly-picked deals on furniture, come to Rosemary's Furniture Supply for some great bargains. Whether you need tables, wardrobes or couches, you will find the largest selection at Rosemary's all year long. What's more, delivery is free on all purchases over one hundred dollars. But, this offer ends next weekend, so come soon.

| PREPARATION TIME | RESPONSE TIME |
| --- | --- |
| 00:00:45 | 00:00:45 |

모범 답안 MP3를 들으며 원어민의 발음, 강세, 억양을 확인해 보고 따라 읽어 보세요.

## 1 피트니스 센터 광고

🔊 MP3 1_32

**디 발음** 강세 ↗ 올려 읽기 ↘ 내려 읽기 / 끊어 읽기

Are you feeling tired ↗/ after a long work week? ↗// Pamper your body and soul a little ↗/ at Strength Community Fitness Center. ↘// Every weekend in February, ↗/ we will be offering free classes ↗/ in cycling, ↗/ Zumba ↗/ and aerobics. ↘// If you'd rather exercise outdoors, ↗/ sign up for our weekend hiking trips. ↘// For more information about class schedules, ↗/ visit our website. ↘//

한 주 동안의 긴 업무를 마치시고 피곤함을 느끼시나요? 저희 스트렝스 커뮤니티 피트니스 센터에서 여러분의 몸과 마음을 조금이라도 보살펴 주시기 바랍니다. 2월의 주말마다, 저희가 사이클링과 줌바, 그리고 에어로빅 무료 강좌를 제공해 드릴 예정입니다. 야외 공간에서 운동하고 싶으실 경우, 저희 주말 등산 여행에 등록하십시오. 강좌 일정에 관한 추가 정보가 필요하신 분은, 저희 웹사이트를 방문하시기 바랍니다.

**어휘** tired 피곤한 pamper ~을 보살피다, ~을 소중히 가꾸다 a little 조금, 약간 offer ~을 제공하다 free 무료의 would rather do ~하고 싶다 exercise 운동하다 outdoors 야외에서 sign up for ~에 등록하다, ~을 신청하다

**고득점 포인트**
· long work week 구문에서 발음 꼬이지 않도록 주의해 주세요.
· 어려운 단어 발음은 미리 연습해 둡니다. Pamper, February, aerobics, rather, schedules

## 2 가구점 광고

🔊 MP3 1_33

**디 발음** 강세 ↗ 올려 읽기 ↘ 내려 읽기 / 끊어 읽기

If you are looking for ↗/ expertly-picked deals on furniture, ↗/ come to Rosemary's Furniture Supply ↗/ for some great bargains. ↘// Whether you need tables, ↗/ wardrobes ↗/ or couches, ↗/ you will find the largest selection ↗/ at Rosemary's all year long. ↘// What's more, ↗/ delivery is free on all purchases ↗/ over one hundred dollars. ↘// But, ↗/ this offer ends next weekend, ↗/ so come soon. ↘//

전문적으로 엄선된 가구 제품을 찾고 계신다면, 저희 로즈메리스 퍼니처 서플라이에 오셔서 몇몇 뛰어난 특가 제품을 확인해 보시기 바랍니다. 탁자가 필요하시든, 아니면 옷장이나 소파가 필요하시든 상관없이, 저희 로즈메리스에서 일년 내내 가장 다양한 제품을 찾아보시게 될 것입니다. 더욱이, 100달러가 넘는 모든 구매 제품들은 무료로 배송해 드립니다. 하지만, 이 제공 서비스는 다음 주말에 종료되므로, 서둘러 오시기 바랍니다.

**어휘** look for ~을 찾다 expertly 전문적으로 picked 엄선된, 선별된 deal 거래 제품, 거래 조건 bargain 특가 제품, 염가 제품 wardrobe 옷장, 장롱 couch 소파 the largest selection 가장 다양한 종류 all year long 일년 내내 what's more 더욱이, 게다가

**고득점 포인트**
· 고급 어휘가 연속적으로 나올 때는 천천히 읽어야 실수가 없습니다. expertly-picked deals
· L과 R발음 시 꼬임 실수가 일어나지 않게 천천히 읽어주세요. Rosemary's all year long

## 1 특징

지역 뉴스, 행사 소식, 도로 정보, 날씨 뉴스 등이 출제되며 전달력이 생명인 만큼 아나운서처럼 차분하게 읽어주세요.

◁》MP3 1_34

디 발음  강세 ↗ 올려 읽기  ↘ 내려 읽기  / 끊어 읽기

> Now, ↗/ an update on your weekly weather. ↘// The temperature is unusually chilly today ↗/ but we can expect a pleasant breeze, ↗/ strong sunshine, ↗/ and low humidity ↗/ this weekend. ↘// If you're preparing for outdoor activities, ↗/ don't forget to bring a hat and sunscreen. ↘// Starting Monday afternoon, ↗/ we'll have scattered light rain ↗/ in the Allerton area. ↘//

이제, 주간 날씨 소식 전해 드리겠습니다. 기온이 오늘 평소와 달리 쌀쌀하긴 하지만, 이번 주말에는 기분 좋은 산들바람과 강한 햇빛, 그리고 낮은 습도를 예상할 수 있습니다. 야외 활동을 준비하고 계신다면, 잊지 마시고 모자와 자외선 차단제를 챙겨 가시기 바랍니다. 월요일 오후부터는, 앨러튼 지역에 산발적으로 약한 비가 내리겠습니다.

## 2 고득점 포인트

- 무심코 위클리, 템퍼레이쳐 처럼 콩글리쉬 발음이 나오지 않게 준비 시간에 정확히 연습해 줍니다.
  weekly [위-익]끌리, temperature [템:]쁘뤳쳘
- 뉴스에서 강조되어야 하는 부분은 모두 꾹꾹 눌러 읽어주세요.
  unusually chilly today
- P와 F사이, B와 V사이에서 특히 혀가 꼬이는 실수가 일어납니다. 천천히 읽고 만약 틀리면 다시 고쳐 읽어주세요.
  pleasant breeze [플레-]즌트 [브뤼-이]즈
- 복합 명사는 앞 단어를 강조해 줍니다.
  sunshine, weekend, sunscreen
- 접미사 강세 법칙을 적용해 발음해 주세요.
  humidity 휴[미-]디티, 휴[미-]르리, activities 엑[티-]브리스
- L과 R발음 시 실수가 일어나지 않게 천천히 또박또박 읽어주세요.
  scattered light rain [스께-에]러얼드 [라]잇 [뤠-에]인
- 정관사 the 뒤에 모음 소리가 나면, '디'로 읽습니다.
  the Allerton 디 [앨-]럴튼

## 3 빈출 표현

◁》MP3 1_35

| □ weekly weather | 주간 일기예보 | □ traffic update | 교통 속보 |
|---|---|---|---|
| □ temperature | 기온 | □ outdoor activities | 야외 활동 |
| □ unusually | 평소와 달리 | □ area | 지역 |
| □ pleasant breeze | 상쾌한 바람 | □ scattered | 흩뿌려진 |
| □ humidity | 습도 | □ temporarily | 일시적으로 |

아래 지문을 준비시간 45초 답변 시간 45초에 맞춰 또박또박 읽으며 3종 폭탄, 어려운 발음, 강세, 억양, 끊고 묶을 부분을 찾아 표시하세요. 어려운 발음, 강조 포인트는 2~3번 정도 소리내어 읽으며 위치를 기억합니다.

**1** 🔊 MP3 1_실전연습

| TOEIC Speaking | Question 1 of 11 |
|---|---|

Good afternoon, ladies and gentlemen. It's time for your four o'clock Traffic Report. Drivers are struggling with some congestion specifically around Bedford Convention Center. Also, Wyatt Street, Courtland Avenue, and Hudson Drive in the downtown area are under construction now. If you normally take any of these roads, you should consider taking an alternate route to avoid traffic.

| PREPARATION TIME | RESPONSE TIME |
|---|---|
| 00:00:45 | 00:00:45 |

**2** 🔊 MP3 1_실전연습

| TOEIC Speaking | Question 2 of 11 |
|---|---|

Welcome to the ANBC Evening Report. In local news, the twentieth Flower Festival was a huge success. Large crowds enjoyed the beautiful displays of seasonal flowers, handmade flower crafts and local food. If you missed the event, don't worry. Maple Hill will be holding a harvest festival in few weeks.

| PREPARATION TIME | RESPONSE TIME |
|---|---|
| 00:00:45 | 00:00:45 |

모범 답안 MP3를 들으며 원어민의 발음, 강세, 억양을 확인해 보고 따라 읽어 보세요.

## 1 교통 정보 뉴스

🔊 MP3 1_36

**디** 발음　강세　↗ 올려 읽기　↘ 내려 읽기　/ 끊어 읽기

> Good afternoon, ↗/ ladies and gentlemen. ↘// It's time for your four o'clock Traffic Report. ↘// Drivers are struggling with some congestion ↗/ specifically around Bedford Convention Center. ↘// Also, ↗/ Wyatt Street, ↗/ Courtland Avenue ↗/ and Hudson Drive ↗/ in the downtown area ↗/ are under construction now. ↘// If you normally take any of these roads, ↗/ you should consider taking an alternate route ↗/ to avoid traffic. ↘//

안녕하세요, 신사 숙녀 여러분. 4시 교통 정보 시간입니다. 운전자들은 특히 베드포트 컨벤션 센터 주변의 교통 혼잡으로 인해 힘든 상황입니다. 또한, 시내 구역의 와트 스트리트와 커틀랜드 애비뉴, 그리고 허드슨 드라이브가 현재 공사 중입니다. 평소에 이 도로들 중 어느 곳이든 이용하시는 경우, 차량들을 피하실 수 있도록 대체 경로 이용을 고려해 보시기 바랍니다.

**어휘**　struggle 힘겨워하다　congestion 교통 혼잡　specifically 특히　downtown 시내의　under construction 공사 중인　alternate 대체의, 대안이 되는　route 경로, 노선　avoid ~을 피하다　traffic 차량들, 교통

**고득점 포인트**
- 강세 법칙을 적용해 읽어주세요.　congestion, specifically, convention, downtown, construction, alternate
- 발음, 강세 파악이 어려운 고유 명사는 스펠링대로만 차근차근 읽어주세요.

## 2 행사 소식

🔊 MP3 1_37

**디** 발음　강세　↗ 올려 읽기　↘ 내려 읽기　/ 끊어 읽기

> Welcome to the ANBC Evening Report. ↘// In local news, ↗/ the twentieth Flower Festival ↗/ was a huge success. ↘// Large crowds enjoyed the beautiful displays of seasonal flowers, ↗/ handmade flower crafts ↗/ and local food. ↘// If you missed the event, ↗/ don't worry. ↘// Maple Hill will be holding a harvest festival ↗/ in a few weeks. ↘//

ANBC 이브닝 리포트에 오신 것을 환영합니다. 지역 소식으로, 제20회 꽃 축제가 엄청난 성공을 거뒀습니다. 많은 인파가 아름다운 계절별 꽃 진열품과 수제 꽃 공예품, 그리고 지역 음식을 즐겼습니다. 이 행사를 놓치셨다면, 걱정하지 마십시오. 메이플 힐에서 몇 주 후에 추수 감사제를 개최할 예정입니다.

**어휘**　local 지역의, 현지의　huge 엄청난, 대단한　success 성공　crowd 인파, 군중, 사람들　display 진열(품), 전시(품)　seasonal 계절의　craft 공예품　miss ~을 놓치다, ~을 지나치다　harvest festival 추수 감사제

**고득점 포인트**
- 정관사 the 뒤에 모음 소리가 나는지 읽어보고 '디' 발음을 정리해 둡니다.
- twentieth '트웨니쓰'가 아니고 '트웨-니어뜨'로 발음합니다.

## 1  특징

드물게 출제되는 자동 응답 메시지는 다른 유형에 비해 상대적으로 단순하므로 여유로운 목소리로 자신있게 읽어주세요.

 MP3 1_38

**디 발음**  강세 ↗ 올려 읽기  ↘ 내려 읽기 / 끊어 읽기

> Thank you for calling Super Bolt, ↗/ your destination for home appliances. ↘// To check on your order status, ↗/ press one. ↘// If you would like to speak to a customer representative, ↗/ press two. ↘// To contact someone ↗/ in our corporate department, ↗/ please dial the extension of the party ↗/ you want to reach. ↘// Again, ↗/ thank you for calling ↗/ Super Bolt. ↘//

여러분의 가전 제품 매장, 슈퍼 볼트에 전화 주셔서 감사합니다. 주문 상태를 확인하시려면, 1번을 눌러주세요. 고객 서비스 직원과 상담하기를 원하실 경우, 2번을 눌러주세요. 저희 사내 부서의 직원에게 연락하시려면, 연락하시고자 하는 분의 내선번호를 눌러주세요. 다시 한 번, 저희 슈퍼 볼트에 전화 주셔서 감사 드립니다.

## 2  고득점 포인트

- 번호를 눌러 달라는 문장의 끝은 내려 읽어야 뉘앙스가 삽니다. Press와 번호는 꾹꾹 누르듯이 읽어주세요.
  press one. press two.
- 회사명, 업무 시간, 숫자와 내선 번호 등 주요 정보들을 정확히 전달해야 득점으로 이어집니다.
  Super Bolt [쑤-우]뻐얼 [보-우을]트
- 콩글리쉬 발음이 나오지 않게 유의합니다. 복수급 단어는 끝에 es까지 정확히 발음합니다.
  calling [코-어율]링, appliances 어[플라-이]언씨스, order status [오-얼]러얼 [스떼-]러쓰, again 어[게-]엔
- 접미사 강세 법칙을 적용해 읽어주세요.
  destination, corporate
- 체크 온 유어 처럼 뚝뚝 끊어진 발음보다는 자연스럽게 연결해 주세요.
  check on your [췍]껀뇨얼
- P 발음 시, F 처럼 바람소리가 나지 않도록 정확히 발음합니다.
  press 프뤠-쓰, representative 뤠쁘리[제-]너티v브
- 정관사 the 뒤에 모음 소리가 나면, '디'로 읽어주세요.
  the extension 디 익스[텐-]셔언

## 3  빈출 표현

 MP3 1_39

| □ order status | 주문 현황 | □ unavailable | 만날 수 없는 |
|---|---|---|---|
| □ customer representative | 고객 서비스 상담원 | □ get back to | ~에게 회신하다 |
| □ corporate department | 회사 부서 | □ personnel | 직원, 부서 |
| □ hours of operation | 업무 시간 | □ reservation | 예약 |
| □ extension | 내선 | □ dial | 전화를 걸다 |

아래 지문을 준비시간 45초 답변 시간 45초에 맞춰 또박또박 읽으며 3종 폭탄, 어려운 발음, 강세, 억양, 끊고 묶을 부분을 찾아 표시하세요. 어려운 발음, 강조 포인트는 2~3번 정도 소리내어 읽으며 위치를 기억합니다.

**1**  🔊 MP3  1_실전연습

---

**TOEIC Speaking**　　　　　　**Question 1 of 11**

Hello, you have reached the law offices of Hamilton and Fisher. We are unavailable to take your call right now. So please leave your name, number and a short message after the tone. We'll get back to you as soon as possible. If this is an urgent matter, press 2028 to be connected to our after-hours personnel. Thanks for your patience, and have a good day.

| PREPARATION TIME | RESPONSE TIME |
|:---:|:---:|
| 00:00:45 | 00:00:45 |

---

**2**  🔊 MP3  1_실전연습

---

**TOEIC Speaking**　　　　　　**Question 2 of 11**

Thank you for calling Maria's restaurant, the best place in the city for traditional seafood dishes. We are located on Southport Avenue. For directions, please press one. Our hours of operation are 11 a.m. to 9 p.m. every day. To make, change or cancel a reservation, please call back during business hours.

| PREPARATION TIME | RESPONSE TIME |
|:---:|:---:|
| 00:00:45 | 00:00:45 |

---

모범 답안 MP3를 들으며 원어민의 발음, 강세, 억양을 확인해 보세요. 함께 읽거나 한 박자씩 느리게 따라 읽어 가며 자연스럽게 연습해 보세요.

## 1  법률 사무소 자동 응답기

🔊 MP3 1_40

**디 발음** 강세 ↗ 올려 읽기 ↘ 내려 읽기 / 끊어 읽기

> Hello, ↗/ you have reached the law offices of Hamilton and Fisher. We are unavailable to take your call right now. ↘// So please leave your name, ↗/ number ↗/ and a short message after the tone. ↘// We'll get back to you as soon as possible. ↘// If this is an urgent matter, ↗/ press 2028 ↗/ to be connected to our after-hours personnel. ↘// Thanks for your patience, ↗/ and have a good day. ↘//

안녕하세요, 해밀턴과 피셔 법률 사무소에 전화 주셨습니다. 저희는 현재 귀하의 전화를 받을 수 없습니다. 따라서, 삐 소리 후에 성함과 전화번호 그리고 간단한 메시지를 남겨 주시기 바랍니다. 가능한 한 빨리 다시 연락 드리겠습니다. 긴급한 문제로 전화하신 경우, 업무 시간 이외의 상담 직원에게 연결될 수 있도록 2028번을 누르시기 바랍니다. 기다려 주셔서 감사 드리며, 좋은 하루 보내시기 바랍니다.

**어휘** reach ~에게 연락하다  unavailable (사람) 시간이 없는, (사물) 이용할 수 없는  take one's call ~의 전화를 받다  leave ~을 남기다  tone (전화의) 삐 소리, 신호음  get back to ~에게 다시 연락하다  as soon as possible 가능한 한 빨리  urgent 긴급한  matter 문제, 일  be connected to ~로 연결되다  after-hours 업무 시간 이외의  personnel 직원들, 인사(부)  patience 인내(심)

**고득점 포인트**
- 발음을 정리해 두세요. reached 뤼-취트, law 러-어, unavailable 어너v웨-일러브열, personnel 펄쏘네-엘
- 모음이 2개 이상 연결된 단어(장모음 단어)는 길게 읽어주세요. please leave
- Press가 fress로 발음되지 않도록 주의! 숫자 2028는 하나씩 또박또박 읽습니다.

## 2  식당 자동 응답기

🔊 MP3 1_41

**디 발음** 강세 ↗ 올려 읽기 ↘ 내려 읽기 / 끊어 읽기

> Thank you for calling Maria's restaurant, ↗/ the best place in the city for traditional seafood dishes. ↘// We are located on Southport Avenue. ↘// For directions, ↗/ please press one. ↘// Our hours of operation ↗/ are 11 a.m. to 9 p.m. every day. ↘// To make, ↗/ change ↗/ or cancel a reservation, ↗/ please call back during business hours. ↘//

우리 도시 최고의 전통 해산물 요리 식당인 마리아스 레스토랑에 전화 주셔서 감사 드립니다. 저희는 사우스포트 애비뉴에 위치해 있습니다. 길 안내 정보를 들으시려면, 1번을 눌러주세요. 저희 영업 시간은 매일 오전 11시에서 오후 9시까지입니다. 예약을 원하시거나, 변경 또는 취소하시려면, 영업 시간 중에 다시 전화 주시기 바랍니다.

**어휘** traditional 전통적인  be located on ~에 위치해 있다  directions 길 안내  hours of operation 영업 시간, 운영 시간  make a reservation 예약하다  call back 다시 전화하다

**고득점 포인트**
- 정관사 the 뒤에 모음 소리가 나는지 읽어보고 '디' 발음을 정리해 둡니다.
- twentieth '트웨니쓰'가 아니고 '트웨-니어뜨'로 발음합니다.

# 시원스쿨 4주 완성

# TOEIC
# Speaking
## 학습지

조앤박 | 시원스쿨어학연구소

**2**

시원스쿨
# 토익스피킹학습지

**초판 1쇄 발행** 2023년 1월 2일

**지은이** 조앤박·시원스쿨어학연구소
**펴낸곳** (주)에스제이더블유인터내셔널
**펴낸이** 양홍걸 이시원

**홈페이지** www.siwonschool.com
**주소** 서울시 영등포구 국회대로74길 12 시원스쿨
**교재 구입 문의** 02)2014-8151
**고객센터** 02)6409-0878

**ISBN** 979-11-6150-655-5 13740
**Number** 1-110303-19190400-08

# 2

## Questions 3-4
## 사진 묘사하기

## 목차

---

## 문제 구성

| | |
|---|---|
| 문제 번호 | Questions 3-4 (2문제) |
| 문제 유형 | Describe a picture 사진 묘사하기 |
| 준비 시간 | 45초 |
| 답변 시간 | 30초 |

## 진행 순서

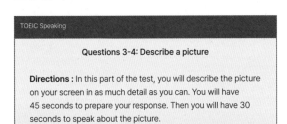

**1 안내문**

시험 진행 방식을 설명하는 안내문을 화면에 보여준 뒤 음성으로 들려줍니다.

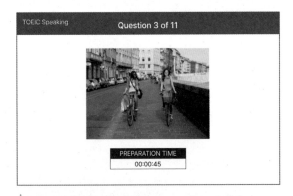

**2 준비 시간(Question 3)**

화면에 3번 문제가 나타나며 "Begin preparing now."라는 음성과 함께 45초의 준비 시간이 주어집니다.

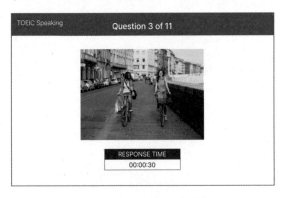

**3 답변 시간(Question 3)**

준비 시간이 끝나면 "Begin speaking now." 라는 음성과 함께 30초의 답변 시간이 주어집니다.

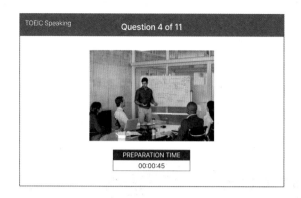

## 4 준비 시간(Question 4)

화면에 4번 문제가 나타나며 "Begin preparing now."라는 음성과 함께 45초의 준비 시간이 주어집니다.

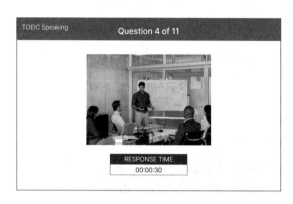

## 5 답변 시간(Question 4)

준비 시간이 끝나면 "Begin reading aloud now." 라는 음성과 함께 30초의 답변 시간이 주어집니다.

## 출제 비율

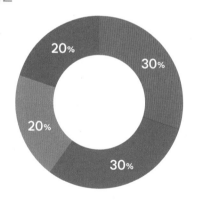

- ■ 2인 사진
- ■ 3인 사진
- ■ 1인 사진
- ■ 다수 인물, 사물 혼합 사진

## 채점 포인트

· 제한된 시간 내 얼마나 전체적으로 짜임새 있게 묘사했는가?

· 사진의 중심 인물, 사물에 대해 얼마나 정확히 묘사하는가?

· 정확한 어휘로 문법 실수 없이 표현하는가?

· 묘사의 발음, 억양을 얼마나 자연스럽게 전달하는가?

## 사진 묘사 순서

시간은 없고 말할 건 많은 사진, 시험장에서 당황하지 않으려면 준비 시간 45초 동안 사진 속 중요 인물의 행동과 키워드에 대해 묘사할 순서를 정해 두어야 합니다. 시험장에서 사진을 보는 순간, 아래 묘사 순서에 따라 키워드와 표현을 정리해가며 설명할 동선을 짭니다.

| 순서 | 구분 | 묘사 내용 | 키워드 |
|---|---|---|---|
| 1 | 장소 | 사진의 장소, 상황 묘사 | 카페 |
| 2 | 주연 | 주연급 인물의 핵심 동작 | 말하는 중, 손동작 |
| 3 | 조연 | 조연급 인물의 반응 동작 | 보는 중, 웃는 중 |
| 4 | 사물 | 주변 사물 (엑스트라) 묘사 | 테이블 위 컵, 화분 |
| 5 | 배경/느낌 | 배경 묘사, 사진에 대한 느낌 | 뒤쪽 식물, 행복한 느낌 |

Tip · 눈에 띄는 행동을 하는 인물이 주연, 반응하는 인물이 조연입니다.
· 사진 속 묘사 요소가 많거나 답변 시간이 부족하면, 배경/느낌 문장은 생략해도 됩니다.

앞서 배운 사진 묘사 순서의 키워드로 답변을 완성해 보세요.

**1   장소 묘사 – 카페**

This is a picture of _____.

이것은 카페의 사진입니다.

**2   주연급 인물 묘사 – 말하는 중, 손동작**

A man on the right _____ about something _____.

오른쪽의 남자는 손동작을 하면서 무언가를 말하고 있습니다.

**3   조연급 인물 묘사 – 듣는 중, 웃는 중**

On the left, two people _____ to him _____.

왼쪽에는 두 사람이 웃으면서 그의 말을 듣고 있습니다.

**4   사물 묘사 – 테이블 위 컵, 화분**

In front of them, there are _____ and _____ on a table.

그들 앞에는, 테이블 위에 컵 몇 개와 화분이 있습니다.

**5   배경/느낌 묘사 – 뒤쪽에 식물, 행복해 보임**

I can see _____ in the background. They look _____.

뒤쪽에는 몇몇 식물들이 보입니다. 그들은 행복해 보입니다.

🔊MP3 2_1

---

**모범 답안**

**1**   This is a picture of a café.
이것은 카페의 사진입니다.

**2**   A man on the right is talking about something while making a hand gesture.
오른쪽의 남자는 손동작을 하면서 무언가를 말하고 있습니다.

**3**   On the left, two people are listening to him while smiling.
왼쪽에는 두 사람이 웃으면서 그의 말을 듣고 있습니다.

**4**   In front of them, there are some cup**s** and a potted plant on a table.
그들 앞에는, 테이블 위에 컵 몇 개와 화분이 있습니다.

**5**   I can see some plants in the background. They look happy.
뒤쪽에는 몇몇 식물들이 보입니다. 그들은 행복해 보입니다.

## 위치를 설명하는 표현

### 1 대상의 위치 표현

MP3 2_2

**1** in the foreground    앞쪽에는

**2** in the middle    중간에는

**3** in the background    뒤쪽에는

**Tip** In the foreground of the picture가 가장 완벽한 표현이지만, 위치 표현을 할 때마다 of the picture를 붙이면 시간 낭비에 발음 실수까지 생깁니다. 간단히 in the foreground까지만 말해도 맞습니다.

**4** on the left    왼쪽에는

**5** on the right    오른쪽에는

**Tip** · A man on the left 처럼 인물 + 위치 전치사구 형식으로 문장을 시작하시길 추천합니다. '왼쪽의 남자는'처럼 인물의 위치를 콕 짚어 설명을 시작하므로 채점관의 눈과 귀를 사로잡을 수 있습니다.

· 위치 표현 2개를 연달아 말하고 싶을 때는 작은 면에서 큰 면의 순서로 묘사하세요.
Books are arranged on the shelf on the right.
책들이 선반 위에 오른쪽에 정리되어 있습니다.

### around ~주위에

Company workers in casual clothes are sitting around the wooden table.

편안한 옷을 입은 회사원들이 나무 테이블에 둘러앉아 있습니다.

### in front of ~ 앞에

In front of them, I can see bread, dishes and a small pot on a table.

그들 앞에는 빵, 접시들, 작은 주전자가 테이블 위에 보입니다.

### next to ~옆에

A woman is holding a medical chart next to him.

그의 옆에는 한 여자가 의료 차트를 들고 있습니다.

### behind ~뒤에

Behind him, there are some glasses and pots on the shelves.

그의 뒤에는 유리잔들과 주전자들이 선반 위에 있습니다.

### along ~을 따라서

Cars are parked along the street.

차들이 길을 따라 주차되어 있습니다.

### on both sides of ~의 양쪽에

Trees are on both sides of the path.

나무들이 오솔길의 양쪽에 있습니다.

앞서 배운 위치 표현을 활용하여 답변을 완성해 보세요.

**1** 네 명의 사람들이 미소를 지으며 테이블에 둘러 앉아 있습니다.

Four people are sitting _____ a table while smiling.

**2** 어르신들 앞, 테이블 위에는 근사한 음식과 빵, 커피가 놓여 있습니다.

_____ some senior people, there are nice dishes, bread and coffee on a table.

**3** 그들은 나란히 옆으로 앉아 있습니다.

They are sitting _____ each other.

**4** 그들 뒤에는 하얀 캐비닛이 보입니다.

_____, I can see white cabinets.

**5** 두 사람이 기차 선로를 따라 걷고 있습니다.

Two people are walking _____the train tracks.

**6** 노란 덤불들이 사진의 양쪽에 있습니다.

Yellow bushes are _____ the picture.

🔊 MP3  2_4

---

### 모범 답안

**1** 네 명의 사람들이 미소를 지으며 테이블에 둘러 앉아 있습니다.
Four people are sitting around a table while smiling.

**2** 어르신들 앞, 테이블 위에는 멋진 접시와 빵, 커피가 놓여 있습니다.
In front of some elderly people, there are nice dishes, bread and coffee on a table.

**3** 그들은 나란히 옆으로 앉아 있습니다.
They are sitting next to each other.

**4** 그들 뒤에는 하얀 캐비닛이 보입니다.
Behind them, I can see white cabinets.

**5** 두 사람이 기차 선로를 따라 걷고 있습니다.
Two people are walking along the train tracks.

**6** 노란 덤불들이 사진의 양쪽에 있습니다.
Yellow bushes are on both sides of the picture.

동사ing 형식을 활용하여 여러 동작을 한 문장으로 설명할 수 있어요. 단순한 문장을 여러 개 말하는 것 보다 시간도 단축되고 유창성도 올라가므로 고득점에 유리합니다.

## 1  사람 + wearing / in + 옷    (어떤 옷을 입은) 사람은

On the left, a woman wearing a dress / is sitting at a table.
On the left, a woman in a dress / is sitting at a table.
왼쪽에는 드레스를 입은 여자가 테이블에 앉아 있습니다.

> **Tip** 긴 주어 뒤에 한 번 끊어 말해야 현재 진행형 동사와 헷갈리지 않으니 주의합니다.

## 2  while + 동사ing    (어떤 행동을) 하면서

A woman is writing something / while talking on a phone.
한 여자가 통화를 하면서 무언가를 쓰고 있습니다.

> **Tip** 주절과 부사절의 주어가 일치하여 주어와 be 동사가 생략되고 동사ing를 쓴 구조입니다.
> A woman is writing something / while (she is) talking on a phone.

## 3  and + 동사ing    (어떤 행동을) 하고

A woman is holding a phone / and working hard.
한 여자가 휴대폰을 들고 열심히 일하고 있습니다.

앞서 배운 여러 동작을 추가해 주는 품사를 활용하여 문장을 완성해 보세요.

**1** 평상복을 입은 여자가 의자에 앉아서 전화 중입니다.

A woman _____ is sitting on the chair and talking on the phone.

**2** 정장을 입은 두 명의 회사원이 서로 악수를 하며 웃고 있습니다.

Two company workers _____ are shaking hands with each other and smiling.

**3** 두꺼운 옷을 입은 나이 든 남자가 그의 가방을 들고 길을 따라 걷고 있습니다.

An elderly man _____ is walking along the street while _____.

**4** 빨간 셔트를 입은 한 소녀가 몸을 앞으로 숙인 채 무엇인가에 대해 얘기하며 손동작을 하고 있습니다.

A girl _____ is leaning forward and _____ while _____.

**5** 유니폼을 입은 두 명의 판매원들이 서서 몇몇 고객들을 도와주고 있습니다.

Two sales clerks _____ are standing while _____.

MP3 2_6

**모범 답안**

**1** 평상복을 입은 여자가 의자에 앉아서 전화 중입니다.
A woman ( wearing / in casual clothes ) is sitting on the chair and talking on the phone.

**2** 정장을 입은 두 명의 회사원이 서로 악수를 하며 웃고 있습니다.
Two company workers ( wearing / in suits ) are shaking hands with each other and smiling.

**3** 두꺼운 옷을 입은 나이 든 남자가 그의 가방을 들고 길을 따라 걷고 있습니다.
An elderly man ( wearing / in heavy clothes ) is walking along the street while carrying his bag.

**4** 빨간 셔트를 입은 한 소녀가 몸을 앞으로 숙인 채 무언가에 대해 얘기하며 손동작을 하고 있습니다.
A girl ( wearing / in a red shirt ) is leaning forward and talking about something while making a hand gesture.

**5** 유니폼을 입은 두 명의 판매원들이 서서 몇몇 고객들을 도와주고 있습니다.
Two sales clerks ( wearing / in uniforms ) are standing while helping Some customers.

# 시험장에서 자주 헷갈리는 표현

🔊 MP3 2_7

아래는 사진 묘사 시 자주 틀리게 말하게 되는 콩글리쉬 어휘와 헷갈리는 단어들 입니다. 익혀두고 시험장에서 활용해 보세요.

| 콩글리쉬 표현/발음 | 맞는 표현 |
|---|---|
| 스탠드 | table lamp, floor lamp |
| 머그컵 | mug, cup |
| 프린터 | copier, copy machine |
| 쇼파 | sofa |
| 슈트 | suit |
| 화이트 | white |
| 캐리어 | luggage, carry-on bag |
| 가스레인지 | stove |
| 전자레인지 | microwave |
| 믹서기 | blender |
| 청자켓 | denim jacket |

| 항상 복수로 사용하는 단어 | |
|---|---|
| stairs | 계단 |
| blinds | 블라인드 |
| clothes | 옷 |
| pants | 바지 |
| shorts | 반바지 |
| jeans | 청바지 |
| glasses | 안경 |
| sunglasses | 썬글라스 |
| goggles | 고글 |
| headphones | 헤드폰 |
| scissors | 가위 |
| tongs | 집게 |

| 셀 수 없는 명사 | |
|---|---|
| bread | 빵 |
| water | 물 |
| coffee | 커피 |
| tea | 차 |
| cake | 케이크 |
| food | 음식 |
| equipment | 기기 |
| furniture | 가구 |
| clothing | 의류 |
| jewelry | 보석 |
| luggage | 짐가방 |
| baggage | 수화물 |

Tip shoes는 항상 복수로 쓰진 않지만, 토익스피킹 시험에서는 복수로 답변하는 경우가 많습니다.

# 돌발 간접 표현법

MP3 2_8

사진 묘사 문제에서 멘붕을 피해야 다음 문제에 타격이 없기 때문에 정확한 단어를 모를 때는 간접 표현법을 활용하세요. 비슷하거나 간접적인 표현이 딱히 틀린 느낌도 아니라면 그냥 그걸로 갑시다. "어..어.." 의 굴레만 벗어나도 실점을 피할 수 있어요.

## 1 글이 적힌 큰 판: board

- menu board     메뉴판
- sign board     광고판
- bulletin board     게시판

## 2 사람 앞에 높은 테이블류: counter

- checkout counter     계산대 ┐
- cooking table     조리대 ├ counter
- reception desk     접수처 ┘

## 3 많은 양의 사물들: 다양한 종류와 색상의

- different types of colorful
  다양한 종류와 색상의

- Different types of colorful vegetables are displayed on the market stand.
  시장 매대에는 다양한 종류와 색상의 채소가 진열되어 있습니다.

## 4 모르는 단어: 대상간 위치, 관계 전치사구로 설명

- Colorful vegetables are displayed on the right.
  오른쪽에는 다양한 색의 채소가 진열되어 있습니다.

- There are colorful vegetables next to a woman.
  여자 옆에는 다양한 색상의 채소가 있습니다.

## 5 모르는 단어: 크기, 색상으로 간접 묘사

- A worker is operating a large machine.
  한 노동자가 큰 기계를 조작하고 있습니다.

- They are wearing yellow vests.
  그들은 노란색 조끼를 입고 있습니다.

## 6 선반류: shelves

- bookshelves     책장
- market shelves     시장 진열장
- warehouse shelves     창고 선반

# 핵심 전략

## 사진 묘사 템플릿

아래 사진 묘사 템플릿을 활용해 뜸들이는 시간 없이 빠르게 사진 설명을 시작할 수 있습니다.

**1  장소 설명**                    ▷장소  주연  조연  사물  배경/느낌

사진이 어디에서 찍혔는지 장소나 상황을 설명합니다.

**This is a picture of** a(an) 장소.

이것은 ~의 사진입니다.

**This is a picture of** a café.

이 사진은 카페의 사진입니다.

> **Tip** 장소가 어디인지 모르겠다면? 내부, 외부 정도만 파악하고 인물 묘사에 집중할 것!
>
> This is a picture **taken indoors**. 이 사진은 내부에서 찍힌 사진입니다.
> This is a picture **taken outdoors**. 이 사진은 외부에서 찍힌 사진입니다.

장소 템플릿을 활용하여 답변을 완성해 보세요.

**1** This is a picture of _____.

**2** This is a picture of _____.

**3** This is a picture of _____.

**4** This is a picture of _____.

**5** This is a picture of _____.

**6** This is a picture of _____.

◁)) MP3 2_9

### 모범 답안

| | | |
|---|---|---|
| 1 | This is a picture of a meeting room. | 이 사진은 회의실의 사진입니다. |
| 2 | This is a picture of an outdoor market. | 이 사진은 야외 시장에서 찍힌 사진입니다. |
| 3 | This is a picture of a classroom. | 이 사진은 교실에서 찍힌 사진입니다. |
| 4 | This is a picture of a park. | 이 사진은 공원에서 찍힌 사진입니다. |
| 5 | This is a picture of a grocery store. | 이 사진은 슈퍼마켓에서 찍힌 사진입니다. |
| 6 | This is a picture of a platform. | 이 사진은 플랫폼에서 찍힌 사진입니다. |

## 2 주연급 인물 설명

사진 속 가장 눈에 띄는 행동 중인 주연급 인물에 대해 설명합니다. 한 문장에 행동을 2가지 정도 묘사해 주세요.
복수급 주어는 주어와 be동사의 수일치에 주의합니다.

> **인물 is 동사ing.**
> ~가 ~을 하고 있습니다.

> **인물들 are 동사ing.**
> ~들이 ~을 하고 있습니다.

**A worker is reaching** for some ham in the display case.
직원이 케이스에 있는 진열된 햄에 손을 뻗고 있습니다.

**Two customers are leaning forward** and **looking at** the deli food.
두 명의 손님이 앞으로 몸을 숙이고 델리 음식을 보고 있습니다.

**Tip** · 만약, 인물의 옷에 특징이 있다면, 분사나 전치사구를 활용해 복장을 꾸민 긴 주어로 문장을 시작하면 유리합니다.

A worker wearing a uniform is reaching for some ham. 유니폼을 입은 직원이 햄에 손을 뻗고 있습니다.
A worker in a uniform is reaching for some ham. 유니폼을 입은 직원이 햄에 손을 뻗고 있습니다.

· 주연급을 누구로 정할지는 본인 마음이에요. 다만, 해당 인물을 한 문장 더 설명해야 할 때는 정관사 the나 대명사를 통해 먼저 언급된 인물임을 정확히 해줍니다.

The worker (=She) is wearing a uniform. 그 직원은(그녀는) 유니폼을 입고 있습니다.

주연 템플릿을 활용하여 답변을 완성해 보세요.

**1**  분홍색 셔츠를 입은 남자가 컴퓨터를 하고 있습니다.

A man _____ is working on the computer.

**2**  수염과 콧수염이 있는 남자가 키보드를 치고 있습니다.

A man _____ and _____ is typing on the keyboard.

**3**  머리를 하나로 묶은 남자가 안경을 쓰고 있습니다.

A man _____ is _____.

**4**  뒤에 있는 여자는 체크무늬 셔츠를 입고 있습니다.

A woman in the back is _____.

**5**  오른쪽에는, 금발의 여자가 무언가를 가리키고 있습니다.

On the right, a woman _____ is pointing at something.

**6**  흰 모자와 앞치마를 두른 직원이 집게로 음식을 집고 있습니다.

A worker _____ and _____ is picking up some food with tongs.

🔊 MP3  2_10

---

### 모범 답안

**1**  분홍색 셔츠를 입은 남자가 컴퓨터를 하고 있습니다.
A man ( wearing / in ) a pink shirt is working on the computer.

**2**  수염과 콧수염이 있는 남자가 키보드를 치고 있습니다.
A man with a beard and a mustache is typing on the keyboard.

**3**  머리를 하나로 묶은 남자가 안경을 쓰고 있습니다.
A man with a ponytail is wearing glasses.

**4**  뒤에 있는 여자는 체크무늬 셔츠를 입고 있습니다.
A woman in the background is wearing a checkered shirt.

**5**  오른쪽에는, 금발의 여자가 무언가를 가리키고 있습니다.
On the right, a woman with blond hair is pointing at something.

**6**  흰 모자와 앞치마를 두른 직원이 집게로 음식을 집고 있습니다.
A worker ( wearing / in ) a white hat and an apron is picking up some food with tongs.

# 인물의 핵심 동작

사진 묘사의 핵심은 인물의 동작을 얼마나 정확하고 많이 설명할 수 있는가에 달려있습니다. 항상 인물의 '몸, 손, 얼굴'이 보이는 사진이 출제되니 사진을 보는 순간 아래 핵심 동작부터 찾는 연습을 해주면 자연스레 묘사할 순서도 정해집니다.

## 1 몸 동작

🔊 MP3 2_11

사진 속 인물은 항상 앉아 있거나, 서 있거나, 움직이는 중입니다. 할 말이 없으면 아래 몸 동작만 말해줘도 반은 성공!

### 앉아 있는 중

| | |
|---|---|
| sitting at a table | 테이블에 앉아 있다 |
| sitting around a table | 테이블에 둘러 앉아 있다 |
| relaxing | 쉬고 있다 |

### 서 있는 중

| | |
|---|---|
| standing | 서 있다 |
| leaning forward | 앞으로 숙이고 있다 |
| leaning on (against) a wall | 벽에 (등을 대고) 기대어 있다 |

### 활동 중

| | |
|---|---|
| walking | 걷고 있다 |
| running | 뛰고 있다 |
| riding a scooter | 킥보드를 타고 있다 |
| riding something | 무엇인가를 타고 있다 |

# 인물의 핵심 동작

## 2 손 동작
MP3 2_12

몸 동작만큼 잘 보이는 것이 바로 인물의 손동작이죠. 손을 어떻게 하고 있는지를 말해야 유창성 점수가 올라갑니다.

**손으로 잡는 느낌**

| | |
|---|---|
| holding a cellphone | 휴대폰을 들고 있다 |
| writing something | 무엇인가를 적고 있다 |

**손가락을 쓰는 느낌**

| | |
|---|---|
| typing on a keyboard | 타자를 치고 있다 |
| working on a computer | 컴퓨터로 작업하고 있다 |
| pointing at a monitor | 모니터를 가리키고 있다 |

**손바닥이나 팔을 쓰는 느낌**

| | |
|---|---|
| making a hand gesture | 손동작을 하고 있다 |
| handing fruit to him | 그에게 과일을 건네고 있다 |
| reaching for something | 무엇인가로 손을 뻗고 있다 |

> **Tip** · 손을 허우적거리거나 정확히 무엇을 하고 있는지 모를 경우, making a hand gesture 활용
> · 눈과 손으로 무엇인가 뒤적이며 찾고 있는 느낌일 경우, looking for something 활용

## 3  얼굴 동작

🔊 MP3 2_13

가까이 찍힌 사진은 인물들의 표정이 쉽게 파악됩니다. 입을 벌리고 있으면 말하는 중, 누군가를 쳐다보고 있으면 듣는 중이라고 말하면 되니까 얼마나 쉬워요!

### 입

| | |
|---|---|
| smiling | 웃고 있다 |
| talking about something | 무엇인가를 얘기하고 있다 |
| talking on a phone | 전화를 하고 있다 |

### 귀

| | |
|---|---|
| listening to him | 그의 말을 듣고 있다 |

### 눈

| | |
|---|---|
| looking at him | 그를 보고 있다 |
| facing each other | 서로를 바라보고 있다 |

# 3   조연급 인물 설명

주연급 인물을 설명한 후, 조연급 인물에 대해서도 한 문장 묘사합니다. 여럿이 같은 행동을 하고 있을 경우, 한 주어로 묶어 묘사하면 편합니다. 이때, 대상간의 위치를 전치사구로 설명하면 득점에 유리합니다.

> **인물 is 동사ing.**
> ~가 ~을 하고 있습니다.

> **인물들 are 동사ing.**
> ~들이 ~을 하고 있습니다.

In the middle, a man **is standing** and **giving a presentation.**
중간에는, 한 남자가 서서 발표를 하고 있습니다.

In front of him, **his coworkers are sitting** around a table and **listening to him.**
그의 앞에는, 그의 동료들이 테이블에 둘러앉아 그의 말을 듣고 있습니다.

**Tip** 묘사 순서는 발표 중인 남자, 그에게 반응 중인 동료들 순으로 말해주세요. 이때, 동료들의 위치를 왼쪽과 오른쪽으로 분할해 설명하는 것보다 남자를 기준으로 그의 앞에 있다고 말하면 훨씬 쉽습니다.

조연 템플릿을 활용하여 답변을 완성해 보세요.

**1** 한 남자가 책을 들고 말을 하고 있습니다.

A man _____ while holding a book.

**2** 그의 앞에는 몇몇 학생들이 테이블에 앉아서 그의 말을 듣고 있습니다.

In front of him, some students _____ at their tables and _____ to him.

**3** 그들은 교복을 입고 있습니다.

_____ school uniforms.

**4** 많은 사람들이 차를 보고 있습니다.

_____ at cars.

**5** 왼쪽에는, 몇몇 사람들이 차 앞에 서 있습니다.

On the left, _____ in front of the cars.

**6** 중간에는, 한 노인이 주황색 티셔츠를 입고 있습니다.

In the middle, _____ an orange shirt.

MP3 2_14

---

### 모범 답안

**1** 한 남자가 책을 들고 말을 하고 있습니다.
A man is talking about something while holding a book.

**2** 그의 앞에는 몇몇 학생들이 테이블에 앉아서 그의 말을 듣고 있습니다.
In front of him, some students are sitting at their tables and listening to him.

**3** 그들은 교복을 입고 있습니다.
They are wearing school uniforms.

**4** 많은 사람들이 차를 보고 있습니다.
Many people are looking at cars.

**5** 왼쪽에는, 몇몇 사람들이 차 앞에 서 있습니다.
On the left, some people are standing in front of the cars.

**6** 중간에는, 한 노인이 주황색 티셔츠를 입고 있습니다.
In the middle, an elderly man is wearing an orange shirt.

# 장소별 인물의 핵심 동작

시험에 자주 등장하는 인물의 핵심 동작들입니다. 인물의 단복수와 동사의 현재 진행형 시제를 맞춰 소리 내면서 연습해 주세요. 지금의 연습이 시험장에서 당황하지 않고 말할 수 있는 원동력이 됩니다.

| 인물 is 동사ing. | 인물들 are 동사ing. |
|---|---|
| ~가 ~을 하고 있습니다. | ~들이 ~을 하고 있습니다. |

## 1 사무실, 회의실 (office, meeting room)

 MP3 2_15

| | |
|---|---|
| working on a computer | 컴퓨터 작업을 하고 있다 |
| pointing at something | 무엇인가를 가리키고 있다 |
| having a meeting | 회의를 하다 |
| giving a presentation | 발표를 하다 |
| talking on a phone | 전화를 하고 있다 |
| looking at a projector screen | 프로젝터 스크린을 보다 |
| sitting around a table | 테이블에 둘러 앉아 있다 |
| shaking hands with each other | 서로 악수를 하고 있다 |
| using a copy machine | 복사기를 쓰고 있다 |
| clapping their hands | 박수를 치고 있다 |

## 2 가게, 식료품점, 시장 (store, grocery store, market)

MP3 2_16

| | |
|---|---|
| reaching for an item | 물건에 손을 뻗고 있다 |
| holding an item | 물건을 들고 있다 |
| putting something into a bag | 무엇인가를 가방에 담고 있다 |
| pushing a cart | 카트를 밀고 있다 |
| waiting in line | 줄을 서서 기다리고 있다 |
| standing at a checkout counter | 계산대에 서 있다 |
| scanning a barcode | 바코드를 찍고 있다 |
| handing a credit card to her | 그녀에게 신용카드를 주고 있다 |
| selling some fruit and vegetables | 과일과 채소를 팔고 있다 |
| holding a grocery bag | 장바구니를 들고 있다 |

## 3 음식점, 카페 (restaurant, café)

 MP3 2_17

| | |
|---|---|
| looking at a menu | 메뉴를 보고 있다 |
| making an order | 주문을 하고 있다 |
| taking an order | 주문을 받고 있다 |
| carrying a tray | 쟁반을 들고 있다 |
| serving dishes | 음식을 내어오고 있다 |
| cleaning a table | 테이블을 치우고 있다 |
| pouring water | 물을 따르고 있다 |

## 4 강의실, 도서관, 서점 (class room, library, bookstore)

MP3 2_18

| | |
|---|---|
| making a hand gesture | 손 동작을 하고 있다 |
| taking a class | 수업을 듣고 있다 |
| showing their backs | 그들의 등을 보이고 있다 |
| typing on a keyboard | 타자를 치고 있다 |
| taking notes | 필기를 하고 있다 |
| raising her hand | 그녀의 손을 들고 있다 |
| holding a piece of paper | 종이 한 장을 들고 있다 |
| picking a book from a bookshelf | 책장에서 책을 빼내고 있다 |
| crouching down | 웅크리고 앉아 있다 |

## 5 공항 터미널, 대기실, 로비 (airport terminal, waiting area, lobby)

MP3 2_19

| | |
|---|---|
| walking up (down) the stairs | 계단을 올라가고 (내려가고) 있다 |
| sitting in a row (in a group) | 한 줄로 (한 그룹으로) 앉아 있다 |
| sitting on a sofa | 소파에 앉아 있다 |
| sitting with her legs crossed | 그녀는 다리를 꼰채 앉아있다 |
| sitting with his arms crossed | 그는 팔짱을 낀채 앉아 있다 |
| eating something | 뭔가를 먹고 있다 |
| waiting for their turn | 자기 차례를 기다리고 있다 |
| pulling their luggage | 짐을 끌고 있다 |
| holding his briefcase | 서류가방을 손에 들고 있다 |
| carrying a backpack | 책가방을 메고 있다 |

## 6 거리, 공원 (street, park)

MP3 2_20

| | |
|---|---|
| sitting on a bench | 벤치에 앉아 있다 |
| sitting on the grass | 풀밭에 앉아 있다 |
| resting around a fountain | 분수대 주변에서 쉬고 있다 |
| walking on a street | 길을 걷고 있다 |
| walking a dog | 개를 산책시키고 있다 |
| running on a path | 오솔길에서 뛰고 있다 |
| crossing a street | 길을 건너고 있다 |
| throwing trash into a garbage can | 쓰레기통에 쓰레기를 버리고 있다 |
| playing musical instruments | 악기들을 연주하고 있다 |
| playing the guitar | 기타를 연주하고 있다 |
| pushing a baby stroller | 유모차를 밀고 있다 |

# 장소별 인물의 핵심 동작

## 7 물가, 해변 (riverside, beach)

MP3 2_21

| | |
|---|---|
| riding a scooter | 스쿠터를 타고 있다 |
| riding a bicycle | 자전거를 타고 있다 |
| paddling a boat | 배의 노를 젓고 있다 |
| walking along the shore | 해변을 따라서 걷고 있다 |
| sunbathing on the beach | 해변에서 일광욕을 하고 있다 |
| swimming in the water | 물에서 수영하고 있다 |
| fishing | 낚시를 하고 있다 |
| taking a picture | 사진을 찍고 있다 |
| playing with a ball | 공 놀이를 하고 있다 |

## 8 창고, 공사장 (warehouse, construction site)

MP3 2_22

| | |
|---|---|
| wearing a safety vest (safety helmet) | 안전 조끼 (안전모)를 쓰고 있습니다 |
| carrying a box | 박스를 나르고 있다 |
| handing a box to a man | 남자에게 박스를 주고 있다 |
| putting a box | 박스를 놓고 있다 |
| organizing some items | 물건들을 정리하고 있다 |
| pulling a cart | 카트를 끌고 있다 |
| operating a machine | 기계를 다루고 있다 |
| leaning against a ladder | 사다리에 기대어 있다 |

## 9 실험실 (laboratory)

MP3 2_23

| | |
|---|---|
| wearing a white lab coat | 흰 실험실 가운을 입고 있다 |
| wearing safety glasses | 보안경을 끼고 있다 |
| wearing safety gloves | 보호 장갑을 끼고 있다 |
| adjusting a machine | 기계를 다루고 있다 |
| experimenting with equipment | 도구로 실험하고 있다 |
| holding a chart | 차트를 들고 있다 |
| looking into a microscope | 무엇인가를 현미경으로 보고 있다 |

## 4 사물 설명

핵심 인물 묘사가 끝나면 남은 시간은 대략 10초 정도이니 간단하게 주변 사물을 단문으로 설명해 줘야 합니다. 아래 사물 템플릿으로 뜸들이는 시간 없이 빠르게 답변을 시작해 보세요.

**I can see 사물(들).**
사물(들)이 보입니다.

**There are 사물들.**
사물(들)이 있습니다.

**사물(들) is (are) 동사ed (p.p).**
사물(들)이 ~되어 있습니다.

**I can see** different types of fruit and vegetables in the middle.
중간에는 다양한 종류의 과일과 채소들이 보입니다.

**There are** different types of fruit and vegetables on the market stand.
시장 매대에는 다양한 종류의 과일과 채소들이 있습니다.

Colorful fruit and vegetables **are displayed** on the market stand.
시장 매대에는 다양한 색상의 과일과 채소들이 진열되어 있습니다.

# 사물의 상태 수동태 표현

사물을 주어로 수동태 문장을 만들어 사용해 주세요. 활용해 보세요. 주어의 수일치, be동사의 변화에 주의하며 지금, 입으로 연습하면 시험장에서 더듬거림 없이 사용할 수 있습니다.

| 사물 is 동사ed (p.p). | 사물들 are 동사ed (p.p). |
|---|---|
| 사물이 ~되어 있습니다. | 사물들이 ~되어 있습니다. |

| located | 위치해 있다 |
|---|---|
| placed | 놓여 있다 |
| displayed | 진열되어 있다 |

| parked | 주차되어 있다 |
|---|---|
| stacked | 쌓여 있다 |
| arranged | 정리되어 있다 |

사물 템플릿을 활용하여 답변을 완성해 보세요.

**1** 테이블 위에는 몇몇 서류들, 컵들, 노트북들이 있습니다.

_____ some documents, cups and laptops on a table.

**2** 선반 위에는 다양한 종류와 색상의 책들이 정리되어 있습니다.

Different types of colorful books _____ on the shelves.

**3** 사진의 위쪽에는 큰 라이트가 보입니다.

_____ a big light at the top of the picture.

**4** 테이블 위에는 근사한 음식과 빵 그리고 사과들이 있습니다.

_____ nice dishes, bread and apples on a table.

**5** 테이블 위에는 다양한 종류의 음식이 보입니다.

_____ different types of food on a table.

**6** 그들 뒤에는 울타리가 위치해 있습니다.

A fence _____ behind them.

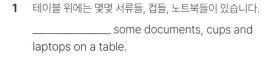
MP3 2_24

---

### 모범 답안

**1** 테이블 위에는 몇몇 서류들, 컵들, 노트북들이 있습니다.
There are some documents, cups and laptops on a table.

**2** 선반 위에는 다양한 종류와 색상의 책들이 정리되어 있습니다.
Different types of colorful books are arranged on the shelves.

**3** 사진의 위쪽에는 큰 라이트가 보입니다.
I can see a big light at the top of the picture.

**4** 테이블 위에는 근사한 음식과 빵 그리고 사과들이 있습니다.
There are nice dishes, bread and bowls on a table.

**5** 테이블 위에는 다양한 종류의 음식이 보입니다.
I can see different types of food on a table.

**6** 그들 뒤에는 울타리가 위치해 있습니다.
A fence is located behind them.

묘사 요소가 많아서 시간이 부족하다면 배경과 느낌은 말할 필요 없어요. 단, 묘사가 끝났는데도 5~6초 정도 시간이 남는다면 빠르게 한 문장 치고 빠집시다. 뒤쪽 배경 인물이나 사물, 또는 사진의 느낌과 같이 간단한 것이 좋습니다.

**배경 사물(들)/ 엑스트라 can be seen in the background.**
~들이 뒤쪽에 보입니다.

**They look 형용사.**
그들은 ~해 보입니다.

**I'd like to visit this place someday.**
언젠가 이 장소에 가보고 싶습니다.

**Some columns can be seen in the background.**
뒤쪽에는 기둥들이 몇 개 보입니다.

**They look happy.**
그들은 행복해 보입니다.

**I'd like to visit this place someday.**
언젠가 이 장소에 가보고 싶습니다.

Tip　• 야외 또는 좋은 느낌의 공간이라면, 언젠가 이 곳에 가보고 싶다고 합시다.
　　• 사진 속 인물들의 얼굴 표정이 행복해 보이면 happy, 바빠보이면 busy, 심각하면 serious, 편안해 보이면 relaxed처럼 형용사로 뚝딱 마무리해 주세요.

배경 템플릿과 느낌 템플릿을 활용하여 답변을 완성해 보세요.

**1** 뒤쪽에는 건물들과 나무들이 보입니다.

Buildings and trees _____.

**2** 그들은 한가로워 보입니다.

_____ relaxed.

**3** 언젠가 이 장소에 가보고 싶습니다.

_____.

**4** 뒤쪽에는 산들과 많은 나무들이 보입니다.

Mountains and trees _____.

**5** 그들은 행복해 보입니다.

_____ happy.

**6** 언젠가 이 장소에 가보고 싶습니다.

_____.

🔊 MP3 2_25

---

**모범 답안**

**1** 뒤쪽에는 건물들과 나무들이 보입니다.
Buidings and trees can be seen in the background.

**2** 그들은 한가로워 보입니다.
They look relaxed.

**3** 언젠가 이 장소에 가보고 싶습니다.
I'd like to visit this place someday.

**4** 뒤쪽에는 산들과 나무들이 보입니다.
Mountains and trees can be seen in the background.

**5** 그들은 행복해 보입니다.
They look happy.

**6** 언젠가 이 장소에 가보고 싶습니다.
I'd like to visit this place someday.

### 유형 1  2인 중심 사진

**특징**

- 2명의 인물간 동작과 특징적인 주변 사물들이 보이는 빈출 사진 유형입니다.
- 인물의 개별 동작, 상태 등을 자세히 설명하고 주변과 배경까지 전반적인 묘사를 합니다.
- 묘사 순서는 항상 핵심 동작을 하는 사람이 주연, 반응 동작을 하는 사람이 조연입니다.

**묘사 순서**

①  장소  ➡  ②  주연  ➡  ③  조연  ➡  ④  사물  ➡  ⑤  배경

**브레인스토밍**

| 1 | 장소 | 식료품점 |
|---|---|---|
| 2 | 주연 | 오른쪽 남자 / 안경 쓴 / 앞치마 입은 / 장바구니를 건네는 중 |
| 3 | 조연 | 왼쪽 여자 / 곱슬머리 / 장바구니를 받는 중 / 웃는 중 |
| 4 | 사물 | 중간 / 다양한 종류와 색상의 사물들이 계산대 위에 있음 |
| 5 | 배경 | 뒤쪽 / 냉장고, 캐비닛이 보임 |

## 고득점 포인트

- 항상 핵심 동작 중인 사람부터 찾아 먼저 묘사하고 상대적인 반응 동작을 하는 사람을 묘사해 주세요.
  A man is handing a grocery bag to a woman. ➡ She is receiving the bag.
- 인물의 인상착의 표현을 2-3개 골라 준비 시간에 구문 단위로 챙겨 두면 답변 시 실수를 피할 수 있어요.
  with glasses, wearing an apron, with curly hair
- 한 번 언급한 인물은 he, she를 사용합니다.
  She is receiving the bag.
- 인물별 몸, 손, 얼굴 동작을 준비 시간에 찾아 정리해 두세요.
  남자 wearing an apron, handing a grocery bag
  여자 receiving the bag, while smiling
- and 동사ing, while 동사ing을 활용해 한 문장 안에 여러 동작을 표현하세요.
- There are 사물 템플릿으로 테이블 위 복수급 사물들을 한 번에 정리합니다.
  There are many items on a table.
- 수일치에 주의하며 여러 단어들을 [배경 템플릿]으로 묶어 한 문장에 끝냅니다.
  A refrigerator and cabinets can be seen in the background.

## 답변 구성

🔊 MP3 2_26

**사진 묘사 템플릿** 위치 표현 핵심 표현

| 1 | 장소 | This is a picture of a grocery store.<br>이것은 식료품점의 사진입니다. |
|---|---|---|
| 2 | 주연 | On the right, a man with glasses is wearing an apron.<br>He is handing a grocery bag to a woman.<br>오른쪽에는, 안경을 쓴 남자 한 명이 앞치마를 착용한 상태입니다.<br>이 남자는 장바구니 봉지를 한 여자에게 건네고 있습니다. |
| 3 | 조연 | The woman with curly hair is receiving the bag while smiling.<br>곱슬머리를 한 여자는 미소를 지으면서 그 봉지를 받고 있습니다. |
| 4 | 사물 | There are different types of colorful items on the checkout counter in the middle.<br>다양한 종류와 색상의 제품들이 중간에 있는 계산대에 놓여 있습니다. |
| 5 | 배경 | A refrigerator and cabinets can be seen in the background.<br>뒤쪽에는 냉장고와 캐비닛들이 보입니다. |

**어휘** grocery store 식료품점  wear (상태) ~을 착용하다  apron 앞치마  hand A to B A를 B에게 건네다, A를 B에게 넘기다  curly 곱슬곱슬한  receive ~을 받다  while -ing ~하면서  colorful 다양한 색상의, 다채로운  checkout counter 계산대  refrigerator 냉장고

**Tip** 여러명이 웃고 있더라도, 웃음이 가장 잘 보이는 한 명에게만 묘사해 중복 표현을 피합니다.

# 추가 빈출 유형

### 추천 브레인스토밍

| | |
|---|---|
| 장소 | 거리 |
| 주연 | 왼쪽 여자 / 자전거 바구니 안에 빨간 쇼핑백이 보임 |
| 조연 | 오른쪽 여자 / 크로스백 착용 / 몇몇 쇼핑백이 핸들바에 걸려있음 |
| 사물 | 왼쪽 / 빨간 벽돌 펜스 |
| 배경 | 뒤쪽 / 다양한 종류의 차들, 아름다운 건물들이 보임 |

### 추천 브레인스토밍

| | |
|---|---|
| 장소 | 공항 대기실 |
| 주연 | 중간 여자 / 벤치에 앉아 / 랩탑을 사용 중 |
| 사물 | 오른쪽 / 큰 가방이 보임 |
| 조연 | 그녀의 옆 / 안경 쓴 남자 / 스마트폰을 보고 있음 |
| 배경 | 왼쪽 / 녹색 수트 케이스 보임 |

준비 시간과 답변 시간에 맞춰 다음 사진을 묘사해 보세요.

**1**  🔊 MP3  2_실전연습

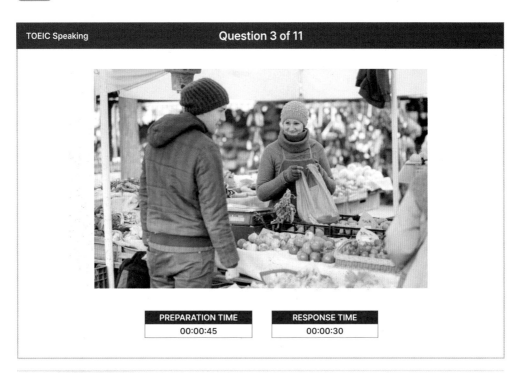

| 1 | 장소 | 야외 시장 |
| --- | --- | --- |
| 2 | 주연 | 앞쪽 남자 / 두꺼운 옷 입고/ 서 있고 / 채소를 보고 있음 |
| 3 | 사물 | 그의 앞 / 다양한 종류와 색상의 채소들 / 매대에 진열됨 |
| 4 | 조연 | 채소들 뒤 / 여자 상인 / 주황색 비닐 봉지를 들고 / 웃는 중 |
| 5 | 배경 | 뒤쪽 / 많은 채소들과 가방들이 보임 |

**2**  🔊 MP3  2_실전연습

| 1 | 장소 | 거실 / 방 |
|---|---|---|
| 2 | 주연 | 중간 턱수염 남자 / 웅크리고 앉은 / 상자에서 무엇인가 찾는 중 |
| 3 | 조연 | 그의 앞 / 머리 묶은 여자 / 무릎 꿇고 앉아 / 박스 안을 들여다 보는 중 / 작은 시계를 들고 / 웃는 중 |
| 4 | 사물 | 앞쪽 / 테이블 위에 화분이 보임 |
| 5 | 배경 | 뒤쪽 / 슈트 케이스와 쌓여진 많은 상자들이 보임 |

## 1

 MP3 2_27

**사진 묘사 템플릿** 위치 표현 핵심 표현

| 1 | 장소 | <u>This is a picture of</u> an outdoor market.<br>이것은 야외 시장의 사진입니다. |
|---|---|---|
| 2 | 주연 | A man in the foreground wearing heavy clothes **is** standing.<br>He **is** looking at some vegetables.<br>앞쪽에는 두꺼운 옷을 입은 남자 한 명이 서 있습니다.<br>그는 몇몇 채소를 보고 있습니다. |
| 3 | 조연 | In front of him, different types of colorful vegetables are displayed on the market stand.<br>그 앞에는, 다양한 종류와 색상의 채소가 시장 판매대에 진열되어 있습니다. |
| 4 | 사물 | Behind them, a female vendor **is** holding an orange plastic bag <u>while</u> smiling.<br>채소들 뒤에는, 여성 판매업자 한 명이 미소를 지으면서 주황 비닐 봉지를 들고 있습니다. |
| 5 | 배경 | A lot of vegetables and bags <u>can be seen in the background</u>.<br>뒤쪽에는 많은 채소와 가방들이 보입니다. |

**어휘** heavy clothes 두꺼운 옷  look at ~을 보다  display ~을 진열하다, 전시하다  stand 판매대, 진열대  behind ~ 뒤에
hold ~을 들다, ~을 붙잡다, ~을 쥐다  a lot of 많은

**Tip** '그의 앞에', '채소들 뒤에' 처럼 대상 간의 관계를 설명하는 전치사구를 활용하길 추천합니다. 남자에 in the foreground, 상인에 in the middle 처럼 위치 전치사구를 중복할 필요도 없고 더 정확한 위치 표현이 가능합니다.

## 2

 MP3 2_28

**사진 묘사 템플릿** 위치 표현 핵심 표현

| 1 | 장소 | <u>This is a picture of</u> a room.<br>이것은 방 사진입니다. |
|---|---|---|
| 2 | 주연 | In the middle, a bearded man **is** crouching down <u>and</u> looking for something in a box.<br>중간에는, 턱수염을 기른 남자 한 명이 웅크리고 앉아 상자에서 뭔가를 찾고 있습니다. |
| 3 | 조연 | In front of him, a woman with a ponytail **is** kneeling down <u>and</u> looking inside the box.<br>She **is** holding a small clock <u>while</u> smiling.<br>그 앞에는, 포니테일 머리를 한 여자 한 명이 무릎을 꿇은 채로 상자 안을 보고 있습니다.<br>그녀는 미소를 지으면서 작은 시계 하나를 들고 있습니다. |
| 4 | 사물 | <u>I can see</u> a potted plant on a table in the foreground.<br>앞쪽에는 화분에 심은 식물 하나가 테이블에 놓인 것이 보입니다. |
| 5 | 배경 | A suitcase and a lot of stacked boxes <u>can be seen in the background</u>.<br>뒤쪽에는 여행 가방 하나와 쌓여 있는 많은 상자들이 보입니다. |

**어휘** bearded 턱수염을 기른  crouch down 웅크리고 앉다, 쭈그리고 앉다  ponytail 포니테일 머리(머리를 뒤로 묶어 말 꼬리처럼
늘어뜨린 형태)  kneel down 무릎을 꿇다  look inside ~ 안을 보다  potted plant 화분에 심은 식물  suitcase 여행 가방
stacked 쌓여 있는

**Tip** • 그냥 남자보다는 a bearded man, 그냥 여자보다는 a woman with a ponytail 처럼 인물의 인상착의를 언급합니다.
• a small clock, stacked boxes 처럼 형용사를 잘 사용하면 간단하게 풍성한 표현이 가능해요.
• and, while 접속사로 여러 동작들을 한 문장에 연결해 시간을 줄일 수 있어요.

## 특징

· 3명의 인물간 동작과 특징적인 주변 사물들, 배경이 보이는 빈출 사진 유형입니다.

· 인물들부터 사물까지 묘사 요소가 많으므로 단문 활용 능력과 시간 관리가 핵심입니다.

· 3명의 인물들 중 공통적인 동작 또는 위치를 기준하여 묶어서 설명하면 빠릅니다.

## 묘사 순서

 장소  ➡   주연  ➡   조연1  ➡   조연2  ➡  ⑤ 배경

## 브레인스토밍

| 1 | 장소 | 사무실 |
|---|------|--------|
| 2 | 주연 | 오른쪽 여자 / 안경 쓴 / 모니터 봄 |
| 3 | 조연1 | 중간 남자 / 몸을 앞으로 숙임 / 랩탑을 들고 있음 |
| 4 | 조연2 | 왼쪽 여자 / 손에 펜과 노트를 들고 있음 |
| 5 | 사물 | 그들의 앞 / 테이블 위에 서류들, 머그가 있음 |

## 고득점 포인트

· 3인 중심 사진은 답변 시간이 늘 부족하므로 첫 인물에 시간을 몰아 쓰지 않도록 인물별 묘사 요소를 준비 시간에 미리 지정해 두어야 해요.

· 행동 인물-반응 인물의 순으로 묘사하면 편해요. 오른쪽 여자가 말하고 나머지 두 사람이 쳐다보고 있어서 오른쪽-중간-왼쪽 순으로 답변 동선을 정하고 준비 시간에 동선에 따라 연습합니다.

· 설명할게 많은 사진은 배경 묘사나 사진의 느낌은 빼고 핵심 인물들과 주변 사물들을 묘사하는데 시간을 최대한 활용해 주세요.

· 항상 위치 전치사로 문장을 시작하면 너무 정형화된 느낌이니까 인물 뒤에 위치를 말해 문장에 변화를 주세요.
대상들 간의 관계를 설명하는 전치사구도 활용하여 유창성을 뽐내보세요.
A man in the middle, On the left, a woman, In front of them

· 혹시, 오른쪽 여자의 안경 묘사를 잊어버렸다면, 중간 남자를 설명할 때도 묘사 기회를 잡으세요.

## 답변 구성

 2_29

**사진 묘사 템플릿** 위치 표현  핵심 표현

| | | |
|---|---|---|
| 1 | 장소 | This is a picture of an office.<br>이것은 사무실의 사진입니다. |
| 2 | 주연 | On the right, a woman with glasses is looking at a computer monitor.<br>오른쪽에는, 안경을 쓴 여자 한 명이 컴퓨터 모니터를 보고 있습니다. |
| 3 | 조연1 | A man in the middle is leaning forward and holding a laptop computer.<br>중간에 있는 남자 한 명은 몸을 앞으로 숙인 채로 노트북 컴퓨터를 들고 있습니다. |
| 4 | 조연2 | On the left, a woman is holding a pen and a notepad.<br>왼쪽에는, 여자 한 명이 펜과 메모지(노트 패드)를 들고 있습니다. |
| 5 | 사물 | In front of them, there are some documents and a mug on a table.<br>그들 앞에는, 몇몇 문서와 머그 하나가 테이블에 놓여 있습니다. |

**어휘** look at ~을 보다  lean forward 몸을 앞으로 숙이다  hold ~을 들다, ~을 붙잡다, ~을 쥐다  notepad 메모지  in front of ~ 앞에

**Tip** 남자는 서 있고 여자들은 앉은 동작을 기준으로 묶어 설명하면, 개별 묘사보다 쉽고 빠르게 답변 할 수 있어요.

| | |
|---|---|
| 주연 | In the middle, a man is holding a laptop computer. |
| 조연들 | Around him, two women are sitting at a table. |

# 추가 빈출 유형

### 추천 브레인스토밍

| 장소 | 식료품점 |
|------|----------|
| 주연 | 중간 턱수염 남자 / 치즈를 건네는 중 |
| 조연1 | 앞쪽 파란 티셔트를 입은 여자 / 치즈를 받는 중 |
| 사물 | 그녀 앞 / 다양한 식료품들이 전시됨 |
| 조연2 | 오른쪽 남자 / 큰 치즈를 잡고 있음 |

### 추천 브레인스토밍

| 장소 | 사무실 |
|------|--------|
| 주연들 | 중간 두 남자들 / 정장을 입은 / 악수하는 중 |
| 조연 | 왼쪽 여자 / 테이블에 앉아 / 랩탑으로 작업 중 |
| 사물 | 그녀 앞 / 문서들이 테이블 위에 있음 |
| 배경 | 유리창 너머 / 많은 건물들이 보임 |

준비 시간과 답변 시간에 맞춰 다음 사진을 묘사해 보세요.

**1**  🔊 MP3  2_실전연습

| 1 | 장소 | 길(보행로) |
|---|------|-----------|
| 2 | 주연들 | 중간 두 여자들 / 길을 걷는 중<br>그들은 대화를 하며 / 서로 쳐다보는 중 |
| 3 | 조연 | 왼쪽 남자 / 벤치에 앉아 / 다리를 꼰 채 / 통화 중 |
| 4 | 배경 | 뒤쪽 / 많은 식물들이 사람들 주변에 보임 |

**2** 🔊 MP3 2_실전연습

| TOEIC Speaking | Question 4 of 11 |
|---|---|

| PREPARATION TIME | RESPONSE TIME |
|---|---|
| 00:00:45 | 00:00:30 |

| 1 | 장소 | 상점(매장) |
|---|---|---|
| 2 | 주연 | 왼쪽 점원(판매원) / 앉아 있고 / 제품을 들고 있음 |
| 3 | 사물 | 그녀의 앞 / 많은 제품들이 계산대 위에 보임 |
| 4 | 조연들 | 오른쪽 두 고객들 / 서서 / 웃는 중 |
| 5 | 배경 | 뒤쪽 / 다양한 종류와 색상의 제품들이 선반들 위에 보임 |

**1**

🔊 MP3 2_30

**사진 묘사 템플릿** 위치 표현 핵심 표현

| | | |
|---|---|---|
| 1 | 장소 | This is a picture of a path.<br>이것은 길(보행로)의 사진입니다. |
| 2 | 주연들 | In the middle, two women are walking on the path.<br>They are talking about something while looking at each other.<br>중간에는, 여자 두 명이 길(보행로) 걷고 있습니다.<br>그들은 서로 바라보면서 무엇인가에 관해 이야기하고 있습니다. |
| 3 | 조연 | A man on the left is sitting on a bench with his legs crossed.<br>He is talking on a phone.<br>왼쪽에 있는 남자 한 명은 다리를 꼰 채로 벤치에 앉아 있습니다.<br>그는 전화 통화를 하고 있습니다. |
| 4 | 배경 | A lot of green plants can be seen around the people.<br>이 사람들 주변에 많은 녹색 식물이 보입니다. |

**어휘** path 보행로, 길　while -ing ~하면서　look at each other 서로 바라보다　with one's legs crossed 다리를 꼰 채로　talk on a phone 전화 통화하다　a lot of 많은　plant 식물

**Tip** · 아스팔트가 아닌 흙 길이므로 street 보다는 path가 더 적합니다.
· 복수급 인물들을 주어로 시작할 때, 수일치에 주의하며 차근차근 답변해 주세요.

**2**

🔊 MP3 2_31

**사진 묘사 템플릿** 위치 표현 핵심 표현

| | | |
|---|---|---|
| 1 | 장소 | This is a picture of a store.<br>이것은 매장 사진입니다. |
| 2 | 주연 | On the left, a sales clerk is sitting and holding a product.<br>왼쪽에는, 판매원이 앉은 채로 제품 하나를 들고 있습니다. |
| 3 | 사물 | In front of her, I can see many products on the checkout counter.<br>그녀 앞에는, 많은 제품들이 계산대 위에 보입니다. |
| 4 | 조연들 | On the right, two customers are standing and smiling.<br>오른쪽에는, 고객 두 명이 서서 미소 짓고 있습니다. |
| 5 | 배경 | Different types of colorful products can be seen on the shelves in the background.<br>뒤쪽에는 다양한 종류와 색상의 제품들이 선반에 놓인 것이 보입니다. |

**어휘** sales clerk 판매원　hold ~을 들다, ~을 붙잡다, ~을 쥐다　product 제품　in front of ~ 앞에　checkout counter 계산대　colorful 여러 색상의, 다채로운　shelf 선반, 진열대(shelves는 복수형)

**Tip** · checkout counter(계산대)가 떠오르지 않는다면 counter, 테이블 위 물건들의 단어를 모른다면 products 로 대체합니다.
· 여자 두 명 모두 웃고 있으므로 둘 중 누구에게 해당 묘사를 해 줄지 준비 시간에 미리 지정해 줍니다.
· 여자와 남자를 개별 묘사 하려면, 간결한 문장으로 신속하게 치고 나가야 모두 묘사할 수 있어요.

## 특징

· 1명의 근접 사진은 어휘력이 많이 요구되어 어려운 편이며 가끔 출제됩니다.
· 준비 시간 동안 인물의 행동, 상태를 최대한 세분화하여 어휘를 구문 단위로 연습합니다.
· 배경 사물까지 설명해도 시간이 남는 경우, 붕 뜨는 시간이 없도록 사진에 대한 느낌을 추가해 주세요.

## 묘사 순서

## 브레인스토밍

| 1 | 장소 | 도서관 |
|---|---|---|
| 2 | 주연 | 오른쪽 여자 / 머리밴드 / 데님 셔츠를 입음<br>무릎 한 쪽을 꿇음<br>갈색 책가방을 메고 / 책을 찾는 중 |
| 3 | 사물 | 그녀의 주변 / 다양한 종류와 색상의 책들이 정리되어 있음 |
| 4 | 느낌 | 조용해 보임 |

## 고득점 포인트

- 인물은 한 명뿐! 주연 인물의 인상착의부터 행동까지 최대한 세분화하여 묘사할 어휘를 찾습니다.

- 단어를 떠올릴 때, 콩글리쉬가 아닌지 체크하고, 단수 명사 앞에 관사 a를 꼭 챙겨주세요.

  a hairband, a jean shirt (X) ➡ a headband, a denim shirt (O)

- 핵심 내용인데 단어를 모를 경우, 완전히 틀린 표현만 아니라면 패스하지 말고 꼭 묘사해 주세요.

  a woman with short hair is wearing a shirt. (O)

  She is crouching down on the floor. (△)

  She is kneeling down on the floor. (△)

- different types of colorful은 다양한 종류, 크기, 색상의 사물을 한 번에 꾸며주기 때문에 활용도가 높아요.

- 사물 묘사 시 동사를 두 번 말하지 않게 시작한 주어 동사를 기억하며 말해주세요.

  I can see books are arranged on the shelves. (X) ➡ I can see books on the shelves. (O)

- 마지막에 5초 정도가 남았다면, 이 곳의 조용한 느낌을 동사 수일치 신경 쓰면서 간단히 정리합니다.


# 답변 구성

사진 묘사 템플릿 위치 표현 핵심 표현

| 1 | 장소 | This is a picture of a library.<br>이것은 도서관의 사진입니다. |
|---|---|---|
| 2 | 주연 | A woman on the right is wearing a headband <u>and</u> a denim shirt.<br>She is kneeling down on one knee.<br>She is carrying a brown backpack <u>and</u> looking for some books.<br>오른쪽에 있는 여자 한 명이 머리 밴드와 데님 셔츠를 입고 있습니다.<br>그녀는 한쪽 무릎을 꿇은 채로 있습니다.<br>그녀는 갈색 책가방을 휴대한 채로 몇몇 책을 찾고 있습니다. |
| 3 | 사물 | Different types of colorful books are arranged on the bookshelves around her.<br>그녀 주변에 다양한 종류와 색상의 책들이 책꽂이에 정리되어 있습니다. |
| 4 | 느낌 | It looks quiet there.<br>저곳은 조용해 보입니다. |

**어휘** headband 머리띠  kneel down on one knee 한쪽 무릎을 꿇고 있다  carry ~을 휴대하다, ~을 갖고 다니다  look for ~을 찾다  colorful 여러 색상의, 다채로운  arrange ~을 정리하다, ~을 배치하다  bookshelf 책꽂이  around ~ 주변에, ~에 둘러  look A A하게 보이다, A한 것 같다

**Tip** · 책 옆에 빨간 스티커 찾아내는 눈썰미의 소유자라면 서점(bookstore)이 아닌 도서관으로 산뜻한 출발!
· 한 번 언급한 여자는 대명사 she로 주격을 유지합니다.

# 추가 빈출 유형

추천 브레인스토밍

| | |
|---|---|
| 장소 | 길 |
| 주연 | 중간 남자 / 안경 쓴 / 턱수염 / 벤치에 편안한 옷을 입고 있음 |
| | 벤치에 앉아 / 다리 꼰 채 / 통화 중 |
| 사물 | 그의 책가방이 벤치에 기대어 있음 |
| 배경 | 뒤쪽 / 갈색 문이 보임 |

추천 브레인스토밍

| | |
|---|---|
| 장소 | 카페 |
| 주연 | 오른쪽 여자 / 금발 / 흰 셔트 / 바에 앉아 있음 |
| | 스마트폰을 보며 / 웃는 중 |
| 사물 | 중간 / 커피와 디저트가 있음 |
| 배경 | 왼쪽 / 오토바이들과 나무들이 보임 |

준비 시간과 답변 시간에 맞춰 다음 사진을 묘사해 보세요.

**1** 🔊 MP3  2_실전연습

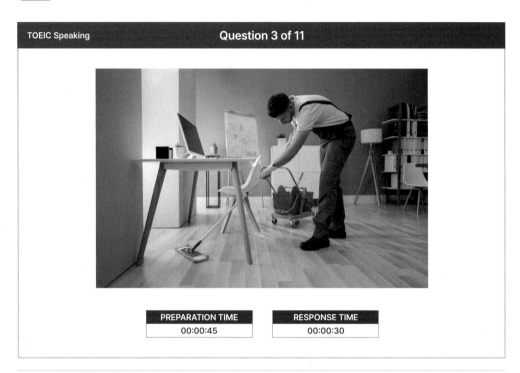

| 1 | 장소 | 방 |
|---|---|---|
| 2 | 주연 | 중간 남자 / 몸을 앞으로 숙이고 / 바닥을 닦는 중<br>그는 파란 바지, 노란 장갑을 끼고 있음 |
| 3 | 사물 | 그의 앞에 / 모니터, 머그가 테이블 위에 보임 |
| 4 | 배경 | 뒤쪽 / 흰 칠판(화이트 보드), 전등, 의자, 책장이 보임 |

**2**  🔊 MP3  2_실전연습

| 1 | 장소 | 길거리 음식점(음식 판매대) |
|---|------|---------------------------|
| 2 | 주연 | 오른쪽 여자 / 서서 / 음식을 손으로 가리키고 있음<br>그녀는 흰 드레스, 선글라스를 쓰고 있음<br>그녀는 어깨에 가방을 메고 / 주스 컵을 들고 있음 |
| 3 | 사물 | 그녀의 앞 / 컨테이너에 담긴 음식이 카운터 위에 보임 |
| 4 | 배경 | 뒤쪽 / 많은 사람들이 보임 |

## 1

🔊 MP3 2_33

**사진 묘사 템플릿** 위치 표현 핵심 표현

| 1 | 장소 | <u>This is a picture of</u> a room. |
| | | 이것은 방의 사진입니다. |
| 2 | 주연 | In the middle, a man is leaning forward <u>and</u> moping the floor. |
| | | He is wearing blue pants <u>and</u> yellow gloves. |
| | | 중간에는 남자 한 명이 몸을 앞으로 숙인 채로 바닥을 대걸레로 닦고 있습니다. |
| | | 그는 파란색 바지와 노란색 장갑을 착용한 상태입니다. |
| 3 | 사물 | In front of him, <u>I can see</u> a monitor and mug on a table. |
| | | 그의 앞에는, 테이블에 놓인 모니터와 머그 하나가 보입니다. |
| 4 | 배경 | A whiteboard, floor lamp, chair <u>and</u> bookshelf <u>can be seen in the background</u>. |
| | | 뒤쪽에는 화이트보드와 바닥 전등, 의자, 그리고 책꽂이가 보입니다. |

**어휘** lean forward 몸을 앞으로 숙이다  mop ~을 대걸레로 닦다  wear (상태) ~을 착용하다  in front of ~ 앞에  bookshelf 책꽂이, 책장

**Tip** 나열식에서 첫 단수 명사 앞에 관사 a를 한 번만 붙여주면 뒤에 따르는 단수 명사들에는 관사가 따로 필요 없어요.

## 2

🔊 MP3 2_34

**사진 묘사 템플릿** 위치 표현 핵심 표현

| 1 | 장소 | <u>This is a picture of</u> a food stand. |
| | | 이것은 음식 판매대의 사진입니다. |
| 2 | 주연 | A woman on the right is standing <u>and</u> pointing at some food. |
| | | She is wearing a white dress and sunglasses. |
| | | She is carrying her bag on her shoulder <u>and</u> holding a cup of juice. |
| | | 오른쪽에 있는 여자 한 명이 선 채로 어떤 음식을 가리키고 있습니다. |
| | | 그녀는 흰색 드레스와 선글라스를 착용한 상태입니다. |
| | | 그녀는 어깨에 가방을 멘 채로 주스 한 잔을 들고 있습니다. |
| 3 | 사물 | In front of her, <u>I can see</u> some food in containers on the counter. |
| | | 그녀 앞에는, 용기에 담긴 어떤 음식이 카운터에 놓인 것이 보입니다. |
| 4 | 배경 | A lot of people <u>can be seen in the background</u>. |
| | | 뒤쪽에는 많은 사람들이 보입니다. |

**어휘** stand 판매대, 진열대  point at ~을 가리키다  wear (상태) ~을 착용하다  carry ~을 휴대하다, ~을 갖고 다니다  on one's shoulder 어깨에  hold ~을 들다, ~을 붙잡다, ~을 쥐다  in front of ~ 앞에  container 용기, 그릇  a lot of 많은

**Tip** • 가장 잘 보이는 여자의 인상착의, 동작을 최대한 세분화하여 묘사해 주세요.
• 주연 묘사 후 잘 보이지 않는 뒤쪽 배경으로 넘어가기보다, 왼쪽 사물 부분을 더 묘사하는 것이 득점에 유리합니다.

## 특징

• 가끔 다수의 인물들, 사물들, 배경이 혼합된 어수선한 사진 유형이 출제되기도 합니다.
• 중요도 순으로 인물과 사물 중 묘사할 부분만 특정해 묘사 동선을 정합니다.
• 모두 묘사할 수는 없으니 핵심 인물들과 사물들의 묶음 묘사를 통해 전반적으로 설명하는 것이 포인트예요.

## 묘사 순서

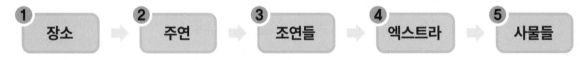

## 브레인스토밍

| 1 | 장소 | 카페 |
|---|---|---|
| 2 | 주연 | 중간 서버(종업원) / 앞치마 / 디저트를 서빙 중 / 쟁반을 들고 / 웃는 중 |
| 3 | 조연들 | 그의 앞 손님들 / 테이블에 둘러 앉아 / 디저트를 보고 있음 |
| 4 | 엑스트라 | 왼쪽 몇몇 손님들 / 한 줄로 앉아 있음 |
| 5 | 사물들 | 뒤쪽 / 큰 기계, 사다리, 카운터가 보임 |

## 고득점 포인트

- 다수의 인물, 사물 혼합 사진은 핵심 인물들과 사물들을 묶어서 aytkgㅏ여 시간을 줄입니다.
  A server is serving food. ➡ Two customers are sitting around a table. ➡ A ladder and checkout counter can be seen in the background.
- 창가를 따라 한 줄로 앉은 엑스트라급 인물들은 in a row를 활용해 한 문장으로 정리합니다.
  some customers are sitting in a row.
- 답변 시간이 12초 이하로 내려가면 2문장 정도 추가 묘사가 가능하니 시간 관리를 하며 마무리 합니다.
- 아래 사물, 배경 묘사 템플릿들은 지체없이 입으로 바로 말할 수 있도록 입에 잘 붙여 두세요.
  사물 템플릿 I can see 사물(들).
  배경 템플릿 사물(들) can be seen in the background.
- 나열식 문장에서, 처음 한 번만 관사 a를 쓰면 뒤에 단수 명사들에는 관사를 계속 안 붙여도 돼요.
  A big machine, ladder and checkout counter can be seen in the background.

## 답변 구성

 MP3 2_35

사진 묘사 템플릿 위치 표현 핵심 표현

| 1 | 장소 | This is a picture of a café.<br>이것은 카페의 사진입니다. |
|---|---|---|
| 2 | 주연 | In the middle, a server wearing an apron is serving desserts.<br>He is carrying a tray while smiling.<br>중간에는, 앞치마를 착용한 종업원이 디저트를 서빙하고 있습니다.<br>그는 미소를 지으면서 쟁반을 들고 있습니다. |
| 3 | 조연들 | In front of him, two customers are sitting around a table and looking at the desserts.<br>그의 앞에는, 고객 두 명이 테이블에 둘러 앉은 채로 디저트를 보고 있습니다. |
| 4 | 엑스트라 | On the left, some customers are sitting in a row.<br>왼쪽에는, 몇몇 고객들이 일렬로 앉아 있습니다. |
| 5 | 사물들 | A big machine, ladder and checkout counter can be seen in the background.<br>뒤쪽에는 큰 기계와 사다리, 그리고 카운터가 보입니다. |

어휘 server 종업원  wear (상태) ~을 착용하다  apron 앞치마  serve (음식 등) ~을 제공하다, ~을 내오다  carry ~을 갖고 다니다, ~을 휴대하다  tray 쟁반  while -ing ~하면서  in front of ~ 앞에  around ~에 둘러, ~ 주변에  look at ~을 보다  in a row 일렬로  ladder 사다리  checkout counter 계산대

Tip • 음료와 디저트가 있다면 카페, 음식이 있다면 레스토랑!
  • 요즘은 waiter, waitress는 지양하는 추세이니 server를 사용해 주세요.

추천 브레인스토밍

| | |
|---|---|
| 장소 | 대기실 |
| 주연들 | 앞쪽 / 두 여자들 / 편안한 옷을 입은 |
| | 소파에 앉은 / 커피를 들고 있음 |
| 사물 | 왼쪽 / 검정 수트 케이스가 있음 |
| 조연들 | 뒤쪽 / 몇몇 사람들이 앉아 있음 |

추천 브레인스토밍

| | |
|---|---|
| 장소 | 공장 |
| 주연들 | 두 남자들 / 정장, 흰 헬멧을 쓰고 / 악수 중 |
| 조연 | 그들의 옆에 여자 / 웃는 중 |
| 엑스트라 | 뒤쪽 / 몇몇 직원들이 일하는 중 |
| 느낌 | 그들은 행복해 보임 |

준비 시간과 답변 시간에 맞춰 다음 사진을 묘사해 보세요.

**1**  MP3  2_실전연습

| 1 | 장소 | 회의실 |
|---|------|--------|
| 2 | 주연 | 중간 남자 / 정장 입고 / 서서 / TV 모니터를 보고 있음 |
| 3 | 조연 | 모니터 속 여자 / 무엇인가 말하는 중 |
| 4 | 엑스트라 | 앞쪽 5명 / 테이블에 둘러 앉아 / 그녀의 말을 듣는 중 |
| 5 | 느낌 | 그들은 바빠 보임 |

2  🔊 MP3  2_실전연습

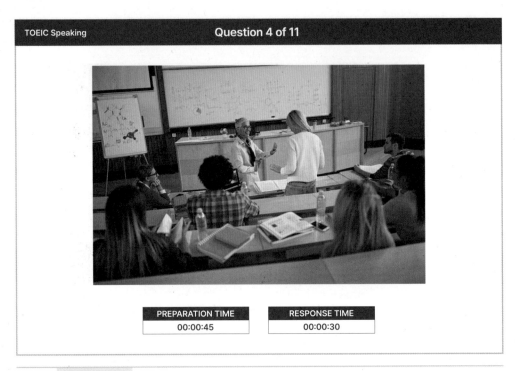

| 1 | 장소 | 교실 |
| :---: | :---: | :--- |
| 2 | 주연 | 중간 선생님 / 안경 쓴 / 손동작을 하며 / 웃는 중 |
| 3 | 조연 | 그녀의 앞 / 금발 여자 / 테이블의 첫 열에 서 있음 |
| 4 | 엑스트라 | 앞쪽 몇몇 학생들 / 테이블에 앉아 / 그들을 보고 있음 |
| 5 | 배경 | 뒤쪽 / 몇몇 흰 칠판(화이트 보드)들과 긴 카운터가 보임 |

## 1

MP3 2_36

**사진 묘사 템플릿** 위치 표현 핵심 표현

| | | |
|---|---|---|
| 1 | 장소 | <u>This is a picture of</u> a meeting room.<br>이것은 회의실의 사진입니다. |
| 2 | 주연 | In the middle, **a man in a suit** is standing <u>and</u> looking at a TV monitor.<br>중간에는, 정장을 입은 남자 한 명이 선 채로 TV 모니터를 보고 있습니다. |
| 3 | 조연 | **A woman in the monitor** is talking about something.<br>모니터에 나오는 여자 한 명이 무언가 이야기하고 있습니다. |
| 4 | 엑스트라 | In the foreground, **five people** are sitting around a table <u>and</u> listening to her.<br>앞쪽에는, 다섯 명의 사람들이 테이블에 둘러 앉은 채로 그녀의 말을 듣고 있습니다. |
| 5 | 느낌 | <u>They look</u> busy.<br>그들은 바빠 보입니다. |

**어휘** look at ~을 보다  around ~에 둘러, ~ 주변에  listen to ~을 듣다  look A A하게 보이다, A한 것 같다

**Tip** 엑스트라급 인물들은 동일 위치나 동작으로 묶어줘야 하므로 수일치에 특히 주의합니다.
They look 에서 looks 로 실수하지 않도록 주의해 주세요.

## 2

MP3 2_37

**사진 묘사 템플릿** 위치 표현 핵심 표현

| | | |
|---|---|---|
| 1 | 장소 | <u>This is a picture of</u> a classroom.<br>이것은 교실의 사진입니다. |
| 2 | 주연 | In the middle, **a teacher with glasses** is making a hand gesture <u>while</u> smiling.<br>중간에는, 안경을 쓴 교사 한 명이 미소를 지으면서 손동작을 하고 있습니다. |
| 3 | 조연 | In front of her, **a woman** with blond hair is standing at the first row of tables.<br>그녀 앞에는, 금발머리를 한 여자 한 명이 첫째 줄 테이블 앞에 서 있습니다. |
| 4 | 엑스트라 | **Some students in the foreground** are sitting at their tables <u>and</u> looking at them.<br>앞쪽에 있는 몇몇 학생들이 각자 탁자 앞에 앉은 채로 그들을 보고 있습니다. |
| 5 | 배경 | **Some whiteboards** <u>and</u> a long counter <u>can be seen in the background</u>.<br>뒤쪽에는 몇몇 화이트보드와 긴 카운터가 보입니다. |

**어휘** make a hand gesture 손동작을 하다  while -ing ~하면서  in front of ~ 앞에  blond 금발의  row 줄, 열  look at ~을 보다

**Tip** • 여러 테이블이나 여러 의자가 열 맞춰 있는 경우, 몇 번째 줄인지 말할 수 있으면 유리합니다.
  at the first row of tables
  • 나열식의 수일치에 실수가 없도록 준비 시간에 미리 구문을 연습해 두고 답변할 때도 천천히 말해주세요.
  Some whiteboards and a long counter can be seen in the background.

시원스쿨 LAB

시원스쿨 LAB

# 시원스쿨 4주 완성
# TOEIC Speaking 학습지

조앤박 | 시원스쿨어학연구소

**3**

# Questions 5-7
## Respond to questions
듣고 질문에 답하기

# 시원스쿨 4주 완성

# TOEIC Speaking 학습지

조앤박 | 시원스쿨어학연구소

**3**

시원스쿨
**토익스피킹학습지**

**초판 1쇄 발행** 2023년 1월 2일

**지은이** 조앤박·시원스쿨어학연구소
**펴낸곳** (주)에스제이더블유인터내셔널
**펴낸이** 양홍걸 이시원

**홈페이지** www.siwonschool.com
**주소** 서울시 영등포구 국회대로74길 12 시원스쿨
**교재 구입 문의** 02)2014-8151
**고객센터** 02)6409-0878

**ISBN** 979-11-6150-655-5 13740
**Number** 1-110303-19190400-08

# 3

## Questions 5-7
## 듣고 질문에 답하기

## 목차

---

## 문제 구성

| 문제 번호 | Questions 5-7 (3문제) |
|---|---|
| 문제 유형 | Respond to questions 듣고 질문에 답하기 |
| 준비 시간 | 문항별 3초 |
| 답변 시간 | Q5: 15초, Q6: 15초, Q7: 30초 |

## 진행 순서

TOEIC Speaking

**Questions 5-7: Respond to questions**

**Directions :** In this part of the test, you will answer three questions. You will have three seconds to prepare after you hear each question. You will have 15 seconds to respond to Questions 5 and 6 and 30 seconds to respond to Question 7.

### 1 안내문
시험 진행 방식을 설명하는 안내문을 화면에 보여준 뒤 음성으로 들려줍니다.

TOEIC Speaking

Imagine that an American marketing firm is doing research in your country. You have agreed to participate in a telephone interview about mobile games.

### 2 상황 설명
안내문이 사라지면 화면 상단에 전화 설문 조사 또는 지인으로부터 전화를 받는 상황이 주어집니다.

TOEIC Speaking          Question 5 of 11

Imagine that an American marketing firm is doing research in your country. You have agreed to participate in a telephone interview about mobile games.

How often do you play a mobile game, and where did you play it?

| PREPARATION TIME | RESPONSE TIME |
|---|---|
| 00:00:03 | 00:00:15 |

### 3 Question 5
뒤이어 5번 문제가 등장하며 준비 시간 3초 후 답변 시간 15초가 주어집니다.

## 4 Question 6

뒤이어 6번 문제가 등장하며 준비 시간 3초 후 답변
시간 15초가 주어집니다.

## 5 Question 7

뒤이어 7번 문제가 등장하며 준비 시간 3초 후 답변
시간 30초가 주어집니다.

## 출제 비율

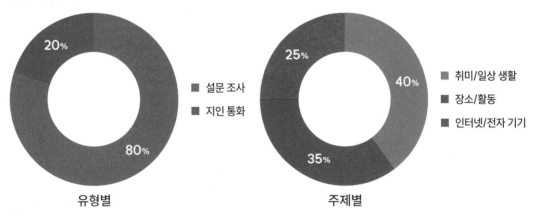

## 채점 포인트

· 제한된 시간 동안 각 질문에 상응하는 답변을 하는가?

· 연속된 질문들에 일관된 답변을 하는가?

· 정확한 어휘로 문법 실수 없이 표현하는가?

· 발음, 억양을 얼마나 자연스럽게 전달하는가?

## 주제 파악하기

안내문이 사라지면 화면에 지시문이 등장하고 현재 상황을 설명하는 나레이션이 나옵니다. 이때 about 뒤에 핵심 주제를 빠르게 찾습니다.

## 설문 조사

| TOEIC Speaking |
| --- |
| Imagine that a travel magazine is doing research for an article in your area. You have agreed to participate in a telephone interview about traveling on vacation.<br>↳ 핵심 주제: 휴가 때 여행하기<br><br>한 여행 잡지사가 당신이 거주하는 지역에서 기사를 쓰기 위한 설문 조사를 하고 있다고 가정해 보세요. 당신은 휴가 때 여행하기에 대한 전화 인터뷰에 참여하기로 동의했습니다. |

## 지인과의 통화

| TOEIC Speaking |
| --- |
| Imagine that you are talking on the phone to your friend. You and your friend are talking about traveling on vacation.<br>↳ 핵심 주제: 휴가 때 여행하기<br><br>당신이 친구와 전화 통화를 하고 있다고 가정해 보세요. 당신과 친구는 휴가로 여행을 가는 것에 대해서 전화 인터뷰에 참여하기로 동의했습니다. |

## 답변 브레인스토밍

나레이션이 진행되는 약 8-10초 가량의 시간 동안 5종 빈출 의문사 (누구랑, 언제(마지막으로), 어디서, 얼마나 자주, 왜)를 기준해 빠르게 쓸만한 답변 요소들을 떠올려 둡니다. 뒤에서 배우게 되는 만능 패턴을 미리 떠올려 둡니다.

| | 누가 | 가족과 |
| --- | --- | --- |
| 휴가 때 여행하기 | 언제 | 작년에 |
| | 어디서 | 제주도 여행 |
| | 빈도 | 일 년에 한두 번 정도 |
| | 왜 | 취미가 여행, 먹고 쉬며 스트레스 풀고 즐김 |

5-7번은 한 가지 주제에 대해 다양한 의문문으로 질문합니다. 어느 정도 문제 유형이 정해져 있기 때문에 문제 유형과 답변 노하우를 알고 시험장에 가면 유리합니다.

## Question 5 주제에 대한 기본적인 질문 (답변 시간: 15초)

### 문제 유형

- WH 의문사 의문문, Yes/No 의문문으로 질문합니다.
- 가장 최근에 했던 것이 무엇인지 질문합니다.

### 답변 노하우

- 2개의 질문에 모두 답변합니다.
- 뒤에서 배울 WH패턴 및 만능 패턴과 추가 답변 요소를 통해 답변 시간을 최대한 채워줍니다.
- 경험이 없는 경우라도, 해본 적 없다, 싫어한다고 답하면 연속 질문들에 계속 부정적으로 답하게 되므로 득점에 불리합니다. 경험을 해봤다는 설정을 토대로 긍정적으로 답변합니다.
- 과거형 질문의 답변에는 "재미있었어"처럼 느낌을 추가해 답변양을 늘립니다.

🔊 MP3 3_1

의문사/답변 키워드  추가 정보

---

Q  How often do you go shopping and where do you usually go?

A  I usually go shopping at Hyundai Mall about once or twice a month with my friends because my hobby is shopping.

Q  당신은 얼마나 자주 쇼핑하며, 주로 어디로 가요?

A  저는 주로 현대몰에서 한 달에 한두 번 친구들과 함께 쇼핑을 합니다. 왜냐하면 제 취미는 쇼핑이기 때문입니다.

---

## Question 6 경험, 성향, 이유를 묻는 질문/ 선택 질문 + Why (답변 시간: 15초)

### 문제 유형

- 특정 상황에서 나의 경험, 성향, 이유를 질문합니다.
- 주제 관련 선택지 중 택 1 + 이유, 근거를 질문합니다.

### 답변 노하우

- 앞 문제에서 허구의 설정을 잡아 답했다면, 해당 문제의 답변 방향도 연관된 이야기로 일관성 있게 답변합니다.
- 문제의 표현을 그대로 가져와서 답변하는 것 보다 새로운 내용으로 답변해 주는 것이 득점에 유리합니다.
- 답변 시간을 넘기지 않도록 핵심 이유 위주로 답변합니다.

| Q | Do you prefer buying jewelry on the internet or at the department store? |
|---|---|
| A | I buy jewelry at the Hyundai department store because I can check the quality of the products. |
| Q | 당신은 인터넷으로 액세서리를 구매하는 것과 백화점에서 구매하는 것 중 무엇을 선호하나요? |
| A | 저는 현대 백화점에서 액세서리를 구매합니다. 왜냐하면 상품의 품질을 확인할 수 있기 때문입니다. |

## Question 7 나의 의견과 이유를 묻는 질문, 선택형 질문 (답변 시간: 30초)

### 문제 유형

· 주제에 대한 선호 사항, 장단점 등 의견, 이유, 경험을 묻는 질문입니다.
· 선택과 추천을 요구하는 질문도 등장합니다.

### 답변 노하우

· 개인적인 선호도보다 더 많이 말할 수 있는 선택지를 선택합니다.
· 경험 설정, 만능 패턴 등을 최대한 활용해 이유와 경험을 설명합니다.
· 30초 답변 시간에 맞춰 5, 6번과 일관성 있게 말합니다.
· 답변 시간이 너무 남거나 넘지 않도록 합니다.

| Q | Which of the following factors is the most important for you when you use a laundromat, and why?<br>- Good waiting area    - Big laundry machines    - Clothes repair service |
|---|---|
| A | A big laundry machine is the most important factor. In my case, I don't have a big washing machine at home so when I need to wash a lot of clothes, I go to Seoul Laundromat near my place. It's very convenient to wash them at once so I can save time and effort. |
| Q | 다음 중 빨래방을 이용할 때 가장 중요한 요소는 무엇이며, 그 이유는 무엇인가요?<br>- 좋은 대기실   - 대형 세탁기   - 의류 수선 서비스 |
| A | 대형 세탁기가 가장 중요한 요소입니다. 제 경우에는, 집에 대형 세탁기가 없어서 많은 옷을 빨아야 할 때 집 근처에 있는 서울 세탁소에 갑니다. 한 번에 많은 빨래를 할 수 있어 매우 편리하고 시간과 노력을 절약할 수 있습니다. |

## 의문문의 종류

### 1 의문사가 있는 의문문 (WH-question)

when, where, who, how often, what 등 Wh- 의문사로 시작합니다. 의문사에 대한 대답은 정확히 해야하며 추가적인 답변 요소를 덧붙여 한정된 시간에 많이 말하는 것이 득점에 유리합니다.

◁》MP3 3_4
질문/답변 형식 추가 정보

> Q  When was the last time you went camping?
> A  I went camping about 2 weeks ago with my friend.
>
> Q  마지막으로 캠핑을 간 것은 언제인가요?
> A  저는 2주 전에 친구와 함께 캠핑을 갔습니다.

### 2 의문사가 없는 의문문 (Yes/No question)

Wh 의문사가 없이 동사로 질문하며 답변은 예, 아니오로 시작합니다. be동사 (Is there~?, Are you willing to~?), Do동사 (Do you~? Does it~?), Have동사 (Have you~?), 조동사 (Would you~?, Will you~?) 의문문 형태로 출제됩니다.

◁》MP3 3_5
질문/답변 형식 추가 정보

> Q  Do you use headphones?
> A  Yes, I use headphones when I study.
>
> Q  당신은 헤드폰을 사용하나요?
> A  네, 저는 공부할 때 헤드폰을 사용합니다.

## 3 선택 의문문

주로 6번이나 7번에서 물어보며, 2-3개의 선택 문항 중 무엇을 선택할지 묻는 의문문이에요. 의문사에 상관없이 가장 할 말이 많은 선택지를 택해 답변합니다.

🔊 MP3 3_6

질문/답변 형식  선택 정보

---

Q Which of the following factors is the most important for you when you buy a smartphone? Why?
- Updated camera   - Long Battery life   - Brand
A When I buy a smartphone, the most important factor is an updated camera.

---

Q 다음 중 당신이 스마트폰을 살 때 가장 중요한 요소는 무엇인가요? 그 이유는 무엇인가요?
- 최신 카메라  - 긴 배터리 수명    - 브랜드
A 제가 스마트폰을 살 때 가장 중요한 요소는 최신 카메라입니다.

---

## 빈출 WH의문사와 WH 패턴

### 1   How often ~ / How many times ~? 빈도를 묻는 질문

🔊 MP3 3_7

Q How often do you listen to music?   당신은 얼마나 자주 음악을 듣나요?
A I listen to music    +    about once or twice a day. 하루에 한 번 혹은 두 번
  저는 음악을 듣습니다        about once or twice a week. 일주일에 한 번 혹은 두 번

### 2   Where ~? 장소를 묻는 질문

🔊 MP3 3_8

Q Where is the best place to buy jewelry?   액세서리를 사기 가장 좋은 장소는 어디인가요?
A I buy jewelry    +    on the internet. 인터넷에서
  저는 액세서리를 삽니다        online. 온라인에서
                    at the department store. 백화점에서

**Tip** 백화점, 쇼핑 센터처럼 주소지가 있는 여러 층의 큰 건물은 정관사 the를 붙입니다.

## 3 Who ~? 사람을 묻는 질문

 MP3 3_9

> Q  Who would you like to go to a museum with? 당신은 누구와 함께 박물관에 가고 싶나요?
>
> A  I would like to go to a museum      +      with my friends. 친구들과 함께
>    저는 박물관에 가고 싶습니다                   with my family. 가족들과 함께

## 4 When was the last time ~? / When did you ~ ? 과거 시점을 묻는 질문

MP3 3_10

> Q  When was the last time you went to a park?  당신이 마지막으로 공원에 간 것은 언제인가요?
>
> A  I went to a park      +      about 2 days ago. 2일 정도 전에
>    저는 공원에 갔습니다              about 2 weeks ago. 2주 정도 전에
>                                   about 2 months ago. 2달 정도 전에

MP3 3_11

> Q  When did you use your laptop computer?  당신은 언제 노트북을 사용했나요?
>
> A  I used it      +      about 2 hours ago. 2시간 정도 전에
>    저는 그것을 사용했습니다        about 2 days ago. 2일 정도 전에

## 5 How ~? 방법, 수단 또는 어떤 느낌인지를 묻는 질문

MP3 3_12

> Q  If you wanted to share pictures with your friends and family, how would you do it?
>    만약 당신이 친구와 가족들과 사진을 공유하고 싶다면, 어떻게 공유하고 싶나요?
>
> A  I would share them      +      on the internet. 인터넷으로
>    저는 그것들을 공유하고 싶습니다        on my smartphone. 스마트폰으로
>                                      by chatting app like Kakao Talk. 카카오톡 같은 앱으로

## 6   How long~? / How far~? 거리(시간)을 묻는 질문

 MP3 3_13

Q   How long does it take to get to the nearest bank in your area?
당신의 동네에서 가장 가까운 은행까지 얼마나 걸리나요?

A   It takes          **+**          about 10 minutes. 10분 정도

(시간이) 걸립니다                  about an hour. 한 시간 정도

 MP3 3_14

Q   How far is the nearest bus stop from your house?
당신의 집에서 가장 가까운 버스 정류장은 얼마나 먼가요?

A   It takes    **+**    about 2 minutes. 2분 정도    **+**    by bicycle. 자전거로

(시간이) 걸립니다          about 10 minutes 10분 정도    **+**    on foot. 걸어서

## 7   What ~ / What ~ ? 무엇인지를 묻는 질문

 MP3 3_15

Q   What do you do in your leisure time?
당신은 여가 시간에 무엇을 하나요?

A   I usually          **+**          listen to music. 음악을 듣습니다

저는 주로                 watch YouTube. 유튜브를 봅니다

**Tip** What 질문은 무엇인지를 묻는 질문이라 따로 만능 패턴은 없지만 위와 같이 토익스피킹에서 가장 많이 쓰는 핵심 동사와 어휘들을 즉각 활용할 수 있도록 미리 소리 내어 입에 붙여 두세요.

 MP3 3_16

Q   What are the advantages of taking a bus?
버스를 타는 것의 장점은 무엇인가요?

A   I can          **+**          save time and gas money. 시간을 절약하고 주유비를 아끼는 것을

저는 할 수 있습니다          read books. 책 읽는 것을

**Tip** 장점을 묻는 질문에는 2개 이상의 장점을 말해줍니다. 이때, 시작 문장을 긍정문과 부정문으로 다양하게 답변하는 연습을 해보세요.

다음 질문들의 의문사를 적어보세요. 의문사가 없을 경우에는 X 표시를 해주세요.

**1** How do you learn about restaurants in your area?
당신은 당신의 지역에 있는 식당들에 대해 어떻게 알 수 있나요?  _____

**2** Where do you usually go in your free time?
당신은 여가 시간에 주로 어디에 가나요?  _____

**3** How long do you typically spend in a shoe store?
당신은 보통 신발 가게에서 얼마나 오래 있나요?  _____

**4** Who did you go to the restaurant with?
당신은 누구와 함께 식당에 갔었나요?  _____

**5** Is there any good restaurant in your neighborhood?
당신의 동네에 어떤 한 좋은 식당이 있나요?  _____

**6** How much time do you usually spend in the bookstore?
당신은 주로 서점에서 얼마나 많은 시간을 보내나요?  _____

**7** Could you recommend a good place to visit in your area?
당신이 사는 지역에서 방문하기 좋은 한 장소를 추천해주시겠어요?  _____

**8** What is the most important factor when you choose to stay at a hotel?
당신이 호텔에 머무르는 것을 선택할 때 가장 중요하게 고려하는 요소는 무엇인가요?  _____

**9** Which do you prefer living alone or with your family?
당신은 혼자 사는 것과 가족과 함께 사는 것 중 어느 것을 선호하나요?  _____

**10** How many times did you cook last week?
당신은 지난 주에 몇 번이나 요리를 했었나요?  _____

**모범 답안**

**1** How  **2** Where  **3** How long  **4** Who  **5** x  **6** How much  **7** x  **8** What  **9** Which  **10** How many

### 1 질문에 모두 답하기

질문이 2개이면 답변도 2개 모두 하는 것이 좋습니다.

🔊 MP3 3_17

> Q  Where do you go in your free time and **who** do you go there **with**?
>
> A  I go to Olympic Park **with my family**.
>
> ⋯⋯⋯⋯⋯⋯⋯⋯⋯⋯⋯⋯⋯⋯⋯⋯⋯⋯⋯⋯⋯⋯⋯⋯⋯⋯⋯⋯⋯⋯⋯⋯⋯
>
> Q  당신은 여가 시간에 어디를 가며, 누구와 함께 그곳에 가나요?
>
> A  저는 가족들과 함께 올림픽 공원에 갑니다.

### 2 핵심 동사 재활용

대부분 I (나는) 주어로 시작하므로 질문 속 핵심 동사를 빠르게 찾아서 답변에 활용합니다.

🔊 MP3 3_18

> Q  Where is the best place to eat out?
>
> A  I eat out at ABC restaurant.
>
> ⋯⋯⋯⋯⋯⋯⋯⋯⋯⋯⋯⋯⋯⋯⋯⋯⋯⋯⋯⋯⋯⋯⋯⋯⋯⋯⋯⋯⋯⋯⋯⋯⋯
>
> Q  외식하기에 가장 좋은 장소는 어디인가요?
>
> A  저는 ABC 식당에서 외식을 합니다.

## 3 키워드 복사해 붙이기

질문을 읽으면서 A is B 구조의 질문 형식이 보인다면 키워드를 B is A로 순서를 바꾸어 답변해보세요. 주어를 그대로 활용하면 문법 실수를 최소화 할 수 있습니다.

MP3 3_19

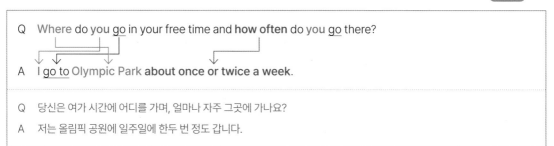

Q  **Where** do you go in your free time and **how often** do you go there?

A  I go to Olympic Park **about once or twice a week**.

Q  당신은 여가 시간에 어디를 가며, 얼마나 자주 그곳에 가나요?

A  저는 올림픽 공원에 일주일에 한두 번 정도 갑니다.


## 4 시제와 수일치

종종 과거와 현재 시제를 섞어 2개의 질문으로 출제됩니다. 주어와 동사의 시제가 모두 달라지는 경우도 있으니 질문을 자세히 읽고 주격의 단수, 복수 여부에 따라 동사의 수를 잘 맞춰주세요.

MP3 3_20

Q  When **did you take** a bus and **how long does it take** to get to the bus stop from your house?

A  I **took a bus 2 days ago** and **it usually takes about 10 minutes** on foot to get to the bus stop from my house.

Q  당신은 언제 버스를 탔으며, 집에서 버스 정류장까지는 얼마나 걸렸나요?

A  저는 이틀 전에 버스를 탔습니다. 그리고 집에서 버스정류장까지는 보통 걸어서 10분 정도 걸립니다.

제시된 질문을 활용해 다음 문제들에 답변해 보세요.

**1** Where did you go for your last vacation and when was it?

_____

**2** What is the most valuable electronic device to you?

_____

**3** Where did you buy your laptop computer and how often do you use it?

_____

**4** How often do you use your smartphone?

_____

**5** When was the last time you used the internet and for how long did you use it?

_____

**6** Where is the best place to go in your neighborhood?

_____

**7** What smartphone application did you use most recently?

_____

**1    질문에 모두 답하기**

◁» MP3  3_21

Q  Where did you go for your last vacation and when was it?

당신은 지난 휴가에 어디에 갔으며, 언제 갔나요?

A  I went to Jejudo about 2 weeks ago with my friends.

저는 2주 전에 제 친구들과 함께 제주도에 갔습니다.

**2    키워드 복사해 붙이기**

Q  What is the most valuable electronic device to you?

당신에게 가장 소중한 전자기기는 무엇인가요?

A  The most valuable electronic device to me is my smartphone.

제게 가장 소중한 전자기기는 제 스마트폰입니다.

**3    질문에 모두 답하기**

Q  Where did you buy your laptop computer and how often do you use it?

당신은 컴퓨터를 어디서 구입했으며, 얼마나 자주 그것을 사용하나요?

A  I bought it on the internet and use it about once or twice a day.

저는 그것을 인터넷으로 구매했고 일주일에 한두 번 정도 사용합니다.

**4    핵심 동사 재활용**

Q  How often do you use your smartphone?

당신은 스마트폰을 얼마나 자주 사용하나요?

A  I use my iPhone every day.

저는 제 아이폰을 매일 사용합니다.

**5    시제와 수일치**

Q  When was the last time you used the internet and for how long did you use it?

마지막으로 인터넷을 사용한 것은 언제이며 얼마나 오래 사용했나요?

A  I used the internet for about two hours yesterday on my smartphone to watch some video clips on YouTube.

저는 어제 유튜브 동영상을 보기 위해 제 스마트폰으로 약 두 시간 동안 인터넷을 사용했습니다.

**6    키워드 복사해 붙이기**

Q  Where is the best place to go in your neighborhood?

당신의 동네에서 가장 가기 좋은 장소는 어디인가요?

A  I think the best place to go in my neighborhood is ABC department store.

우리 동네에서 가장 가기 좋은 장소는 ABC 백화점이라고 생각합니다.

**7    시제와 수일치**

Q  What smartphone application did you use most recently?

당신은 최근 어떤 스마트폰 앱을 사용했나요?

A  I used Instagram about 2 hours ago to chat with my friend.

저는 제 친구와 대화하기 위해 2시간 전에 인스타그램을 사용했습니다.

## 1   I + 동사 문장

내가 하는 행동에 대한 이유를 설명할 때 다양한 동사를 활용하여 문장을 시작해보세요. because(왜냐하면), so(그래서), and(그리고)로 다음 문장을 연결하여 인과관계도 설명해 보세요.

**MP3** 3_22

| | |
|---|---|
| **I can 동사**<br>나는 ~ 할 수 있다 | I can find information so it is helpful.<br>저는 정보를 찾을 수 있습니다. 그래서 이것은 유용합니다. |
| **I want to 동사**<br>나는 ~하고 싶다 | I want to go shopping because it is fun.<br>저는 쇼핑하러 가고 싶습니다. 왜냐하면 이것은 재미있기 때문입니다. |
| **I need to 동사**<br>나는 ~할 필요가 있다 | I need to work out every day so I can be healthy.<br>저는 매일 운동을 해야 할 필요가 있습니다. 그래야 건강해질 수 있습니다. |

## 2   It is 형용사 문장

모든 행동의 이유는 쉽고, 빠르고, 편하고, 재미있고, 싸고, 합리적이며, 멋지고, 건강하고, 유익하기 때문입니다. 형용사로 간편하게 이유 문장을 시작하고 마무리합니다. 이때, money, time, effort를 기준으로 활용해 보세요.

**MP3** 3_23

| | | |
|---|---|---|
| M | **It is economical.**<br>돈 절약 (=경제적인) | It is economical because I can save money.<br>이것은 경제적입니다. 왜냐하면 저는 돈을 아낄 수 있기 때문입니다.<br><br>I can save money so it is economical.<br>저는 돈을 아낄 수 있습니다. 그래서 이것은 경제적입니다. |
| T | **It is fast.**<br>시간 절약 (=빠른) | It is fast so I can save time.<br>이것은 빠릅니다 그래서 저는 시간을 아낄 수 있습니다.<br><br>I can save time because it is fast.<br>저는 시간을 아낄 수 있습니다. 왜냐하면 이것은 빠르기 때문입니다. |
| E | **It is convenient.**<br>**It is easy.**<br>노동 절약 (=편한, 쉬운) | It is convenient so I can save effort.<br>이것은 편합니다 그래서 저는 노력을 아낄 수 있습니다.<br><br>I can save effort because it is easy.<br>저는 노력을 아낄 수 있습니다. 왜냐하면 그것은 쉽기 때문입니다. |

이유 문장 템플릿을 활용해 문장을 만들어 보세요.

**1**  이것은 빠릅니다 그래서 저는 시간을 아낄 수 있습니다.

_____

**2**  저는 시간을 아낄 수 있습니다 왜냐하면 그것은 빠르기 때문입니다.

_____

**3**  이것은 경제적입니다 왜냐하면 저는 돈을 아낄 수 있기 때문입니다.

_____

**4**  이것은 쉽고 편합니다 그래서 저는 노력을 아낄 수 있습니다.

_____

**5**  저는 노력을 아낄 수 있습니다 왜냐하면 이것은 쉽고 편하기 때문입니다.

_____

🔊 MP3 3_24

### 모범 답안

1  It is fast so I can save time.
2  I can save time because it is fast.
3  It is economical because I can save money.
4  It is easy and convenient so I can save effort.
5  I can save effort because it is easy and convenient.

**만능 패턴**

시험장에서는 본인의 성향, 경험, 의견에 대해 고민하고 영작할 여력이 없습니다. 그래서 5, 6, 7, 11번에 두루두루 쓸 수 있는 만능 답변이 필요하죠. 토익스피킹 고득점의 밑천이 되는 만능 패턴들을 암기하고 어떻게 적용하는지 알아봅니다.

## 1 돈 패턴 (Money Pattern)

사실, 생활과 관련된 주제에서는 늘 돈이 부족하다, 돈을 아끼고 싶다는 이유로 풀면 언제나 말이 됩니다.

🔊 MP3 3_25

| | |
|---|---|
| 돈 패턴 | I'm a student and I don't have much money.<br>저는 학생이고 돈이 별로 없습니다. |
| | I don't want to spend much money on that.<br>저는 그것에 많은 돈을 쓰고 싶지 않습니다. |
| 돈 부족 패턴 | These days, I have a tight budget.<br>요즘, 저는 예산이 빠듯합니다. |

## 2 시간, 노력 패턴 (Time & Effort Pattern)

시간을 낭비하고 쓸데없이 노력하고 싶은 사람은 없겠죠? 시간과 노력을 아낄 수 있다는 이유는 그래서 늘 통합니다.

🔊 MP3 3_26

| | |
|---|---|
| 시간, 노력 패턴 | I can save time and effort.<br>저는 시간과 노력을 아낄 수 있습니다. |
| | I don't want to waste time and effort.<br>저는 시간과 노력을 낭비하고 싶지 않습니다. |
| 시간 부족 패턴 | These days, I'm busy with a lot of work and I don't have enough time to (동사).<br>요즘 저는 많은 일 때문에 바빠서 (동사) 할 시간이 많지 않습니다. |

## 3 인터넷 패턴 (Internet Pattern)

요즘 세상에선 인터넷 없이 살 수 없으니까, 수단(how), 방법 (method, style, way)과 장소(where)를 묻는 질문에는 "인터넷으로~"라고 답변합니다. 인터넷 동사 4종을 행동 기준으로 관련된 답변 요소를 암기해 보세요.

MP3 3_27

| 인터넷 동사 4종 | buy things / communicate with others/ find information/ learn new things<br>물건을 구매합니다 / 사람들과 소통합니다 / 정보를 찾습니다 / 새로운 것을 배웁니다 |
|---|---|
| 스마트폰 패턴 | on my smartphone / by using my smart phone<br>내 스마트폰으로 / 내 스마트폰을 사용하여 |
| 인터넷 패턴 | on the internet / online<br>인터넷에서 / 온라인으로 |
| 언제 어디서나 패턴 | anytime & anywhere / whenever I want<br>언제 어디서나 / 내가 원할 때 언제든지 |
| 가성비, 무료 패턴 | at a reasonable price / for free<br>합리적인 가격에 / 무료로 |

## 4 스트레스 패턴 (Stress Pattern)

우리는 놀고, 먹고, 사고, 즐기면, 스트레스가 풀리고 행복해집니다. 어떤 행동을 했을 때, 내 스트레스가 풀린다고 하면 어떤 문제가 나와도 답변할 수 있습니다. 시험장에서 이유 문장으로 무조건 한 번은 쓰게 될 꿀 패턴입니다.

MP3 3_28

| [전제]<br>When I 동사,<br>~를 할 때, | 스트레스 패턴 | I can relieve stress and refresh myself.<br>저는 스트레스를 풀고 기분 전환을 할 수 있습니다. |
|---|---|---|
| | 기분 패턴 | I feel good and happy.<br>저는 기분이 좋고 행복합니다. |
| | 에너지 패턴 | I get more energy.<br>더 많은 에너지를 얻습니다. |

Tip 어떤 상황일 때 스트레스가 풀리는지 전제 조건 (when I 동사)을 같이 말해 주는 것이 좋습니다.

⑩ When I listen to music, I can relieve stress and refresh myself.
저는 음악을 들을 때 스트레스가 풀리고 기분 전환을 할 수 있습니다.

## 5 건강, 취미 패턴 (Health & Hobby Pattern)

취미가 운동이라고 답변한다면 다수가 하는 운동 종목 중 하나를 선택합니다. 그래야 사람들과 같이 운동하면서 사회성을 배우고 스트레스가 풀린다고 답변할 수 있어요. 사회성 패턴과 스트레스 패턴을 연결해서 사용할 수 있습니다.

🔊 MP3  3_29

| 건강 패턴 | I'm on a diet because I want to be healthy.<br>저는 다이어트 중입니다. 왜냐하면 건강하고 싶기 때문입니다. |
|---|---|
| 취미 패턴 | My hobby is playing tennis (basketball).<br>제 취미는 테니스(농구)를 하는 것입니다. |

## 6 여행, 문화 패턴 (Travel & Culture Pattern)

취미가 여행이라고 답변한다면 새로운 사람, 문화, 음식 등을 경험할 수 있다는 이유를 추가로 말할 수 있습니다. 만능 패턴들을 다양하게 연결하여 답변 이유로 활용할 수 있습니다.

🔊 MP3  3_30

| 여행 패턴 | I can enjoy great food and views.<br>저는 좋은 음식과 풍경을 즐길 수 있습니다. |
|---|---|
| 문화 패턴 | I can experience new cultures.<br>저는 새로운 문화를 경험할 수 있습니다. |

## 7 학습, 견문, 지식 패턴 (Learning, Perspective & Knowledge Pattern)

새로운 식당에 가고, 새로운 언어를 배우고, 낯선 사람을 만나는 등에 대해 말할 때 활용합니다. 누군가와 함께하면 자연스레 학습이 이루어지며 견문과 지식을 넓힐 수 있으니 사회성 패턴과 함께 활용도가 높은 패턴입니다.

🔊 MP3  3_31

| 학습 패턴 | It's beneficial to learn new things from others.<br>다른 사람들로부터 새로운 것을 배우는 것은 유익합니다. |
|---|---|
| 견문, 지식 패턴 | In this way, I can broaden my perspective and knowledge.<br>이렇게 하면, 제 견문과 지식을 넓힐 수 있습니다. |

## 8 사회성 패턴 (Socializing Pattern)

사람들과 할 수 있는 것이 많은 쪽으로 선택해야 답변도 이유도 많이 말할 수 있습니다. 새로운 만남을 통해 사람들과 교류를 하면 대인관계 능력이 향상되고 이를 통해 열린 사고를 하는 성격으로 변하여 새사람이 되었다는 설정으로 연결해 보세요.

 MP3 3_32

| 친구 패턴 | I can meet new people and make friends.<br>저는 새로운 사람들을 만나고 친구를 사귈 수 있습니다. |
|---|---|
| 소통 패턴 | I think interacting with others is important.<br>저는 다른 사람들과 소통하는 것이 중요하다고 생각합니다. |
| 사회성 패턴 | Because I can learn social skills, communication skills and teamwork.<br>왜냐하면 사회성 능력, 의사소통 능력 그리고 팀워크를 배울 수 있기 때문입니다. |
| 성격 패턴 | My personality became more open-minded and well-rounded.<br>제 성격은 좀 더 개방적이고 원만해졌습니다. |
| 피플-펄슨 패턴 | I just like it! Because I'm a people-person.<br>저는 그냥 이게 좋아요! 왜냐하면 저는 사교성 좋은 사람이거든요. |

## 9 내구성 패턴 (Durability Pattern)

컴퓨터, 스마트폰, 세탁기 등 사놓으면 오래 쓰는 물건은 내구성이 중요하다고 하고, 여러가지 물건들의 품질을 직접 보고 비교해 보고 싶을 때는 백화점으로 갑니다.

MP3 3_33

| 내구성 패턴 | For me, durability is very important because I usually use things for a long time.<br>저는 내구성이 매우 중요합니다. 왜냐하면 저는 보통 물건들을 오래 사용하기 때문입니다. |
|---|---|
| 백화점 패턴 | When I want to check the quality of the products, I go to the department store.<br>저는 제품의 품질을 확인해 보고 싶을 때 백화점에 갑니다. |
| 제품 비교 패턴 | I can compare the items in person or try them on.<br>제가 상품들을 직접 비교하거나 입어 볼 수 있습니다. |
| 할인 패턴 | I get a discount with my membership card so I can save money.<br>저는 멤버십 카드로 할인 받아서 돈을 절약할 수 있습니다. |

## 10 정보 패턴 (Information Pattern)

놀라지 마세요. 다 외우는 거 아닙니다! 우선, 아래 방법을 하나 선택하고 잘 암기되는 패턴 2-3개만 고릅니다. 이유의 종류만 조금 다를 뿐 동일한 문장들이니 교체된 키워드에 주의하면서 소리 내어 입에 붙여보세요.

🔊 MP3 3_34

교체 키워드

| | | |
|---|---|---|
| ① 인터넷 정보 패턴 | 후기 찾기 | I read reviews on the internet to find information about _____.<br>저는 _____에 대한 정보를 찾기 위해 인터넷에서 후기를 읽습니다. |
| | 본인 신뢰 | I know what I want the most.<br>제 스스로 무엇을 원하는지 가장 잘 알아요. |
| | M. (돈 절약) | It's free to get useful information so I don't have to spend money.<br>유용한 정보를 무료로 얻을 수 있어서 돈을 쓸 필요가 없습니다. |
| | T.E. (시간, 노력 절약) | I can save time and effort by using my smartphone.<br>제 스마트폰을 사용함으로써 시간과 노력을 아낄 수 있습니다. |
| ② 친구 정보 패턴 | 친구 문의 | I ask my friends to find information about _____.<br>저는 _____에 대한 정보를 찾기 위해 친구들에게 물어봅니다. |
| | 친구 신뢰 | I can trust them because they know my taste.<br>I want to get reliable recommendations from them.<br>친구들은 믿을 수 있습니다. 왜냐하면 그들은 제 취향을 잘 알기 때문입니다.<br>그들로부터 믿을 만한 추천을 받고 싶습니다. |
| | M. (돈 절약) | It's free to get useful information so I don't have to spend money.<br>유용한 정보를 무료로 얻을 수 있어서 돈을 쓸 필요가 없습니다. |
| | T.E. (시간, 노력 절약) | When I get customized feedback from them, I can save time and effort.<br>친구들로부터 맞춤 피드백을 받을 때, 시간과 노력을 아낄 수 있습니다. |
| ③ 전문가 정보 패턴 | 전문가 문의 | I ask experts to find information about _____.<br>저는 _____에 대한 정보를 찾기 위해 전문가에게 문의합니다. |
| | 본인 신뢰 | I can trust them because they know what I want.<br>I want to get reliable recommendations from them.<br>전문가들은 믿을 수 있어요. 왜냐하면 제가 무엇을 원하는지 잘 알기 때문이죠.<br>그들로부터 믿을 만한 추천을 받고 싶습니다. |
| | T.E. (시간, 노력 절약) | When I get customized feedback from them, I can save time and effort.<br>전문가들로부터 맞춤 피드백을 받을 때, 시간과 노력을 아낄 수 있습니다. |

앞서 배운 만능 패턴들을 바탕으로 제시된 키워드를 활용해 답변을 완성해 보세요.

**1** 저는 돈을 많이 쓰고 싶지 않습니다. 왜냐하면 학생이라 돈이 별로 없기 때문입니다.

(spend, money)

_____

**2** 저는 시간과 노력을 아낄 수 있어서 인터넷으로 물건을 삽니다.
(buy, item, save time and effort)

_____

**3** 저는 주로 인터넷에서 합리적인 가격에 식료품을 삽니다.
(groceries, at a reasonable price)

_____

**4** 친구들과 여행을 할 때, 저는 스트레스를 풀고 기분 전환을 할 수 있습니다. 또한, 기분이 좋고 행복합니다.
(When I travel, relieve stress and refresh myself, feel good and happy)

_____

**5** 제 취미는 친구들과 야구를 하는 것입니다. 왜냐하면 제가 기분이 좋고 행복하기 때문입니다.
(playing baseball, feel good and happy)

_____

**6** 제 취미는 여행 가는 것입니다. 왜냐하면 저는 좋은 음식과 풍경을 친구들이나 가족과 즐길 수 있기 때문입니다.
(traveling, enjoy great food and views)

_____

**7** 저는 박물관에 가고 싶습니다. 왜냐하면 새로운 문화를 경험할 수 있기 때문입니다.
(museum, experience new cultures)

_____

**8** 제가 봉사활동을 했었을 때, 새로운 친구들을 사귀었고 좋은 팀워크도 배웠습니다.
(volunteering, learned good teamwork)

_____

**9** 저는 사람들과 함께 일하는 것을 선호합니다. 왜냐하면 다른 사람들로부터 새로운 것을 배우는 것은 유익합니다. 이렇게 하면, 제 견문과 지식을 넓힐 수 있습니다.
(working with others, beneficial to learn new things, broaden my perspective and knowledge)

_____

_____

**10** 저는 내구성이 매우 중요해서 제품의 품질을 확인해 보고 싶을 때는 백화점에 갑니다.
(durability, the quality of the products, department store)

_____

**11** 저는 신곡에 대한 정보를 찾기 위해 친구들에게 물어봅니다. 왜냐하면 그들은 제 취향을 알기 때문입니다.
(ask my friends, new music, know my taste)

_____

## 모범 답안

**1  돈 패턴**

저는 돈을 많이 쓰고 싶지 않습니다. 왜냐하면 학생이라 돈이 별로 없기 때문입니다.

I don't want to spend much money on that because I'm a student and I don't have much money.

**2  인터넷 패턴 (인터넷 동사 4종) + 시간, 노력 패턴**

저는 시간과 노력을 아낄 수 있어서 인터넷으로 물건을 삽니다.

I usually buy items on the internet because I can save time and effort.

**3  인터넷 패턴 (인터넷 동사 4종)**

저는 주로 인터넷에서 합리적인 가격에 식료품을 삽니다.

I usually buy groceries at a reasonable price on the internet.

**4  스트레스 패턴 + 기분 패턴**

친구들과 여행을 할 때, 저는 스트레스를 풀고 기분 전환을 할 수 있습니다. 또한, 기분이 좋고 행복합니다.

When I travel with my friends, I can relieve stress and refresh myself. Also, I feel good and happy.

**5  취미 패턴 + 기분 패턴**

제 취미는 친구들과 야구를 하는 것입니다. 왜냐하면 제가 기분이 좋고 행복하기 때문입니다.

My hobby is playing baseball with my friends because I feel good and happy.

**6  취미 패턴 + 여행 패턴**

제 취미는 여행 가는 것입니다. 왜냐하면 저는 좋은 음식과 풍경을 친구들이나 가족과 즐길 수 있기 때문입니다.

My hobby is traveling because I can enjoy great food and views with my friends or family.

**7  문화 패턴**

저는 박물관에 가고 싶습니다. 왜냐하면 새로운 문화를 경험할 수 있기 때문입니다.

I'd like to go to a museum because I can experience new cultures.

**8  친구 패턴 + 사회성 패턴**

제가 봉사 활동을 했었을 때, 새로운 친구들을 사귀었고 좋은 팀워크도 배웠습니다.

When I was volunteering, I made new friends and learned good teamwork.

**9  학습 패턴 + 견문, 지식 패턴**

저는 사람들과 함께 일하는 것을 선호합니다. 왜냐하면 다른 사람들로부터 새로운 것을 배우는 것은 유익하기 때문입니다. 이렇게 하면, 제 견문과 지식을 넓힐 수도 있어요.

I prefer to work with others because it's beneficial to learn new things from them. In this way, I can broaden my perspective and knowledge.

**10  내구성 패턴 + 백화점 패턴**

저는 내구성이 매우 중요해서 제품의 품질을 확인해 보고 싶을 때는 백화점에 갑니다.

For me, durability is very important so when I want to check the quality of the products, I go to the department store.

**11  친구 정보 패턴 (친구 문의 + 친구 신뢰)**

저는 신곡에 대한 정보를 찾기 위해 친구들에게 물어봅니다. 왜냐하면 그들은 제 취향을 알기 때문입니다.

For me, I ask my friends to find information about new music because they know my taste.

## 답변 기준점

생소한 질문이 나오더라도 설정한 경험을 활용해 방향을 잡는다면 일관적인 답변이 가능해 집니다. 빠르게 경험 방향을 설정해 줄 수 있는 선택 기준점 3종을 확인해 보세요.

### 1 장소 - 온라인 vs. 오프라인

 MP3 3_36

| | |
|---|---|
| **온라인** | 온라인상에서 스마트폰으로 언제 어디서나 쉽고 편한 설정 |
| | I + 동사 + 목적어 + **about 빈도** + on the internet + on my smartphone + anytime/anywhere. |
| | Q Do you prefer to watch a movie at a theater or at home?<br>A I prefer to watch a movie <u>at home</u>. I watch movies **about once or twice a week** on **my smartphone** because it's convenient to watch them **anytime**. |
| | Q 영화를 극장에서 보는 것과 집에서 보는 것 중 무엇을 선호하나요?<br>A 저는 집에서 영화 보는 것을 선호합니다. 저는 스마트폰으로 일주일에 한 두 번 정도 영화를 봅니다. 왜냐하면 언제든 영화를 편하게 볼 수 있기 때문입니다. |
| **오프라인** | 우리집 근처 특정 장소로 지인과 가는 설정 |
| | I go [the 장소 종류] + called 장소명 + near 위치 + **about 빈도** + with 누구랑. |
| | Q What is your favorite restaurant in your neighborhood?<br>A My favorite restaurant is <u>an Italian restaurant</u> called Pizza 24 near my place. I go there **about once or twice a month** with my family. |
| | Q 동네에 어떤 식당을 좋아하나요?<br>A 제가 좋아하는 곳은 우리 집 근처에 피자 24라고 불리는 이탈리안 식당입니다. 한 달에 한 두 번 정도 가족과 함께 갑니다. |

## 2 돈, 시간, 노력 - 절약 vs. 낭비

| 절약 | 인터넷상에서 돈, 시간, 노력(M,T,E)이 절약되는 설정 |
| --- | --- |
| | 시간, 노력 패턴  인터넷 패턴 |
| | Q  When you need to take notes at work, do you prefer to use a piece of paper or an electronic device? |
| | A  I prefer to use <u>an electronic device</u> because I can save time and effort by typing on my smartphone. |
| | Q  직장에서 기록이 필요할 때, 종이와 전자기기 중 어느 것을 선호하나요? |
| | A  저는 스마트폰으로 타이핑하면 시간과 노력을 절약할 수 있기 때문에 전자기기를 사용하는 것을 선호합니다. |
| 낭비 | 행동할 때, 돈, 시간, 노력(M,T,E)이 낭비되는 설정 |
| | 돈 패턴 |
| | Q  Have you ever used a travel agency to plan your trip? |
| | A  <u>No</u>. I don't want to spend much money on that. |
| | Q  여행을 계획하기 위해 여행사를 이용해 본 적이 있나요? |
| | A  아니요. 저는 그것에 많은 돈을 쓰고 싶지 않습니다. |

## 3 대인관계 - 혼자 vs. 함께

| 혼자 | 무엇이든 마음대로 할 수 있어 쉽고 빠르고 편한 설정 |
| --- | --- |
| | 인터넷 패턴 |
| | Q  When you want to watch TV shows on a streaming service, who do you usually watch with? |
| | A  I usually watch TV shows <u>alone</u> on my smartphone because I can watch what I want. |
| | Q  스트리밍 서비스로 TV 쇼를 볼 때, 보통 누구와 보나요? |
| | A  저는 보통 스마트폰으로 혼자 TV 쇼를 봅니다. 왜냐하면 제가 원하는 것을 볼 수 있기 때문입니다. |
| 함께 | 함께 스트레스 풀고, 대인관계 경험을 통해 성장한다는 설정 |
| | 스트레스 패턴 |
| | Q  If you play an online game, do you want to play alone or with your friends? |
| | A  I want to play <u>with my friends</u> because I can relieve stress and refresh myself. |
| | Q  온라인 게임을 한다면 친구랑 할 건가요, 아니면 혼자 할 건가요? |
| | A  저는 친구와 함께 게임을 하고 싶습니다. 왜냐하면 스트레스를 풀고 기분 전환을 할 수 있기 때문입니다. |

## 고득점 만능 패턴 연결법

앞에서 암기한 만능 패턴은 단독으로 사용할 수도 있지만 문장을 연결하여 확장했을 때 시너지를 극대화 할 수 있습니다. 패턴들을 연결할 때도, 본인의 입에 잘 붙는 순서를 미리 연습해 두어야 시험장에서 술술 말할 수 있어요. 서로 잘 엮이는 고득점 연결법을 배워보겠습니다.

### 1 돈 패턴으로 시작

답변 이유로 돈 절약부터 떠오른다면, 학생이라 돈을 아끼고 싶은데 인터넷을 통해 돈, 시간, 노력 모두 아낄 수 있다고 답해보세요.

| 패턴 | 내용 |
|---|---|
| 돈 | 학생이라 돈을 절약하고 싶어요 |
| 인터넷 | 왜냐하면 인터넷에서 구매하고/ 소통하고/ 정보 찾고/ 배우면 |
| 시간, 노력 | 시간과 노력을 아낄 수 있습니다. |

### 2 온라인 기준으로 시작

주제나 답변 기준이 온라인이라면, 구매, 소통, 정보, 배움에 있어서는 돈, 시간, 노력이 절약됩니다.

| 패턴 | 내용 |
|---|---|
| 인터넷 | 인터넷에서 구매하고/ 소통하고/ 정보 찾고/ 배우면 |
| 시간, 노력 | 시간과 노력을 아낄 수 있습니다. |
| 돈 | 왜냐하면 학생이라 돈을 절약해야 하기 때문입니다. |

답변 방향을 대인 관계와 연관시켜야 한다면, 인터넷에서 소통하면 새로운 문화를 경험하고 견문 지식을 늘릴 수 있다고 풀어갑니다.

| 패턴 | 내용 |
|---|---|
| 인터넷 | 인터넷에서 소통하면 |
| 사회성 | 사람들과 대인 관계를 맺을 수 있어요 |
| 문화 | 또한, 새로운 문화를 경험할 수 있고, |
| 견문, 지식 | 견문과 지식을 넓힐 수 있습니다. |

## 3  오프라인 기준으로 시작

특정 장소를 언급할 때는 누군가와 그 곳에서 만나고 새로운 문화를 경험하며 견문, 지식을 늘리는 순으로 패턴들을 연결해 내용을 확장할 수 있어요.

| 패턴 | 내용 |
|---|---|
| 오프라인 | 특정 장소에서 자주 무엇인가를 해요 |
| 사회성 | 사람들과 대인 관계를 하면서 |
| 문화 | 새로운 문화를 경험하고 |
| 견문, 지식 | 견문과 지식을 넓힐 수 있어요 |

직접 구매를 하는 설정이라면, 백화점에 가서 직접 상품 확인 후 내구성 있는 제품을 사는 것이 더 좋다고 합시다. 더불어, 멤버십 할인을 받아 싸게 살 수 있다고 하면 되니까 돈 패턴도 붙일 수 있습니다.

| 패턴 | 내용 |
|---|---|
| 백화점 | 백화점에서 물건을 확인하고 구매해요 |
| 내구성 | 왜냐하면, 오래 쓰는 스타일이라 내구성이 중요하기 때문입니다. |
| 할인 | 또한, 멤버십 카드로 할인받아 돈도 절약할 수 있습니다. |

## 4  취미 패턴으로 시작

어떤 주제가 나와도 그것이 나의 취미라고 하면 전개가 쉽습니다. 사람들과 함께 여행을 하면서 스트레스를 풀고 새로운 문화를 경험하면 견문, 지식도 넓어진다고 연결해 보세요.

| 패턴 | 내용 |
|---|---|
| 여행 | 여행이 취미예요 |
| 스트레스 | 왜냐하면, 스트레스가 풀리고 기분이 좋아지기 때문입니다. |
| 문화 | 또한, 새로운 문화를 경험하고 |
| 견문, 지식 | 견문과 지식을 넓힐 수 있어요 |

만능 패턴 암기가 끝났다면 이제, 빈출 유형별 문제들에 어떻게 적용할지 작전을 짜보도록 하죠. 5-7번의 출제 스타일도 함께 파악해봅시다.

## 1 취미/일상 생활

🔊 MP3 3_39

| 여가 활동 | 음악/영화 감상, 운동, 휴가, 여행, 독서/책, 사진 찍기, 지역 공동체 활동 |
|---|---|
| 식사 | 외식, 요리, 식습관, 배달음식, 카페, 편의점 |
| 쇼핑 | 신발, 의류, 온라인 쇼핑 |

• 여가 활동의 이유는 대부분 스트레스를 풀 수 있기 때문입니다.　　　　　　　　　　만능패턴: 스트레스

Q5  When do you listen to music?

A5  I usually listen to music in my free time because I can relieve stress and refresh myself.

Q5  당신은 언제 음악을 듣나요?

A5  저는 주로 여가 시간에 음악을 듣습니다. 왜냐하면 스트레스를 풀고 기분 전환을 할 수 있기 때문입니다.

• 여가 활동을 할 때도, 인터넷을 통해 하면 편하게 즐길 수 있죠.　　　　　　　　　만능패턴: 인터넷, 돈

Q5  Where do you watch movies?

A5  I watch movies on the internet because I don't want to waste money going to a theater.

Q5  당신은 어디에서 영화를 보나요?

A5  저는 인터넷으로 영화를 봅니다. 왜냐하면 영화관을 가는 것에 돈을 낭비하고 싶지 않기 때문입니다.

• 좋아하는 음식 종류와 이름을 정해두고, 관련 패턴들을 생각해 둡니다.　　　　　　　　WH패턴: 친구와

Q5  Who did you go to the café with?

A5  I went to Starbucks with my friend, Ji-Su. We had coffee and cheesecake.

Q5  당신은 누구와 함께 카페에 갔나요?

A5  저는 제 친구 지수와 스타벅스에 갔습니다. 우리는 커피와 치즈케이크를 먹었습니다.

• 쇼핑의 경우, 최근에 무엇을 샀는지, 맘에는 드는지 특정 제품과 사용 후기를 물어봐요.　　　　WH패턴: 2주 전에

Q5  When was the last time you bought a pair of shoes and what were they?

A5  I bought Nike running shoes about 2 weeks ago.

Q5  마지막으로 신발 한 켤레를 구매한 것은 언제이고 무엇이었나요?

A5  저는 약 2주 전에 나이키 운동화를 구매했습니다.

• 선호형 질문에서 선택지 관련 할 말이 없을 때는 긍정 경험 또는 부정 경험을 통해 스토리텔링해 주세요.

WH 패턴: 2년 전에, 매일 / 만능 패턴: 무료

Q7  Which of the following features do you think is the most important when you buy a watch?
- Brand   - Quality   - Size

A7  The most important feature is the brand. Samsung makes quality products so I bought a Samsung electronic watch **2 years ago**. It's lightweight and trendy so I can wear it **every day**. Last year, it was broken so I went to the Samsung Repair Service Center and they fixed it within a day **for free**. That's why the brand name is the most important factor for me.

Q7  다음 중 시계를 구입할 때 당신이 생각하는 중요한 요소는 어느 것인가요?
- 브랜드   - 품질   - 크기

A7  가장 중요한 요소는 브랜드입니다. 삼성은 완성도 높은 제품을 만들기 때문에 2년 전에 삼성전자의 시계를 샀습니다. 그것은 가볍고 최신 유행이어서 저는 매일 착용할 수 있습니다. 작년에 고장이 나서 삼성 수리 센터에 갔더니 하루 만에 무료로 고쳐주었습니다. 그것이 저에게 브랜드명이 가장 중요한 요소인 이유입니다.

## 2  장소/ 활동

 MP3 3_40

| 활동 | 백화점, 매장, 피트니스 센터, 영화관, 공연장, 서점, 도서관, 공원, 관공서(은행,병원), 동네, 고향 |
|---|---|
| 일상 | 학교, 직장, 집 |
| 교통 | 대중교통(버스/택시/전철/기차), 차량 공유 서비스, 자동차, 자전거, 버스정거장/전철역 |

• 생활 반경 내 활동 장소들은 실체가 있는 곳이므로 오프라인 기준점과 WH패턴을 답변 요소로 적극 활용합니다.

WH 패턴: 2일 전에 / 만능 패턴: 취미

Q5  When was the last time you went to a park and what did you do?

A5  I went to a park called Han River Park near my place **2 days ago**. I **played basketball** with my friends and it was fun.

Q5  마지막으로 공원에 간 것은 언제이며, 무엇을 했나요?

A5  저는 이틀 전에 집 근처에 있는 한강 공원이라는 공원에 갔습니다. 저는 친구들과 함께 농구를 했고 재미있었습니다.

• 집안일에 대해 묻거나 집에서 무엇을 하는지 묻기도 해요.      WH 패턴: 일주일에 한 두 번 정도

Q5  Who usually washes the laundry at home and how often does the person do that?

A5  I wash laundry about **once or twice a week** because everyone is busy these days.

Q5  주로 집에서 누가 빨래를 하며, 얼마나 자주 하나요?

A5  저는 일주일에 한두 번 정도 빨래를 합니다. 왜냐하면 요즘 다들 바쁘기 때문입니다.

• 버스와 전철은 싸고 편하며, 택시와 차량 공유 서비스는 빠르고 편하며, 자전거는 운동이 되며 스트레스가 풀립니다.

WH 패턴: 2일 전에, 20분 동안

Q5  When was the last time you used a ride sharing service and how long did you use it?

A5  I used a ridesharing service called KaKao Taxi 2 days ago with my sister. I used it for 20 minutes. It was fast and easy to use so I liked it.

Q5 마지막으로 차량 공유 서비스를 이용한 것은 언제이며, 얼마나 오래 그것을 이용했나요?

A5 저는 이틀 전에 언니와 카카오 택시라는 차량 공유 서비스를 이용했습니다. 저는 20분 동안 그것을 이용했습니다. 그것은 빠르고 사용하기 쉬워서 좋았습니다.

## 3 인터넷 / 기기/ 서비스

🔊 MP3  3_41

| 기기 | 스마트폰, 헤드폰, 테블릿, 랩탑, 컴퓨터, 대형가전 (세탁기) |
| --- | --- |
| 인터넷 | 통신 수단 (전화/ 메시지/ 화상전화/ 소셜미디어) |
| 서비스 | 스트리밍 서비스, 인터넷 서비스 업체 |

• 소형 기기들은 휴대가 쉽고 가벼워서 사용이 편하죠. 주로 돈, 시간, 노력 패턴과 인터넷 패턴을 활용할 수 있습니다.

만능 패턴: 언제 어디서나, 시간

Q7 Do you prefer to work on a laptop with a touch screen or a laptop with a keyboard and a mouse?

A7 I prefer to work on a laptop with a touch screen because it's portable so I can use it anywhere like on the bus or subway. These days, I'm busy with a lot of work and I don't have enough time to study at home. I use a small touch screen laptop from Samsung and it's convenient to use.

Q7 터치 스크린 노트북 컴퓨터로 일하는 것과 키보드와 마우스로 일하는 것 중 어느 것을 더 선호하나요?

A7 저는 터치 스크린 노트북 컴퓨터로 일하는 것을 선호합니다. 왜냐하면 그것은 휴대가 용이해서 버스나 지하철과 같이 어디에서나 사용할 수 있기 때문입니다. 요즘 저는 일이 많아서 바쁘고 집에서 공부할 시간이 충분하지 않습니다. 저는 삼성의 작은 터치 스크린 랩탑을 사용하고 있고 그것은 사용하기 편리합니다.

• 전화는 빨라서, 메시지는 무료로 여러 명과 대화가 가능하고, 파일 첨부가 쉽고, 화상 전화는 무료로 얼굴이 보여 좋아요.

만능 패턴: 무료, 인터넷 동사

Q7. Which of the following would be the most effective way to keep in touch with friends or family?
- Text message  – Phone calls  - Email

A7  I think using text messages is the most effective way to keep in touch with friends or family. For me, I use KaKao Talk. It's a popular chatting app in Korea and it's free to use. I can communicate with many people at once in a group chat so it's easy to send messages or pictures to them.

Q7 다음 중 친구나 가족에게 연락하는 방법 중 가장 효과적인 방법은 무엇인가요?
- 문자 메시지  - 전화  - 이메일

A7 저는 문자 메시지를 사용하는 것이 친구나 가족과 연락하는 가장 효과적인 방법이라고 생각합니다. 저는 카카오톡을 사용합니다. 그것은 한국에서 인기 있는 채팅 앱이고 무료로 사용할 수 있습니다. 저는 단체 채팅으로 많은 사람들과 한 번에 소통할 수 있어서 그들에게 메시지나 사진을 보내는 것이 쉽습니다.

• 모두가 아는 스트리밍 서비스(넷플릭스)를 사용한다고 합시다.

WH 패턴: 하루에 한 두 번 정도

Q5 How often do you watch TV shows on a streaming service and what do you usually watch?

A5 I watch TV shows about once or twice a day on Netflix. It depends on my mood, but I usually watch Korean dramas or good movies.

Q5 얼마나 자주 스트리밍 서비스로 TV쇼를 시청하며, 보통 어떤 프로그램을 보나요?

A5 저는 넷플릭스에서 하루에 한두 번 정도 TV쇼를 봅니다. 제 기분에 따라 다르지만, 주로 한국 드라마나 좋은 영화를 봅니다.

QUESTIONS 5-7 핵심 전략  **35**

## 유형 1 취미/일상 생활

### 특징

- 영화 감상, 요리, 운동, 휴가, 여행, 쇼핑, 생일, 파티 등 취미와 일상 생활 관련 주제로 자주 출제됩니다.
- 일상 생활과 밀접하게 연관된 주제들이므로 실제 경험이나 유사 경험 설정을 통해 유연하게 답변합니다.
- 쉬운 단어라도 갑자기 생각나지 않는 경우도 많으니 만능 패턴 및 만능 답변과 함께 관련 어휘를 연습합니다.

> **TOEIC Speaking**
>
> Imagine that you are talking on the phone with your friends or colleagues. You are talking about eating out.
>
> 당신의 친구나 동료 직원들과 전화로 이야기하는 중이라고 가정해 보세요. 당신은 외식을 하는 것에 대해 이야기하고 있습니다.

### 브레인스토밍

지시문을 읽어주는 약 8-10초 동안 주제에 대한 5종 빈출 의문사 (누구랑, 언제(마지막으로), 어디서, 얼마나 자주, 왜)와 WH패턴, 만능 패턴, 형용사, 경험 설정과 함께 다양한 답변 요소를 떠올려 보세요.

| | 한 주에 한두 번 | · about once or twice a week |
|---|---|---|
| 외식 | 이탈리안 식당, 피자 | · Italian restaurant<br>· pizza |
| | 친구나 가족과 함께 | · with my friends or family |
| | 할인 패턴<br>돈, 시간, 노력 패턴 | · get a discount with my membership card<br>· save money, save time and effort |
| | 스트레스, 기분 패턴 | · I can relieve stress and refresh myself<br>· I feel good and happy |

### 고득점 포인트

**Q5** · 주어에 맞춰 동사를 결정하고, 시간 표현은 다양하게 가능합니다.
   I have lunch between 12 to 1 p.m.  저는 오후 12시에서 1시 사이에 점심을 먹습니다.
   My lunch time is from 12 to 1 p.m.  제 점심 시간은 오후 12시부터 1시입니다.
   My lunch time starts at 12 p.m. and finishes at 1 p.m.  제 점심 시간은 오후 12시에 시작해서 오후 1시에 끝납니다.

· 추가 정보로 오프라인 설정, MTE(돈, 시간, 노력 패턴), 스트레스 패턴 등을 활용하기 좋습니다.

**Q6** · **점심 식사** 간편하고 돈이 절약된다 ➡ 돈, 시간 노력 패턴

· **저녁 식사** 길게 친구들과 좋은 시간 ➡ 기분 패턴

**Q7** · 무엇을 선택하든 스트레스 패턴으로 마무리하면 할 말은 많으니 편한 선택지로 정합니다.

· **같은 식당** 할인 받고, 단골 음식을 바로 주문하고, 분위기가 익숙해서 편하다 ➡ 스트레스 패턴

· **다른 식당** 새 음식점, 새로운 음식 찾는 게 좋음 ➡ 스트레스 패턴

# 답변 구성

## Question 5

 MP3 3_42

만능 패턴

| | | |
|---|---|---|
| **Q** | When does your lunch time start and finish?<br>당신의 점심 시간은 언제 시작하고 끝나나요? | |
| **A** | 핵심 답변 | I have lunch from 12 to 1 p.m.<br>저는 12시부터 오후 1시까지 점심을 먹습니다. |
| | 오프라인 기준 | I usually go to the pizza place near my work.<br>저는 주로 회사 근처에 있는 피자집에 갑니다. |
| | 이유 | Because their pizza and pasta are so good.<br>왜냐하면 그 가게의 피자와 파스타가 너무 맛있기 때문입니다. |

## Question 6

MP3 3_43

만능 패턴

| | | |
|---|---|---|
| **Q** | Would you like to celebrate your birthday in a restaurant at lunch or dinner time? Why?<br>당신은 점심 혹은 저녁 시간중 언제 식당에서 생일을 축하하고 싶은가요? 그 이유는 무엇인가요? | |
| **A** | 선택 | I think dinner time is better.<br>저는 저녁 시간이 더 좋다고 생각합니다. |
| | 이유 | Because I have more time to celebrate after work.<br>왜냐하면 퇴근 후에 축하할 시간이 더 많기 때문입니다.<br>I could have more food and drink with my friends.<br>And I would feel good and happy.<br>저는 친구들과 더 많은 음식과 술을 먹을 수 있을 것입니다.<br>그리고 저는 기분이 좋고 행복할 것 같습니다. |

**Tip** 추정하는 말로 답변을 할 때는 정확한 차이를 알고 쓰면 고득점을 받을 수 있습니다.

· could: 가능성 (그럴 수 있을 겁니다)
I could have more food with my friends. 저는 친구들과 좀 더 많은 음식을 먹을 수 있을 거예요.

· would: 의향 (제 마음이 그럴 것 같아요)
I would feel happy. 저는 행복할 것 같아요.

만능 패턴

| Q | | Do you prefer to eat at the same restaurant or try a new restaurant? Why?<br>같은 식당에서 식사를 하는 것과 새로운 식당을 시도해 보는 것 중 어느 것을 선호하나요? 그 이유는 무엇인가요? |
|---|---|---|
| A | 선택 | I prefer to try a new restaurant.<br>저는 새로운 식당에서 식사하는 것을 선호합니다. |
| | 경험 설정 | In my case, I like trying new restaurants.<br>제 경우에는, 새로운 식당을 시도해 보는 것을 좋아합니다. |
| | 스트레스 패턴 | Because whenever I have delicious food from new restaurants, I can relieve stress and refresh myself.<br>왜냐하면 새로운 레스토랑에서 맛있는 음식을 먹을 때마다, 저는 스트레스를 풀고 기분 전환을 할 수 있기 때문입니다. |
| | 마무리 | So trying a new restaurant is better for me.<br>그래서 새로운 식당을 시도하는 것이 제게 더 좋습니다. |

## 빈출 표현

| | | | |
|---|---|---|---|
| □ spend time -ing | ~하는 데 시간을 소비하다 | □ refresh oneself | 기분을 전환하다 |
| □ for free | 무료로 | □ convenient | 편리한 |
| □ go on a trip | 여행을 가다 | □ favorite | 가장 좋아하는 |
| □ abroad | 해외로, 해외에 | □ be satisfied with | ~에 만족하다 |
| □ prefer -ing | ~하는 것을 선호하다 | □ advantage | 장점, 이점 |
| □ explore | 탐방하다 | □ anywhere | 어디서든 |
| □ experience | ~을 경험하다, ~을 겪다 | □ factor | 요소, 요인 |
| □ relieve stress | 스트레스를 해소하다 | □ affordable | 저렴한, 가격이 알맞은 |

준비 시간과 답변 시간에 맞춰 답변해 보세요.

**1**  3_실전연습1

> **TOEIC Speaking**
>
> Imagine that you are talking on the telephone with your friend about shopping for new shoes.

**Question 5**  준비 시간: 3초 / 답변 시간 15초

  When was the last time you bought a new pair of shoes and what did you buy?

_____

**Question 6**  준비 시간: 3초 / 답변 시간 15초

  Do you enjoy shopping for shoes? Why or why not?

_____

**Question 7**  준비 시간: 3초 / 답변 시간 30초

  Which of the following would influence you most when choosing a pair of shoes, and why?
- Color    - Quality    - Design

_____

_____

## 2

🔊 MP3  3_실전연습2

**TOEIC Speaking**

Imagine that you are talking on the telephone with your friend about cooking.

**Question 5**   준비 시간: 3초 / 답변 시간 15초

🔊  Where do you usually eat your meals, and how often do you cook for yourself?

🎤  _____

**Question 6**   준비 시간: 3초 / 답변 시간 15초

🔊  What kind of dishes do you like to learn how to cook? Why?

🎤  _____

**Question 7**   준비 시간: 3초 / 답변 시간 30초

🔊  Would you prefer to learn how to cook from your friends or from a cooking class? Why or why not?

🎤  _____

_____

## 1 신발 쇼핑

**TOEIC Speaking**

Imagine that you are talking on the telephone with your friend about shopping for new shoes.

당신의 친구와 전화로 새 신발 쇼핑에 관해 이야기하는 중이라고 가정해 보세요.

 MP3 3_45

만능 패턴

**Q5** When was the last time you bought a new pair of shoes and what did you buy?

마지막으로 새 신발을 산 것은 언제이고 무엇을 샀니?

**A5** I bought running shoes **about 2 months ago on the internet.**
I wear them every day because they are comfortable.

나는 약 두 달 전에 인터넷으로 운동화를 샀어.
나는 그것들이 편하기 때문에 매일 신어.

**어휘** enjoy ~을 즐기다  buy ~을 사다  wear 입다, 착용하다  comfortable 편안한, 쾌적한

**Tip** 어떤 신발을 샀는지 물을 때는 단도직입적으로 유명한 제품명으로 답하는 것이 쉽습니다. 대표적인 신발 브랜드와 종류를 준비 시간에 빠르게 생각해 두세요.

MP3 3_46

만능 패턴

**Q6** Do you enjoy shopping for shoes? Why or why not?

당신은 신발 쇼핑하는 것을 좋아하나요? 그 이유는 무엇인가요?

**A6** Yes. Because **my hobby is** collecting Nike shoes.
When I buy nice shoes, **I can relieve stress and refresh myself.**

응. 왜냐하면 제 취미는 나이키 신발을 수집하는 것이기 때문이야.
나는 좋은 신발을 살 때, 스트레스가 풀리고 기분 전환을 할 수 있어.

**어휘** pair (같은 종류의 2개로 된) 한 쌍의  hobby 취미  collect 수집하다  relieve stress 스트레스를 해소하다  refresh oneself 기분을 전환하다

**Tip** 신발 쇼핑이 싫다고 답할 경우, 다른 질문에도 계속 부정적으로 답하게 됩니다. 답변의 방향과 선택지를 넓히려면 긍정적으로 말하는 편이 유리합니다.

🔊 MP3 3_47

만능 패턴

**Q7**
Which of the following would influence you most when choosing a pair of shoes, and why?
- Color    - Quality    - Design

다음 중 신발 한 켤레를 선택할 때 가장 큰 영향을 미치는 것은 무엇인가요? 그 이유는 무엇인가요?
- 색상    - 품질    - 디자인

**A7**
**Color**

When choosing a pair of shoes, the color is very important to me.
My favorite color is blue. I have light blue sneakers and dark blue running shoes from Nike.
I look good when I wear blue shoes so I feel good and happy.
Therefore, the color of shoes is very important to me.

신발 한 켤레를 선택할 때, 저에게는 색상이 매우 중요합니다. 제가 가장 좋아하는 색은 파란색입니다. 저는 나이키에서 산 하늘색 운동화와 짙은 파란색의 러닝화가 있습니다. 제게 잘 어울리고 파란색 신발을 신었을 때 기분이 좋고 행복합니다. 따라서, 신발의 색상은 제게 매우 중요합니다.

**A7**
**Quality**

When choosing a pair of shoes, the quality influences me most.
For me, durability is very important because I usually use things for a long time.
That's why I love Nike shoes. They last long.
Also, I feel good and happy when I wear quality shoes.
So the quality of shoes is the most important factor to me.

신발 한 켤레를 선택할 때, 저에게는 품질이 가장 큰 영향을 미칩니다. 저에게는, 내구성이 매우 중요합니다. 왜냐하면 저는 보통 오랫동안 물건을 사용하기 때문입니다. 그것이 제가 나이키 신발을 좋아하는 이유입니다. 그것들은 오래 사용할 수 있습니다. 또한, 저는 좋은 품질의 신발을 신을 때 기분이 좋고 행복합니다. 그래서 신발의 품질은 저에게 가장 중요한 요소입니다.

**A7**
**Design**

When choosing a pair of shoes, the design influences me most.
Nike shoes are very trendy and cool because the brand always works with good designers.
I like well-designed shoes so that's why I collect Nike shoes.
Therefore, the design of shoes is very important to me.

신발 한 켤레를 선택할 때 디자인은 제게 가장 큰 영향을 미칩니다. 나이키 신발은 매우 트렌디하고 멋집니다. 왜냐하면 그 브랜드는 항상 훌륭한 디자이너들과 함께 일하기 때문입니다. 저는 잘 디자인 된 신발을 좋아해서 나이키 신발을 수집합니다. 따라서 신발의 디자인은 제게 매우 중요합니다.

**여휘** influence 영향, 요인   quality 품질, 질   durability 내구성   factor 요인

**Tip** 선택지가 어려운 문제일수록 답변은 경험으로 풀어야 쉽습니다. 앞에 답변들과 연계성을 고려하면서 만능 패턴들로 문장 사이를 연결해줍니다.

## 2 요리

Imagine that you are talking on the telephone with your friend about cooking.
당신이 요리에 관해 친구와 전화로 이야기하는 중이라고 가정해 보세요.

 MP3 3_48

만능 패턴

**Q5** Where do you usually eat your meals, and how often do you cook for yourself?
너는 주로 어디에서 식사를 하고, 얼마나 자주 스스로 요리를 하니?

**A5** I usually eat at home with my family and I cook about once or twice a week because these days, my hobby is cooking.

나는 보통 가족들과 집에서 식사를 하고 최근 요리에 관심이 많아져서 일주일에 약 한두 번 정도 요리를 해.
왜냐하면 요즘, 내 취미가 요리기 때문이야

**어휘** usually 보통, 일반적으로   interest 관심을 갖게 하다, 관심   these days 오늘날, 최근
**Tip** 다양한 만능 패턴들을 연속적으로 활용하는 훈련을 해주세요. 훈련의 성과는 시험장에서 나옵니다.

MP3 3_49

만능 패턴

**Q6** What kind of dishes do you like to learn how to cook? Why?
너는 어떤 종류의 요리를 배우고 싶어? 그 이유는 뭐야?

**A6** I like to learn how to cook Italian dishes because I love pizza.
I'd like to make a special pizza and have a party with my friends.

나는 피자를 너무 좋아하기 때문에 이탈리아 음식을 만드는 방법을 배우고 싶어.
나는 특별한 피자를 만들어서 친구들과 함께 파티를 하고 싶어.

**어휘** dish 음식, 요리   learn 배우다   traditional 전통적인   such as 같은, 처럼   lasagna 라자냐
**Tip** 음식 종류를 묻는 질문으로 이탈리안 요리를 배우고 싶다고 먼저 답한 후 피자를 추가적 요소로 활용합니다.

🔊 MP3 3_50

만능 패턴

**Q7**

Would you prefer to learn how to cook from your friends or from a cooking class? Why or why not?

너는 친구들로부터 요리하는 방법을 배우는 것을 선호해, 아니면 요리 수업에서 배우는 것을 선호해? 그 이유는 뭐야?

**A7**

I'd prefer to learn how to cook from a cooking class.
In my case, I attend a cooking class **about once or twice a month**.
It works for me because it is easy to learn how to cook from experts.
Also, **I can relieve stress and refresh myself** when cooking and **making new friends.**

나는 요리 수업에서 요리하는 방법을 배우는 것을 선호해.
내 경우에는, 한 달에 한두 번 정도 요리 수업을 들어.
나에게는 잘 맞아. 왜냐하면 전문가들에게 요리하는 방법을 배우는 것은 쉽기 때문이야.
또한, 나는 요리를 하고 새로운 친구를 사귈 때 스트레스를 풀고 기분 전환을 할 수 있어.

---

**어휘** prefer 선호하다, 좋아하다  attend 참석하다  expert 전문가

**Tip** 요리를 친구에게서 배우면 무료로 재미있게 배워서 좋고, 요리 수업에서 배우면 전문가에게 쉽게 배울 수 있고 새로 친구들을 만날 수 있어 좋습니다. 어떤 것을 택해도 스트레스 패턴으로 연결 가능하니 활용 훈련을 해보세요.

## 특징

· 학교, 직장, 집은 물론 생활 반경 내 위치한 다양한 장소들에 대한 문제가 출제됩니다.
· 핵심 주제가 장소들인 만큼 그 곳에서 어떤 행동을 하게 되는 이유가 무엇인지 행동의 근거를 주로 답하게 됩니다.
· 장소에는 늘 사람이 있죠. 문화, 견문, 지식, 사회성 패턴 등 대인 관계와 관련된 패턴들을 활용하세요.

---

**TOEIC Speaking**

Imagine that a local community center is doing research in your town. You have agreed to participate in a telephone interview about your neighborhood.

한 지역 커뮤니티 센터가 당신의 도시에서 설문 조사를 하고 있다고 가정해 보세요. 당신은 동네에 대한 전화 인터뷰에 참여하기로 동의했습니다.

---

## 브레인스토밍

지시문을 읽어주는 약 8-10초 동안 주제에 대한 5종 빈출 의문사 (누구랑, 언제(마지막으로), 어디서, 얼마나 자주, 왜)와 WH패턴, 만능 패턴, 형용사, 경험 설정과 함께 다양한 답변 요소를 떠올려 보세요.

| 동네 | 갈만한 곳 | · park, museum, a big shopping center |
| | 친구나 가족과 함께 | · with my friends or family |
| | 돈, 시간, 노력 패턴 | · save money, time and effort |
| | 스트레스, 기분 패턴 | · I can relieve stress and refresh myself<br>· I feel good and happy |

## 고득점 포인트

**Q5** · 돌발 질문에는 for 2 years처럼 기간을 표현하고, 집, 아파트 중 사는 곳을 반드시 답변합니다.

· 가족, 룸메이트 등 추가 정보를 답변한다면 고득점을 받을 수 있습니다.

**Q6** · 어떤 문제가 나와도 친구나 가족과 무엇인가 활동적인 것을 하면서 스트레스 풀 만한 곳을 떠올리세요.

· 공원, 쇼핑몰, 박물관 등에서 무엇을 하면 스트레스가 풀린다 라는 설정으로 자연스럽게 연결되는 패턴들을 떠올려 연결 순서를 정합니다.

**Q7** · 선택지는 가장 할 말이 많은 것을 선택합니다.

· 선택지에 맞춰서 경험 설정을 합니다. 현재 본인이 무엇이 부족하여 어떤 불편을 겪고 있는지, 그래서 무엇이 생기면 어떻게 좋을지 등등 자세하게 경험 설정을 합니다.

· 질문에서 화자가 가장 알고 싶은 것은 What, How, Why의 답변입니다.

## 답변 구성

### Question 5

🔊 MP3 3_51

만능 패턴

| Q | | How long have you lived in your neighborhood? Do you live in a house or an apartment?<br>당신은 당신의 동네에 얼마나 오래 살았나요? 주택에 살고 있나요 혹은 아파트에 살고 있나요? |
|---|---|---|
| A | 핵심 답변 | I have lived in my neighborhood for 2 years and I live in an apartment with my family in Ma Po, Seoul.<br>저는 제 동네에서 2년째 거주하고 있고 서울 마포에 있는 아파트에서 가족과 함께 살고 있습니다. |

### Question 6

🔊 MP3 3_52

만능 패턴

| Q | | Where is the best place to go in your neighborhood?<br>당신이 살고 있는 동네에서 가장 가기 좋은 곳은 어디인가요? |
|---|---|---|
| A | 핵심 답변 | I think it's the Hyundai Department store.<br>저는 현대 백화점이라고 생각합니다. |
| | 이유 | Because it's really big so you can find a lot of stores and nice restaurants in there.<br>왜냐하면 그곳은 매우 크기 때문에 많은 가게들과 좋은 식당들을 찾을 수 있기 때문입니다. |
| | WH 패턴 | I usually go there with my friends or family<br>저는 주로 제 친구들과 혹은 가족들과 함께 그 곳에 갑니다. |

# Question 7

MP3 3_53

만능 패턴

| Q7 | | What would you like to have more of in your neighborhood? Why?<br>- Restaurants  - Parks  - Bus stops<br><br>당신은 당신의 동네에 무엇을 더 갖고 싶나요? 그 이유는 무엇인가요?<br>- 레스토랑  - 공원  - 버스 정류장 |
|---|---|---|
| **A7**<br>Restaurants | 선택 | I'd like to have more restaurants in my neighborhood.<br>저는 우리 동네에 식당이 더 있었으면 좋겠습니다. |
| | 경험 설정 | In my case, my hobby is trying different types of food.<br>But there are not many restaurants in my neighborhood.<br>So I usually go to other neighborhoods to eat different food.<br><br>제 경우에는, 취미는 다양한 종류의 음식을 먹어보는 것입니다. 하지만 우리 동네에는 식당들이 많이 없습니다. 그래서 저는 주로 다른 동네에 가서 다른 음식을 먹습니다. |
| | 시간, 노력 패턴 | Actually, I don't want to waste time and effort anymore.<br>사실, 저는 더 이상 시간과 노력을 낭비하고 싶지 않습니다. |
| | 마무리 | So I hope there are more restaurants near my place.<br>그래서 집 근처에 더 많은 식당이 있으면 좋겠습니다. |
| **A7**<br>Parks | 선택 | I'd like to have more parks in my neighborhood.<br>저는 우리 동네에 공원이 더 있었으면 좋겠습니다. |
| | 경험 설정 | In my case, I go to Rose Park to relieve stress and refresh myself.<br>But it's the only park in my neighborhood so I have no choice.<br><br>제 경우에는, 저는 장미 공원에 가서 스트레스를 풀고 기분 전환을 합니다.<br>하지만 그것이 우리 동네에 있는 유일한 공원이라서 다른 선택지가 없습니다. |
| | 마무리 | I want more parks near my place so I can go to parks more often with my friends or family.<br>집 근처에 공원이 더 많이 생겨 제 친구나 가족과 함께 공원에 더 자주 갈 수 있기를 바랍니다. |

| | | |
|---|---|---|
| **A7**<br>**Bus stops** | 선택 | I'd like to have more bus stops in my neighborhood.<br>저는 우리 동네에 버스 정류장이 더 있었으면 좋겠습니다. |
| | 경험 설정 | In my case, I go to school by bus. The thing is my bus stop is far from my place.<br>제 경우에는, 버스를 타고 학교에 갑니다. 문제는 버스 정류장이 우리 집에서 멀다는 것입니다. |
| | 돈 패턴 | I don't like it but I have no choice because I can't take a taxi every day.<br>저는 그것이 마음에 들지 않지만 매일 택시를 탈 수 없기 때문에 어쩔 수 없습니다. |
| | 마무리 | So I definitely need more bus stops near my place to save time and effort.<br>그래서 저는 시간과 노력을 절약하기 위해 집 근처에 버스 정류장이 반드시 더 필요합니다. |

## 빈출 표현

| | | | |
|---|---|---|---|
| □ neighborhood | 지역, 인근, 이웃 | □ take | ~의 시간이 걸리다 |
| □ site | 장소, 현장, 부지 | □ affordable | 저렴한, 가격이 알맞은 |
| □ attract | ~을 끌어들이다 | □ budget | 예산 |
| □ in this way | 이런 면에서, 이런 식으로 | □ tight | (비용, 일정 등이) 빠듯한, 빡빡한 |
| □ near | ~근처에 | □ offer | 제공하다 |
| □ choose | ~을 선택하다 | □ exhibition | 전시회, 전시 |
| □ consider | ~을 고려하다 | □ district | 지역, 구역 |
| □ have a good time -ing | ~하면서 즐거운 시간을 보내다 | □ facility | 시설, 기관 |

준비 시간과 답변 시간에 맞춰 답변해 보세요.

**1**

 3_실전연습3

### TOEIC Speaking

Imagine that a marketing firm is doing research in your area. You have agreed to participate in a telephone interview about bookstores.

---

**Question 5**   준비 시간: 3초 / 답변 시간 15초

🔊 How many bookstores are there in your town? How often do you go to a bookstore?

🎤 _____

**Question 6**   준비 시간: 3초 / 답변 시간 15초

🔊 What are the benefits of buying a book rather than borrowing it from a library?

🎤 _____

**Question 7**   준비 시간: 3초 / 답변 시간 30초

🔊 When buying books, do you prefer to get recommendations from your friends or from bookstore employees? Why?

🎤 _____

_____

**2**

◁》 MP3  3_실전연습4

---

**TOEIC Speaking**

Imagine that an American marketing firm is doing research in your area. You have agreed to participate in a telephone interview about time management.

---

**Question 5**  준비 시간: 3초 / 답변 시간 15초

 How do you manage your schedule?

 _____

**Question 6**  준비 시간: 3초 / 답변 시간 15초

◁》 If your school or work has a flexible time schedule, would you like to change your current class or work schedule?

 _____

**Question 7**  준비 시간: 3초 / 답변 시간 30초

◁》 If there is a seminar on how to effectively manage your daily schedule, will you attend it? Why?

🎤 _____

_____

## 1 서점

Imagine that a marketing firm is doing research in your area. You have agreed to participate in a telephone interview about bookstores.

한 마케팅 회사가 당신이 거주하는 지역에서 설문 조사를 한다고 가정해 보세요. 당신은 서점에 대한 전화 인터뷰에 참여하기로 동의했습니다.

MP3 3_54

만능 패턴 오프라인 기준

**Q5** How many bookstores are there in your town? How often do you go to a bookstore?

당신의 동네에 서점이 몇 개가 있나요? 당신은 얼마나 자주 서점에 가나요?

**A5** There are two big bookstores in my town. I usually go to the one called Kyobo Bookstore about once or twice a week. I go there with my friends to read some comic books or magazines.

우리 동네에는 큰 서점이 두 개 있습니다. 저는 보통 일주일에 한두 번 교보문고라는 곳에 갑니다. 저는 만화책이나 잡지를 보기 위해 친구들과 그곳에 갑니다.

**어휘** bookstore 서점  comic books 만화책  magazine 잡지

**Tip** 우리가 동네 서점의 수를 세며 살지는 않지만 그럼에도 답변은 필요하므로 예상되는 서점의 숫자를 말해주세요. 그 중 자주 가는 서점 하나를 특정해 답변의 범위를 좁히고 내용은 구체화해 주세요.

🔊 MP3 3_55

만능 패턴 이유 문장 템플릿

**Q6**  What are the benefits of buying a book rather than borrowing it from a library?

도서관에서 책을 빌리는 것보다 책을 사는 것의 장점은 무엇인가요?

**A6**  If I buy a book, I can read it anytime and anywhere.
Also, I don't need to go to the library to return it. So it's more convenient and easy.

제가 책을 산다면 저는 그것을 언제 어디서나 읽을 수 있습니다.
또한, 저는 도서관에 그것을 반납을 하러 갈 필요가 없습니다. 그래서 그것이 더 편하고 쉽습니다.

---

**어휘** benefit 혜택, 이익  rather than ~보다  anytime 언제든지  anywhere 어디서든  don't need to ~할 필요가 없다
convenient 편리한

**Tip** 7번이나 11번에서 나올 법한 질문이 6번에서 나올 때가 있습니다. 이럴 경우, 문제를 나의 답변으로 복붙하여 답변량을 늘리는 것 보다 단도직입적인 핵심 이유들로 시간을 채우는 것이 득점에 유리합니다.

🔊 MP3 3_56

만능 패턴

**Q7**  When buying books, do you prefer to get recommendations from your friends or from bookstore employees? Why?

책을 살 때, 당신은 친구들로부터 추천을 받는 것을 선호하나요, 아니면 서점 직원들로부터 추천을 받는 것을 선호하나요? 그 이유는 무엇인가요?

**A7**  I prefer to get recommendations from my friends.
In my case, I always ask my friends to find the information about good comic books.
I can trust them because they know my taste.
Also, when I get customized feedback from them, I can save time and effort.
So getting recommendations from friends is better.

저는 친구들에게 추천을 받는 것을 선호합니다.
제 경우에는, 항상 친구들에게 좋은 만화책에 대한 정보를 찾아달라고 부탁합니다.
그들은 제 취향을 알기 때문에 저는 그들을 믿을 수 있습니다.
또한, 제가 그들로부터 맞춤형 피드백을 받으면, 시간과 노력을 절약할 수 있습니다.
그래서 친구들로부터 추천을 받는 것이 더 좋습니다.

---

**어휘** recommendation 추천, 의견  taste 취향, 맛  customize 맞추다

**Tip** 암기한 만능 패턴들도 본인의 입맛에 맞게 조정해 두지 않으면 시험장에서 답변으로 활용하기 어렵습니다.
만능 패턴들을 통째로 활용하기 힘들 수 있으므로, 동사나 명사를 더 쉬운 것으로 바꾸거나, 내용을 짧게 편집해 쉽게 활용해 보세요. 입에 잘 붙는 패턴들을 묶어 본인만의 패턴 연결 순서를 만들어 두는 것이 좋습니다.

## 2 시간 관리

> **TOEIC Speaking**
>
> Imagine that an American marketing firm is doing research in your area. You have agreed to participate in a telephone interview about time management.
>
> 미국의 한 마케팅 회사가 당신이 거주하는 지역에서 설문 조사를 한다고 가정해 보세요. 당신은 시간 관리에 대한 전화 인터뷰에 참여하기로 동의했습니다.

🔊 MP3 3_57

만능 패턴

**Q5** How do you manage your schedule?

당신은 일정을 어떻게 관리하나요?

**A5** I manage my work schedule **by using my smartphone**. I use calendar and memo apps **every day**. It is convenient and easy to edit my schedule.

저는 스마트폰을 사용해 스케줄을 관리합니다. 저는 매일 캘린더와 메모 앱을 사용합니다. 제 일정을 편집하는 것이 편리하고 쉽습니다.

---

**어휘** manage 관리하다, 운영하다  edit 편집하다

**Tip** application을 줄여서 app이라고 해요. 여러 앱의 경우 apps로 복수급을 맞춰주세요.

🔊 MP3 3_58

만능 패턴

**Q6** If your school or work has a flexible time schedule, would you like to change your current class or work schedule?

학교나 회사에서 자율 시간제를 운영한다면, 현재의 수업 또는 업무 시간을 바꾸고 싶나요?

**A6** No. I don't want to change my current work schedule because I need to work with my coworkers to **save time and effort**. It is more productive to work together at the same time.

아니요. 저는 현재 업무 시간을 바꾸고 싶지 않습니다. 왜냐하면 시간과 노력을 절약하기 위해 동료들과 함께 일해야 하기 때문입니다. 동시에 함께 일하는 것이 더 생산적입니다.

---

**어휘** flexible time 자율 시간제  current 현재의, 지금의  coworker 동료  at the same time 동시에

**Tip** 업무 시간을 바꾸고 싶은 경우에도, 시간과 노력을 아끼고 싶기 때문이라는 같은 이유로 답변 가능합니다.

🔊 MP3 3_59

만능 패턴

| Q7 | If there is a seminar on how to effectively manage your daily schedule, will you attend it? Why?<br><br>개인의 하루 일과 스케줄을 효율적으로 관리하는 것에 대한 세미나가 있다면, 참여할 건가요? 그 이유는 무엇인가요? |
|---|---|

A7

Yes. I'd like to attend that seminar.
These days, I'm busy with a lot of work and I don't have enough time to work efficiently.
In this way, I can't finish my work on time and achieve more.
If I learn how to effectively manage my daily schedule, I would save more time and effort.
That's why I'd like to attend that seminar.

네, 저는 그 세미나에 참석하고 싶습니다.
요즘 저는 일이 많아 바쁘고 효율적으로 일할 수 있는 시간이 충분하지 않습니다.
이렇게 하면, 저는 제 때 일을 끝낼 수 없고 더 많은 것을 성취할 수 없습니다.
만약 제가 저의 하루 일과 스케줄을 효율적으로 관리하는 방법을 배운다면, 저는 더 많은 시간과 노력을 절약할 수 있을 것입니다.
그게 제가 그 세미나에 참석하고 싶은 이유입니다.

---

**어휘** effectively 효과적으로  attend 참석하다  efficiently 효율적으로  achieve 성취하다

**Tip** 추후 11번에서 배울 업무 스트레스 패턴을 시간 패턴들과 함께 활용해 보았어요. 다양한 패턴들과 본인의 생각을 자연스럽게 연결해 보는 연습습이 중요합니다.

## 특징

- 스마트폰, 앱, 헤드폰, 태블릿 PC, 스트리밍 서비스, 인터넷 서비스 등 인터넷 관련 주제로 종종 출제됩니다.
- 인터넷 서비스, 전자 기기 등에 대한 영어 표현이 익숙하지 않을 수 있으므로 사전에 관련 어휘를 연습해 둡시다.
- 생소한 주제 같아 보이지만, 인터넷, 돈, 시간, 노력, 스트레스 패턴 등 다양한 만능 패턴들을 활용할 수 있습니다.

**TOEIC Speaking**

Imagine that a British IT magazine is doing research in your country. You have agreed to participate in a telephone interview about smartphone applications.

영국의 IT잡지사가 당신의 나라에서 설문 조사를 하고 있다고 가정해 보세요. 당신은 스마트폰 앱에 대한 전화 인터뷰에 참여하기로 동의했습니다.

## 브레인스토밍

지시문을 읽어주는 약 8-10초 동안 주제에 대한 5종 빈출 의문사 (누구랑, 언제(마지막으로), 어디서, 얼마나 자주, 왜)와 WH패턴, 만능 패턴, 형용사, 경험 설정과 함께 다양한 답변 요소를 떠올려 보세요.

| | | |
|---|---|---|
| 스마트폰 앱 | 2시간 전, 매일 | · 2 hours ago<br>· every day |
| | 언제 어디서나 | · anytime, anywhere |
| | 친구나 가족과 함께 | · with my friends or family |
| | 돈, 시간, 노력 패턴 | · save money, time and effort |
| | 스트레스 패턴 | · I can relieve stress and refresh myself<br>· I feel good and happy |
| | 인터넷 패턴 | · on my smartphone<br>· on the internet |

## 고득점 포인트

**Q5** · 빈도 질문 하나 뿐이라고 단답형 답변은 금물입니다!

스마트폰 브랜드는 무엇이고, 얼마나 쓰는지, 무엇을 하는지 등 답변 요소를 추가하여 시간을 채워주세요.

**Q6** · 기술의 발달 관련 질문은 꾸준히 등장합니다. 사용하는 소셜 미디어, 게임 앱, 사진 앱, 지도 앱 등의 명칭을 미리 골라 정리해 두면
답변이 쉬워집니다.

**Q7** · 길 찾을 때 왜 앱을 사용하는지?', '아니면 어떻게 길을 찾는지?' 묻고 있는 질문에 대한 핵심 답변을 정확하게 말합니다.

· 요즘은 '앱 + 길 찾기' 처럼 문제 주제가 복합형으로 나오는 경우가 있습니다. 암기 패턴만 말한다면 질문에 딱 맞는 답변이 어렵기
때문에 what (앱 이름), how (어떻게 사용하고), why (사용 이유) 를 바탕으로 핵심 키워드를 반드시 말해주세요.


## 답변 구성

### Question 5

만능 패턴

| Q | | How often do you use your smartphone?<br>당신은 스마트폰을 얼마나 자주 사용하나요? |
|---|---|---|
| A | 핵심 답변 | I use my smartphone every day.<br>저는 스마트폰을 매일 사용합니다. |
| | 인터넷 동사<br>인터넷 패턴 | I usually buy something or communicate with my friends on my smartphone.<br>저는 주로 스마트폰으로 무언가를 구매하거나 친구들과 소통합니다. |


### Question 6

📢 MP3 3_61

만능 패턴

| Q | | What smartphone application did you use most recently?<br>당신은 최근에 어떤 스마트폰 앱을 가장 많이 사용했나요? |
|---|---|---|
| A | 핵심 답변 | Let me think. Oh, I used KaKao Talk about 2 hours ago.<br>생각 좀 해볼게요. 아, 저는 2시간 전에 카카오톡을 사용했습니다. |
| | 무료 패턴<br>이유 문장 | I talked to my friends and it was fun. It's convenient and easy to use.<br>친구들과 이야기를 했고 재미있었습니다. 그것은 편리하고 사용하기 쉽습니다. |

# Question 7

만능 패턴

| Q | | When you go to a new place, do you use an application for directions? Why or why not? <br> 당신은 새로운 장소에 갈 때, 길을 찾기 위해 애플리케이션을 사용하나요? 그 이유는 무엇인가요? |
|---|---|---|
| A | 선택 | Yes, I use an application for directions. <br> 네, 저는 길을 찾기 위해 앱을 사용합니다. |
| | 핵심 답변 | In my case, I use KaKao Maps. <br> 제 경우에는, 카카오맵을 사용합니다. |
| | 돈 패턴 | It's free to use so that's why I use it **every day**. <br> 무료로 사용할 수 있어서 저는 매일 그것을 사용합니다. |
| | 시간, 노력 패턴 | Also, it's fast to find directions to my destinations so I **can save time and effort**. <br> 또한, 제 목적지까지 가는 길을 찾는 것이 빨라서 시간과 노력을 절약할 수 있습니다. |
| | 마무리 | For these reasons, I think that app is the best. <br> 이러한 이유로, 저는 그 앱이 가장 좋다고 생각합니다. |

## 빈출 표현

| | | | |
|---|---|---|---|
| ☐ make a purchase | 구매하다 | ☐ security | 보안, 경비 |
| ☐ noise | 소리, 소음 | ☐ suitable | 적합한, 적절한 |
| ☐ mobile | 이동하는, 이동식의 | ☐ compare | 비교하다 |
| ☐ options | 선택권, 옵션 | ☐ receive | ~을 받다 |
| ☐ place an advertisement | 광고를 내다 | ☐ for free | 무료로 |
| ☐ policy | 정책, 방침 | ☐ device | 기기, 장치 |
| ☐ reasonable | 합리적인 | ☐ application | 애플리케이션, 앱 |
| ☐ reliable | 믿을 수 있는, 신뢰할 수 있는 | ☐ lightweight | 가벼운, 경량의 |

준비 시간과 답변 시간에 맞춰 답변해 보세요.

## 1

 MP3  3_실전연습5

> **TOEIC Speaking**
>
> Imagine that you are having a telephone interview with a magazine publisher about the internet.

**Question 5**  준비 시간: 3초 / 답변 시간 15초

  When was the last time you used the internet and for how long did you use it?

🎤 _____

**Question 6**  준비 시간: 3초 / 답변 시간 15초

  Besides school or work, what do you use the internet for? Why?

🎤 _____

**Question 7**  준비 시간: 3초 / 답변 시간 30초

  Do you think that the internet has made our lives better? Why or why not?

🎤 _____

_____

## 2

---

**TOEIC Speaking**

Imagine that an American marketing firm is doing research in your country. You have agreed to participate in a telephone interview about using a tablet.

---

**Question 5**  준비 시간: 3초 / 답변 시간 15초

When was the last time you used a tablet and did you find it easy to use?

_____

**Question 6**  준비 시간: 3초 / 답변 시간 15초

Do you prefer to work on a tablet or a laptop? Why?

_____

**Question 7**  준비 시간: 3초 / 답변 시간 30초

Which one is the most important factor for you when choosing a tablet?
- Battery life
- Screen resolution
- Technical support

_____

_____

## 1 인터넷

Imagine that you are having a telephone interview with a magazine publisher about the internet.

당신이 잡지 출판사와 인터넷에 대한 전화 인터뷰를 하고 있다고 가정해 보세요.

 MP3 3_63

만능 패턴　WH패턴

**Q5** When was the last time you used the internet and for how long did you use it?

마지막으로 인터넷을 사용한 것은 언제이며, 얼마나 오래 사용했나요?

**A5**
I used the internet in the morning.
I used it **for about two hours** to talk to my friends **on my smartphone**. It was nice to talk to them.

저는 아침에 인터넷을 사용했습니다.
저는 스마트폰으로 제 친구들과 대화하기 위해서 약 두시간 동안 인터넷을 썼습니다. 그들과 이야기를 나눌 수 있어서 좋았습니다.

**Tip** 언제였는지 묻는 과거 시점과 얼마나 했는지 묻는 시간의 양을 헷갈리지 않도록 주의합니다.

MP3 3_64

만능 패턴

**Q6** Besides school or work, what do you use the internet for? Why?

학교나 직장 이외에, 당신은 인터넷을 무엇을 위해 사용하나요? 그 이유는 무엇인가요?

**A6**
In my case, I usually **buy things** or **communicate with others** on the internet because I can save time and effort.

제 경우에는, 주로 인터넷으로 물건을 구매하거나 다른 사람들과 소통을 합니다. 왜냐하면 시간과 노력을 절약할 수 있기 때문입니다.

**어휘** besides ~외에, 게다가　communicate 소통하다
**Tip** 학교나 회사를 제외하고 라는 전제를 유의하며 본인의 개인적 사용 용도를 설명해 주세요.

🔊 MP3  3_65

만능 패턴

**Q7** Do you think that the internet has made our lives better? Why or why not?
인터넷이 우리의 삶을 더 좋게 만들었다고 생각하나요? 그 이유는 무엇인가요?

**A7**

Yes. I think that the internet has made our lives better.
In my case, my hobby is shopping on the internet.
It's easy to get a discount when I buy things online so I can save money.
Also, I can learn new things from others for free. So the internet makes my life much easier.

네. 저는 인터넷이 우리의 삶을 더 좋게 만들었다고 생각합니다.
제 경우에는, 취미가 인터넷 쇼핑입니다.
온라인으로 물건을 구매할 때 할인을 받기 쉬워서 저는 돈을 절약할 수 있습니다.
또한, 저는 다른 사람들로부터 새로운 것들을 무료로 배울 수 있습니다.
그래서 인터넷은 제 삶을 훨씬 더 쉽게 만들어줍니다.

---

**어휘** better 더 나은, 더 좋은  get a discount 할인을 받다

**Tip** 다양한 만능 패턴들을 모두 활용할 수는 없으니 예시 경험에 잘 붙는 자연스러운 패턴들을 선택적으로 활용해 주세요. 시간 관계상 불가능하다면 마무리 문장은 말하지 않아도 됩니다.

## 2 태블릿

---

**TOEIC Speaking**

Imagine that an American marketing firm is doing research in your country. You have agreed to participate in a telephone interview about using a tablet computer.

한 미국 마케팅 회사가 당신의 나라에서 설문 조사를 하고 있다고 가정해 보세요. 당신은 태블릿 사용에 대한 전화 인터뷰에 참여하기로 동의했습니다.

---

 3_66

만능 패턴

**Q5** When was the last time you used a tablet and did you find it easy to use?

마지막으로 태블릿을 사용한 것은 언제이며, 그것은 사용하기 쉬웠나요?

**A5** I used my tablet **yesterday** to watch YouTube videos.
And yes, it was easy to use because I didn't need a mouse and keyboard.

저는 어제 유튜브 영상을 보기 위해 태블릿을 사용했습니다.
네, 그것은 사용하기 쉬웠습니다. 왜냐하면 마우스와 키보드가 필요 없기 때문입니다.

**어휘** keyboard 키보드   easy to use 사용하기 쉬운

**Tip** 과거 시제에 실수가 생기지 않도록 과거 동사에 집중하며 차근차근 답변합니다.

---

📢 MP3 3_67

만능 패턴

**Q6** Do you prefer to work on a tablet or a laptop? Why?

태블릿과 노트북 중 어느 것으로 작업하는 것을 더 선호하나요?

**A6** I prefer to work on a tablet because it is lightweight and portable so I can work on it **anytime** and **anywhere**. It works for me.

저는 태블릿으로 작업하는 것을 더 선호합니다. 왜냐하면 가볍고 휴대하기 편하기 때문입니다. 그래서 언제 어디서나 작업할 수 있습니다. 저한테는 잘 맞더라고요.

**어휘** lightweight 경량의, 가벼운   portable 휴대용의, 휴대하기쉬운

**Tip** 주제 자체가 태블릿인데 갑자기 노트북이 좋다고 하면 일관성과 연계성 차원에서 답변의 흐름이 꼬일 수 있습니다. 다른 질문들에도 태블릿이관련되어 있으므로 6번은 싫든 좋든 태블릿을 더 선호한다고 답해야 유리합니다.

**모범 답안**

🔊 MP3 3_68

만능 패턴

**Q7**

Which one is the most important factor for you when choosing a tablet?
- Battery life   - Screen resolution   - Technical support

당신이 태블릿을 선택할 때 가장 중요한 요소는 무엇인가요?
- 배터리 수명   - 화면 해상도   - 기술 지원

**A7**

The most important factor is the screen resolution.
In my case, my hobby is watching YouTube videos or movies.
I usually watch them on my tablet because it has high screen resolution.
I can enjoy them more clearly.

가장 중요한 요소는 화면 해상도입니다.
제 경우에는, 취미가 유튜브 영상이나 영화를 보는 것입니다.
저는 주로 그것들을 태블릿으로 봅니다. 왜냐하면 화면 해상도가 높기 때문입니다.
저는 그것들을 또렷하게 더 즐길 수 있습니다.

**어휘** resolution 해상도  technical 기술의, 전문의  clearly 또렷하게, 명확히, 분명하게

**Tip** 본인의 긍정적인 현재 경험을 바탕으로 설명을 하면 I(나) 주어와 현재 시제로 문장들을 연결할 수 있기 때문에 부정적인 과거 경험을 예시로 들어 설명하는 것보다 쉽고 편합니다.

시원스쿨 LAB

시원스쿨 LAB

시원스쿨 4주 완성

# TOEIC Speaking 학습지

조앤박 | 시원스쿨어학연구소

**4**

# Questions 8-10
Respond to questions using information provided

제공된 정보를 사용하여 질문에 답하기

시원스쿨 4주 완성

# TOEIC Speaking

조앤박 | 시원스쿨어학연구소

## 학습지

**4**

시원스쿨
# 토익스피킹학습지

**초판 1쇄 발행** 2023년 1월 2일

**지은이** 조앤박·시원스쿨어학연구소
**펴낸곳** (주)에스제이더블유인터내셔널
**펴낸이** 양홍걸 이시원

**홈페이지** www.siwonschool.com
**주소** 서울시 영등포구 국회대로74길 12 시원스쿨
**교재 구입 문의** 02)2014-8151
**고객센터** 02)6409-0878

**ISBN** 979-11-6150-655-5 13740
**Number** 1-110303-19190400-08

# 4

## Questions 8-10
## 제공된 정보를 사용하여
## 질문에 답하기

## 목차

---

## 문제 구성

| 문제 번호 | Questions 8-10 (3문제) |
| --- | --- |
| 문제 유형 | Respond to questions using information provided<br>제공된 정보를 사용하여 질문에 답하기 |
| 준비 시간 | 표 분석 시간: 45초    답변 준비 시간: 각 3초 |
| 답변 시간 | Q8: 15초, Q9: 15초, Q10: 30초 |

## 진행 순서

**TOEIC Speaking**

**Questions 8-10: Respond to questions using information provided**

Directions : In this part of the test, you will answer three questions based on the information provided. You will have 45 seconds to read the information before the questions begin. You will have three seconds to prepare and 15 seconds to respond to Questions 8 and 9. You will hear Question 10 two times. You will have three seconds to prepare and 30 seconds to respond to Question 10.

**1 안내문**

시험 진행 방식을 설명하는 안내문을 화면에 보여준 뒤 이를 음성으로 들려줍니다.

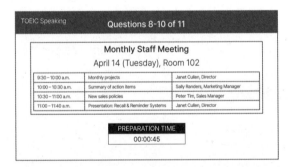

**2 표 분석 시간**

안내문이 사라지면 화면에 표가 등장하며, 45초의 표 분석 시간이 주어집니다.

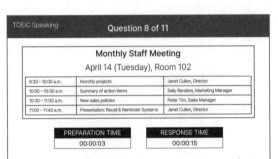

**3 나레이션 및 Question 8**

화면의 표는 그대로 제시되면서 인사말과 함께 표에 대해 문의하는 나레이션이 나오고 8번 문제가 음성으로 제시됩니다. 준비 시간 3초 후, 15초의 답변 시간이 주어집니다.

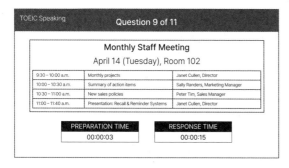

## 4 Question 9

뒤이어 9번 문제가 음성으로 제시되며 준비 시간 3초 후, 15초의 답변 시간이 주어집니다.

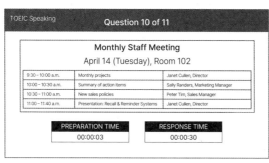

## 5 Question 10

뒤이어 10번 문제가 음성으로 제시되며 준비 시간 3초 후, 30초의 답변 시간이 주어집니다.

**Tip** · 10번 문제는 두 번 들려줍니다.

## 출제 비율

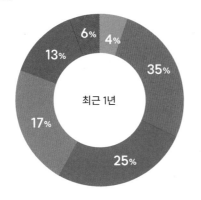

최근 1년

4%
35%
25%
17%
13%
6%

- ■ 행사 일정
- ■ 수업 일정
- ■ 면접 일정
- ■ 이력서
- ■ 여행, 출장 일정
- ■ 영수증, 주문서

## 채점 포인트

· 질문을 얼마나 정확히 듣고 이해하여 답하는가?

· 질문에 대한 답변을 정확하게 전달하는가?

· 문법 실수없이 완전한 문장으로 말하는가?

· 유창하고 자연스럽게 발음, 억양, 강세를 주는가?

# 필수 이론

## 표 분석 및 답변 키워드 찾기

화면에 표가 뜨면 바로 표 분석에 돌입하세요. 표의 상단, 중간, 하단으로 구분하여 질문 가능성이 높은 정보의 위치를 파악한 후, 답변을 만들 때 필요한 답변 키워드들을 정리해두는 준비 시간입니다. 질문 유형은 표의 종류에 상관없이 비슷하게 출제됩니다. 표 분석 시간 동안 각 문항별 예상 질문의 답변 키워드들을 미리 표에서 찾아 위치를 파악해 두세요.

1. 상단의 기본 정보를 먼저 확인합니다.
2. 위에서 아래로 열을 따라 구분 기준이 무엇인지 파악해줍니다
3. 좌우로 행의 내용을 따라 읽으며 필요한 문장 요소를 넣어 문장화 시켜줍니다.

**New Employee Orientation**

**상단**

June 3 (Tuesday)
Conference Room B, Horizon Building

| 9:00 a.m. - 10:00 a.m. | Welcome speech | Amelia Coleman |
|---|---|---|

**중간**

| 10:00 a.m. - 10:40 a.m. | Tour of offices | Terry Lane |
|---|---|---|
| 10:40 a.m. - 11:15 a.m. | Break * | |
| 11:15 a.m. - 11:50 a.m. | Introduction of team members | Daniel White<br>Vice President |
| 12:00 p.m. - 01:00 p.m. | Lunch (cafeteria) | |

**하단**

| 1:00 p.m. - 02:00 p.m. | Review: training materials | Terry Lane |
|---|---|---|
| 2:00 p.m. - 03:30 p.m. | Meeting | William Wood |

*Coffee and muffins available, building lobby

## Q8 기본 정보 질문

정보의 위치　　주로 상단에 위치

답변 키워드　　시간, 날짜, 기간, 요일, 장소, 첫 일정, 마감일 등

## Q9 특수 정보, 특이 사항 질문

정보의 위치　　주로 표 중간, 하단에 위치

답변 키워드　　길이가 제일 긴 문장, 점심 시간, 문장 부호(별표, 취소선, 괄호, 기호) 등

## Q10 공통된 정보 질문

정보의 위치　　주로 표 중간, 하단에 위치

답변 키워드　　공통적인 일정, 주제, 인물, 장소 또는 특정 시간대의 일정 등


## 문항별 문제 유형 및 답변 노하우

8-10번은 표의 유형별 출제 스타일이 어느 정도 정해져 있기 때문에 사전에 질문 스타일과 답변 노하우를 알고 시험장에 가면 수월하게 답변이 가능합니다.

### Question 8　　기본 정보에 대한 질문 (답변 시간: 15초)

**문제 유형**

• WH 의문사 의문문으로 2개 질문합니다.

**답변 노하우**

• 2개의 문제에 모두 답변해야 합니다. 남는 시간에 다른 추가 정보를 추가하면 좋지만 답변 시간을 꽉 채워 말할 필요는 없습니다.
　답변 키워드를 나열하지 말고 문장으로 답해야 합니다.

• 문장 요소 (주어, 동사, 전치사)가 표에 없기 때문에 답변 키워드와 연결할 때 문법 실수에 주의하며 차근차근 답해주세요.
　만약 질문을 정확히 못 들었다면 표 상단에 있는 기본 정보에 대해 모두 답해보세요.

**예상 답변 키워드**　　　　　　　　　　　　　　　　　　　　　　　　　　 4_1

문장 요소 (관사, 동사, 전치사, 명사, 접속사)

| | |
|---|---|
| **날짜** | 위치가 바뀌어 있더라도 요일 다음 날짜 순입니다. 날짜 앞에 on 전치사를 준비해 둡니다.<br>on **Tuesday, June 3rd**<br>6월 3일 화요일에 |
| **장소** | 마찬가지로, 작은 공간에서 큰 공간 순입니다. 공간은 in, 건물은 at the를 붙입니다.<br>in **Conference Room B** at the **Horizon Building**<br>호라이즌 빌딩의 B 회의실에서 |
| **첫 일정** | 주어를 제일 앞으로 빼고 동사 give a speech를 활용합니다.<br>**Amelia Coleman** will give a **welcome speech** at **9:00 a.m.**<br>아멜리아 콜먼이 오전 9시에 환영 연설을 할 예정입니다. |

## Question 9    특정 정보, 특이 사항에 대한 질문 (답변 시간: 15초)

### 문제 유형

- 정보를 헷갈렸거나 잘못 알고 문의합니다. 주로 특정 정보가 맞는지 확인을 요청합니다.

### 답변 노하우

- 혼자만 다른 정보가 있는지 찾아보세요. 문장이 많이 길거나 표 하단으로 정보가 빠져 있거나 문장 기호 (; : , – " ", 취소선, 굵은 글씨체 등)로 특별해 보이는 부분에서 확인해 달라는 질문을 합니다.
- 출제 가능성을 타진해 보는 수준에서 끝내지 말고 실제 질문을 받을 경우, 무슨 주어와 동사로 문장을 시작할지, 무슨 전치사로 연결해야 정확할지 답변에 쓸 키워드를 입으로 중얼거리며 정리해 놓습니다.

### 예상 답변 키워드

문장 요소 (관사, 동사, 전치사, 명사, 접속사)

| Break * | 하단에 위치한 별표의 상세 정보를 사용해 간결히 문장화해 둡니다.<br>During the **break** time, you can have **coffee and muffins** in the **building lobby**.<br>쉬는 시간에는, 건물 로비에서 커피와 머핀을 드실 수 있습니다. |
|---|---|
| Lunch<br>(cafeteria) | 점심 식사 항목 옆 괄호 안의 정보도 간단히 문장화합니다. lunch 앞에는 관사가 없어요.<br>There will be **lunch** in the **cafeteria** at **12 p.m.**<br>오후 12시에 구내식당에서 점심 식사가 있을 예정입니다. |
| Daniel<br>White | 문장이 제일 길어서 의심이 듭니다. 혹시 모르니 '디 인트로덕션' 발음까지 연습해 둡니다.<br>**Daniel White** will lead the **introduction** of the **team members** at **11:15 a.m**<br>다니엘 화이트씨가 오전 11시 15분에 팀원들의 소개를 진행할 것입니다. |

## Question 10    공통적 정보 2~3개를 요청하는 질문 (답변 시간: 30초)

### 문제 유형

- 기본적으로 공통적인 정보 2~3개에 대해 모두 알려달라고 요청합니다. 표에서 반복되는 단어를 찾으세요.
- 특정 시간대를 지정해 그 이전 또는 이후의 일정에 대해 알려달라고 요청하는 경우도 있어요.

### 답변 노하우

- 표에서 공통적인 단어가 2~3개 보인다면, 그 행들의 정보를 문장화해두세요.
- 고득점을 위해 능동태와 수동태를 다양하게 활용해 답해주세요.

### 예상 답변 키워드

문장 요소 (관사, 동사, 전치사, 명사, 접속사)

| Terry Lane | 명단에 떡 하니 2번 보이는 Terry 찾으셨나요? 첫 문장은 수동태로 두 번째 문장은 능동태로 다양화해서 실력을 어필해 주세요. 오피스 앞에 '디' 발음 주의!<br>At **10:00 a.m.**, the **tour of the offices** will be led by **Terry Lane**.<br>And then, **Terry Lane** will review the **training materials** from **1:00 to 2:00 p.m.**<br>오전 10시에, 사무실 견학은 테리 레인이 진행할 것입니다.<br>그리고 나서, 테리 레인이 오후 1시부터 오후 2시까지 교육 자료를 검토할 예정입니다. |
|---|---|

| Lunch (cafeteria) | 여태 하단 부분에서 질문할 요소가 없었으니 점심 식사 이후 일정을 물을 수도 있겠네요.<br>보통 특정 시간 이전, 이후에 참여할 수 없으니 못 듣게 되는 일정을 모두 말해달라고 질문하거든요.<br>At **1 p.m.**, **Terry Lane** will **review** the **training materials.**<br>And then, the **meeting** will be led by **William Wood** at **2:00 p.m.**<br>오후 1시에, 테리 레인이 교육 자료를 검토할 예정입니다.<br>그리고 나서, 그 회의는 윌리엄 우드로부터 오후 2시에 진행될 것입니다. |
|---|---|

## 숫자 읽기

### 시간 읽기

 MP3 4_4

| 11:30 a.m. | at eleven thirty a.m. | 오전 11시 30분에 | | 3:35 p.m. | at three thirty five p.m. | 오후 3시 35분에 |
|---|---|---|---|---|---|---|
| 12:00 p.m. | at twelve p.m. | 오후 12시에 | | 4:10 p.m. | at four ten p.m. | 오후 4시 10분에 |

### 날짜 읽기

 MP3 4_5

| 1일 | first | | 17일 | seventeenth |
|---|---|---|---|---|
| 2일 | second | | 19일 | nineteenth |
| 3일 | third | | 20일 | twentieth |
| 4일 | fourth | | 30일 | thirtieth |
| 5일 | fifth | | 31일 | thirty first |

### 달 읽기

 MP3 4_6

| 2월 | February | | 8월 | August |
|---|---|---|---|---|
| 4월 | April | | 10월 | October |

### 연도/ 번호 읽기

 MP3 4_7

| 2008 | two thousand eight | | 205 | two zero five, two o five |
|---|---|---|---|---|
| 2023 | twenty twenty-three | | # 310 | number three one zero |

> **Tip** · 2000년에서 2009년까지는 4자리를 한 번에 읽는 게 자연스럽고, 나머지 연도는 두 자리씩 끊어 읽어주세요.
> · 3자리 숫자는 하나씩 읽어줍니다.
> · 숫자 0은 zero로 읽어요. 단, 3자리 숫자들 중간에 있을 경우에만 O(오우)로 길게 읽을 수 있어요.

## 전치사 사용법

8번 기본 정보, 9번 특수 정보, 10번 공통 정보를 문장 형식으로 답변하려면 전치사를 얼마나 정확하고 빠르게 연결하는지가 중요합니다. 시간, 장소, 문장 부호에 따라 달라지는 전치사 사용법을 알아봅시다.

### 1   시간 전치사

 MP3 4_8

| **in** | 연도, 달, 오전/오후/저녁과 같은 **시간의 공간감을** 나타낼 때 |
| --- | --- |
| | in May / in 2023 / in the morning / in the afternoon / in the evening |
| | The event will be held in June.<br>그 이벤트는 6월에 열릴 예정입니다.<br><br>All participants should come to the main building in the morning.<br>모든 참가자는 아침에 본관으로 와야 합니다. |
| **on** | 요일, 날짜와 같이 **달력의 위에 붙은 시간을** 나타낼 때 |
| | on Friday, Oct. 12th / on the 23rd / on the weekends |
| | The event will be held on Tuesday, August 7th.<br>그 이벤트는 8월 7일 화요일에 열릴 예정입니다.<br><br>You will arrive in New York on May 5th.<br>당신은 뉴욕에 5월 5일에 도착할 예정입니다. |
| **at** | 시각, 밤, 정오와 같은 **특정한 시각을** 나타낼 때 |
| | at 9:30 a.m. / 12 o'clock / at noon / at night |
| | The performance will start at 2 p.m.<br>그 공연은 오후 2시에 시작할 예정입니다.<br><br>You will have lunch at 12 p.m.<br>당신은 오후 12시에 점심 식사를 할 예정입니다. |

**Tip** • at(~시에)를 쓸 때는 시작 시간만 말해도 되지만, from (~시부터)을 쓸 때는 끝나는 시간인 to (~시까지)도 함께 말해주는 것이 자연스러워요.

**at 3 p.m.**   오후 3시에
**from 10 a.m. to 11 a.m.**   오전 10시부터 11시까지

## 2 장소 전치사

| | |
|---|---|
| **in** | 어떤 공간의 안을 의미하며 **장소의 공간감을** 나타낼 때, **지정된 공간** 앞에 사용<br><br>in meeting room A / in New York / in Chicago<br><br>The seminar will be held in Conference Room A.<br>세미나는 컨퍼런스 룸 A에서 열릴 예정입니다.<br><br>Employees will have a break in the cafeteria.<br>직원들은 구내식당에서 휴식 시간을 가질 예정입니다. |
| **at** | 어떤 곳에라는 의미로 **고유 명칭의 건물, 한정적 장소명 또는 주소, 번지수와 함께 사용 주소가 있는 건물 또는 공공연**하게 인식된 장소를 나타낼 때<br><br>at the Ace Hotel / at the Brooklyn Center / at JFK airport<br><br>The conference will be held at the Paradise Hotel.<br>컨퍼런스는 파라다이스 호텔에서 열릴 예정입니다.<br><br>You will attend the presentation at the Prudential Building.<br>당신은 프루덴셜 빌딩에서 열리는 발표에 참여할 예정입니다. |

**Tip** • in ~공간 안에서, at ~에서 단일 상점, 방이나 공간의 경우는 고유한 공간이므로 the를 붙이지 않습니다. 호텔, 센터, 큰 건물처럼 여러 층과 많은 공간이 집약된 건축물은 고유한 공간이라도 the를 붙여서 말합니다.

at Gibson's store 깁슨의 상점에서
at the Marvin Convention Center 마빈 컨벤션 센터에서

## 3 문장 부호 전치사

표에서 문장 부호 ( : ; , – ) 와 같은 문장 부호가 보이면 아래의 전치사 중 문장 구조상 가장 자연스러운 것을 골라 부호 뒤의 주제나 대상, 명칭과 연결해 주세요.

| on (관련 내용) | ~와 관련한 | called (제목) | ~이라는 제목의 |
|---|---|---|---|
| about (주제) | ~에 대한 | by (사람) | ~씨의 진행 하에 |
| with (사람, 물건) | ~과 함께 | for (사람, 대상) | ~을 위한 |

| | |
|---|---|
| **Lecture: computer science** | the lecture on computer science 컴퓨터 과학과 관련한 수업 |
| **Workshop: city planning** | the workshop about city planning 도시 계획에 대한 워크숍 |
| **Annual Conference:<br>Web Summit 2023** | the annual conference called Web Summit 2023<br>2023 웹 정상 회담이라는 제목의 연례 회의 |
| **Special event (children)** | the special event for children 어린이들을 위한 특별 수업 |
| **Lecture (Tina)** | The lecture will be given by Tina. 그 강의는 티나씨에 의해 진행될 예정입니다. |
| **8:30 a.m. – 9:00 a.m.** | from 8:30 a.m. to 9:00 a.m. 오전 8시 30분부터 오전 9시까지 |

다음 빈칸에 알맞은 전치사를 적어보세요.

**1** The conference will be held ( ) August.
그 컨퍼런스는 8월에 열릴 예정입니다.

**2** The flight for Madrid departs ( ) Monday.
마드리드행 비행기는 월요일에 출발합니다.

**3** Jason will lead the event ( ) Sunday ( ) 10:30 a.m.
제이슨씨가 일요일 오전 10시 30분에 이벤트를 진행할 것입니다.

**4** The second session will start at 11:00 a.m. ( ) Conference Room C ( ) the Highline Building.
두 번째 세션은 하이라인 빌딩에 있는 컨퍼런스 룸 C에서 오전 11시에 시작합니다.

**5** There is an in-person interview with Alex ( ) Thursday ( ) 10:00 a.m. ( ) Room 501.
목요일 오전 10시에 알렉스씨와 대면 면접이 501호에서 있습니다.

**6** Opening Remarks: Online Marketing Trends
The opening remarks ( ) online marketing trends
온라인 마케팅 트렌드에 대한 개회사

**7** Q&A Session (Andy Jassy)
A Q&A session will be conducted ( ) Andy Jassy.
질의응답 시간이 앤디 제시로부터 진행될 것입니다.

🔊 MP3 4_10

**모범 답안**

**1** in  **2** on  **3** on, at  **4** in, at  **5** on, at, in  **6** on  **7** by

# 핵심 전략

## 표 유형별 빈출 질문 한 눈에 보기

### 1 행사 일정 (컨퍼런스, 세미나, 워크샵, 이벤트)

**질문 상황**

• 행사 참여자가 전화해 일정에 대해 문의하면, 일정 담당자인 내가 표를 보며 답해주는 상황이 주어집니다.

Q8: 표 상단, Q9, Q10: 표 중간, 표 하단 확인

| Q8<br>기본 정보 | Q 행사는 언제, 어디서 진행되나요?<br>Q 일정은 몇 시에 시작해 몇 시에 끝나나요?<br>Q 마감일은 며칠인가요? 참가비는 얼마인가요?<br>Q 첫 번째 일정은 무엇인가요? 누가 진행하나요? |
|---|---|
| Q9<br>특수 정보 | Q [특정 정보]가 진행되는 시간을 [몇 시]로 알고 있는데, 맞나요?<br>A 아니요, 해당 일정은 [몇 시]로 변경/취소되었습니다.<br><br>Q 점심을 준비해야 하나요?<br>A 아니요, 점심은 포함이며 [몇 시]에 제공됩니다.<br><br>Q 일정 중 하루만 참여해도 참가비 [얼마]를 내야 하나요?<br>A 아니요, 하루 금액 [얼마]만 내시면 됩니다. |
| Q10<br>공통 정보 | Q [특정 회의/ 워크샵/ 발표]에 대해 상세히 알려주세요.<br>Q [주요인물]이 진행하는 모든 일정을 말해주세요. |

### 2 수업 일정

**질문 상황**

• 수업 참여자가 전화해 일정에 대해 문의하면, 일정 담당자인 내가 표를 보며 답해주는 상황이 주어집니다.

Q8: 표 상단, Q9, Q10: 표 중간, 표 하단 확인

| Q8<br>기본 정보 | Q 첫 번째 수업은 무엇이고, 누가 진행하나요?<br>Q 마감일이 언제이고, 참가비는 얼마인가요?<br>Q [특정 주제] 관련 수업은 언제, 누가 진행하나요? |
|---|---|
| Q9<br>특수 정보 | Q [특정 수업]을 듣고 싶은데 [시간/ 날짜/ 조건]에 가능한가요?<br>A 아니요, 당신은 [특정 시간/ 날짜/ 조건]에 들을 수 있어요.<br><br>Q [몇 시]까지는 제가 도착할 수 없어요. 무엇을 놓치게 되나요?<br>A 아니요, [몇 시]에 시작하므로 놓치는 것 없어요. |
| Q10<br>공통 정보 | Q [특정 수업/ 레벨/ 강사]에 대해 상세히 알려주세요.<br>Q [몇 시]에 가야 해요. 이후의 일정을 모두 말해주세요. |

## 3 면접 일정

### 질문 상황

• 면접관이 전화해 면접 일정에 대해 문의하면, 일정 담당자인 내가 표를 보며 답해주는 상황이 주어집니다.

Q8: 표 상단, Q9, Q10: 표 중간, 표 하단 확인

| | |
|---|---|
| **Q8**<br>기본 정보 | **Q** 면접은 언제, 어디서 진행되나요?<br>**Q** 첫 번째 지원자의 이름, 지원 업무는 무엇인가요?<br>**Q** [특정 업무]에 지원한 지원자는 누구이며 어디서 일하나요? |
| **Q9**<br>특수 정보 | **Q** [특정 지원자]의 면접이 [몇 시]가 맞나요?<br>**A** 아니요, 그분의 면접은 [몇 시]입니다.<br>**A** 아니요, 그분의 면접은 취소되었습니다.<br><br>**Q** 면접이 [몇 시]에 끝나는 걸로 알고 있는데, 맞나요?<br>**A** 아니요, 마지막 면접은 [몇 시]에 있습니다. |
| **Q10**<br>공통 정보 | **Q** [특정 업무 지원자]에 대한 정보를 모두 알려 주세요.<br>**Q** [특정 경력]을 가진 지원자에 대한 세부 사항을 말해주세요. |

## 4 이력서

### 질문 상황

• 면접관이 전화해 이력서에 대해 문의하면, 인사 담당자인 내가 표를 보며 답해주는 상황이 주어집니다.

Q8: 표 상단, Q9, Q10: 표 중간, 표 하단 확인

| | |
|---|---|
| **Q8**<br>기본 정보 | **Q** 지원자의 학사 [전공/ 학교/ 졸업 연도]는 무엇인가요?<br>**Q** 지원자의 박사 [전공/ 학교/ 졸업 연도]는 무엇인가요?<br>**Q** 지원자의 경력은 무엇인가요? |
| **Q9**<br>특수 정보 | **Q** 우리는 [특정 능력]을 가진 분이 필요한데, 지원자가 적합할까요?<br>**A** 걱정 마세요. 그 분은 [특정 능력]을 갖고 있어요. |
| **Q10**<br>공통 정보 | **Q** 지원자의 경력에 대한 정보를 모두 알려 주세요.<br>**Q** 지원자의 학력에 대한 세부 사항을 말해주세요. |

## 5 여행, 출장 일정

### 질문 상황

• 동료가 본인의 여행 및 출장 일정에 대해 전화 문의하면, 일정 담당자인 내가 표를 보며 답해주는 상황이 주어집니다.

Q8: 표 상단, Q9, Q10: 표 중간, 표 하단 확인

| Q8<br>기본 정보 | Q 몇 시에 떠나고 어디에 묵게 되나요?<br>Q 첫 일정은 무엇이며 누가 진행하나요? |
|---|---|
| Q9<br>특수 정보 | Q [주요 인물]의 일정이 [언제] 있다고 하던데, 맞나요?<br>A 아니요, 그 일정은 [특정 날짜/ 시간]에 있어요. |
| Q10<br>공통 정보 | Q [주요 인물/ 특정 주제] 관련 정보를 상세히 알려주세요.<br>Q 마지막 날 일정에 대해 모두 말해주세요. |

## 6 영수증, 주문서

### 질문 상황

• 고객이 전화해 영수증, 구매 내역에 대해 전화 문의하면, 점원인 내가 표를 보며 답해주는 상황이 주어집니다.

Q8: 표 상단, Q9, Q10: 표 중간, 표 하단 확인

| Q8<br>기본 정보 | Q 매장 영업 시간, 위치가 어떻게 되나요?<br>Q 몇 시에 어디로 물건을 받으러 가야 하나요? |
|---|---|
| Q9<br>특수 정보 | Q [주문 비용]이 전부 지급된 걸로 아는데, 맞나요?<br>A 네, 지급 되었습니다. 총 금액은 [얼마]입니다.<br>A 아니요, 아직 지급되지 않았고 [얼마]를 지불해 주셔야 해요. |
| Q10<br>공통 정보 | Q [주문 내역]에 대한 세부 사항을 말해주세요. |

수동태와 능동태 문장을 섞어 답변으로 활용하는 것이 고득점 핵심 기술입니다. 정보를 빠르게 연결해 주는 전략별 템플릿을 입으로 소리 내어 암기해 주세요.

## 1 키워드로 문장 시작하기

⏻ MP3 4_11

표의 타이틀에서 주어를 찾고, 수동태 동사 패턴과 전치사를 키워드와 자연스럽게 연결시켜 봅시다.

| 키워드 | 핵심 수동태 동사 | 장소/ 날짜/ 시간 / 대상 정보 |
|---|---|---|
| The workshop<br>그 워크샵은 | will be held<br>열릴 예정입니다 | in room 201.<br>201호 에서 |
| The interview<br>그 면접은 | is scheduled<br>예정되어 있습니다 | for 11 a.m.<br>오전 11시로 |
| The meeting<br>그 회의는 | has been moved<br>옮겨졌습니다 | to Wednesday.<br>수요일로 |

**Tip**
- 행사의 종류들 (워크샵, 컨퍼런스, 세미나, 컨벤션, 오리엔테이션, 미팅 등) 앞에 the를 붙여요.
- room A, room 201 처럼 고유한 명칭이 있는 방 앞에는 the를 붙이지 않아요.

같은 수동태라도 인물 정보를 문장에 포함할 때, 문장 구조는 아래처럼 됩니다.

| 키워드 | 핵심 수동태 동사 | 인물 정보 |
|---|---|---|
| The orientation<br>그 오리엔테이션은 | will be led<br>진행될 예정입니다 | by Linda.<br>린다씨에 의해 |
| The welcome speech<br>그 환영사는 | will be given<br>주어질 예정입니다 | by Michael.<br>마이클씨에 의해 |

**Tip**
- 원어민들은 개회사나 발표처럼 말로 하는 세션을 표현할 때, lead 보다 give를 쓰는 습관이 있습니다.
- lead: (일정, 세션 등을) 진행하다 give: (개회사, 발표 등 말로 정보를) 전하다
- **능동태 vs. 수동태**
- 능동태　He will give a speech. He will give a presentation. 그는 연설을 할 것입니다. 그는 발표를 할 것입니다.
- 수동태　A speech will be given by Tom. A presentation will be given by Tom.
　　　　톰이 연설을 할 것입니다. 톰에 의해 발표가 있을 것입니다.

## 2  인물로 문장 시작하기

 MP3 4_12

이번엔 인물을 주어로 문장을 시작해 볼게요. 핵심 능동태 동사 패턴, 전치사구, 관사를 연결해 문장을 확장해 봅시다.

| 인물 | 핵심 능동태 동사 | 키워드 | 장소/ 날짜/ 시간/ 대상 정보 |
|---|---|---|---|
| Jennifer<br>제니퍼 씨가 | will lead<br>진행할 것 입니다 | the workshop<br>그 워크샵을 | on Monday at 11 a.m.<br>월요일 오전 11시에 열리는 |
| Martin<br>마틴 씨가 | will talk<br>말할 것 입니다 | about trends in sales<br>영업 트렌드에 대해 | at the Franklin Center at 1 p.m.<br>Franklin 센터에서 오후 1시에 |
| You<br>당신은 | will attend<br>참석할 것 입니다 | the meeting<br>그 회의에 | in Room 201 at 10 a.m.<br>201번 방에서 오전 10시에 열리는 |

**Tip** • 여러 개의 전치사구를 사용할 때, 순서는 크게 상관없지만, 장소, 날짜, 시간 순이 자연스러워요.

## 3  There로 문장 시작하기

 MP3 4_13

'~이 있다'라는 뜻으로 주어가 빨리 생각나지 않을 때 활용하기 좋아요. There로 시작할 때는 항상 수일치에 집중하세요.

| There 주어 | be 동사 | 키워드 | 장소/ 날짜/ 시간/ 대상 정보 |
|---|---|---|---|
| There<br>~이/가 | is<br>있습니다 | a session<br>세션이 | called French Baking 101.<br>프랑스 제빵 101이라고 불리는 |
| There<br>~이/가 | are<br>있습니다 | two meetings<br>두 개의 회의가 | in the seminar.<br>세미나에 |

## 4  It으로 문장 시작하기

 MP3 4_14

It 주어는 잘 생각나지 않기 때문에 초반에 작정을 해야 쓸 수 있어요. 시간, 거리, 금액을 말할 때 사용합니다.

| It 주어 | 핵심 능동태 동사 | 장소/ 날짜/ 시간/ 대상 정보 |
|---|---|---|
| It<br>그건 | is<br>입니다 | 20 dollars.<br>20 달러 |
| It<br>그건 | will start<br>시작할 예정입니다 | at 9:30 a.m.<br>오전 9시 30분에 |
| It<br>그건 | will finish<br>끝날 예정입니다 | at 4 p.m.<br>오후 4시에 |
| It<br>그건 | will be<br>일 겁니다 | for 2 days.<br>이틀 동안 |
| It<br>그건 | will be open<br>열릴 예정입니다 | from 10 a.m. to 5 p.m.<br>오전 10시부터 오후 5시까지 |

## 5  Question 9 틀린 정보 정정하기

9번에서 정보에 대해 잘못 알고 질문을 했을 경우, 아니라고 한 후, 올바른 정보를 전달해 주세요.

· **No. Actually,**  +  올바른 정보

No. Actually, **Kevin will lead the session at 3 p.m.**
아니요. 사실 케빈이 오후 3시에 그 세션을 이끌 거예요.

· **I'm sorry but**  +  올바른 정보

I'm sorry but **the meeting will be held in Room 101.**
죄송하지만 회의는 101호에서 열릴 겁니다.

· **Don't worry.**  +  올바른 정보

Don't worry. **You won't miss anything.**
걱정하지 마세요. 놓치는 것은 하나도 없을 겁니다.


## 6  Question 10 정보 나열하기

10번에서 시간 또는 조건 기준으로 2-3개의 정보를 열거해 답변합니다. 아래 순서대로 답변을 연결해 주세요.

### 시간 순서

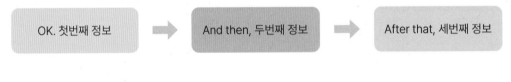

OK. 첫번째 정보 → And then, 두번째 정보 → After that, 세번째 정보

### 조건 순서

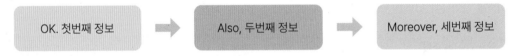

OK. 첫번째 정보 → Also, 두번째 정보 → Moreover, 세번째 정보

**Tip** · 10번 첫 문장을 늘 OK 또는 Sure로 시작하면 편해요.

## 동사와 전치사 연결하기

### 1 행사 일정

 MP3 4_16

| | | |
|---|---|---|
| 진행하다 | lead | Tracy Lee will lead the event on Monday at 11 a.m.<br>트레이시 리씨가 월요일 오전 11시에 행사를 진행할 예정입니다. |
| 말하다 | talk about<br>give a presentation about | Caroline will talk about how to develop our goals at 1 p.m.<br>캐롤라인씨가 오후 1시에 우리의 목표를 발전시키는 방법에 대해 말할 예정입니다. |
| 참석하다 | attend | You should attend the meeting in Room 201 at 9:30 a.m.<br>당신은 오전 9시 30분에 201호에서 회의에 참석해야 합니다. |
| 먹다, 쉬다 | have lunch<br>have a break | You will have lunch in the cafeteria at 12 p.m.<br>당신은 오후 12시에 구내식당에서 점심 식사를 할 예정입니다. |
| 지불하다 | pay 참가비 for 대상 | You should pay 50 dollars for the registration fee.<br>당신은 참가비로 50달러를 지불해야 합니다. |

### 2 면접 일정, 이력서

 MP3 4_17

| | | |
|---|---|---|
| 지원하다 | applied for a 직급 position | Mary applied for a manager position.<br>메리는 매니저 자리에 지원했습니다. |
| 인터뷰하다 | interview 지원자 | You will interview Roy Adams at 1 p.m.<br>당신은 오후 1시에 로이 애덤스를 면접 볼 예정입니다. |
| 학위를 취득하다 | get his/her 학위 from 대학교 in 연도 | He got his bachelor's degree in Business from NYU in 2022.<br>그는 2022년에 뉴욕 대학교에서 경영학 학사 학위를 취득했습니다. |
| 일하다 | work for 회사 as a 직급 from 연도 to 연도 | He worked for HQ Bank as a researcher from 2017 to 2022.<br>그는 2017년부터 2022년까지 HQ은행에서 연구원으로 일했습니다. |
| | since 연도, he/she has been working for 회사명 as a 직급 | Since 2022, he has been working for RTD Bank as a senior researcher.<br>2022년부터, 그는 RTD은행에서 선임 연구원으로 일하고 있습니다. |

### 3 여행, 출장 일정

 MP3 4_18

| | | |
|---|---|---|
| 떠나다/ 내리다 | depart from 도시 at 몇 시<br>arrive in 도시 at 몇 시 | You will depart from Chicago at 10 a.m. and arrive in New York at 1 p.m.<br>당신은 오전 10시에 시카고에서 출발해서 오후 1시에 뉴욕에 도착할 것입니다. |
| 묵다 | stay at the 호텔 for 기간 | You will stay at the Ace Hotel for 2 days.<br>당신은 에이스 호텔에 이틀 동안 묵을 예정입니다. |

앞서 배운 동사와 전치사를 바탕으로 제시된 키워드를 활용해 답변을 완성해 보세요.

**1** 토마스씨가 오전 10시에 대회의실 1번에서 디지털 마케팅에 대한 발표를 할 예정입니다.
(give a presentation about)

_____

**2** 저는 모든 감독의 평론에 참석하고 싶습니다.
(attend, director's reviews)

_____

**3** 당신은 재무 부장 자리에 지원하는 데이비드 테일러 씨를 오전 9시 30분에 면접 볼 예정입니다.
(interview, finance director position)

_____

**4** 그녀는 2017년에 맨체스터 대학에서 사회학 석사 학위를 취득했습니다.
(get her master's degree, sociology)

_____

**5** 당신은 오전 11시에 보스턴에서 출발해서 오후 3시에 시카고에 도착할 예정입니다.
(depart from, arrive in)

_____

**6** 당신은 플라자 호텔에 7일 동안 묵을 예정입니다.
(stay at, for)

_____

🔊 MP3  4_19

### 모범 답안

**1** 토마스씨가 오전 10시에 대회의실 1번에서 디지털 마케팅에 대한 발표를 할 예정입니다.
Thomas will give a presentation about digital marketing in Conference Room 1 at 10 a.m.

**2** 저는 모든 감독의 평론에 참석하고 싶습니다.
I'd like to attend all of the director's reviews.

**3** 당신은 재무 부장 자리에 지원하는 데이비드 테일러 씨를 오전 9시 30분에 면접 볼 예정입니다.
You will interview David Taylor for the finance director position at 9:30 a.m.

**4** 그녀는 2017년에 맨체스터 대학에서 사회학 석사 학위를 취득했습니다.
She got her master's degree in Sociology from Manchester University in 2017.

**5** 당신은 오전 11시에 보스턴에서 출발해서 오후 3시에 시카고에 도착할 예정입니다.
You will depart from Boston at 11 a.m. and arrive in Chicago at 3 p.m.

**6** 당신은 플라자 호텔에 7일 동안 묵을 예정입니다.
You will stay at the Plaza Hotel for 7 days.

## 유형 1  행사 일정

**특징**

컨퍼런스, 이벤트, 세미나, 오리엔테이션 등 다양한 행사 일정표가 출제되며, 가장 빈번하게 출제되는 표 유형입니다.

<table>
<tr><td colspan="2" align="center">Soccer Coach Association<br>24th Annual Soccer Conference<br>Greenfield Hotel<br>Friday, March 30th</td></tr>
<tr><td>Time</td><td>Schedule</td></tr>
<tr><td>8:30 a.m. – 9:00 a.m.</td><td>Registration</td></tr>
<tr><td>9:00 a.m. – 10:15 a.m.</td><td>Lecture: Designing and Developing Game Theory</td></tr>
<tr><td>10:15 a.m. – 12:30 p.m.</td><td>Discussion: How to Improve Intermediate Players' Durability and Strength</td></tr>
<tr><td>12:30 p.m. – 1:30 p.m.</td><td>Lunch with MVP Player, Jason Morrison</td></tr>
<tr><td>1:30 p.m. – 2:45 p.m.</td><td>Lecture: Management of Professional Soccer Teams</td></tr>
<tr><td>2:45 p.m. – 4:30 p.m.</td><td>Break Time</td></tr>
<tr><td>4:30 p.m. – 6:00 p.m.</td><td>Workshop: Using the Exercise and Training Manuals for Intermediate Players</td></tr>
<tr><td>6:00 p.m. – 8:00 p.m.</td><td>Social Gathering</td></tr>
</table>

Q8 키워드   Q9 키워드   Q10 키워드

## 표 분석하기 (45초)

| | |
|---|---|
| **Q8**<br>기본 정보 | 행사 장소, 날짜, 시간, 첫 일정 |
| **Q9**<br>특수 정보 | 문장 부호, 특이 사항<br>점심 시간 옆 다른 단어<br>내용이 길거나 하나 밖에 없는 항목 |
| **Q10**<br>공통 정보 | 공통 항목 (2-3개) |

## 나레이션

표에 대한 정보를 문의하는 나레이션 약 8-10초도 표 내부 정보를 파악하는 시간으로 활용합니다.

> Hello, I'm Jill. I'm actually one of the soccer coaches participating in the 24th annual soccer conference so I'd like to ask some information about the conference.
>
> 안녕하세요, 저는 질입니다. 저는 제24회 연례 축구 대회에 참가하는 축구 코치 중 한 명이며 컨퍼런스에 대한 몇 가지 정보를 물어보고 싶습니다.

## 고득점 포인트

Q8 ・의문사 2개 질문에 모두 답해야 하며 답변 순서는 상관없어요.

Q9 ・질문의 반만 맞는 경우, 맞는 정보는 확인해 주고 틀린 정보는 정정해 주세요.

Q10 ・요청된 키워드를 듣는 순간, 표에서 빠르게 키워드가 포함된 행을 찾아 적합한 주어, 동사, 전치사를 찾아 문장화 합니다.

・답변 시작이 늦어질 경우, 문장 필러 몇 개를 활용해 자연스럽게 시간을 벌어줍니다.

예) OK... Um... Let me see... Well... Alright!

## 답변 구성

### Question 8 기본 정보

주어  동사  키워드  전치사

| Q | What is the date of the conference, and what time does the registration begin?<br>컨퍼런스 날짜는 언제이며, 등록은 몇 시에 시작하나요? |
|---|---|
| A | The conference will be held on Friday, March 30th at 8:30 a.m. at the Green Field Hotel.<br>컨퍼런스는 3월 30일 금요일 오전 8시 30분에 그린필드 호텔에서 열릴 것입니다. |
| 추가<br>문제 예시 | Where will the conference take place and what is the first session?<br>컨퍼런스는 어디에서 열리며, 첫번째 세션은 무엇인가요? |

### Question 9 특수 정보

주어  동사  키워드  전치사

| Q | I heard that we will have a chance to meet the MVP, Jason Morrison, during the social gathering time. Could you confirm that information?<br>저는 우리가 친목 도모 시간에 MVP인 제이슨 모리슨을 만날 기회를 가질 것이라고 들었습니다. 그 정보를 확인해 줄 수 있나요? |
|---|---|
| A | Yes, you will meet with him but not during the social gathering time. You will have lunch with him at 12:30 p.m.<br>네, 당신은 그와 만나지만 친목 도모 시간은 아닙니다. 당신은 그와 12시 30분에 점심 식사를 할 것입니다. |
| 추가<br>문제 예시 | Q I'm afraid I won't be able to arrive there until 8:30 a.m. Could you tell me what sessions I will miss?<br>죄송하지만 저는 오전 8시 30분까지는 그곳에 도착할 수 없을 것 같습니다. 제가 어떤 세션을 놓치게 될지 알려줄 수 있나요?<br>Q I heard there will be a workshop at 4 p.m. Can you confirm that for me?<br>저는 오후 4시에 워크샵이 있다고 들었습니다. 확인해 줄 수 있나요? |

주어 동사 키워드 전치사

| Q | I'm especially interested in coaching for intermediate players. Could you tell me all the details about the sessions for the intermediate levels?<br>저는 특히 중급 선수들을 위한 지도에 관심이 있습니다. 중급 수준의 세션에 대한 세부 사항을 모두 알려줄 수 있나요? |
|---|---|
| A | OK. There is a discussion about how to improve intermediate players' durability and strength at 10:15 a.m.<br>Also, you can attend a workshop on using the exercise and training manuals for intermediate players at 4:30 p.m.<br>알겠습니다. 오전 10시 15분에 중급 선수들의 내구성과 체력을 향상시키는 방법에 대한 토론이 있습니다.<br>또한, 당신은 오후 4시 30분에 중급 선수들을 위한 연습 및 훈련 메뉴얼 사용에 대한 워크숍에 참석할 수 있습니다. |
| 추가<br>문제 예시 | Q I am interested in lectures in this conference. Could you give me all the details of the lectures in the conference?<br>저는 이번 컨퍼런스의 강연에 관심이 있습니다. 컨퍼런스의 강연에 대한 세부 사항을 모두 알려줄 수 있나요?<br>Q I have to leave early during the conference. What sessions will I miss if I leave at 4:30 p.m.?<br>저는 컨퍼런스 중에 일찍 떠나야 합니다. 오후 4시 30분에 떠난다면 어떤 세션을 놓치게 되나요? |

## 빈출 표현

| | | | |
|---|---|---|---|
| ☐ conference | 컨퍼런스 | ☐ have lunch with | ~와 점심을 먹다 |
| ☐ registration | 등록 | ☐ especially | 특히 |
| ☐ will be held | 열리다, 개최되다 | ☐ Please keep that in mind. | 참고 부탁 드립니다 |
| ☐ have a chance | 기회를 갖다 | ☐ interested in | ~에 관심이 있는 |
| ☐ seminar | 세미나 | ☐ related to | ~와 관련된 |
| ☐ opening remarks | 개회사 | ☐ detail | 상세한 내용, 세부사항 |
| ☐ keynote speech | 기조 연설 | ☐ presentation | 발표 |
| ☐ closing speech | 폐회사 | ☐ be supposed to | ~하기로 되어 있다 |

**1** MP3 음원을 들으면서 빈칸에 알맞은 단어를 넣어 답변을 완성해 보세요. 🔊 MP3 4_23

**Professional Skincare Beauty Seminar**
Chicago Conference Center
Daily rate: $55, Full conference: $85

| | | | |
|---|---|---|---|
| April 11 | 9:30 | Welcome | |
| | 10:00 | Advanced Skincare Techniques | Lauren White |
| | Noon | Lunch | |
| | 2:00 | Building a Loyal Customer Base | Michael Davies |
| | 3:30 | Professional Facial Massage | Angela Roma |
| April 12 | 9:30 | The Essential Cleansing Technique | Caroline Lewis |
| | 11:00 | Teamwork and Communication at Spa Salons | Mia Williams |
| | 2:30 | Special Body Care | Lauren White |
| | 3:30 | Organic Skincare | Veronika Wood |

Hi, I'm very interested in the upcoming seminar, but I don't have the schedule for it. Can I ask a few questions about the seminar schedule?

**Q8** _____ being held and _____ is it taking _____?

**A8** The Seminar _____ at the Chicago conference center.

**Q9** I probably _____ get to the seminar _____ each day.
Can you tell me what I'll _____ at the seminar after 9 a.m.?

**A9** Don't worry. The seminar _____ 9:30 a.m. each day so you _____.

**Q10** _____ last time and I really enjoyed them.
Can you give me _____ Lauren White is leading?

**A10** OK. On April 11, at 10:00 a.m., the session on advanced skincare techniques _____ Lauren White. On April 12, _____ special body care at 2:30 p.m.

**모범 답안**

Q8 When is the seminar / where / place    A8 will be held on April 11 and 12
Q9 wouldn't be able to / until 9 a.m. / miss if I arrive    A9 will start at / won't miss anything
Q10 I've attended the lectures by Lauren White / all the details about the sessions
A10 will be led by / she will lead a session on

**2**  45초간 표의 키워드를 찾아보고 준비 시간과 답변 시간에 맞춰 답변해 보세요. 10번 문제는 두 번 들려줍니다.

🔊 MP3  4_실전연습1

---

**TOEIC Speaking**

| Local Seminar for New Building Buyers<br>Date: March 23<br>Location: Riverside Convention Center | | UPCOMING ANNUAL EVENT |
|---|---|---|

| 9:30 a.m. | Lecture - How to Choose the Right Building | Karen Moore |
|---|---|---|
| 10:30 a.m. | Workshop - Correlations Between Population and Building Value | Cathy Jansen |
| 11:30 a.m. | Discussion - What to Consider When Selling Buildings | Mark Timothy |
| 12:30 p.m. | Lunch Buffet - Tilley Dining Hall (Vegetarian meals available) | |
| 1:30 p.m. | Workshop - Stories of Accomplished Building Sellers | Patrick Choi |
| 2:30 p.m. | Lecture - Compromising on the Building Cost | Cathy Jansen |
| 3:30 p.m. | Presentation - What Makes Your Building More Valuable? | Robert Dune |

---

**Question 8**  준비 시간: 3초 / 답변 시간 15초

🎙 _____

_____

**Question 9**  준비 시간: 3초 / 답변 시간 15초

🎙 _____

_____

**Question 10**  준비 시간: 3초 / 답변 시간 30초

🎙 _____

_____

### TOEIC Speaking

신규 건물 구매자를 위한 지역 세미나
날짜: 3월 23일
장소: 리버사이드 컨벤션 센터

다가오는 연례 행사!

| 오전 9:30 | 강연 – 알맞은 건물을 고르는 방법 | 카렌 무어 |
| 오전 10:30 | 워크샵 – 인구와 건물 가치의 상관 관계 | 캐시 젠슨 |
| 오전 11:30 | 토론 – 건물을 판매할 때 무엇을 고려해야 하는가 | 마크 티모시 |
| 오후 12:30 | 점심 뷔페 – 틸리 다이닝 홀 (채식주의자를 위한 식사 포함) | |
| 오후 1:30 | 워크샵 – 성공한 건물 판매자들의 이야기 | 패트릭 최 |
| 오후 2:30 | 강연 – 건물 가격 타협하기 | 재시 젠슨 |
| 오후 3:30 | 발표 – 무엇이 건물을 더 가치 있게 만드는가? | 로버트 듄 |

Hi, I'm very interested in the upcoming seminar, but I don't have the schedule for it. Can I ask a few questions about the seminar schedule?

안녕하세요, 저는 다가오는 세미나에 관심이 매우 큽니다, 하지만 일정표를 가지고 있지 않습니다. 세미나 일정에 대해 몇 가지 질문을 해도 될까요?

MP3 4_24

주어  동사  키워드  전치사

**Q8** Where will the seminar be held, and what time will the first session begin?

세미나는 어디에서 열리며 첫 번째 세션은 몇 시에 시작하나요?

**A8** The seminar will be held at the Riverside Convention Center and the first session will begin at 9:30 a.m.

세미나는 리버사이드 컨벤션 센터에서 열리며 첫 번째 세션은 오전 9시 30분에 시작할 예정입니다.

**Tip** 세미나의 장소와 첫 일정의 시간만 답해도 됩니다. 시간을 꽉 채우려고 추가 문장을 시작했다가 시간 내 완성하지 못하거나 문법 오류가 생길 것 같다면 질문에 대한 답변만 정확히 해줍니다.

🔊 **MP3** 4_25

주어　동사　키워드　전치사

**Q9**　Last year, I brought my own lunch because I am a vegetarian. Do I have to bring my lunch for this year's seminar too?

작년에는 제가 채식주의자이기 때문에 점심 도시락을 가져갔습니다. 이번 세미나에도 점심 도시락을 가져가야 할까요?

**A9**　No, you don't have to bring your lunch.
The lunch buffet will be offered in Tilley Dining Hall, and vegetarian meals will be available.

아니요, 점심을 가져오지 않아도 됩니다. 점심 뷔페가 틸리 다이닝 홀에서 제공될 예정이며, 채식주의자를 위한 식사가 가능할 것입니다.

**Tip** 종종 등장하는 '점심이 제공된다'는 표현을 익혀주세요.
식사 will be offered

🔊 **MP3** 4_26

주어　동사　키워드　전치사

**Q10**　I am very interested in the sessions led by Cathy Jansen. Could you give me all the details about the sessions that she will be leading?

캐시 젠슨 씨에 의해 진행되는 세션에 매우 관심이 있습니다. 그녀가 진행하는 세션에 대한 세부사항을 모두 알려줄 수 있나요?

**A10**　OK. At 10:30 a.m., the workshop called correlations between population and building value will be led by Cathy Jansen.
Also, she will give a lecture about compromising on the building cost at 2:30 p.m.

알겠습니다. 오전 10시 30분에 인구와 건물 가치의 상관관계라는 워크숍이 캐시 젠슨 씨에 의해 진행될 것입니다. 또한, 그녀는 오후 2시 30분에 빌딩 가격 타협하기에 대한 강의를 진행할 예정입니다.

**Tip** 첫 문장은 왼쪽에서 오른쪽으로 정보를 읽어가며 수동태로 답변하고 다음 문장은 오른쪽에서 왼쪽으로 읽어 능동태 답변을 만들어 보세요. 처음엔 헷갈리지만 몇 번 연습해 보면 역 디귿 모양으로 답할 때 가장 편하게 답할 수 있습니다. 다양한 문장력을 보여줌과 동시에 반복되는 답변 형식에서 벗어날 수 있어 고득점에 유리합니다.

## 특징

수업 시간표, 강의 일정표 등 다양한 수업 관련 일정표가 출제되며, 자주 출제되는 표 유형입니다

---

### Laura's Professional Baking School

Baking classes for the community: May 5

Deadline for registration: May 1

| Time | Topic | Skill Level |
|---|---|---|
| 9:30 a.m. - 10:30 a.m. | Easy baking processes<br>- No oven baking<br>- Gluten-free baking | Beginner |
| 10:30 a.m. - 12:00 p.m. | Baking bread and pastries<br>- Sour dough, wheat bread, rolls<br>- Cup cakes, tarts, muffins | Intermediate |
| Noon - 1:30 p.m. | Decorating processes | Intermediate |
| 1:30 p.m. - 2:30 p.m. | Baking preparations<br>- How to greaseproof equipment | Beginner |
| 2:30 p.m. - 4:00 p.m. | Fine dining pastries and desserts presentation | Advanced |

Q8 키워드   Q9 키워드   Q10 키워드

## 표 분석하기 (45초)

| Q8<br>기본 정보 | 수업 장소, 날짜, 시간, 첫 일정 |
|---|---|
| Q9<br>특수 정보 | 신청 마감일<br>문장 부호, 특이 사항<br>내용이 길거나 하나 밖에 없는 항목 |
| Q10<br>공통 정보 | 공통 항목 (2-3개) |

## 나레이션

표에 대한 정보를 문의하는 나레이션 약 8-10초도 표 내부 정보를 파악하는 시간으로 활용합니다.

> Hello, this is Emily Jefferson. I saw your advertisement for baking classes. I want to know more details about the classes.
> 안녕하세요, 저는 에밀리 제퍼슨입니다. 저는 당신의 제빵 수업 광고를 봤습니다. 저는 그 수업에 대한 자세한 세부사항을 알고 싶습니다.

## 고득점 포인트

Q8 · 마감일 만능 문장
**The deadline for the registration is (날짜).**
등록 마감일은 (날짜)입니다.

Q9 · 요즘 길게 설명해 뉘앙스를 헷갈리게 만드는 추세예요. 질문 초반에 뉘앙스가 결정되므로 초반 듣기에 집중하면서 귀로 들은 핵심 키워드가 표의 몇 번째 행에 있는지 빠르게 파악해 답변 방향을 구성합니다.

Q10 · 한 번 물어본 내용은 중복해 질문하지 않아요. Intermediate 관련해 9번에서 물어본다면 남은 공통 키워드는 beginner라는 것을 10번 질문 전에 알 수 있으니 미리 beginner 행을 답변 문장으로 준비하면 시간을 절약할 수 있습니다.
· 수업 만능 문장
**You will attend the (수업 제목) class on (수업 주제).**
당신은 (수업 주제)에 관한 (수업 제목)에 참석할 예정입니다.
**You will learn about (수업 내용).**
당신은 (수업 내용)에 대해 배울 예정입니다.

## 답변 구성

## Question 8 기본 정보

주어  동사  키워드  전치사

| Q | What date will the classes take place, and when should I register by?<br>그 수업은 며칠에 열리며, 언제까지 등록해야 하나요? |
|---|---|
| A | The classes will be held on May 5th and you should register by May 1st.<br>수업은 5월 5일에 열리며 5월 1일까지 등록해야 합니다. |
| 추가<br>문제 예시 | Q What time will the first class be held and what skill level is it?<br>　첫 수업은 몇 시에 시작하며, 그 수업은 어느 정도의 수준인가요? |

## Question 9 특수 정보

주어  동사  키워드  전치사

| Q | I haven't done that much baking but I'd like to make bread. The class about baking bread and pastries would be okay for people who have not done much baking before, right?<br>베이킹을 그렇게 많이 해본 적은 없지만 빵을 만들고 싶습니다. 빵과 패스츄리 베이킹에 대한 수업은 이전에 베이킹을 그렇게 많이 안 해본 사람이 수강해도 괜찮을까요? |
|---|---|
| A | I'm sorry, but that is an intermediate class.<br>However, there are two beginner classes, at 9:30 a.m. and 1:30 p.m.<br>죄송하지만 그 수업은 중급반입니다.<br>하지만 오전 9시 30분과 오후 1시 30분에 두 개의 초급 수업이 있습니다. |
| 추가<br>문제 예시 | Q I heard that I should register by May 5. Could you confirm that information?<br>　저는 5월 5일까지 등록해야 한다고 들었습니다. 그 정보를 확인해 줄 수 있나요?<br>Q I am interested in attending an advanced class after work. Is there any class available after 4 p.m.?<br>　저는 퇴근 후에 고급반 수업에 참여하는 것에 관심이 있습니다. 오후 4시 이후에 가능한 수업이 있나요? |

주어　동사　키워드　전치사

| Q | Could you give me all the details about the classes designed specifically for beginners?<br>초보자를 위해 특별히 마련된 수업에 대한 세부사항을 모두 알려줄 수 있나요? |
|---|---|
| A | OK. You can attend the class on easy baking processes at 9:30 a.m., and learn about no oven baking and gluten-free baking.<br>Also, you can learn how to greaseproof equipment in the baking preparations class at 1:30 p.m.<br>알겠습니다. 당신은 오전 9시 30분에 간단한 베이킹 과정에 대한 수업을 들을 수 있고, 오븐 없이 하는 베이킹과 글루텐 프리 베이킹에 대해 배울 수 있습니다.<br>또한, 오후 1시 30분에 열리는 베이킹 준비 수업에서 장비에 기름이 배지 않게 하는 방법에 대해 배울 수 있습니다. |
| 추가<br>문제 예시 | I have some baking experience so I'm specifically interested in the intermediate levels of classes. Could you give me all the details about the intermediate classes?<br>저는 몇 번의 베이킹 경험이 있어서 중급반 수준의 수업에 특히 관심이 있습니다. 중급반 수업에 대한 세부사항을 모두 알려줄 수 있나요? |

## 빈출 표현

| | | | |
|---|---|---|---|
| ☐ deadline | 마감일 | ☐ equipment | 장비, 용품 |
| ☐ baking class | 제빵 수업 | ☐ greaseproof | 기름이 안 배는 |
| ☐ what date | 몇 일 | ☐ no oven baking | 오븐 무사용 제빵 |
| ☐ specifically | 특별히 | ☐ gluten-free baking | 글루텐 프리 제빵 |
| ☐ beginner | 초보자 | ☐ sour dough | 사워 도우 |
| ☐ learn | 배우다 | ☐ wheat bread | 밀빵 |
| ☐ be canceled | 취소되다 | ☐ related | 관련된 |
| ☐ offer | 제공하다 | ☐ sign up | 등록하다, 접수하다 |

**1**    MP3 음원을 들으면서 빈칸에 알맞은 단어를 넣어 답변을 완성해 보세요.    🔊 MP3 4_30

<table>
<tr><td colspan="3" align="center">Jane's Culinary School<br>Italian Cooking Classes for Prospective Students<br>February 4</td></tr>
<tr><th>Time</th><th>Topic</th><th>Class Level</th></tr>
<tr><td>9:00-10:30 a.m.</td><td>Basic Cooking Techniques<br>(utensil skills & ingredient preparation)</td><td>Beginner</td></tr>
<tr><td>10:30-11:30 a.m.</td><td>Homemade Pastas and Risottos<br>(tomato and cream based)</td><td>Advanced</td></tr>
<tr><td>11:30-12:30 p.m.</td><td>Green Salads and Appetizers</td><td>Beginner</td></tr>
<tr><td>12:30-1:30 p.m.</td><td>Seafood Preparation</td><td>Advanced</td></tr>
<tr><td>1:30-2:30 p.m.</td><td>How to Decorate Dishes</td><td>Intermediate</td></tr>
</table>

Hi, this is Veronica. Can I ask a few questions about the upcoming Italian Cooking Classes for Prospective Students?

**Q8**    _____ will the classes _____, and what time does the last class end?

**A8**    The classes _____ on February 4th and _____ at 2:30 p.m.

**Q9**    I haven't done that _____ but I would love to learn how to prepare seafood. And I heard that the seafood class would be okay for those _____. _____?

**A9**    _____. There is a class called "Seafood Preparation", but _____. Beginners _____.

**Q10**    Could you give me _____ about _____ ___ for beginners?

**A10**    OK. _____ a class called Basic Cooking Techniques at 9 a.m., and you will learn utensil skills & ingredient preparation in the class.
And, _____ called Green Salads and Appetizers at 11:30 a.m.

---

### 모범 답안

**Q8** On what date / take place   **A8** will take place / the last class finishes

**Q9** much cooking yet / who are not experienced at cooking / Is that right   **A9** I'm sorry, but no / it is for advanced students / cannot take the course

**Q10** all of the information / the classes designed specifically   **A10** You can attend / you will learn / there is another course

**2** 45초간 표의 키워드를 찾아보고 준비 시간과 답변 시간에 맞춰 답변해 보세요. 10번 문제는 두 번 들려줍니다. 🔊 MP3 4_실전연습2

---

**TOEIC Speaking**

### Art Programs with Leading Artists
Cost per class: $50
All materials (*included*)

| Date | Time | Class | Instructor |
|------|------|-------|-----------|
| February 2 | 9:00 – 11:00 a.m. | Landscape drawing | Hannah Smith |
| February 9 | 1:30 – 2:30 p.m. | Basic Sketching | Jane O'Neil |
| February 14 | 9:30 – 11:00 a.m. | Oil Painting | Thomas Young |
| February 20 | 10:00 a.m. – Noon | Basic Photography | Matilda Jones |
| March 1 | 5:00 – 6:30 p.m. | Mastering Texture | Paul Festa |
| March 10 | 9:00 – 11:00 a.m. | Watercolor Painting | Julia Moore |

---

**Question 8** 준비 시간: 3초 / 답변 시간 15초

🎤 _____

_____

**Question 9** 준비 시간: 3초 / 답변 시간 15초

🎤 _____

_____

**Question 10** 준비 시간: 3초 / 답변 시간 30초

🎤 _____

_____

**TOEIC Speaking**

## 일류 미술가와 함께 하는 미술 프로그램

강좌 당 비용: 50달러

모든 재료 (포함)

| 날짜 | 시간 | 강좌 | 강사 |
|---|---|---|---|
| 2월 2일 | 오전 9:00 – 11:00 | 풍경화 | 헤나 스미스 |
| 2월 9일 | 오후 1:30 – 2:30 | 기본 스케치 | 제인 오닐 |
| 2월 14일 | 오전 9:30 – 11:00 | 유화 | 토머스 영 |
| 2월 20일 | 오전 10:00 – 정오 | 기본 사진 촬영법 | 마틸다 존스 |
| 3월 1일 | 오후 5:00 – 6:30 | 질감 표현 터득하기 | 폴 페스타 |
| 3월 10일 | 오전 9:00 – 11:00 | 수채화 | 줄리아 무어 |

Hi, I'm very interested in the new art programs this year. Can I ask a few questions about the class schedule?

안녕하세요, 저는 다가오는 올해 연례 미술 프로그램에 관심이 매우 많습니다. 수업 일정에 대해 몇 가지 질문을 드려도 될까요?

🔊 MP3 4_31

주어  동사  키워드  전치사

**Q8**   What is the date of the first class in February, and who will lead the class?

2월 첫번째 수업의 날짜는 언제이고, 누가 수업을 진행하나요?

**A8**   The landscape drawing class will be led by Hannah Smith on February 2nd at 9 a.m.

풍경화 수업은 2월 2일 오전 9시에 한나 스미스에 의해 진행될 예정입니다.

---

**어휘**  leading 선도적인, 손꼽히는  material 재료, 자료, 물품  include ~을 포함하다  landscape 풍경, 조경  drawing 그림, 그리기  photography 사진 촬영(법)  master ~을 터득하다, ~에 숙달되다  texture 질감

**Tip**  능동태로 답변할 수도 있으니 본인에게 더 쉬운 형식으로 답변해 보세요.
Hannah Smith will lead the landscape drawing class on February 2nd at 9 a.m.
헤나 스미스가 풍경 그리기 수업을 2월 2일 오전 9시에 진행할 예정입니다.

🔊 MP3 4_32

주어  동사  키워드  전치사

**Q9**

As far as I know, I should pay an additional fee for the class materials. How much would that be?

제가 알기로는 수업 준비물을 위한 추가 금액을 내야한다고 알고 있습니다. 금액이 얼마쯤 될까요?

**A9**

Don't worry. The cost per class is 50 dollars and all materials are included.

걱정하지 마세요. 수업 당 비용은 50달러이고 모든 재료들이 포함되어 있습니다.

> **Tip** 아래와 같이 본인에게 더 편한 순서로 답할 수도 있어요.
> All materials are included in the fee and it is 50 dollars.
> 모든 재료는 비용에 포함되어 있고 그것은 50달러입니다.

🔊 MP3 4_33

주어  동사  키워드  전치사

**Q10**

I really want to take part in the painting class. Could you give me all the details about the sessions on painting?

저는 그림 수업에 정말 참여하고 싶습니다. 그림에 관한 세션들에 대한 세부사항을 모두 알려줄 수 있나요?

**A10**

OK. On February 14th, the oil painting class will be led by Thomas Young at 9:30 a.m.
Also, On March 10th, Julia Moore will lead a class on watercolor painting from 9:00 to 11 a.m.

알겠습니다. 2월 14일 오전 9시 30분에는 토마스 영이 유화 수업을 진행할 것입니다.
또한, 줄리아 무어는 3월 10일 오전 9시부터 오전 11시까지 수채화 수업을 진행할 것입니다.

> **Tip** 수동태와 능동태 답변을 편하게 할 수 있도록 연습해 보세요. 다양한 문장 구조를 활용하면 득점에 유리합니다.

## 특징

종종 출제되는 면접 일정표 유형입니다. 면접 날짜, 시간, 특정 인물의 지원 업무와 관련된 내용이 표에 주로 포함되어 있습니다.

## Manhattan Central Broadcasting Incorporated
## Applicant Interview Schedule

**All interviews:** *Room C302: Friday, June 2*

| Time | Applicant Name | Position | Current Employer |
|---|---|---|---|
| 10:00 a.m. | James Perez | Floor Director | NYC TV Casting Co. |
| 11:30 a.m. | Peter Welder | Program Producer | New Jersey Central Broadcasting |
| 1:00 p.m. | Justin Ling | Lighting Expert | NYC TV Casting Co. |
| 2:30 p.m. | Shawn Brown | Sound Director | Chicago Local Broadcasting Inc. |
| 4:00 p.m. | Debora Wilber | Program Producer | National Musical Company |
| 5:30 p.m. | Jenny Goldsmith | Sports Reporter | E-Sport Broadcasting Co. |

Q8 키워드    Q9 키워드    Q10 키워드

## 표 분석하기 (45초)

| | | |
|---|---|---|
| **Q8**<br>**기본 정보** | 면접 장소, 날짜, 시간, 첫 일정 | |
| **Q9**<br>**특수 정보** | 점심 시간 전, 후로 특이 사항<br>지원 업무가 다른 한 사람<br>가장 마지막 일정 | |
| **Q10**<br>**공통 정보** | 공통 항목 (2-3개) | |

## 나레이션

표에 대한 정보를 문의하는 나레이션 약 8-10초도 표 내부 정보를 파악하는 시간으로 활용합니다.

Hello, I am scheduled to have several interviews on Friday. But, I've already left my office so I'm hoping you can answer my questions.
안녕하세요, 저는 금요일에 몇몇 면접을 볼 예정입니다. 하지만 제가 이미 사무실에서 나와서 당신이 제 질문들에 답을 해주면 좋겠습니다.

## 고득점 포인트

Q8 · 면접관 만능 문장

| | |
|---|---|
| **You** will interview [지원자] | 당신은 [지원자]를 인터뷰할 예정입니다. |
| **You** will have an interview **with** [지원자] | 당신은 [지원자]와 인터뷰가 예정되어 있습니다. |
| **There** is an interview **with** [지원자] | [지원자]와 인터뷰가 있습니다. |

· 지원자 만능 문장

| | |
|---|---|
| **He(She)** applied for a [직책] position. | 그(그녀)는 [직책] 자리에 지원했습니다. |

Q9 · 인터뷰 유형의 9번 문제는 주로 지원자의 직책, 시간, 날짜 등을 잘못 알고 질문합니다.

Q10 · Could you~? 질문이 들렸다면, OK (알겠습니다), Sure (그럼요)로 경쾌하게 시작해요.

· 어떤 회사에서 근무 중인 지원자를 표현할 때, 전치사 from을 사용합니다.

**Debora Wilber from National Musical Company**     국립 뮤지컬 컴퍼니의 데보라 윌버

## 답변 구성

## Question 8 기본 정보

주어   동사   키워드   전치사

| | |
|---|---|
| **Q** | Who is the first applicant I'm interviewing, and where does the person currently work?<br>제가 처음 면접을 볼 지원자는 누구이며, 현재 어디에서 근무하고 있나요? |
| **A** | At 10 a.m., you will interview James Perez. He applied for a floor director position. He currently works for NYC TV Casting Company.<br>오전 10시에, 제임스 페레즈씨를 면접 볼 예정입니다. 그는 FD 자리에 지원했습니다. 그는 현재 NYC TV 캐스팅 회사에서 일하고 있습니다. |
| **추가<br>문제 예시** | Q What time is the interview scheduled for the lighting expert position and where does the applicant currently work?<br>조명 전문가 자리의 면접은 몇 시에 예정되어 있고 지원자는 현재 어디에서 근무를 하고 있나요? |

## Question 9 특수 정보

주어   동사   키워드   전치사

| | |
|---|---|
| **Q** | I have to visit another job site after I'm done with the interviews. My last interview is at 4 o'clock, right?<br>저는 면접을 다 끝내고 난 후 다른 작업 현장에 가야 합니다. 제 마지막 면접은 4시로 알고 있습니다. 맞나요? |
| **A** | I'm sorry, but your last interview will be held at 5:30 p.m. with Jenny Goldsmith.<br>죄송하지만, 제니 골드스미스씨와의 마지막 면접이 오후 5시 30분에 예정되어 있습니다. |
| **추가<br>문제 예시** | Q I heard that I have an interview with the sound director position applicant in the morning. Is that correct?<br>저는 오전에 사운드 디렉터 자리의 지원자와 면접이 있다고 들었습니다. 맞나요? |

MP3 4_36

주어  동사  키워드  전치사

| | |
|---|---|
| **Q** | Right now, our biggest need is for a program producer. Could you give me all the details about any interviews with people applying for the program producer position?<br>지금, 우리에게 가장 필요한 것은 프로그램 제작자입니다. 프로그램 제작자 자리에 지원한 사람들의 면접에 대한 세부사항을 모두 알려줄 수 있나요? |
| **A** | Sure. At 11:30 a.m., you will interview Peter Welder. He works for New Jersey Central Broadcasting. Then at 4:00 p.m., you will interview Debora Wilber from National Musical Company.<br>그럼요. 오전 11시 30분에 당신은 피터 웰더씨를 면접 볼 예정입니다. 그는 뉴저지의 중앙 방송국에서 일합니다. 그리고 나서 오후 4시에, 국립 음악 회사의 데보라 윌버를 면접 볼 예정입니다. |

## 빈출 표현

| | | | |
|---|---|---|---|
| ☐ applicant | 지원자 | ☐ work experience | 경력 |
| ☐ current employer | 현재 다니는 회사 (현 고용주) | ☐ applied for | ~로 지원했다 |
| ☐ job site | 현장 | ☐ biggest need | 가장 필요한 것 |
| ☐ be fluent in | ~(언어)를 유창하게 하다 | ☐ be scheduled to | ~할 예정이다 |
| ☐ be proficient in | ~을 잘하다 | ☐ currently | 최근에, 근래에 |
| ☐ be familiar with | ~에 익숙하다 | ☐ handle the work | 업무를 다루다, 업무를 처리하다 |
| ☐ be right | 적합하다 | | |

**1** MP3 음원을 들으면서 빈칸에 알맞은 단어를 넣어 답변을 완성해 보세요.  MP3 4_37

## Interview Schedule
### Interview date: October 11th

| Interviewee's name | Position | Interview time | Status |
|---|---|---|---|
| Alan Blake | Marketing Manager | 11:00 a.m.– 11:30 a.m. | Canceled |
| Peter Kovac | Software Engineer | 11:30 a.m. – 12:00 p.m. | Confirmed |
| Sarah Weeks | Software Engineer | 12:00 p.m. – 12:30 p.m. | Confirmed |
| Ricky Ben | Event Director | 12:30 p.m. – 1:00 p.m. | Confirmed |
| Steven MacMillan | Sales Manager | 2:30 p.m. – 3:00 p.m. | Confirmed |
| Lena Graham | Art Director* | 3:30 p.m. – 4:15 p.m. | Confirmed |
| Simon Hopkins | Sales Manager | 4:15 p.m. – 4:45 p.m. | Confirmed |

* hiring an experienced candidate

Hi, this is Roy Carlton. I'll be in charge of the interviews tomorrow. I left the schedule sheet somewhere but can't find it. Since you have a copy of it, do you mind answering some questions?

**Q8** _____ is my _____ tomorrow? And _____ will I be _____?

**A8** Your first interview is ___ 11:30 a.m. and you _____ Peter Kovac.

**Q9** _____ of my _____ are _____ or _____. _____?

**A9** Actually, the interview _____ Alan Blake _____.

**Q10** Can you give me the _____ of the _____ for the _____?

**A10** Sure. You _____ Steven MacMillan _____ 2:30 ___ 3:00 p.m. _____ at 4:15 p.m., you have an interview _____ Simon Hopkins.

### 모범 답안

**Q8** What time / first interview / who / interviewing  **A8** at / will interview

**Q9** None / interviews / canceled / postponed / Are they?
**A9** with / has been canceled

**Q10** details / interviewees applying / sales manager position
**A10** will interview / from / to / And then / with

**2** 45초간 표의 키워드를 찾아보고 준비 시간과 답변 시간에 맞춰 답변해 보세요. 10번 문제는 두 번 들려줍니다.

🔊 MP3 4_실전연습3

---

TOEIC Speaking

### Mile's Restaurant
### Job interview schedule (*new branch*)
#### Monday, July 28

| Time | Job Candidates | Position Applied for | Current Employer |
|---|---|---|---|
| 9:30 a.m. | Jamie Shula | *Cook* | Italia Pasta |
| 10:30 a.m. | Lily Perry | *Supervisor* | Grand Gourmet Restaurant |
| 11:00 a.m. | Robin Peterson | *Staff* | Pitt's Restaurant |
| 11:30 a.m. | Lindsay Ray | *Cook* | Central Café |
| Noon | Ben Timber | *Staff* | Southern Cook Restaurant |
| 1:30 p.m. | Jeff Clarkson | *Assistant Coordinator* | Grand Lux Hotel |
| 2:00 p.m. | Olivia Sinclair | Coordinator | Grand Gourmet Restaurant |

---

**Question 8** 준비 시간: 3초 / 답변 시간 15초

🎙 _____

_____

**Question 9** 준비 시간: 3초 / 답변 시간 15초

🎙 _____

_____

**Question 10** 준비 시간: 3초 / 답변 시간 30초

🎙 _____

_____

**TOEIC Speaking**

### 마일스 레스토랑
### 구직 면접 일정 (신규 지점)
#### 7월 28일, 월요일

| 시간 | 구직 지원자 | 지원한 직책 | 현 고용업체 |
|---|---|---|---|
| 오전 9:30 | 제이미 슐라 | 요리사 | 이탈리아 파스타 |
| 오전 10:30 | 릴리 페리 | 지점장 | 그랜드 구어메이 레스토랑 |
| 오전 11:00 | 로빈 피터슨 | 직원 | 피츠 레스토랑 |
| 오전 11:30 | 린지 레이 | 요리사 | 센트럴 카페 |
| 정오 | 벤 팀버 | 직원 | 서던 쿡 레스토랑 |
| 오후 1:30 | 제프 클락슨 | 보조 코디네이터 | 그랜드 럭스 호텔 |
| 오후 2:00 | 올리비아 싱클레어 | 코디네이터 | 그랜드 구어메이 레스토랑 |

Hi, I'm the owner of Mile's Restaurant. I will interview several applicants tomorrow for our new branch, but I don't have the interview schedule. Can I ask a few questions about tomorrow's interviews?

안녕하세요, 저는 마일스 레스토랑의 주인입니다. 내일 신규 지점을 위한 몇몇 지원자들을 면접 볼 예정입니다. 하지만 제가 면접 일정을 가지고 있지 않습니다. 내일 면접에 대해 몇 가지 질문을 할 수 있을까요?

🔊 MP3 4_38

주어   동사   키워드   전치사

**Q8** Who is the first candidate that I'll be interviewing, and what time is the interview?

제가 면접 볼 첫 번째 지원자는 누구이며, 면접은 몇 시에 있나요?

**A8** You will interview Jamie Shula for the cook position at 9:30 a.m.

당신은 조리사 직책에 지원한 제이미 슐라씨를 오전 9시 30분에 면접 볼 예정입니다.

---

**어휘** branch 지점, 지사  candidate 지원자, 후보자  position 직책, 일자리  apply for ~에 지원하다, ~을 신청하다  current 현재의  employer 고용업체, 고용주  supervisor 책임자, 상사, 감독  assistant 부 ~, 보조의  coordinator 조정 관리자, 편성 책임자, 진행 담당자

**Tip** 면접 일정표의 기본 정보를 묻는 8번은 대부분 면접 일정과 첫 지원자에 대한 질문입니다.
for the ~ position으로 지원한 직책을 표현할 수 있어요.

🔊 MP3 4_39

주어   동사   키워드   전치사

**Q10** I remember I'm supposed to interview an applicant who wants the position of assistant coordinator. That's in the morning, right?

제가 기억하기로는 보조 코디네이터 직책을 원하는 지원자를 면접 보기로 되어 있습니다. 오전에 예정되어 있는 것이 맞나요?

**A10** I'm sorry, but the interview with Jeff Clarkson will be held at 1:30 p.m.

죄송하지만, 제프 클락슨씨의 면접은 오후 1시 30분에 예정되어 있습니다.

**Tip** 9번은 대부분 면접 시간, 날짜 또는 지원자 정보를 잘못 알고 묻습니다.
면접 템플릿에서 interview를 명사 또는 동사로 사용할 때, an과 with에서 실수하지 않도록 정확히 암기해 주세요.
You will have an interview with 사람, You will interview 사람, You will be interviewing 사람

🔊 MP3 4_40

주어   동사   키워드   전치사

**Q10** I've heard that employees from Grand Gourmet Restaurant are highly qualified. Could you tell me all the details about the applicants who work at Grand Gourmet Restaurant?

그랜드 고메 레스토랑 출신 직원들이 고도의 자격 요건을 갖추었다고 들었습니다. 그랜드 고메 레스토랑에서 일하는 면접 지원자들에 대한 세부사항을 모두 알려줄 수 있나요?

**A10** OK. You will interview Lily Perry for a supervisor position at 10:30 a.m.
Also, there is an interview with Olivia Sinclair for a coordinator position at 2:00 p.m.

알겠습니다. 당신은 지점장 직책에 지원한 릴리 페리씨를 오전 10시 30분에 면접 볼 예정입니다.
또한, 오후 2시에 코디네이터 직책에 지원한 올리비아 싱클레어씨와의 면접이 예정되어 있습니다.

**Tip** 'Grand Gourmet Restaurant'을 듣고 찾은 정보들을 각각 수동으로 시작할지 능동으로 시작할지 빠르게 판단해 줍니다.
그다음 바로 답변 요소들을 키워드 붙여보며 연습을 시작하면 2번의 나레이션 시간과 3초의 준비 시간까지 최대한 활용할 수 있으므로 시간을 벌 수 있어요.

## 특징

이력서 유형은 간혹 출제되며, 한 지원자의 이력서가 표 형식으로 나옵니다. 주로 학력 – 경력 – 능력/특이사항의 내용이 표에 등장합니다.

---

### Robert Stockton

1243 E. Hollywood, CA

(213) 555-9561

| Position | Regional retail and merchandising manager |
|---|---|
| Education | Master's degree, business administration, University of Southern California (2019) <br> Bachelor's degree, business management, UC Berkeley (2016) |
| Work | Senior retail and merchandiser, Luxury Fashion Group (2022-Present) <br> Assistant buyer, Summit Fashion Inc. (2019-2022) |
| Skills | CPA, extensive knowledge and experience in retail and fashion industry, <br> Fluent in French and Italian |

Q8 키워드  Q9 키워드  Q10 키워드

## 표 분석하기 (45초)

| Q8 <br> 기본 정보 | 학력 <br> 경력 |
|---|---|
| Q9 <br> 특수 정보 | 능력, 특이 사항 |
| Q10 <br> 공통 정보 | 공통 항목 (2-3개) |

## 나레이션

표에 대한 정보를 문의하는 나레이션 약 8-10초도 표 내부 정보를 파악하는 시간으로 활용합니다.

> Hello, I have an interview with Robert Stockton this afternoon. I got his resume the other day, but it seems like I've misplaced it. Could you please answer some of my questions about Robert?
> 안녕하세요, 오늘 오후에 저는 로버트 스톡턴과의 면접이 있습니다. 전에 저는 그의 이력서를 받았지만 잃어버린 것 같습니다. 로버트에 대한 제 질문에 대답해주실 수 있나요?

## 고득점 포인트

**Q8** · 이력서 학력 만능 문장

He got his [학위] in [전공] from [학교] in [연도]   그는 [연도]에 [학교]에서 [전공]으로 그의 [학위]를 취득했습니다.

She got her [학위] in [전공] from [학교] in [연도]   그녀는 [연도]에 [학교]에서 [전공]으로 그녀의 [학위]를 취득했습니다.

예 **He got** his master's degree in business administration **from** University of Southern California **in** 2019.

　　　　　학위　　　　　　　　전공　　　　　　　　　　　　　　학교　　　　　　　　　연도

그는 2019년 남부 캘리포니아 대학교에서 경영학으로 석사 학위를 취득했습니다.

**Q9** · 주로 지원자가 회사 업무에 적합한지를 질문하는데 표의 하단에 위치한 능력 관련 정보를 보고 답해주면 됩니다.

**Q10** · 경력 사항은 과거 - 현재 순으로, 학력 사항은 낮은 학위 - 높은 학위 순서로 답변합니다.

· 과거 경력

He (She) worked for 회사 as 직책 from 연도.

· 현재 경력

Since 연도, he (she) has been working for 회사 as 직책.

## Question 8 기본 정보

주어　동사　키워드　전치사

| Q | When did James get his master's degree and what university did he get it from?<br>제임스씨는 언제 석사 학위를 취득했으며, 어느 학교에서 취득했나요? |
|---|---|
| A | He got his master's degree in business administration from University of Southern California in 2019.<br>그는 2019년에 남부 캘리포니아 대학교에서 경영학 석사 학위를 취득 했습니다. |
| 추가<br>문제 예시 | Q  First, can you tell me Mr. Stockton's work experience?<br>　　먼저, 스톡턴 씨의 근무 경력에 대해 알려 줄 수 있나요? |

## Question 9 특수 정보

주어　동사　키워드　전치사

| Q | We are planning a joint business venture with our partner in Italy. Would Mr. Stockton be a good candidate to participate in a project like this?<br>우리는 이탈리아에 있는 파트너와 함께 합작 사업을 계획하고 있습니다. 스톡턴씨가 이런 프로젝트에 참여하기 좋은 후보일까요? |
|---|---|
| A | Yes, I think so because he is fluent in Italian.<br>네, 그는 이탈리아어가 유창하기 때문에 그렇다고 생각합니다. |

주어  동사  키워드  전치사

| Q | Could you give me the information related to his career experience?<br>그의 경력과 관련된 모든 정보를 말씀해 주시겠어요? |
|---|---|
| A | Sure. He worked for Summit Fashion Incorporated as an assistant buyer from 2019 to 2022. After that, he has been working for Luxury Fashion Group as a senior retail and merchandiser since 2022.<br>그럼요. 그는 2019년부터 2022년까지 정상 패션 그룹에서 보조 바이어로 일했습니다. 그리고 2022년부터 지금까지, 그는 럭셔리 패션 그룹에서 선임 유통 및 머천다이저로 일하고 있습니다. |
| 추가<br>문제 예시 | Q  Can you give me a brief description of his educational background?<br>그의 학력에 대해서 간단히 설명해 주시겠어요? |

## 빈출 표현

| | | | |
|---|---|---|---|
| ☐ have an interview with | ~와 인터뷰를 하다 | ☐ brief description | 간단한 설명 |
| ☐ résumé | 이력서 | ☐ educational background | 학력 배경 |
| ☐ have misplaced | 잃어버리다 | ☐ Bachelor's Degree (B.A.) | 학사 학위 |
| ☐ work for | ~을 위해 일하다 | ☐ Master's Degree (M.A.) | 석사 학위 |
| ☐ since | ~부터 | ☐ won first place | 1위하다 |
| ☐ joint business venture | 합작 사업 | ☐ excellent | 매우 뛰어난 |
| ☐ candidate | 후보자 | ☐ the ability to | ~할 수 있는 능력 |
| ☐ Italy | 이탈리아 | ☐ be appropriate | 적합하다 |

**1**   MP3 음원을 들으면서 빈칸에 알맞은 단어를 넣어 답변을 완성해 보세요.   🔊 MP3 4_44

| James O'Brien | 1353 Pinecrest Road, Fairview, TN 37062<br>Phone: (615) 526-8531 / Email: james.obrien@cmail.com |
|---|---|
| Position sought | Senior Accountant |
| Education | Bachelor's degree in Accounting: California State University (May 2017)<br>High School diploma: Spring Hill High School (May 2012) |
| Experience | Accountant: Ford Motors (2020-present)<br>Staff Accountant: Beverly Accounting Firms (2017-2020) |
| Highlights | Auditing and budget forecasting (2021)<br>Excellent verbal and written communication skills<br>Ability to work under pressure |

Hello, I have an interview with James O'Brien today, but I left his resume at home. I want you to look at it for me.

| Q8 | What school did he get his _____? And _____ did he get his _____? |
|---|---|

A8   He _____ accounting from California State University in May 2017.

| Q9 | We are _____ someone _____. Is there anything on Mr. O'Brien's resume that _____ he has this _____? |
|---|---|

A9   Yes. He did, auditing and budget forecasting ____ 2021 so he _____.

| Q10 | Can you give me _____ you have about Mr. O'Brien's _____? |
|---|---|

A10   OK. He _____ Beverly Accounting Firms as a staff accountant from 2017 to 2020.
Since 2020, he _____ Ford Motors ___ an accountant.

---

### 모범 답안

**Q8** bachelor's degree from / what year / degree   **A8** got his bachelor's degree in / from / in

**Q9** looking for / familiar with budget forecasting / suggests / skill   **A9** in / will be okay

**Q10** all the information / work experience   **A10** worked for / has been working for / as

**2** 45초간 표의 키워드를 찾아보고 준비 시간과 답변 시간에 맞춰 답변해 보세요. 10번 문제는 두 번 들려줍니다. 🔊 MP3 4_실전연습4

---

TOEIC Speaking

## Melanie Stone
**2057 Chatswood St., Los Angeles (213-555-6832)**

**Position Sought**
Web Development and System Designer

**Career History**
Senior Web Designer, Freeport Technologies, 2022-present
Software and System Consultant, AmeriTech, 2018-2022

**Education**
New York University, Master's degree (Computer programming) 2018
Williams College, Bachelor's degree (Computer science) 2015

---

**Question 8** 준비 시간: 3초 / 답변 시간 15초

🎙️ _____

_____

**Question 9** 준비 시간: 3초 / 답변 시간 15초

🎙️ _____

_____

**Question 10** 준비 시간: 3초 / 답변 시간 30초

🎙️ _____

_____

---

**TOEIC Speaking**

## 멜라니 스톤

챗스우드 스트리트 2057번지, 로스앤젤레스 (213-555-6832)

**채용 희망 직책**
웹 개발 및 시스템 디자이너

**근무 경력**
수석 웹 디자이너, 프리포트 테크놀로지스, 2022년-현재
소프트웨어 및 시스템 컨설턴트, 아메리테크, 2018년-2022년

**학력**
서던 캘리포니아 대학교, 석사 학위 (컴퓨터 프로그래밍) 2018년

---

Hi, this is Aaron Thompson and I'll be interviewing Melanie Stone this afternoon for the web development and system designer position, but I don't have her resume so let me ask a few questions.

안녕하세요, 저는 애론 톰슨이며, 오늘 오후에 웹 개발과 시스템 디자이너직으로 멜라니 스톤 씨의 면접을 볼 예정입니다. 하지만 제가 그녀의 이력서가 없어서 몇 가지 질문을 드릴게요.

🔊 MP3 4_45

주어   동사   키워드   전치사

| **Q8** | Which university did she attend for her master's degree and what year did she graduate?<br>그녀는 석사 학위를 어느 대학교에서 취득했고 몇 년도에 졸업 했나요? |
| --- | --- |
| **A8** | She got her master's degree in computer programming from New York University in 2018.<br>그녀는 컴퓨터 프로그래밍 석사 학위를 남부 캘리포니아 대학교에서 2018년에 취득했습니다. |

**어휘** position 직책, 일자리  seek ~을 찾다, ~을 구하다  development 개발, 발전  present 현재  master's degree 석사 학위

**Tip** 이력서의 경우 표 상단에 위치한 이름을 보고 he 또는 she의 주격을 파악해 주세요. 혹시 그때 파악을 못했다면 첫 질문을 들을 때 힌트를 얻을 수 있습니다. 해당 주격으로 답변을 시작해야 하므로 중요한 포인트입니다.

MP3 4_46

주어 동사 키워드 전치사

| Q9 | The position that she applied for has to do with various system managements.<br>Would that be a problem for her?<br>그녀가 지원한 직위는 다양한 시스템을 관리해야 합니다. 그녀에게 문제가 될까요? |
| --- | --- |
| A9 | Don't worry. She was a software and system consultant so she will be OK.<br>걱정 마세요. 그녀는 소프트웨어와 시스템 자문 위원이었으므로 괜찮을 거예요. |

Tip 대부분 지원자는 자격이 있는 경우라 Yes 또는 Don't worry 로 시작하게 되지만 만약 질문의 뉘앙스를 정확히 파악하지 못했다면 질문에서 물어본 내용만 확인해 주어도 득점 가능합니다.

MP3 4_47

주어 동사 키워드 전치사

| Q10 | Can you tell me her career experience in detail?<br>그녀의 경력을 자세히 말씀해 주시겠어요? |
| --- | --- |
| A10 | OK. She worked for AmeriTech as a software and system consultant from 2018 to 2022.<br>After that, she has been working for Freeport Technologies as a senior web designer since 2022.<br>네. 그녀는 아메리테크에서 소프트웨어 및 시스템 자문위원으로 2018년부터 2022년까지 일했습니다.<br>그 다음, 프리포트 테크놀로지에서 수석 웹 디자이너로 2022년부터 현재까지 일하고 있습니다. |

Tip 질문은 대부분 2개의 경험으로 출제됩니다. 과거에서 현재 순으로 답해주세요. 전형적인 이력서라면 아랫줄을 먼저 읽고 윗줄로 올라오는 순서로 말하게 됩니다. 이력서 만능 패턴의 동사 형태를 정확히 입에 붙여주세요.

## 특징

여행, 출장 또는 개인 일정표 유형입니다. 비교적 드물게 출제되는 돌발 유형의 표입니다.

| *Itinerary for Matt Sorenson, Director* | |
|---|---|
| **Monday, June 3** | |
| 10:35 a.m. | Depart Madison (Midwest Airlines #309) |
| 2:15 p.m. | Arrive Portland (Sunset Hotel) |
| 4:00 p.m. – 5:15 p.m. | Meeting: Kimberly Jonson (EMC Studio) |
| **Tuesday, June 4** | |
| 10:00 a.m. – 5:00 p.m. | Liberal Documentary Film Seminar |
| **Wednesday, June 5** | |
| 10:30 a.m. – 11:45 a.m. | Meeting: Paul Bedford (Take One Studio) |
| 2:55 p.m. | Depart Portland (Midwest Airline #308) |
| 7:28 p.m. | Arrive Madison |

Q8 키워드    Q9 키워드    Q10 키워드

## 표 분석하기 (45초)

| Q8<br>기본 정보 | 출장 날짜, 시간, 항공편<br>도착지, 묵게 되는 호텔명 |
|---|---|
| Q9<br>특수 정보 | 문장 부호, 특이 사항<br>내용이 길거나 하나 밖에 없는 항목 |
| Q10<br>공통 정보 | 공통 항목 (2-3개) |

## 나레이션

표에 대한 정보를 문의하는 나레이션 약 8-10초도 표 내부 정보를 파악하는 시간으로 활용합니다.

> Hi, this is Matt Sorenson. I'm going on a business trip and need to know some information about the trip.
> 안녕하세요, 저는 매트 소렌슨입니다. 저는 출장을 갈 예정이며 이 출장에 대한 몇 가지 정보를 알고 싶습니다.

## 고득점 포인트

**Q8** · 출장 만능 문장

depart from [도시] at [몇 시] and arrive in [도시] at [몇 시].        [몇 시]에 [도시]로 떠나서 [몇 시]에 [도시]로 도착하다
stay at the [호텔] for [기간].        [호텔]에 [기간]동안 묵다

**Q9** · 출장 기간처럼 시간의 양을 표현할 때는 for를 사용합니다.

**Q10** · You will have a meeting, there is a meeting 처럼 본인에게 편한 시작 문장을 준비 시간에 정해주세요.

     · 회의 일자가 다르기 때문에 꼭 요일, 날짜 정보까지 말해야 합니다.


## Question 8 기본 정보

🔊 MP3   4_48

주어   동사   키워드   전치사

| | |
|---|---|
| **Q** | What time do I arrive in Portland and what hotel will I be staying at?<br>제가 포틀랜드에 몇 시에 도착하고 어느 호텔에 묵을 예정인가요? |
| **A** | You will arrive in Portland at 2:15 p.m. on Monday, June 3rd. You will stay at the Sunset Hotel.<br>당신은 6월 3일 월요일 오후 2시 15분에 포클랜드에 도착할 것입니다. 당신은 선셋 호텔에서 묵을 예정입니다. |


## Question 9 특수 정보

🔊 MP3   4_49

주어   동사   키워드   전치사

| | |
|---|---|
| **Q** | I heard that I have to attend the film seminar for two days. Is that correct?<br>제가 영화 세미나에 2일 동안 참석해야 한다고 들었습니다. 맞나요? |
| **A** | No. Actually, the Liberal Documentary Film Seminar will be held for just one day, on Tuesday, June 4th from 10:00 a.m. to 5 p.m.<br>아니요, 사실, 교양 다큐멘터리 영화 세미나는 6월 4일 화요일 오전 10시 30분 부터 오후 5시까지 하루만 열릴 것입니다. |
| **추가 문제 예시** | Q I understand I will be attending the liberal documentary film seminar on Wednesday during my trip. Is that right?<br>저는 제가 여행 중에 수요일에 열리는 교양 다큐멘터리 영화 세미나에 참석해야 하는 것으로 알고 있습니다. 맞나요? |

주어 동사 키워드 전치사

| Q | I know I will have meetings while I'm in Portland. Could you tell me what meetings I have scheduled?<br>제가 포클랜드에 있는 동안에 저는 회의들이 있다는 것을 알고 있습니다. 어떤 회의들이 예정되어 있는지 알려줄 수 있나요? |
|---|---|
| A | OK. On Monday, June 3rd, you will have a meeting with Kimberly Jonson from EMC Studio at 4 p.m. Also, on Wednesday, June 5th, there is a meeting with Paul Bedford from Take One Studio at 10:30 a.m.<br>알겠습니다. 당신은 6월 3일 월요일 오후 4시에 EMC 스튜디오의 킴벌리 존슨과 미팅이 있습니다. 또한, 6월 5일 수요일 오전 10시 30분에는 테이크원 스튜디오에서 폴 베드포드와의 미팅이 있습니다. |

## 빈출 표현

| | | | |
|---|---|---|---|
| ☐ go on a business trip | 출장 | ☐ itinerary | 여행 일정표 |
| ☐ depart from | ~ 에서 출발하다 | ☐ head to | ~로 향하다 |
| ☐ arrive in | ~에 도착하다 | ☐ take part in | 참여하다 |
| ☐ stay at the ~hotel | ~호텔에서 묵다 | ☐ admission fee | 입장료 |
| ☐ have a meeting with | ~와 미팅을 갖다 | ☐ be included | 포함되다 |
| ☐ and then | 그 다음 | ☐ be held | 개최되다 |
| ☐ by 일정 | ~까지 | ☐ stay in ~hotel | ~호텔에 묵다 |
| ☐ complimentary | 무료로 제공되는 | ☐ available | 가능한 |

**1** MP3 음원을 들으면서 빈칸에 알맞은 단어를 넣어 답변을 완성해 보세요.   🔊 MP3 4_51

| Itinerary for Mike Travis, writer |
|---|
| Wednesday, October 15th<br>9:00 a.m. – Depart Chicago – Northeast Airlines, Flight #NE 2301<br>12:30 p.m. – Arrive San Francisco (Golden Gate Luxury Hotel)<br>2:00 p.m. – Meeting with David Kingston from Eco-Green Publisher |
| Thursday, October 16th<br>12:00 p.m. – Lunch meeting with David Lawson, publicist<br>2:30 p.m. – Radio interview (Michael West Show)<br>5:15 p.m. – Depart San Francisco – Eastern Airlines, Flight #EA 1235<br>8:00 p.m. – Arrive Chicago |

Hi, this is Mike Travis. I have misplaced my itinerary, so can you answer some of my questions?

**Q8** _____ does my flight _____ San Francisco and _____ am I going _____?

**A8** You _____ San Francisco ___ Wednesday, October 15 at 12:30 p.m. and _____ the Golden Gate Luxury Hotel.

**Q9** I heard that I _____ with David Kingston _____ of my trip. _____?

**A9** ____. _____, you will have a meeting _____ David Kingston _____ your trip at 2 p.m.

**Q10** Could you tell me about my schedule _____, _____ I _____ San Francisco?

**A10** Sure. _____ a lunch meeting _____ David Lawson, the publicist ___ 12:00 p.m. _____, _____ a radio interview ___ the Michael West Show ___ 2:30 P.M.

---

### 모범 답안

**Q8** What time / arrive in / where / to stay
**A8** will arrive in / on / will stay at
**Q9** have a meeting / on the second day / Is that correct
**A9** No / Actually / with / on the first day of
**Q10** on my last day / before / depart from
**A10** You will have / with / at / After that / there is / on / at

**2** 45초간 표의 키워드를 찾아보고 준비 시간과 답변 시간에 맞춰 답변해 보세요. 10번 문제는 두 번 들려줍니다. 🔊 MP3 4_실전연습5

---

**TOEIC Speaking**

## Casey Timothy's Schedule                                            March 12

| | |
|---|---|
| 9:00 a.m. – 9:30 a.m. | Review of the First Quarter's Sales |
| 9:30 a.m. - 10:30 a.m. | Client Meeting: James Dickson (Conference Room A) |
| 10:30 a.m. -11:50a.m. | Global Sales Trends Seminar |
| Noon | Lunch |
| 1:30 p.m. – 2:30 p.m. | Client Meeting: Jane Packers (Conference Room C) |
| 2:30 p.m. – 3:00 p.m. | Sales Meeting |

---

**Question 8** 준비 시간: 3초 / 답변 시간 15초

🎤 _____

_____

**Question 9** 준비 시간: 3초 / 답변 시간 15초

🎤 _____

_____

**Question 10** 준비 시간: 3초 / 답변 시간 30초

🎤 _____

_____

**TOEIC Speaking**

### 케이시 티모시의 일정     3월 12일

| | |
|---|---|
| 오전 9:00 – 오전 9:30 | 1분기 판매량 평가 |
| 오전 9:30 – 오전 10:30 | 고객 회의: 제임스 디킨슨 (대회의실 A) |
| 오전 10:30 – 오전 11:50 | 세계적인 영업 트렌드 세미나 |
| 정오 | 점심 식사 |
| 오후 1:30 – 오후 2:30 | 고객 회의: 제인 패커스 (대회의실 C) |
| 오후 2:30 – 오후 3:00 | 영업 회의 |

Hi, I know I will have meetings tomorrow. Can you check my schedule for me?

안녕하세요, 저는 내일 회의가 있다고 알고 있습니다. 제 일정을 확인해 주실 수 있으신가요?

🔊 MP3 4_52

주어   동사   키워드   전치사

**Q8**   Could you tell me what the first task is on my schedule for tomorrow?

내일 제 스케줄의 첫 번째 일정이 무엇인지 말씀해 주시겠어요?

**A8**   You will review the first quarter's sales at 9:00 a.m. tomorrow.

당신은 내일 오전 9시에 1분기 매출을 검토할 것입니다.

---

**어휘** review 평가, 검토, 후기, 의견   sales 판매(량), 영업, 매출   global 세계적인   trend 트렌드, 유행, 경향

**Tip** 표의 첫 줄에 있는 명사 review를 동사로 활용하면 쉽습니다. 나레이션과 8번 질문을 들을 때 tomorrow라는 정보를 들었다면 활용해 본인의 듣기 능력을 채점자에게 어필해 보세요.

MP3 4_53

주어  동사  키워드  전치사

**Q9**
I am pretty sure that I have to attend a global sales trends seminar after lunch. Is that right?
저는 점심 식사 후에 세계 판매 동향 세미나에 참석해야 한다고 확신합니다. 맞나요?

**A9**
No. Actually, the seminar will be held at 10:30 a.m.
아니요. 사실, 세미나는 오전 10시 30분에 열릴 것입니다.

**Tip** 시간을 잘못 알고 묻는 질문은 전형적인 9번 질문입니다. Global Sales Trends Seminar를 질문하므로 해당 세션의 시간만 확인해주면 되고 굳이 점심 이후의 Client Meeting까지 답할 필요는 없습니다.

MP3 4_54

주어  동사  키워드  전치사

**Q10**
I remember seeing appointments for client meetings on my schedule. Could you give me all the details about my client meetings tomorrow?
저는 제 일정에서 고객과의 회의 일정을 본 것을 기억합니다. 내일 제 고객과의 회의에 대한 세부사항을 모두 알려줄 수 있나요?

**A10**
OK. At 9:30 a.m., you will have a client meeting with James Dickson in Conference Room A. And then, there is another meeting with Jane Packers in Conference Room C at 1:30 p.m.
알겠습니다. 당신은 오전 9시 30분에 회의실 A에서 제임스 딕슨 고객과의 회의가 있을 것입니다.
그리고 나서 오후 1시 30분에는 회의실 C에서 제인 패커스와 또 다른 회의가 있습니다.

**Tip** James Dickson과 Jane Packers를 읽을 때 유사 발음 실수를 주의해 주세요. 고유명사 같지만, 사실 아닙니다. 정관사 the를 붙여 사용해 주세요.
Conference Room A, Conference Room C는 공간이므로 in으로 표현하고 고유한 방이므로 정관사 the 없이 답변합니다.

## 특징

매우 드물게 출제되는 돌발 유형입니다.

| **Anna Vales' Flower Shop** **Founded 1973** 43rd St., Summerville, New Orleans (716) 555-3852 | |
|---|---|
| Order made | July 20 |
| Destination | Ballroom, Washington Hotel (Rear Entrance), 34 St. |
| Delivery date | July 28 |
| Delivery No. | 3890SC |
| Delivery detail | Sunflowers: twenty Marigolds: two dozen Roses: fifty (red) |
| Payment | $325 (*to be paid upon delivery*) |

Q8 키워드   Q9 키워드   Q10 키워드

## 표 분석하기 (45초)

| Q8 기본 정보 | 주문 일자, 배송 일자 영업장 위치, 기본 정보 |
|---|---|
| Q9 특수 정보 | 문장 부호, 특이 사항 내용이 길거나 하나 밖에 없는 항목 |
| Q10 공통 정보 | 공통 항목 (2-3개) |

## 나레이션

표에 대한 정보를 문의하는 나레이션 약 8-10초도 표 내부 정보를 파악하는 시간으로 활용합니다.

> Hi, this is the delivery man, Jackson. Let me ask you some questions about my delivery schedule.
> 안녕하세요, 저는 배달원, 잭슨입니다. 제 배송 일정에 대해 몇 가지 물어보겠습니다.

## 고득점 포인트

**Q8** · 장소를 설명할 때는 작은 공간에서 큰 공간 순으로 말합니다.

**Q9** · 어떤 질문이 나와도 답변이 긍정이면 Yes, 부정이면 No 로 답변하고 뉘앙스가 헷갈리면 핵심 답변만 해주세요.

⠀⠀예 Q 배달 시점에 제가 돈을 받아야 하는 것은 아니죠?
⠀⠀⠀A 아니오, 돈 받지 마세요.
⠀⠀⠀A 맞아요, 돈 받아야 합니다.

· **Please keep that in mind.** 참고 부탁드립니다. 는 당부할 때 활용합니다.

**Q10** · 숫자 - 꽃 순으로 답변해줍니다.

· dozens 복수급은 12개가 아닌 불특정하게 많은 수를 뜻하며 전혀 다른 의미가 됩니다.

⠀⠀예 dozens of (=hundreds of) people came to see him.
⠀⠀⠀수 많은 사람들이 그를 보러 왔어요.


## Question 8 기본 정보

 4_55

주어　동사　키워드　전치사

| Q | Where do I have to deliver the flowers and which entrance should I go to?<br>제가 꽃을 어디로 배달해야 하고 어느 입구로 가야 하나요? |
|---|---|
| A | You should deliver the flowers to the ballroom in the Washington Hotel on 34th Street. **Please** use the rear entrance of the hotel.<br>당신은 34번가에 있는 워싱턴 호텔의 무도회장으로 꽃들을 배달해야 합니다. 호텔 뒷문을 이용해주세요. |


## Question 9 특수 정보

MP3 4_56

주어　동사　키워드　전치사

| Q | From what I understand, I don't have to receive any payment upon delivery, right?<br>제가 알기로, 저는 배송 시에 돈을 받지 않아도 됩니다. 맞나요? |
|---|---|
| A | Yes. Actually, you do. 325 dollars should be paid upon delivery. **Please keep that in mind.**<br>네, 사실, 받아야 합니다. 배달 시 325달러가 지불되어야 합니다. 참고 부탁드립니다. |
| 추가<br>문제 예시 | I heard that I should deliver the flowers to the hotel on July 20.<br>Could you confirm that information?<br>저는 제가 7월 20일에 호텔로 꽃을 배달해야 한다고 들었습니다. 그 정보를 확인해 줄 수 있나요? |

주어　동사　키워드　전치사

| Q | I have several other flowers to deliver on July 28. Please tell me what flowers I have to deliver to the Washington Hotel.<br>저는 7월 28일에 배달해야 하는 다른 꽃들이 몇 개 있습니다. 워싱턴 호텔로 어떤 꽃들을 배달해야 하는지 알려주세요. |
|---|---|
| A | **Sure.** You have to deliver twenty sunflowers, two dozen marigolds **and** fifty red roses to the hotel. **Thank you.**<br>물론입니다. 당신은 해바라기 20송이와 마리골드 24송이 그리고 빨간 장미 50송이를 그 호텔로 배달해야 합니다. 감사합니다. |

## 빈출 표현

| | | | |
|---|---|---|---|
| ☐ invoice | 송장 | ☐ quantity | 수량 |
| ☐ order | 주문 | ☐ unit price | 단위 당 가격 |
| ☐ charge | 청구하다 | ☐ subtotal | 소계 |
| ☐ paid upon delivery | 배달 시 지불 (착불) | ☐ total payment | 총 지불 금액 |
| ☐ destination | 목적지 | | |
| ☐ shipping date | 발송 날짜 | | |
| ☐ delivery date | 배송 날짜 | | |
| ☐ deliver to | ~로 배송하다 | | |
| ☐ ship to | ~로 발송하다 | | |

**1**    MP3 음원을 들으면서 빈칸에 알맞은 단어를 넣어 답변을 완성해 보세요.   4_58

---

# INVOICE

Mega Office Supplies
12 Greenway Drive
Jefferson, Ohio 44047
Phone: 440 783 961

Data: 11/7/2022
Invoice#: [18179]
Customer ID: [PUNC1371]
Delivery Date: 11/10/2022

Ship to:
Kenny Webster
QPI Media
35 Center Street
Austin, Texas 73301

| Item # | Description | Quantity | Unit Price | Total |
|---|---|---|---|---|
| #5846 | Ring binders | 50 | $7 | $350 |
| #7945 | Staples | 15 boxes | $3 | $45 |
| #1325 | Paper clips | 10 boxes | $4 | $40 |
| | | | Subtotal | $435 |
| | | | Tax | $40 |
| | | | Total | $475 |

\* Total payment due in 15 days

---

Hi, this is Emma, the manager of QPI Media. One of my staff, Kenny Webster, placed an order yesterday. And I'm calling about that order. I was wondering if you could help me with a few questions.

---

| Q8 | _____ items has he _____, and _____ will they be _____? |
|---|---|
| A8 | He _____ three items, and they _____ November 10th. |
| Q9 | _____ do I have to _____? And _____ is the _____? |
| A9 | The total payment _____ 15 days, and _____ is 475 dollars. |
| Q10 | Can you give me _____ we purchased? |
| A10 | OK. You _____ 50 ring binders for 350 dollars, 15 boxes of staples for 45 dollars, and 10 boxes of paper clips for 40 dollars. |

---

## 모범 답안

**Q8** How many / ordered / when / delivered   **A8** ordered / will be delivered on

**Q9** By when / make the payment / how much / total   **A9** is due in / the total

**Q10** all the details of the items   **A10** bought

**2**    45초간 표의 키워드를 찾아보고 준비 시간과 답변 시간에 맞춰 답변해 보세요. 10번 문제는 두 번 들려줍니다.

🔊 MP3   4_실전연습6

---

**TOEIC Speaking**

## RECEIPT

| Order Date | 09/04/2022 |
|---|---|
| Order # | 1008-23 |
| Customer | Kelly Laurence |

Angelina Cafe
54 West 37th St., New York
212-555-2853
8:30 a.m. - 10:30 p.m.

| Item | Qty | Price | Amount |
|---|---|---|---|
| Avocado Toast | 1 | $16 | $16 |
| Organic Salad | 2 | $11 | $22 |
| Soup (Bowl) | 2 | $7 | $14 |
| Pick Up : 09/04, 12:10 p.m. | | TOTAL | $52 |

PAID

---

**Question 8**   준비 시간: 3초 / 답변 시간 15초

🎤 _____

_____

**Question 9**   준비 시간: 3초 / 답변 시간 15초

🎤 _____

_____

**Question 10**   준비 시간: 3초 / 답변 시간 30초

🎤 _____

_____

**TOEIC Speaking**

# 영수증

| 주문 날짜 | 09/04/2022 |
|---|---|
| 주문 번호 | 1008-23 |
| 고객 성명 | 켈리 로렌스 |

앤젤리나 카페
웨스트 37번가 54번지, 뉴욕
212-555-2853
오전 8:30 - 오후 10시 30분

| 제품 | 수량 | 가격 | 금액 |
|---|---|---|---|
| 아보카도 토스트 | 1 | 16 달러 | 16 달러 |
| 유기농 샐러드 | 2 | 11 달러 | 22 달러 |
| 수프 (보울) | 2 | 7 달러 | 14 달러 |
| 수령 : 09/04, 오후 12:10 | | 총액 | 52 달러 |

지불됨

---

Hi, this is Nancy Spears. My colleague, Kelly Laurence, ordered our lunch from your cafe this morning. I'll pick it up later, but before I leave the office, I have some questions.

안녕하세요, 저는 낸시 스피어스 입니다. 제 동료인, 켈리 로렌스가 오늘 아침에 당신의 카페에서 우리의 점심을 주문했습니다. 제가 나중에 찾으러 갈 예정인데, 사무실을 나서기 전 몇 가지 질문이 있습니다.

🔊 MP3 4_59

주어  동사  키워드  전치사

| Q8 | Where is your cafe located and when is the pick up time?<br>당신의 카페는 어디에 위치해 있으며, 픽업 시간은 언제인가요? |
|---|---|

| A8 | Our cafe is located at 54 West 37th Street in New York. You can pick up your order at 12:10 p.m.<br>저희 카페는 뉴욕 웨스트 37번가 54번지에 있습니다. 당신은 오후 12시 10분에 주문한 것을 찾을 수 있습니다. |
|---|---|

---

**어휘** receipt 영수증  order 주문(품)  Qty 수량(= Quantity)  amount 금액, 액수  pick up 가져가다, 가져오다

**Tip** 위치를 말할 때, 동사는 is located로 답하는 것이 쉽습니다. 번지수는 at, 도시는 in을 활용합니다.
Our cafe is located at 54 West 37th Street in New York.

🔊 MP3  4_60

주어  동사  키워드  전치사

| | |
|---|---|
| **Q9** | I heard the order hasn't been paid yet. How much is the order?<br>저는 아직 주문이 결제되지 않았다고 들었습니다. 주문 금액이 얼마인가요? |

| | |
|---|---|
| **A9** | Don't worry. It is already paid. **However,** it is 52 dollars.<br>걱정하지 마세요. 이미 결제되었습니다. 52달러입니다. |

**Tip** 주로 주문 금액이 결제되었는지 아직 되지 않았는지에 대해 질문합니다. 표 하단 특이 사항을 사전에 파악하고 주어와 동사의 형태를 미리 맞춰줍니다.

🔊 MP3  4_61

주어  동사  키워드  전치사

| | |
|---|---|
| **Q10** | I'd like to check what my colleague ordered. Could you tell me all the details about the order I'm picking up?<br>제 동료가 주문한 것을 확인하고 싶습니다. 제가 픽업할 주문에 대한 세부사항을 모두 알려줄 수 있나요? |

| | |
|---|---|
| **A10** | Sure. There is 1 Avocado toast **and** it is 16 dollars.<br>**Also,** there are 2 organic salads for 22 dollars.<br>**And** you should get 2 bowls of soup for 14 dollars.<br>물론입니다. 아보카도 토스트 한 개가 있고 그것은 16달러입니다.<br>또한, 22달러인 유기농 샐러드 두 개가 있습니다.<br>그리고 당신은 14달러의 수프 두 그릇을 받아야 합니다. |

**Tip** '~있다' 라는 there is, there are를 사용하면 편합니다. 단, 수일치에 주의해 주세요. 금액은 [it is 얼마]처럼 문장으로 말할 수도 있고 [for 얼마]처럼 문구로 붙여 간단히 답변할 수도 있어요.

시원스쿨 LAB

시원스쿨 LAB

시원스쿨 **4**주 완성

# TOEIC Speaking 학습지

조앤박 | 시원스쿨어학연구소

**5**

## Question 11
## Express an opinion
의견 제시하기

# 시원스쿨 4주 완성

# TOEIC
# Speaking
## 학 습 지

조앤박 | 시원스쿨어학연구소

5

시원스쿨
**토익스피킹학습지**

**초판 1쇄 발행** 2023년 1월 2일

**지은이** 조앤박·시원스쿨어학연구소
**펴낸곳** (주)에스제이더블유인터내셔널
**펴낸이** 양홍걸 이시원

**홈페이지** www.siwonschool.com
**주소** 서울시 영등포구 국회대로74길 12 시원스쿨
**교재 구입 문의** 02)2014-8151
**고객센터** 02)6409-0878

**ISBN** 979-11-6150-655-5 13740
**Number** 1-110303-19190400-08

# 5

## Question 11
## 의견 제시하기

## 목차

---

## 문제 구성

| 문제 번호 | Question 11 (1문제) |
| --- | --- |
| 문제 유형 | Express an opinion 의견 제시하기 |
| 준비 시간 | 45초 |
| 답변 시간 | 60초 |

## 진행 순서

**TOEIC Speaking**

**Question 11: Express an opinion**

Directions : In this part of the test, you will give your opinion about a specific topic. Be sure to say as much as you can in the time allowed. You will have 45 seconds to prepare. Then you will have 60 seconds to speak.

**1 안내문**
시험 진행 방식을 설명하는 안내문을 화면에 보여준 뒤 이를 음성으로 들려줍니다.

**TOEIC Speaking**      **Question 11 of 11**

Which do you think is a more important qualification for a new employee to succeed: confidence or knowledge of the field? Why?
Give specific reasons or examples to support your opinion.

PREPARATION TIME
00:00:45

**2 준비 시간**
안내문이 사라지면 화면에 질문이 등장하며 45초의 준비 시간이 주어집니다.

**TOEIC Speaking**      **Question 11 of 11**

Which do you think is a more important qualification for a new employee to succeed: confidence or knowledge of the field? Why?
Give specific reasons or examples to support your opinion.

RESPONSE TIME
00:00:60

**3 답변시간**
그 후 60초의 답변 시간이 주어집니다.

## 출제 비율

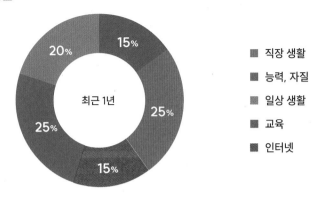

최근 1년

- ■ 직장 생활
- ■ 능력, 자질
- ■ 일상 생활
- ■ 교육
- ■ 인터넷

## 채점 포인트

- 질문의 의도를 정확히 이해하고 그에 대해 일관적인 답변을 하는가?
- 서론, 본론, 결론의 형식을 통해 체계적이고 짜임새 있게 말하는가?
- 정확한 표현과 어휘로 말하는가?
- 문법적 실수가 얼마나 적은가?
- 정확한 발음, 억양으로 얼마나 자연스럽게 전달하는가?

## 문제 유형 및 답변 노하우

### 1  찬반형 질문

**문제 유형**

• 제시된 지문에 동의인지 반대인지 의견과 이유를 묻는 질문입니다.

**답변 노하우**

• 항상 더 많이 말할 수 있는 선택지를 선택합니다.
• 설정 기준을 통해 적합한 만능 패턴, 본론 템플릿을 활용해 이유를 설명합니다.
• 개인적 경험을 예시로 말할 때는 주제와 상관없는 만능 패턴은 사용하지 마세요.
• 답변 시간을 너무 남기거나 넘기지 않도록 주의합니다.

질문 키워드

> Do you agree or disagree with the following statement?
>
> *Since people use the internet and computers more than before, less people go to public places like a park or a beach.*
>
> 당신은 다음 의견에 동의하나요, 아니면 반대하나요?
>
> *사람들이 인터넷과 컴퓨터를 예전보다 많이 사용하면서부터, 공원 또는 해변과 같은 공공장소에 덜 간다.*

### 2  선호형 질문

**문제 유형**

• 특정 주제에 대한 2~3개의 선택지를 주고 그 중에 한 가지를 골라 이유를 답변합니다.

**답변 노하우**

• 항상 더 많이 말할 수 있는 선택지를 선택합니다.
• 설정 기준을 통해 적합한 만능 패턴, 본론 템플릿을 활용해 이유를 설명합니다.
• 남은 조건들은 왜 선택하지 않았는지 비교 설명을 추가해 시간을 더 채울 수 있습니다.
• 서론과 결론 문장에서 문법 실수를 주의하세요.

**2개 조건 중 1개를 선택한 이유를 묻는 질문**

질문 키워드

> Which do you think is a more important quality in a business partner: having good technical skills or being a good leader?
>
> 당신은 사업 파트너에게 있어서 어떤 것이 더 중요한 자질이라고 생각하나요?
>
> : 좋은 기술력을 갖는 것 혹은 좋은 리더가 되는 것

**3개 조건 중 1개를 선택한 이유를 묻는 질문**

질문 키워드

> Which of the following do you think is the biggest benefit of working for a start-up company?
> - Chances to learn various skills
> - Close relationships with colleagues
> - Opportunities for quick promotions
>
> 당신은 다음 중 신생 회사에서 일하면서 얻는 가장 큰 장점은 무엇이라고 생각하나요?
> - 다양한 기술을 배울 수 있는 기회
> - 동료들과의 친밀한 관계
> - 빠른 승진의 기회

## 3 장단점 질문

### 문제 유형

- 특정 주제의 장점 혹은 단점의 이유를 답변합니다.

### 답변 노하우

- 선택지가 따로 없기 때문에 아이디어가 부족할 경우, 경험을 설정해 본론 템플릿에 적용하고 본인 이야기처럼 자연스럽게 설명해 주세요.
- 장점 또는 단점만 한정해 질문하는 형식이므로, 장단점을 모두 답변하지 않습니다.
- 시제, 수일치 등 문법 실수에 주의해 주세요.

### 장점을 묻는 질문

질문 키워드

> What are the advantages of taking a class online?
>
> 온라인으로 수업을 듣는 것의 장점은 무엇인가요?

### 단점을 묻는 질문

질문 키워드

> What are the disadvantages of working in a team?
>
> 팀으로 일하는 것의 단점은 무엇인가요?

> **Tip** • 아래 문장은 질문 끝에 항상 붙어 나오므로 시험장에서는 크게 신경 쓸 필요 없어요.
> Give specific reasons or examples to support your opinion.
> 구체적인 이유 또는 예를 들어 당신의 의견을 뒷받침하세요.

# 멘붕을 메우는 시작 문장 및 필러

## 1 시작 문장

다양한 시작 문장들을 필수 동사와 함께 소리 내어 암기하고 입에 붙여보세요.

| | | |
|---|---|---|
| **행동을 설명할 때** | I can 동사 원형 | 저는 ~할 수 있어요 |
| | I usually 동사 원형 | 저는 주로 ~을 해요 |
| | I tend to 동사 원형 | 저는 ~을 하는 경향이 있어요 |
| **하기 싫을 때** | I don't want to 동사 원형 | 저는 ~하기 싫어요 |
| | I don't need to 동사 원형 | 저는 ~할 필요 없어요 |
| | I don't have to 동사 원형 | 저는 ~안 해도 돼요. |
| **느낌을 표현할 때** | It's easy for me to 동사 원형 | 그건 제가 ~하기 쉬워요 |
| | It's good for me to 동사 원형 | 그건 제가 ~하기 좋아요 |
| | It's efficient for me to 동사 원형 | 그건 제가 ~하기에 효율적이에요 |
| | It's beneficial for me to 동사 원형 | 그건 제가 ~하기에 유익해요 |

## 2 필러

문장의 시작, 중간, 마무리를 빈틈없이 메워주는 문장 필러를 통해 꽉 찬 답변을 만들어 보세요.

| | |
|---|---|
| 저한테는 잘 맞더라고요.<br>저한테는 잘 안 맞더라고요. | It works for me.<br>It doesn't work for me. |
| 제 취미는 ~라서요 그래서 ~ | My hobby is ~ so 결과 |
| 그건 상황마다 다르지만 제 경우에는 | It depends on the situation but in my case, ~ |
| 다시 말하자면 | I mean ~ |
| ~하면, ~할 수 있을 거예요 | If I 현재 동사, I can 동사 원형 |
| (만약에라도) ~하면, ~할 수 있을 것 같아요 | If I 과거 동사, I could 동사 원형 |

> **Tip** • It 가주어, 동명사로 문장을 시작하는 연습은 유기적인 문장 활용에 필수입니다.
> It's easy to work with others.  다른 사람들과 함께 일하는 것은 쉽습니다.
> Working with others is easy.  다른 사람들과 함께 일하는 것은 쉽습니다.

# 연결어 활용하기

앞, 뒤 문장을 자연스럽게 연결해 주는 연결어구만 잘 써도 7~8초를 메울 수 있습니다. 마음에 드는 연결어를 1~2개씩 골라 표시하고 암기해주세요.

| | | |
|---|---|---|
| 경험, 상황, 예시 | in my case 제 경우에는<br>in person 개인적으로 | for me 제 경우에는<br>for example 예를 들면 |
| 추가 | and 그리고<br>also 또한 | moreover 게다가<br>In addition 게다가 |
| 대비, 대조 | but 하지만<br>however 그러나 | on the other hand 한편으로<br>unfortunately 불행하게도 |
| 인과 관계, 요약 | because 때문에<br>so 그래서<br>in this way 이렇게 하면 | as a result 결과적으로<br>in conclusion 결론적으로<br>therefore 그러므로 |

다음 빈칸에 알맞은 연결어를 적어보세요.

**1** 저는 혼자 일하고 싶습니다 왜냐하면 그것은 편하기 때문입니다.

I want to work alone ＿＿＿＿＿＿＿＿＿ it is convenient.

**2** 제 경우에는, 저는 동료들과 함께 일합니다.

＿＿＿＿＿＿＿＿＿, I work with my coworkers.

**3** 예를 들어, 저는 실용적인 후기들을 온라인으로 찾아 보는 경향이 있습니다.

＿＿＿＿＿＿＿＿＿, I tend to find practical reviews online.

**4** 또한, 새로운 문화를 경험할 수 있습니다.

＿＿＿＿＿＿＿＿＿, it is easy to experience new cultures.

**5** 그래서 팀 스포츠를 하는 것은 유익합니다.

＿＿＿＿＿＿＿ playing a team sport is beneficial.

🔊 MP3 5_1

| 모범 답안 |
| --- |
| **1** because |
| **2** In my case |
| **3** For example |
| **4** Also |
| **5** So |

# 핵심 전략

## 서론/결론 템플릿

문제 유형별로 서론과 결론을 만드는 연습을 해두면 시험장에서 따로 생각하지 않아도 유창하게 말할 수 있습니다. 질문의 표현을 바꿔서 말할 때 문법 실수가 일어나지 않도록 주의해주세요.

### 1 찬반형 질문

|  | 동의 | 반대 |
|---|---|---|
| 서론 | I agree that ~<br>~에 동의합니다. | I disagree that ~<br>~에 반대합니다. |
| 결론 | Therefore, [동명사] is efficient.<br>그러므로, [~을 하는 것]은 효율적입니다.<br><br>For these reasons, [주어] should [동사].<br>이러한 이유로, [주어]가 [무엇]을 해야합니다. | Therefore, [동명사] is not efficient.<br>그러므로, [~을 하는 것]은 비효율적입니다. |

> **Tip** • 생각할 시간이 없을 때, 자동 결론 문장으로 빠르게 마무리합니다.
> So I absolutely agree with the statement. 그래서, 이 입장에 전적으로 동의합니다.
> So I absolutely disagree with the statement. 그래서, 이 입장에 전적으로 반대합니다.

### 2 선호형 질문

|  | 비교급 | 최상급 |
|---|---|---|
| 서론 | I'd prefer [명사/to 동사].<br>저는 [~을/~을 하기를] 선호합니다. | The most important factor is [명사/동명사].<br>가장 중요한 요소는 [무엇]입니다. |
| 결론 | [동명사] is better.<br>[~을 하는 것]이 더 좋습니다.<br><br>So [동명사] is much better.<br>그래서 [~을 하는 것]이 훨씬 좋습니다. | [명사/동명사] is the most important factor.<br>[무엇]은 가장 중요한 요소입니다.<br><br>So [동명사] is the best.<br>그래서 [~을 하는 것]이 가장 좋습니다. |

> **Tip** • 생각할 시간이 없을 때, 자동 결론 문장으로 빠르게 마무리합니다.
> So [동명사] is worth it. 그래서 [~을 하는 것]은 그만한 가치가 있습니다.

### 3 장단점 질문

|  | 장점 | 단점 |
|---|---|---|
| 서론 | There are some advantages of [동명사].<br>[~을 하는 것]의 장점은 몇 가지가 있습니다. | There are some disadvantages of [동명사].<br>[~을 하는 것]의 단점은 몇 가지가 있습니다. |
| 결론 | Therefore, [동명사] is beneficial.<br>그러므로, [~을 하는 것]은 유익합니다. | Therefore, [동명사] is not beneficial.<br>그러므로, [~을 하는 것]은 유익하지 않습니다. |

> **Tip** • 생각할 시간이 없을 때, 자동 결론 문장으로 빠르게 마무리합니다.
> In conclusion, [동명사] has pros. 결론적으로, [~을 하는 것]은 장점이 있습니다.
> In conclusion, [동명사] has cons. 결론적으로, [~을 하는 것]은 단점이 있습니다.

빠른 본론 완성을 돕는 4종 본론 템플릿입니다. 앞서 배워온 만능 패턴들과 함께 활용해 보세요.

## 1   이유 템플릿

질문에 대한 답변으로 여러가지 이유들이 떠오를 때 활용하는 템플릿입니다. 이유 하나당 본인의 경우 왜 그런지 근거 문장을 하나씩 설정해 이유를 뒷받침해 주세요. 본론에 사용할 만능 패턴을 적극 활용할 수 있습니다.

> If you were planning a trip, which of the following forms of transportation would you most like to take?
> - Car      - Train     - Airplane
>
> 만약 당신이 여행을 계획하고 있다면, 다음 중 어떤 교통수단을 이용하실 건가요?
> - 자동차    - 기차       - 비행기

🔊 MP3  5_2

패턴 돈P  할인P  여행P  스트레스P

| 서론 | | 선택한 조건으로 내 주장 시작 |
|---|---|---|
| | | If I were planning a trip, I'd like to take a train.<br>만약 제가 여행을 계획하고 있다면, 저는 기차를 타고 싶습니다. |
| 본론 | 이유 1 | 주장에 대한 이유 1 |
| | | Because it is economical.<br>왜냐하면 그게 경제적이기 때문입니다. |
| | 상황 1 | 이유에 대한 상황 설정 1 |
| | | In my case, I'm a student so I can get a discount with my membership card when I buy train tickets.<br>제 경우에는, 저는 학생이라서 기차표를 구매할 때 멤버십 카드로 할인을 받을 수 있습니다. |
| | 이유 2 | 주장에 대한 이유 2 |
| | | Also, it is more comfortable.<br>또한, 그것은 더 편안합니다. |
| | 상황2 | 이유에 대한 상황 설정 2 |
| | | When I take a train, I enjoy the views outside or watch Netflix on my smartphone.<br>저는 기차를 탈 때, 밖의 경치를 즐기거나 혹은 제 스마트폰으로 넷플릭스를 봅니다.<br>It works for me because I can relieve stress and refresh myself.<br>저에게 잘 맞습니다. 왜냐하면 스트레스를 풀고 기분전환을 할 수 있기 때문입니다. |
| 결론 | | 한 번 더 주장하며 마무리 |
| | | For these reasons, taking a train is the best for me.<br>이러한 이유로, 제게는 기차를 타는 것이 가장 좋습니다. |

## 2 긍정 경험 템플릿

주장에 대한 이유가 1~2개 정도 있을 때 사용합니다. 질문 주제와 관련된 하나의 상황을 설정해 긍정적인 경험을 통해 좋은 결과를 얻은 과정을 설명합니다. 본론의 기본 구조로 가장 많이 활용됩니다.

> Do you think giving employees more chances to go on business trips is a more effective way to increase their job satisfaction?
> 직원들에게 출장 기회를 더 주는 것은 그들의 업무 만족도를 향상시키는데 더 효과적인 방법이라고 생각하나요?

🔊 MP3 5_3

패턴 회사P 학습P 전문지식P

| | | |
|---|---|---|
| **서론** | | **선택한 조건으로 내 주장 시작** |
| | | Yes, I think giving employees more chances to go on business trips is a more effective way to increase their job satisfaction. |
| | | 네, 저는 직원들에게 더 많은 출장 기회를 주는 것이 그들의 직업 만족도를 높이는 더 효과적인 방법이라고 생각합니다. |
| **본론** | **이유** | **주장에 대한 핵심 이유** |
| | | Because business trips are beneficial for employees. |
| | | 왜냐하면 출장은 직원들에게 유익하기 때문입니다. |
| | **상황** | **경험 설명을 위한 상황 설정** |
| | | In my case, I work for LG and go on a business trip about once or twice a year. |
| | | 제 경우에는, 저는 LG에서 일하는데 1년에 한두 번 정도 출장을 갑니다. |
| | **경험** | **긍정적 경험 예시** |
| | | It works for me because it is easy to learn new things from others. |
| | | In this way, I can broaden my perspective and knowledge. |
| | | 저에게 잘 맞습니다. 왜냐하면 다른 사람들로부터 새로운 것을 배우는 것이 쉽기 때문입니다. 이렇게 하면, 저는 제 견문과 지식을 넓힐 수 있습니다. |
| | **결과** | **긍정적 결과** |
| | | As a result, business trips increase my job satisfaction. |
| | | 결과적으로, 출장은 제 직업 만족도를 높입니다. |
| **결론** | | **한 번 더 주장하며 마무리** |
| | | So going on business trips more is better for employees. |
| | | 그래서 출장을 더 많이 가는 것이 직원들에게 더 좋습니다. |

**Tip** • 본론의 상황 설정 시, '난 누구고 어디서 무엇을 하는지' 정확히 설정해줘야 채점자가 이후 설명하는 본인의 경험담을 쉽게 이해할 수 있어요.

## 3 부정 경험 템플릿

질문 주제에 대한 지식도 경험도 없어 할 말이 없을 때 사용하기 좋아요. 부정적 상황과 경험으로 인해 안 좋은 결과가 나오는 구조로 상황을 설정합니다. 아이디어가 없어도 주관적인 경험을 예시 근거로 활용할 수 있어서 돌발 문제에 적용 범위가 넓고 시간을 최대한 활용할 수 있어요.

> What are the disadvantages of working in a team?
> 팀으로 일하는 것의 단점은 무엇인가요?

🔊 MP3 5_4

패턴 시간/부족P 회사P 업무 스트레스P 목표달성P

| 서론 | | 선택한 조건으로 내 주장 시작 |
|---|---|---|
| | | There are some disadvantages of working in a team. |
| | | 팀으로 일하는 것에는 몇 가지 단점이 있습니다. |
| 본론 | 이유 | 주장에 대한 핵심 이유 |
| | | Basically, I spend too much time working with others in a team. |
| | | 기본적으로, 저는 팀으로 다른 사람들과 일하는데 너무 많은 시간을 씁니다. |
| | 상황 | 경험 설명을 위한 상황 설정 |
| | | In my case, I work for Posco with many coworkers. |
| | | 제 경우에는, 저는 포스코에서 많은 동료들과 일합니다. |
| | 경험 | 부정적 경험 예시 |
| | | Actually, they ask me too many Question these days so I don't have time to do my work. |
| | | 사실은, 요즘 제 동료들이 제게 질문을 너무 많이 해서 제 일을 할 시간이 없습니다. |
| | | I get stressed out too much because I can't say no to them. |
| | | 저는 그들에게 안된다고 말을 못하기 때문에 너무 스트레스를 많이 받습니다. |
| | 결과 | 부정적 결과 |
| | | As a result, I can't finish my work on time and achieve more. |
| | | 결과적으로, 저는 제때 일을 끝낼 수 없고 더 많은 것을 달성할 수 없습니다. |
| 결론 | | 한 번 더 주장하며 마무리 |
| | | Therefore, working in a team is not efficient for me. |
| | | 그러므로, 팀으로 일하는 것은 저에게 비효율적입니다. |

## 4 과거 비교 템플릿

과거와 현재 또는 현재와 미래의 시간적 비교 질문에 활용합니다. 과거 시제에서 실수가 없도록 주의하면서 정확한 시간대별 차이점에 대해 설명하는 것이 핵심입니다.

> Do you agree that people have close relationships with their neighbors today as much as they did in the past?
>
> 당신은 오늘날 사람들이 예전만큼 이웃들과 가깝게 지낸다는 말에 동의하나요?

**패턴** 시간/부족P

| | | |
|---|---|---|
| **서론** | | **선택한 조건으로 내 주장 시작** |
| | | No, I disagree that people have close relationships with their neighbors today as much as they did in the past. |
| | | 아니요, 저는 오늘날 사람들이 예전만큼 이웃들과 가깝게 지낸다는 것에 동의하지 않습니다. |
| **본론** | 이유 | **주장에 대한 핵심 이유** |
| | | Because people are busier these days. |
| | | 왜냐하면 요즘 사람들은 더 바쁘기 때문입니다. |
| | 상황 | **이전 상황 설정** |
| | | In my case, when I was a little kid, I used to hang out with my neighbors. |
| | | 제 경우에는, 제가 어렸을 때, 이웃들과 어울려 놀곤 했습니다. |
| | 경험 | **이후 상황 설정** |
| | | But these days, I'm busy with a lot of work |
| | | and I don't have enough time to meet my neighbors. |
| | | 하지만 요즘, 저는 일이 많아서 바쁘고 이웃들을 만날 시간도 충분하지 않습니다. |
| | 결과 | **경험에 따른 결과** |
| | | So it is not easy to socialize with them these days. |
| | | 그래서 요즘에는 그들과 교류하는 것이 쉽지 않습니다. |
| **결론** | | **한 번 더 내 주장을 말하여 답변 마무리** |
| | | Therefore, nowadays people can't have better relationships with their neighbors as they did in the past. |
| | | 그러므로, 오늘날 사람들은 예전처럼 이웃과 더 나은 관계를 가질 수 없습니다. |

11번 빈출 주제인 회사 관련 문제는 본인이 회사원이라고 설정해 답변해 주세요. 이때 쉽게 활용 가능한 만능 패턴들을 익혀두면 질문이 달라져도 본론 템플릿에 적용해 어려운 영작없이 쉽게 답변할 수 있습니다.

## 1  회사 패턴 (Company Pattern)

회사에서 동료와 함께 일하면, 도움을 받아, 시간과 노력이 절약되며, 제때 업무 마감이 가능해, 이윤 창출로 이어집니다. 단순하지만 정형화된 인과관계 문장들을 상황과 경험 설정에 맞춰 단독 문장으로 쓰거나 연결해 활용해 주세요.

 MP3 5_6

| 회사 패턴 | I work for [회사명] with my coworkers.<br>저는 동료들과 [회사명]에서 함께 일합니다. |
|---|---|
| 목표 달성 패턴 | I can finish my work on time and achieve more.<br>저는 제때 업무를 마칠 수 있고 더 많은 것을 달성할 수 있습니다. |

## 2  업무 스트레스 패턴 (Work Stress Pattern)

회사에서 과다한 업무량으로 인해 스트레스 받고, 시간과 노력도 더 들고, 제때 업무를 마칠 수 없어, 일이 만족스럽지 않다는 부정적 경험 예시로 활용하기 좋은 패턴들입니다.

 MP3  5_7

| 업무 과다 패턴 | These days, I work a lot.<br>요즘, 저는 일을 많이 합니다. |
|---|---|
| 업무 스트레스 패턴 | I get stressed out too much.<br>저는 스트레스를 너무 많이 받습니다. |
| 불만족 패턴 | I'm not happy with my job.<br>저는 제 일에 만족하지 않습니다. |

## 3 능력 패턴 (Capability Pattern)

회사에서 리더나 직원의 어떤 능력이 성공에 중요한지 자주 질문합니다. 아래 빈출 능력 표현을 암기해 두고 시험장에서 질문에 맞춰 관련 경험을 설정해 활용해줍니다. 어떤 능력이 팀과 회사에 성공에 어떤 영향을 미치는지 설명합니다.

🔊 MP3 5_8

| 능력 패턴 | My boss / My coworker, [이름] has _____ 능력.<br>제 상사/제 동료, [이름]은 _____ 능력을 갖고 있습니다. |
|---|---|
| 문제 해결 패턴 | When I have some problems at work, he / she solves them quickly.<br>제가 회사에서 어떤 문제들이 생기면, 그 / 그녀는 빠르게 문제를 해결합니다. |
| 좋은 결과 패턴 | Thanks to his / her _____ 능력, our team had better results last month.<br>그 / 그녀의 _____ 능력 덕분에, 우리 팀은 지난달에 좀 더 좋은 결과를 얻었습니다. |

**Tip** 다양한 능력 표현들을 입으로 소리내 연습해 주세요. 정확한 발음으로 템플릿에 적용해 사용해 보세요.

🔊 MP3 5_9

| 관리 능력 | management skills 관리 능력   organizing skills 준비 능력<br>communication skills 의사소통 능력   fast-learning skills 빠르게 습득하는 능력 |
|---|---|
| 문제 해결 능력 | problem-solving skills 문제 해결 능력   knowledge 지식   leadership 리더십 |
| 동기 부여 능력 | motivation skills 동기부여 능력   creativity 창의력   teamwork 팀워크<br>good-listening skills 잘 경청하는 능력   humor 유머   confidence 자신감 |

시험장에서 암기한 패턴과 템플릿을 적용하기 위해서는 준비 시간 동안 체계적인 브레인스토밍과 신속한 노트테이킹이 중요합니다. 문제 나레이션 약 10초와 준비 시간 45초를 최대한 활용해 줍니다.

## 메모장 (Scratch Paper) 활용법

시험장에서 주는 OMR 카드를 뒤집으면 메모장이 있어요. 본론 템플릿을 기준으로 만능 패턴, 아이디어를 포인트만 간단히 메모합니다. 60초 답변 시간 동안 노트를 보면서 체계적으로 말해줍니다.

> Do you think going to a live performance is a waste of money?
> Give specific reasons or examples to support your opinion.
> 라이브 공연을 가는 것은 돈 낭비라고 생각하나요?
> 구체적인 이유 또는 예를 들어 의견을 뒷받침하세요.

### 브레인스토밍 순서 [준비 시간: 45초]

시험장에서 주는 OMR 카드를 뒤집으면 메모

① 질문 파악 - 서론 템플릿 적용

② 설정 기준, 만능 패턴 선택
(1) 설정 기준점에 따라 답변 방향 선택
(2) 적합한 만능 패턴 찾기

③ 본론 템플릿 적용
메모장에 간단히 한글 / 영어로 메모

④ 결론 템플릿 적용

**Tip** • 메모는 한글, 영어, 기호 등 편한 방식으로 해주세요.

### 노트테이킹 샘플

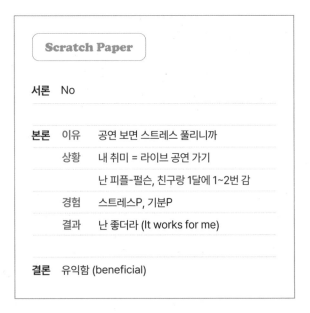

Scratch Paper

| 서론 | | No |
|---|---|---|
| **본론** | 이유 | 공연 보면 스트레스 풀리니까 |
| | 상황 | 내 취미 = 라이브 공연 가기 |
| | | 난 피플-펄슨, 친구랑 1달에 1~2번 감 |
| | 경험 | 스트레스P, 기분P |
| | 결과 | 난 좋더라 (It works for me) |
| **결론** | | 유익함 (beneficial) |

11번에 자주 출제되는 유형별 질문들을 미리 한 번 살펴볼까요? 앞서 배운 만능 패턴들을 11번의 본론으로 확장하는 훈련을 해 보겠습니다. 답변 기준점을 활용해 빠르게 선택하는 연습도 병행해 보세요.

## 1  직장 생활

### 함께 vs. 혼자 일하기

• 혼자 일하는 것과 팀으로 일하는 것 중 무엇이 더 좋다고 생각하나요?

• 문제를 혼자 해결하는 것과 그룹으로 해결하는 것 중 무엇이 더 효과적인가요?

• 혼자 근무하는 것의 장점은 무엇인가요?

---

**함께 일하면**　시간, 노력 절약 / 목표 달성 가능 / 새로운 문화 경험 / 견문, 지식 넓어짐

---

**혼자 일하면**　시간, 노력 절약 / 빠른 결정 가능 / 원할 때 일할 수 있어서 편하고 효율적

---

### 업무 효율성

• 변화에 적응하는 능력이 없다면 당신은 유능한 직원이 될 수 없다는 것에 동의하나요?

• 같은 팀원과 지속적으로 일하는 것과 팀원이 자주 바뀌는 것 중 무엇을 선호하나요?

• 사람들은 여러 가지 일을 한꺼번에 할 때 더 생산적이라는 것에 동의하나요?

---

**직장 생활에 변화 생기는 상황일 때**　(새 환경에 적응 / 새 직원과 업무 / 다양한 일을 멀티로 해야 할 때 등)
- 시간, 노력 많이 씀 / 업무 스트레스 받고 / 목표 달성 힘듦

---

### 급여

• 만약 급여가 같다면, 큰 회사와 작은 회사 중 어디에서 일하고 싶나요?

• 급여가 같다면, 새로 생긴 회사와 오랫동안 운영된 회사 중 어디에서 일하고 싶나요?

---

**급여가 같다면**
- 크고 유명하고 오래된 회사에 다녀야 / 기분 좋고 마음 편함
- 동료가 많아야 시간, 노력 절약 / 목표 달성 가능
- 다양한 직원들과 사회적 교류 / 새로운 것을 학습 / 다양한 문화 경험 / 견문, 지식 넓어짐

---

앞서 배운 만능 패턴, 본론 템플릿을 활용하여 나만의 본론 템플릿을 만들어 보세요.

| What are the advantages of working alone? |
| --- |
| 혼자 일하는 것의 장점은 무엇인가요? |

| 본론 템플릿 | | 이유 T | 긍정 경험 T | 부정 경험 T | 과거 비교 T |
| --- | --- | --- | --- | --- | --- |
| 본론 | 이유 | | | | |
| | 상황 | | | | |
| | 경험 | | | | |
| | 결과 | | | | |
| 만능 패턴 | | | | | |

## 모범 답안

| 선택 | | 혼자 일 하는 것의 장점 | | | |
| --- | --- | --- | --- | --- | --- |
| 본론 템플릿 | | 이유 T | (긍정 경험 T) | 부정 경험 T | 과거 비교 T |
| 본론 | 이유 | 기본적으로, 시간을 더 효율적으로 쓸 수 있음 | | | |
| | 상황 | 난 그래픽 디자이너 / 혼자 일하는데 편함 | | | |
| | 경험 | 내가 원하는 대로 빠르게 결정 / 시간, 노력 절약<br>또한, 난 저녁 시간에 일함 / 결과가 더 좋음 | | | |
| | 결과 | 그래서 혼자 일할 때, 시간을 더 효과적으로 씀 | | | |
| 만능 패턴 | | 시간, 노력 / 좋은 결과 | | | |

## 2 능력, 자질

임직원의 능력, 자질을 묻는 질문은 꾸준히 출제돼요. 시간, 노력 패턴, 스트레스 패턴과 회사원 능력 패턴이 잘 쓰입니다.

### 리더의 능력

- 시간 관리 능력이 리더의 가장 중요한 능력인가요?
- 다른 사람을 동기 부여하는 능력이 리더의 중요한 덕목인가요?
- 리더로서 가장 중요한 자질이 좋은 관리 능력이라는 것에 동의하나요?
- 다음 중 팀 리더에게 가장 어려운 일은 무엇인가요?
  (팀원 간의 갈등 해결하기 / 팀원들에게 업무 분배하기 / 프로젝트 예산 관리하기)
- 매니저가 관리 능력이 없어도 성공할 수 있을까요?

**본론 (상황 - 경험 - 결과) 설정 예시**   내 보스는 OO 능력자 / 시간, 노력 절약 / 목표 달성 가능 / 좋은 결과 창출
내 보스는 OO 능력이 없음 / 시간, 노력 낭비 / 목표 달성 불가능 / 안 좋은 결과

### 직원의 능력

- 팀의 성공을 위해 팀원들이 가져야 할 가장 중요한 덕목은 무엇이라고 생각하나요?
  (문제 해결 능력 / 의사 소통 능력 / 유머 감각)
- 당신에게 익숙한 직업을 생각해보세요. 다음 중 그 직업에서 가장 중요한 자질은 무엇인가요?
  (새로운 것을 빨리 습득하는 능력/ 팀으로 잘 일하는 능력 / 우선 순위로 일하는 능력)

**본론 (상황 - 경험 - 결과) 설정 예시**   난 OO 능력이 있음 / 시간, 노력 절약 / 목표 달성 가능 / 좋은 결과 창출

### 판매 직원의 능력

- 판매 직원의 가장 중요한 성공 요인은 방대한 제품 지식인가요?
- 판매 직원은 성공하기 위해서 친근한 성격이여야 한다는 데 동의하나요?

### 친구의 자질

- 좋은 친구의 자질로 가장 중요한 것은 무엇인가요? (지식/신뢰/유머)

**전문가 정보 P**   전문가 신뢰 / 믿을만한 추천을 받을 수 있음 / 맞춤 피드백으로 시간, 노력 절약

**스트레스 P**   친구 OO은 코믹함 / 스트레스 받을 때, 그 친구와 이야기 함 / 스트레스, 기분 P

앞서 배운 만능 패턴, 본론 템플릿을 활용하여 나만의 본론 템플릿을 만들어 보세요.

---

What do you think is the most important characteristic of a friend?
- Intelligence
- Generosity
- Sense of humor

당신은 친구의 가장 중요한 특징이 무엇이라고 생각하나요?
- 지성
- 너그러움
- 유머감각

---

| 본론 템플릿 | | 이유 T | 긍정 경험 T | 부정 경험 T | 과거 비교 T |
|---|---|---|---|---|---|
| 본론 | 이유 | | | | |
| | 상황 | | | | |
| | 경험 | | | | |
| | 결과 | | | | |
| 만능 패턴 | | | | | |

## 모범 답안

| 선택 | | 유머 감각 | | | |
|---|---|---|---|---|---|
| 본론 템플릿 | | 이유 T | 긍정 경험 T | 부정 경험 T | 과거 비교 T |
| 본론 | 이유 | 재미있는 친구와 만날 때, 기분 좋음 | | | |
| | 상황 | 난 요즘 업무 과다 / 업무 스트레스 많음 | | | |
| | 경험 | 내 친구 수현이가 웃겨서 통화 많이 함<br>통화하면서, 스트레스 풀고 기분 좋아짐 / 힘이 남 | | | |
| | 결과 | 그래서 난 웃긴 친구가 좋음 | | | |
| 만능 패턴 | | 업무 과다 / 업무 스트레스 / 스트레스 / 기분 / 에너지 | | | |

## 3  일상 생활

일상에 대해 묻는 유형으로 자주 출제돼요. 스트레스 패턴, 문화 패턴, 견문, 지식 패턴과 취미 루트가 주로 활용돼요.

### 여가, 휴가

• 역사 박물관과 콘서트 장 중 어느 곳에 더 가고 싶나요?

• 자연을 즐기는 것이 여가 시간을 보내는 최고의 방법인가요?

• 휴가 간다면 어느 곳에 가는 걸 더 좋아하나요? (유명 여행지/ 새로운 여행지)

| | |
|---|---|
| **콘서트, 자연** | 즐겁고 / 스트레스 풀리며 / 기분 좋음 |
| **박물관, 새로운 여행지** | 새로운 문화를 경험하고 / 견문, 지식 넓어짐 |

### 취미

• 미술관에 가기 위해서 돈을 지불하는 것이 돈 낭비라고 생각하나요?

• 사람의 행복에 가장 많이 영향을 미치는 것이 무엇이라고 생각하나요?(즐거운 취미 갖기/ 친구나 가족과 시간 보내기)

• 책 읽는 게 운동하는 것보다 더 우리를 편안하게 해주나요?

| | |
|---|---|
| **지인과의 시간 선택** | 주제에 상관없이 함께 하는 것에서 / 스트레스, 기분 P |
| **혼자만의 취미 선택** | 언제든지 할 수 있어 편함 / 스트레스, 기분 P |

### 스트레스 해소법

• 최고의 스트레스 해소 방법은 무엇이라고 생각하나요? (TV보기 / 음악 감상 / 게임 하기)

• 스트레스를 많이 받은 날, 친구와 시간을 보내는 것이 집에 있는 것보다 낫나요?

| | |
|---|---|
| **온라인 기준점 선택** | 온라인상 / 스마트폰으로 가능 / 언제 어디서나 / 스트레스, 기분 P |
| **오프라인 기준점 선택** | 친구와 특정 장소 (맛집, 극장 등) 에서 만나서 / 스트레스, 기분 P |

앞서 배운 만능 패턴, 본론 템플릿을 활용하여 나만의 본론 템플릿을 만들어 보세요.

> When you go on a trip, where do you like to go: a place you have been to or a place you have never been to?
>
> 여행을 갈 때, 당신이 가본 곳과 가본 적이 없는 곳 중 어디로 가는 것을 좋아하나요?

| 본론 템플릿 | | 이유 T | 긍정 경험 T | 부정 경험 T | 과거 비교 T |
|---|---|---|---|---|---|
| 본론 | 이유 | | | | |
| | 상황 | | | | |
| | 경험 | | | | |
| | 결과 | | | | |
| 만능 패턴 | | | | | |

## 모범 답안

| 선택 | | 가본 적이 없는 곳 | | | |
|---|---|---|---|---|---|
| 본론 템플릿 | | 이유 T | 긍정 경험 T | 부정 경험 T | 과거 비교 T |
| 본론 | 이유 | 새로운 것을 배울 수 있음 | | | |
| | 상황 | 취미 = 여행 | | | |
| | 경험 | 새로운 곳 = 새로운 문화 경험 / 견문, 지식 P<br>또한, 새로운 사람들, 음식, 뷰를 즐길 수 있음 | | | |
| | 결과 | 그래서 더 스트레스 풀리고 / 기분 좋아짐 | | | |
| 만능 패턴 | | 학습 / 취미 / 문화 / 견문, 지식 / 여행 / 스트레스 / 기분 | | | |

## 4 교육

교육이나 학생의 학교 생활 관련된 유형으로 종종 출제됩니다.

### 과목

- 어린이들에게 운동을 가르치는 게 나을까요? 아니면 악기를 가르치는 게 나을까요?
- 초등학생들에게 미술, 음악이 과학, 수학만큼 중요하다는 데 동의하나요?
- 고등학생에게 컴퓨터 스킬과 미술 스킬 중 어떤 것을 가르치는 게 더 나을까요?

| 본론 (상황 - 경험 - 결과) 설정 예시 | 어렸을 때, 오케스트라에서 피아노를 쳤음 / 사회성 배움 / 긍정적 성격 됨 |
| --- | --- |
| | 덕분에, 지금도 피아노를 치면 스트레스, 기분 P / 음악, 예술은 행복하게 해줌 |

### 교외 활동

- 학교에서 아이들이 꼭 야외에서 시간을 보내야 하나요?
- 학생들이 봉사 활동을 필수적으로 해야 한다는 것에 동의하나요?
- 학생들이 견학 가기 가장 좋은 곳은 어디인가요? (미술관/공장/공원)

| 야외, 공원 | OO을 하면서 친구들과 스트레스 풀면 / 기분 좋아지고 / 에너지 생김 |
| --- | --- |
| 봉사활동, 미술관, 공장 | OO을 하면서 새로운 문화 경험 / 견문, 지식 넓힐 수 있어 유익함 |

### 큰 학교 vs. 작은 학교

- 큰 대학교 (작은 대학교)에 가는 것의 장점은 무엇인가요?

| 큰 대학교 | 향후 구직 쉽고 / 친구 P / 문화 P / 견문, 지식 P |
| --- | --- |
| 작은 대학교 | 집 근처로 학교 통학 가능 / 선생님, 친구들과 보다 친밀한 관계 가능 |

앞서 배운 만능 패턴, 본론 템플릿을 활용하여 나만의 본론 템플릿을 만들어 보세요.

Do you agree or disagree with the following statement?
*High school students should be required to do voluntary work.*

당신은 다음 의견에 동의하나요, 아니면 반대하나요?
*고등학생들은 의무적으로 자원봉사를 해야 한다.*

| 본론 템플릿 | | 이유 T | 긍정 경험 T | 부정 경험 T | 과거 비교 T |
|---|---|---|---|---|---|
| 본론 | 이유 | | | | |
| | 상황 | | | | |
| | 경험 | | | | |
| | 결과 | | | | |
| 만능 패턴 | | | | | |

## 모범 답안

| 선택 | | 동의 | | | |
|---|---|---|---|---|---|
| 본론 템플릿 | | 이유 T | 긍정 경험 T | 부정 경험 T | 과거 비교 T |
| 본론 | 이유 | 새로운 문화 경험 가능 | | | |
| | 상황 | 난 고등학생 때, 병원으로 봉사 활동을 가곤 했음 | | | |
| | 경험 | 환자들을 만나면서 / 건강에 대한 견문, 지식 넓힘<br>또한, 새로운 친구들 사귐 / 사회성 생김 | | | |
| | 결과 | 그래서 봉사활동 후, 원만한 성격으로 바뀜 | | | |
| 만능 패턴 | | 문화 / 견문, 지식 / 친구 / 사회성 / 성격 | | | |

## 5  인터넷

인터넷을 통한 기술 발전에 대해 묻는 유형으로 종종 출제되는 미래 시제를 주의해 주세요. 정보 패턴, 시간, 노력 패턴, 돈 패턴, 스트레스 패턴, 취미 패턴 등 많은 패턴을 활용할 수 있습니다.

### 기술 발전

- 업무 진행 시, 가장 효과적인 소통 방법은 무엇인가요? (이메일 / 대면 소통 / 화상 채팅)
- 직장에서 동료와 소통하기 위해 소셜 네트워크 사이트를 사용해도 될까요?
- 미래에 사람들은 대부분의 쇼핑을 온라인으로 할까요?

| 인터넷, 휴대폰 | 언제 어디서나 사용 가능 / 빠름 / 편함 / 쉬움 |
|---|---|
| 대면 소통, 직접 방문 | 직접 보고 말하거나, 직접 가면 / 더 빠름 / 정확함 |

### 온라인 교육

- 당신에게 익숙한 취미를 생각해보세요. 취미를 배울 때 인터넷을 통해서 검색하고 싶은가요, 아니면 친구에게 배우고 싶은가요?
- 취미를 배울 때 인터넷으로 조사하는 것이 좋은가요, 아니면 책을 통해 배우는 것이 좋은가요?
- 기술 발전이 아이들의 교육을 발전시켰다고 생각하나요?

| 본론 (상황 - 경험 - 결과) 설정 예시 | 언제 어디서나 / 원하는 것 학습 가능 / 빠름 / 편함 / 무료 |
|---|---|

### 스마트폰

- 현재 스마트폰이 컴퓨터를 대체할 수 있다는 것에 동의하나요?
- 과거 대비 요즘 사람들이 점점 더 휴대폰에 의존한다고 생각하나요?
- 우리 삶을 더 많이 바꾼 발명품이 무엇인가요? (휴대폰 / 자동차)
- 학교에서 휴대폰을 쓰게 했을 때, 장점 (단점)은 무엇인가요?

| 본론 (상황 - 경험 - 결과) 설정 예시 | 휴대폰으로 인터넷 4동사 (구매 / 소통 / 정보 / 학습) 가능 |
|---|---|
| | 언제 어디서나 / 무료 / 더 쉽고 빠르므로 / 시간, 노력 절약 |

앞서 배운 만능 패턴, 본론 템플릿을 활용하여 나만의 본론 템플릿을 만들어 보세요.

| What are the disadvantages of shopping online compared to shopping at a store? |
| 매장에서 쇼핑하는 것과 비교해 온라인 쇼핑의 단점은 무엇인가요? |

| 본론 템플릿 | | 이유 T | 긍정 경험 T | 부정 경험 T | 과거 비교 T |
|---|---|---|---|---|---|
| 본론 | 이유 | | | | |
| | 상황 | | | | |
| | 경험 | | | | |
| | 결과 | | | | |
| 만능 패턴 | | | | | |

## 모범 답안

| 선택 | | 온라인 쇼핑의 단점 | | | |
|---|---|---|---|---|---|
| 본론 템플릿 | | 이유 T | 긍정 경험 T | 부정 경험 T | 과거 비교 T |
| 본론 | 이유 | 기본적으로, 돈, 시간을 더 쓰게 됨 | | | |
| | 상황 | 취미 = 온라인 쇼핑이었음 / 2달 전, 자켓 구매 | | | |
| | 경험 | 그런데 받고 보니, 내가 원한 것이 아님<br>그러나 환불할 때, 배송비를 내야 했고 화남 | | | |
| | 결과 | 결과적으로, 돈, 시간, 노력을 더 쓰게 됨<br>요즘 온라인 쇼핑 안 함 | | | |
| 만능 패턴 | | 돈 / 시간, 노력 / 취미 | | | |

---

유형 1  **직장 생활**

## 문제 예시

- 여러 사람이 같이 일하는 것이 좋다는 것에 동의하나요?
- 잘 아는 동료와 새로운 동료 중 누구와 일하는 것을 선호하나요?
- 급여가 같다면 도시와 작은 동네 중에 어디에서 근무하고 싶은가요?
- 직장에서 동료와 소셜 네트워크로 소통하는 것이 허용되어야 하나요?

| TOEIC Speaking | Question 11 of 11 |
|---|---|

Do you agree or disagree with the following statement?
*Fun activities like games or sports should be allowed during work hours for company workers.*
Give specific reasons and examples to support your opinion.

당신은 다음 의견에 동의하나요, 아니면 반대하나요?
*직원들을 위해 게임이나 스포츠 같은 재미있는 활동이 업무 시간 동안 허용되어야 한다.*
구체적인 이유 또는 예를 들어 당신의 의견을 뒷받침하세요.

## 브레인스토밍 & 노트테이킹

문제를 읽어주는 약 10초와 준비 시간 45초 동안, 설정 기준에 맞는 만능 패턴과 본론 템플릿 떠올려 답변 방향을 잡아요. 본론 템플릿에 이유-상황-경험-결과 순으로 답변 요소를 적어 체계적인 구조를 만듭니다.

| 서론/결론 T | 본론 T | 패턴 |
|---|---|---|
| 동의 | 부정 경험 | 회사, 업무 스트레스, 스트레스, 목표 달성 |

| 서론 | | 동의 |
|---|---|---|
| **본론** | 이유 | 직원들이 쉬는 시간 필요하니까 |
| | 상황 | 난 KT에서 일해, 요즘 일 많아, 업무 스트레스 P<br>회사에서 탁구 가능 |
| | 경험 | 스트레스 풀림 |
| | 결과 | 열일 가능, 더 달성 |
| **결론** | | 직원들은 업무 시간에 재미있는 활동 필요해 |

# 답안 구성

서론/결론 T  동의 | 패턴 | 회사, 업무 스트레스, 스트레스, 목표 달성

| 서론 | | I agree that fun activities like games or sports should be allowed during work hours for company workers.<br>저는 회사원들이 업무 시간 동안 게임이나 스포츠와 같은 재미있는 활동이 허용되어야 한다는 것에 동의합니다. |
|------|------|------|
| 본론<br><br>부정 경험<br>템플릿 | 이유 | Because they need to take a break.<br>왜냐하면 그들은 휴식이 필요하기 때문입니다. |
| | 상황 | In my case, I work for KT.<br>제 경우에는, 저는 KT에서 근무하고 있습니다. |
| | 경험 | These days, I work a lot so I get stressed out too much.<br>요즘, 저는 일을 많이 해서 스트레스를 너무 많이 받습니다.<br><br>But I can play some games like ping pong during work hours.<br>하지만 저는 업무 시간에 탁구와 같은 게임을 할 수 있습니다.<br><br>It works for me because I can relieve stress and refresh myself.<br>저한테는 잘 맞습니다. 왜냐하면 저는 스트레스를 풀고 기분 전환을 할 수 있기 때문입니다. |
| | 결과 | In this way, I can work harder and achieve more.<br>이렇게 하면, 저는 더 열심히 일하고 더 많은 것을 달성할 수 있습니다. |
| 만능 패턴 | | Therefore, company workers should have fun activities during work hours.<br>그러므로, 회사 직원들은 업무 시간 동안 재미있는 활동을 해야 합니다. |

## 고득점 포인트

- 서론은 서론 템플릿에 맞춰 질문을 그대로 복사해 붙여 재활용하면 됩니다.
- 본론의 첫 문장은 질문에 대한 명확한 한 줄 답변이여야 해요. 주장의 핵심 이유를 짧더라도 꼭 말해주세요.
  직접 이유가 있으면 만들어 답하고, 아이디어가 없다면 만능 패턴이나 it is 형용사 구문을 활용해요.
- 상황 설정은 거의 나의 경험담으로 시작되므로 in my case로 시작해요.
  다르게 시작할 경우, for me (제 경우에는)으로 시작해도 좋아요.
- 경험을 말할 때, 언제, 어디서, 누구랑, 얼마나 자주 한다는 육하원칙의 전제를 활용해 논리적 답변이 가능해요.
- 중간에 문장 시작을 무엇으로 해야할지 막히거나 답변 후 마무리가 엉성할 때, it works for me (그건 제겐 맞더라구요) 로 채워주세요.
- 결론 문장에서 문법 실수에 주의해 결론 템플릿에 적용합니다. 서론과 똑같이 답하기 보다는 주어, 동사, 목적어의 순서와 형태를 변경해서 간결한 문장으로 바꿔 답변해주세요.

## 빈출 표현

| | | | |
|---|---|---|---|
| ☐ by myself | 혼자 | ☐ achieve the goal | 목표를 달성하다 |
| ☐ share roles | 역할을 분담하다 | ☐ advertise | 광고하다 |
| ☐ share ideas | 아이디어를 공유하다 | ☐ promote | 홍보하다 |
| ☐ work more efficiently | 더 효율적으로 일하다 | ☐ overseas branch | 해외 지점 |
| ☐ disagreement | 의견 충돌 | ☐ manage | 관리하다 |
| ☐ conflict | 갈등 | ☐ train staff | 직원을 교육하다 |
| ☐ knowledge | 지식 | ☐ run an internship program | 인턴십 프로그램을 운영하다 |
| ☐ work performance | 업무 성과 | ☐ have work experience | 경력이 있다 |

## 나만의 본론 템플릿 만들기

| 본론 템플릿 | | 이유 T | 긍정 경험 T | 부정 경험 T | 과거 비교 T |
|---|---|---|---|---|---|
| 본론 | 이유 | | | | |
| | 상황 | | | | |
| | 경험 | | | | |
| | 결과 | | | | |
| 만능 패턴 | | | | | |

준비 시간과 답변 시간에 맞춰 답변해 보세요.

**1**

🔊 MP3 5_실전연습 1

| TOEIC Speaking | Question 11 of 11 |
|---|---|

Do you agree or disagree with the following statement?

*It is important to work in a team.*

Give specific reasons or examples to support your opinion.

준비 시간: 45초 / 답변 시간: 60초

| 본론 템플릿 | 이유 T | 긍정 경험 T | 부정 경험 T | 과거 비교 T |
|---|---|---|---|---|
| **본론** | 이유 | | | |
| | 상황 | | | |
| | 경험 | | | |
| | 결과 | | | |
| **만능 패턴** | | | | |

2

| TOEIC Speaking | **Question 11 of 11** |
|---|---|

What are the disadvantages of communicating by email at work?

Give specific reasons or examples to support your opinion.

준비 시간: 45초 / 답변 시간: 60초

| 본론 템플릿 | | 이유 T | 긍정 경험 T | 부정 경험 T | 과거 비교 T |
|---|---|---|---|---|---|
| 본론 | 이유 | | | | |
| | 상황 | | | | |
| | 경험 | | | | |
| | 결과 | | | | |
| 만능 패턴 | | | | | |

**1**

◁)) MP3 5_11

> Do you agree or disagree with the following statement?
> *It is important to work in a team.*
> Give specific reasons or examples to support your opinion.
>
> 당신은 다음 의견에 동의하나요, 아니면 반대하나요?
> *팀으로 일하는 것은 중요하다.*
> 구체적인 이유 또는 예를 들어 당신의 의견을 뒷받침하세요.

서론/결론 T 동의 　패턴 　시간, 노력, 회사, 학습, 목표 달성

| 서론 | | Yes, I agree that **it is important to work in a team.**<br>네, 저는 팀으로 일하는 것이 중요하다는 것에 동의합니다. |
|---|---|---|
| 본론<br><br>긍정 경험<br>템플릿 | 이유 | **Because** I can save time and effort.<br>왜냐하면 저는 시간과 노력을 절약할 수 있기 때문입니다. |
| | 상황 | **In my case,** I work for CJ in a team.<br>제 경우에는, 저는 팀으로 CJ에서 일합니다. |
| | 경험 | **It is fast to** work with team members.<br>**So** I don't need to waste my time.<br>팀원들과 함께 일하는 것이 빠릅니다.<br>그래서 저는 제 시간을 낭비할 필요가 없습니다. |
| | | **Also,** I can learn new things from them **so it is beneficial for me.**<br>또한, 저는 그들로부터 새로운 것을 배울 수 있어서 그것은 제게 유익합니다. |
| | 결과 | **In this way,** I can finish my work on time and achieve more.<br>이렇게 하면, 저는 제때 일을 끝낼 수 있고 더 많은 것을 달성할 수 있습니다. |
| 결론 | | **Therefore, working in a team** is efficient.<br>그러므로, 팀으로 일하는 것이 더 효율적입니다. |

어휘 **don't need to do** ~할 필요가 없다　**efficient** 효율적인

Tip 본론은 5~6 문장 정도면 충분합니다. 패턴 활용 시 많은 패턴들을 무리하게 연결하지 말고 적절히 양을 조절해 활용해야 시간 내 답변이 가능합니다.

**2**

🔊 MP3 5_12

> What are the disadvantages of communicating by email at work?
> Give specific reasons or examples to support your opinion.
>
> 직장에서 이메일로 의사소통하는 것의 단점은 무엇인가요?
> 구체적인 이유 또는 예를 들어 의견을 뒷받침하세요.

서론/결론 T 단점 **패턴** 회사

| | | |
|---|---|---|
| **서론** | | There are some disadvantages of **communicating by email at work**.<br>직장에서 이메일로 의사소통하는 것에는 몇 가지 단점이 있습니다. |
| **본론**<br><br>**이유 템플릿** | 이유 1 | Basically, I spend more time communicating by email.<br>기본적으로, 저는 이메일로 의사소통을 하는 데 더 많은 시간을 사용합니다. |
| | 상황 1 | In my case, I work for SSG and get a lot of emails every day.<br>제 경우에는, 저는 SSG에서 일하고 매일 수많은 이메일을 받습니다.<br><br>I spend too much time reading and replying to emails these days and it is not productive.<br>저는 요즘 이메일을 읽고 답장하는 데 너무 많은 시간을 보내고 있고 그것은 생산적이지 않습니다. |
| | 이유 2 | Also, you can miscommunicate with your coworkers.<br>또한, 당신은 당신의 동료들과 의사소통을 잘못 할 수도 있습니다. |
| | 상황 2 | For example, last month, I wrote an email to my coworkers and they misunderstood some parts so I had to call them in person.<br>예를 들어, 지난 달 저는 동료들에게 이메일을 작성했고 그들은 일부 부분들을 잘못 이해했습니다. 그래서 저는 대면으로 그들을 불러야 했습니다. |
| **결론** | | For these reasons, **communicating by email at work** has some disadvantages.<br>이러한 이유로, 직장에서 이메일로 소통하는 것은 몇 가지 단점이 있습니다. |

**Tip** 이유 템플릿은 이유가 최소 2개 이상 있을 때 활용하기 좋은 템플릿입니다. 위 답변처럼 만능 패턴을 쓰는 것 보다 본인 경험으로 답하는 것이 쉬운 경우도 있습니다. 단, 이유 문장이 나의 경험이면 I 주어를, 일반적인 사실이면 **you** 주어를 써서 누구의 이야기인지 구별해 구별해 줍니다.

## 문제 예시

• 효과적으로 일하려면 리더는 팀원에게 동기 부여를 잘할 수 있어야 하나요?

• 팀 성공을 위해 팀원들이 가져야 할 더 중요한 덕목은 무엇이라고 생각하나요? (관리 능력 vs. 소통 능력)

• 다른 사람과 일하는 능력과 유머 감각 중 더 중요한 동료의 덕목은 무엇인가요?

• 판매 직원의 성공 요소 중 어떤 것이 더 중요한가요? (친절함 vs. 방대한 제품 지식)

| TOEIC Speaking | Question 11 of 11 |
| --- | --- |

Which one do you think contributes more to be a successful business leader: having problem-solving skills or communication skills? Why?

Give specific reasons and examples to support your opinion.

당신은 문제 해결 능력과 소통 능력 중 어느 것이 성공적인 비즈니스 리더가 되는 것에 더 많이 기여한다고 생각하나요? 그 이유는 무엇인가요?

구체적인 이유 또는 예를 들어 당신의 의견을 뒷받침하세요.

## 브레인스토밍 & 노트테이킹

문제를 읽어주는 약 10초와 준비 시간 45초 동안, 설정 기준에 맞는 만능 패턴과 본론 템플릿 떠올려 답변 방향을 잡아요. 본론 템플릿에 이유-상황-경험-결과 순으로 답변 요소를 적어 체계적인 구조를 만듭니다.

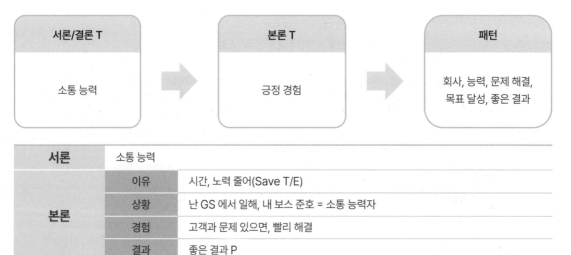

| 서론/결론 T | 본론 T | 패턴 |
| --- | --- | --- |
| 소통 능력 | 긍정 경험 | 회사, 능력, 문제 해결, 목표 달성, 좋은 결과 |

| 서론 | | 소통 능력 |
| --- | --- | --- |
| 본론 | 이유 | 시간, 노력 줄어(Save T/E) |
| | 상황 | 난 GS 에서 일해, 내 보스 준호 = 소통 능력자 |
| | 경험 | 고객과 문제 있으면, 빨리 해결 |
| | 결과 | 좋은 결과 P |
| 결론 | | 성공적 리더 = 좋은 소통 능력이 필수적 |

## 답안 구성

서론/결론 T  소통 능력  패턴 회사, 능력, 문제 해결, 목표 달성, 좋은 결과

| | | |
|---|---|---|
| **서론** | | To be a successful business leader, communication skills are more important.<br>성공적인 비즈니스 리더가 되기 위해서는 소통 능력이 더 중요합니다. |
| **본론**<br><br>**긍정 경험<br>템플릿** | 이유 | Because you can save time and effort when you work with a good communicator.<br>왜냐하면 당신이 의사소통을 잘하는 사람과 일하면 시간과 노력을 절약할 수 있기 때문이다. |
| | 상황 | In my case, I work for GS.<br>제 경우에는, 저는 GS에서 일합니다. |
| | 경험 | My boss, Jun Ho, has good communication skills.<br>제 상사, 준호는 의사소통 능력이 좋습니다.<br><br>When I have some problems with our clients, he talks to them and solves the problems quickly.<br>제가 고객들과 문제가 있을 때, 그는 그들과 이야기하고 그 문제를 빠르게 해결합니다. |
| | 결과 | So thanks to his communication skills, our team had better results last month.<br>그래서 그의 의사소통 능력 덕분에, 우리 팀은 지난 달 더 좋은 결과를 얻었습니다. |
| **결론** | | So good communication skills are necessary to be a successful leader.<br>그래서 성공적인 리더가 되기 위해서는 좋은 의사소통 능력이 필요합니다. |

## 고득점 포인트

- 서론부터 문법 실수가 없도록 키워드를 정확한 자리에 넣어 복붙하는 연습이 중요해요.
  질문에서 think를 찾았다면, think 뒤에 contributes를 서론의 핵심 동사로 사용하면 됩니다.
  I think는 서론 템플릿으로 이미 연습 했으니 잠시 제쳐두고, 콜론 뒤에 두 가지 선택지 중 한 가지를 주어로 선택 후, 준비 시간에 I think having communication skills contributes more ~까지만 도입 문장을 만들어 두고 답변 시, 그 뒷 부분은 화면을 보면서 차분히 읽어주세요.
- 주어의 끝에 skills 때문에 복수급으로 착각하면 곤란해요. 주어는 having communication skills으로 단수니까 contributes가 맞아요.
- 준호씨는 가상의 인물이지만 현실적으로 활용하려면 3인칭 단수로 동사의 수일치가 매우 중요해요.
- 복문이 힘들면 두 문장으로 쪼개어 and 로 연결해도 좋습니다.
  Jun Ho has good communication skills and he helps our team a lot.
- when 절을 사용해 주면, ~하면, ~게 된다는 보다 구체적인 시점으로 답변이 가능해서 득점에 유리해요.
- 명사인 communication skills 을 동사인 communicate with them 으로 변형해 사용하는 센스를 보여주세요.
- 결론에 are necessary, a successful leader의 be동사 수일치와 관사의 사용에 주의합니다.

## 빈출 표현

| | | | |
|---|---|---|---|
| ☐ trust | 신뢰하다 | ☐ run business successfully | 사업을 성공적으로 운영하다 |
| ☐ be supportive | 힘이 되다, 도움이 되다 | ☐ earn respect | 존경 받다 |
| ☐ deal with situations | 상황에 대처하다 | ☐ energetic | 활기찬 |
| ☐ overcome difficulties | 어려움을 극복하다 | ☐ be motivated | 의욕적이다 |
| ☐ be good at | ~를 잘하다 | ☐ solve problem | 문제를 해결하다 |
| ☐ lack ~ skill | ~능력이 부족하다 | ☐ succeed | 성공하다 |
| ☐ work efficiently | 효율적으로 일하다 | ☐ positive attitude | 긍정적인 태도 |
| ☐ adjust to | ~에 적응하다 | ☐ perform tasks | 업무를 수행하다 |

## 나만의 본론 템플릿 만들기

| 본론 템플릿 | | 이유 T | 긍정 경험 T | 부정 경험 T | 과거 비교 T |
|---|---|---|---|---|---|
| 본론 | 이유 | | | | |
| | 상황 | | | | |
| | 경험 | | | | |
| | 결과 | | | | |
| 만능 패턴 | | | | | |

준비 시간과 답변 시간에 맞춰 답변해 보세요.

**1**

| TOEIC Speaking | Question 11 of 11 |
|---|---|

Which do you think influences more to a team's success: an experienced leader or good relationship among team members?

준비 시간: 45초 / 답변 시간: 60초

| 본론 템플릿 | 이유 T | 긍정 경험 T | 부정 경험 T | 과거 비교 T |
|---|---|---|---|---|
| **본론** | 이유 | | | |
| | 상황 | | | |
| | 경험 | | | |
| | 결과 | | | |
| **만능 패턴** | | | | |

2

| TOEIC Speaking | Question 11 of 11 |
|---|---|

Do you agree or disagree with the following statement?

*People should buy some presents for their colleagues on special occasions.*

Give specific reasons or examples to support your opinion.

준비 시간: 45초 / 답변 시간: 60초

| 본론 템플릿 | | 이유 T | 긍정 경험 T | 부정 경험 T | 과거 비교 T |
|---|---|---|---|---|---|
| 본론 | 이유 | | | | |
| | 상황 | | | | |
| | 경험 | | | | |
| | 결과 | | | | |
| 만능 패턴 | | | | | |

**1**

MP3 5_14

Which do you think influences more to a team's success: an experienced leader or good relationship among team members?

경험이 많은 리더와 팀원들 사이의 좋은 관계 중 어느 것이 팀의 성공에 더 영향을 준다고 생각하나요?

서론/결론 T  경력자   **패턴**  시간, 노력, 능력, 학습, 좋은 결과

| 서론 | | I think **an experienced leader influences more to a team's success.** 저는 경험이 많은 리더가 팀의 성공에 더 많은 영향을 미친다고 생각합니다. |
|---|---|---|
| 본론<br><br>**이유 템플릿** | 이유 1 | **Because** I can save time and effort **when I work with an experienced leader.** 왜냐하면 경험이 많은 리더와 함께 일하면 시간과 노력을 절약할 수 있기 때문입니다. |
| | 상황 1 | **In my case,** my team leader, Mina, has **a lot of experience with clients so it is fast and easy to work with her.** 저의 경우에는, 제 팀 리더인 미나가 고객들과의 경험이 많아서 그녀와는 빠르고 쉽게 일을 할 수 있습니다. |
| | 이유 2 | **Also, our team members** learn new things from **her.** 또한, 우리 팀원들은 그녀에게서 새로운 것들을 배웁니다. |
| | 상황 2 | Thanks to her **experience,** we had better results last month. 그녀의 경험 덕분에, 우리는 지난 달에 더 좋은 결과를 얻었습니다. |
| 결론 | | For these reasons, **an experienced leader is very important to a team's success.** 이러한 이유로, 경험이 많은 리더는 팀의 성공에 매우 중요합니다. |

**어휘** influence ~에 영향을 주다  experienced 경험 있는  success 성공, 달성

**Tip** 능력 패턴, 좋은 결과 패턴 등을 활용할 때는 해당 질문에 맞춰 편집해 활용해 주세요.
더 좋은 결과를 얻었다는 표현을 다양하게 할 수 있으니 아래 추가 패턴들도 참고해 주세요.
Our team had better output. 우리 팀은 더 좋은 결과를 얻었습니다.
Our team made more profit. 우리 팀은 더 많은 수익을 만들었습니다.

**2**                                                                    🔊 MP3 5_15

> Do you agree or disagree with the following statement?
> *People should buy some presents for their colleagues on special occasions.*
> Give specific reasons or examples to support your opinion.
>
> 당신은 다음 의견에 동의하나요, 아니면 반대하나요?
> *사람들은 특별한 경우에 그들의 동료들을 위해 선물을 사야 한다.*
> 구체적인 이유 또는 예시를 들어 당신의 의견을 뒷받침해주세요.

서론/결론 T  동의   패턴 회사, 돈, 기분

| | | |
|---|---|---|
| **서론** | | I agree that people should buy some presents for their colleagues on special occasions.<br>저는 사람들이 특별한 경우에 그들의 동료들을 위해 선물을 사야 한다는 것에 동의합니다. |
| **본론**<br><br>긍정 경험<br>템플릿 | 이유 | Because they can have better relationships.<br>왜냐하면 그들은 더 나은 관계를 가질 수 있기 때문입니다. |
| | 상황 | In my case, I work for Hyundai.<br>I usually buy mugs for my coworkers when they get married.<br>제 경우에는, 저는 현대에서 일합니다.<br>저는 보통 직장 동료들이 결혼할 때 머그를 삽니다. |
| | 경험 | I don't have to spend much money on that and they can feel good and happy.<br>저는 그것에 많은 돈을 안 써도 되고 그들은 기분이 좋고 행복할 수 있습니다. |
| | 결과 | After that, they always help me when I have some problems at work.<br>그 후, 그들은 제가 직장에서 문제가 있을 때 항상 저를 도와줍니다. |
| **결론** | | Therefore, buying some gifts for my colleagues on special occasions is beneficial.<br>그러므로 특별한 날에 제 동료들을 위해 선물을 사는 것은 유익합니다. |

어휘 present 선물, 선물하다  occasion 때, 경우, 계기
Tip 긍정 경험 템플릿을 활용할 때, 이왕이면 현재의 일처럼 말해주세요. 현재 시제가 과거 시제보다 쉽습니다.

## 문제 예시

• 미술관에 가는 것이 돈 낭비라고 생각하나요?

• 자연을 즐기는 것이 여가 시간을 보내는 최고의 방법인가요?

• 취미를 배울 때 친구에게 배우는 게 좋나요, 책으로 배우는 게 좋나요?

• 당신의 행복에 더 영향을 미치는 것은 무엇이라 생각하나요? (좋은 직업/ 즐거운 취미)

• 스트레스 해소법으로 가장 좋은 것은 무엇인가요? (운동 하기/ 독서 하기/ TV 보기)

| TOEIC Speaking | Question 11 of 11 |
| --- | --- |

Do you agree or disagree with the following statement?

*Today, people enjoy their leisure time more than they did in the past thanks to advanced technology.*

Give specific reasons or examples to support your opinion.

당신은 다음 의견에 동의하나요, 동의하지 않나요?

*오늘날, 발전된 기술 덕분에 사람들은 과거보다 여가 시간을 더 즐긴다.*

구체적인 이유 또는 예시를 들어 당신의 의견을 뒷받침해주세요.

## 브레인스토밍 & 노트테이킹

문제를 읽어주는 약 10초와 준비 시간 45초 동안, 설정 기준에 맞는 만능 패턴과 본론 템플릿 떠올려 답변 방향을 잡아요. 본론 템플릿에 이유-상황-경험-결과 순으로 답변 요소를 적어 체계적인 구조를 만듭니다.

| 서론/결론 T | | 본론 T | | 패턴 |
| --- | --- | --- | --- | --- |
| 동의 | ⇨ | 과거 비교 경험 | ⇨ | 시간, 노력 |

| 서론 | | 동의 |
| --- | --- | --- |
| **본론** | 이유 | 왜냐하면 요즘 인터넷으로 Save T/E |
| | 상황 | 고등학생 때, 영화관에 영화 보러 가곤 했음 |
| | 경험 | But 요즘, 집에서 넷플릭스로 새 영화 볼 수 있음<br>바로 different types of movies 쉽게 즐김, 편함 |
| | 결과 | Thanks to 넷플릭스, 요즘 여가 시간 더 즐김 |
| **결론** | | 요즘 사람들, 과거보다 여가 시간 더 즐겨 |

# 답안 구성

서론/결론 T  동의  **패턴** 시간, 노력

| | | |
|---|---|---|
| **서론** | | I agree that today, people enjoy their leisure time more than they did in the past thanks to advanced technology.<br>저는 오늘날 사람들이 발전된 기술 덕분에 과거보다 여가 시간을 더 즐긴다는 것에 동의합니다. |
| **본론**<br><br>**과거 비교 템플릿** | 이유 | Because people can save more time and effort by using the internet these days.<br>왜냐하면 오늘날 사람들은 인터넷을 사용함으로써 더 많은 시간과 노력을 절약할 수 있기 때문입니다. |
| | 상황 | In my case, when I was a high school student, I used to go to movie theaters to watch movies.<br>제 경우에는, 제가 고등학생이었을 때 영화관에 영화를 보러 가곤 했습니다. |
| | 경험 | But nowadays, I can watch new movies on Netflix at home.<br>하지만 요즘은, 집에서 넷플릭스로 새로운 신작 영화를 볼 수 있습니다.<br><br>It is easy to enjoy different types of movies right away so it is very convenient.<br>다양한 종류의 영화를 바로 즐길 수 있어서 그것은 매우 편리합니다. |
| | 결과 | In this way, thanks to Netflix, I can enjoy my leisure time more these days.<br>이렇게 하면, 넷플릭스 덕분에, 오늘날 여가 시간을 더 즐길 수 있습니다. |
| **결론** | | Therefore, nowadays people enjoy more leisure time using the latest technologies.<br>그러므로, 오늘날 사람들은 최신 기술을 이용하여 더 많은 여가 시간을 즐깁니다. |

## 고득점 포인트

- 질문 속 advanced technology를 계속 생각해 가며 답변하세요. 답변의 핵심은 단순히 여가 시간을 더 많이 보내는 것이 아닌, 기술 발전으로 인해 과거보다 더 많이 여가를 즐기게 된 이유를 말하는 것이므로 관련 예시가 필요합니다.

- 과거와 현재가 어떻게 다른지를 설명할 때, 과거 시제에서 실수가 자주 일어나므로, 과거 시제로의 변환이 힘들다면 과거 경험 설정은 딱 한 문장만 하고 현재 경험과 결과를 더 말해주세요.

- 수단 (Netflix), 장소 (at home)처럼 세부 설명을 하는 것이 좋습니다.

- It is easy to ~, It is convenient ~ 처럼 문장 앞, 뒤로 형용사를 적극적으로 활용해 주세요.

- thanks to ~ (~덕분에)와 it works for me (저한테는 잘 맞더라고요.) 표현은 활용도가 높으니 시험장에서 꼭 사용해 보세요.

- leisure 발음은 [레저]는 영국식, [리-져얼]는 미국식 이예요.

## 빈출 표현

| | | | |
|---|---|---|---|
| ☐ a variety of | 다양한 | ☐ go shopping | 쇼핑을 가다 |
| ☐ athletics | 체육, 운동 경기 | ☐ on the internet | 인터넷에서 |
| ☐ duration | 기간, 지속 | ☐ save money | 돈을 절약하다 |
| ☐ enjoy -ing | ~하는 것을 즐기다 | ☐ save time and effort | 시간과 노력을 절약하다 |
| ☐ genre | 장르 | ☐ relieve stress | 스트레스를 해소하다 |
| ☐ get some rest | 휴식을 취하다 | ☐ broaden | ~을 넓히다 |
| ☐ grocery shopping | 장보기 | ☐ socialize with | ~와 어울리다 |
| ☐ less stressful | 스트레스를 덜 받는 | ☐ experience | ~을 경험하다, ~을 겪다 |

## 나만의 본론 템플릿 만들기

| 본론 템플릿 | | 이유 T | 긍정 경험 T | 부정 경험 T | 과거 비교 T |
|---|---|---|---|---|---|
| 본론 | 이유 | | | | |
| | 상황 | | | | |
| | 경험 | | | | |
| | 결과 | | | | |
| 만능 패턴 | | | | | |

준비 시간과 답변 시간에 맞춰 답변해 보세요.

**1**

MP3 5_실전연습 5

| TOEIC Speaking | Question 11 of 11 |
| --- | --- |

When you relieve stress, which do you think is better: working out or reading a book?
Give specific reasons or examples to support your opinion.

준비 시간: 45초 / 답변 시간: 60초

| 본론 템플릿 | | 이유 T | 긍정 경험 T | 부정 경험 T | 과거 비교 T |
| --- | --- | --- | --- | --- | --- |
| 본론 | 이유 | | | | |
| | 상황 | | | | |
| | 경험 | | | | |
| | 결과 | | | | |
| 만능 패턴 | | | | | |

**2**

| TOEIC Speaking | **Question 11 of 11** |
|---|---|

When you go on a trip, where do you like to go: a place you have been to or a place you have never been to?
Give specific reasons or examples to support your opinion.

준비 시간: 45초 / 답변 시간: 60초

| 본론 템플릿 | | 이유 T | 긍정 경험 T | 부정 경험 T | 과거 비교 T |
|---|---|---|---|---|---|
| 본론 | 이유 | | | | |
| | 상황 | | | | |
| | 경험 | | | | |
| | 결과 | | | | |
| 만능 패턴 | | | | | |

**1**　　　　　　　　　　　　　　　　　　　　　　　　　　🔊 MP3 5_17

> When you relieve stress, which do you think is better: working out or reading a book?
> Give specific reasons or examples to support your opinion.
>
> 스트레스를 풀 때, 운동하는 것과 책을 읽는 것 중에 어느 것이 더 좋다고 생각하나요?
> 구체적인 이유 또는 예시를 들어 당신의 의견을 뒷받침해주세요.

서론/결론 T  운동하기　패턴 기분, 취미, 스트레스, 에너지

| | | |
|---|---|---|
| **서론** | | I think **working out** is better **to relieve stress**.<br>저는 운동이 스트레스 푸는데 더 좋다고 생각합니다. |
| **본론**<br><br>긍정 경험<br>템플릿 | 이유 | **Because when I move**, I feel good and happy.<br>왜냐하면 제가 움직일 때, 저는 기분이 좋고 행복하기 때문입니다. |
| | 상황 | **In my case**, my hobby is **playing tennis**.<br>제 경우에는, 취미가 테니스를 치는 것입니다. |
| | 경험 | I go to Olympic Park to play tennis about once or twice a week with my friends.<br>저는 친구들과 함께 일주일에 한두 번 정도 올림픽 공원에 테니스를 치러 갑니다. |
| | | **It works for me because** I can relieve stress and refresh myself.<br>저에게 잘 맞습니다. 왜냐하면 저는 스트레스를 풀고 기분 전환을 할 수 있기 때문입니다. |
| | 결과 | **In this way**, I get more energy **while moving**.<br>이렇게 하면, 저는 움직이는 동안 더 많은 에너지를 얻습니다. |
| **결론** | | So **working out** is better for me.<br>그래서 저는 운동하는 것이 더 좋습니다. |

**어휘** relieve stress 스트레스를 풀다　refresh oneself 기분을 전환하다

**Tip** 취미와 관련된 상황을 설정할 때, '내 취미는 ~'라는 취미 패턴으로 시작해주면 다른 패턴들을 쉽게 연결할 수 있어서 유리합니다.

**2**

🔊 MP3 5_18

> When you go on a trip, where do you like to go: a place you have been to or a place you have never been to?
> Give specific reasons or examples to support your opinion.
>
> 여행을 갈 때, 당신은 이미 가본 곳과 한 번도 가보지 않은 곳 중에서 어디를 가보고 싶은가요?
> 구체적인 이유 또는 예를 들어 당신의 의견을 뒷받침하세요.

서론/결론 T 한 번도 가보지 않은 곳   패턴 문화, 취미, 스트레스, 여행, 친구, 학습

| 서론 | | When I go on a trip, I like to go to a place I have never been to. <br> 저는 여행을 가면 한 번도 가본 적이 없는 곳에 가는 것을 좋아합니다. |
|---|---|---|
| 본론 <br><br> **이유 템플릿** | 이유 1 | **First of all**, I can experience new cultures. <br> 우선, 저는 새로운 문화를 경험할 수 있습니다. |
| | 상황 1 | **In my case**, my hobby is **traveling abroad** <br> **because** I can relieve stress and refresh myself **when** I enjoy great food and views **in new places**. <br> 제 경우에는 취미가 해외 여행입니다. 왜냐하면 저는 새로운 장소에서 좋은 음식과 경치를 즐길 때 스트레스를 풀고 기분 전환을 할 수 있기 때문입니다. |
| | 이유 2 | **Also**, I can meet new people and make friends. <br> 또한, 저는 새로운 사람들을 만나고 친구를 사귈 수 있습니다. |
| | 상황 2 | **I think** it is beneficial to learn new things from others. <br> 저는 다른 사람들에게서 새로운 것들을 배우는 것이 유익하다고 생각합니다. |
| 결론 | | Therefore, **going on a trip to a new place** is much better for me. <br> 그러므로, 저는 새로운 곳으로 여행을 가는 것이 훨씬 더 좋습니다. |

어휘 beneficial 유익한, 이로운

Tip 스토리텔링 구조의 다른 템플릿들은 First of all로 시작했다가 Second / Also로 가기도 전에 답변 시간이 부족해 질 수 있지만, 이유 템플릿처럼 확실한 이유가 2개 이상일 경우에는 오히려 사용하면 깔끔하게 정리됩니다.

## 문제 예시

- 고등학생들에게 가르쳐야 할 더 중요한 과목은 무엇인가요? (컴퓨터 스킬 vs. 체육)
- 학생들의 견학 활동으로 가장 좋은 것은 무엇인가요? (미술관 가기/ 공장 견학 가기/ 공원 산책 하기)
- 학교가 학생들에게 수업 시간 동안 야외에서 놀 시간을 꼭 줘야 한다고 생각하나요?
- 초등학생들이 미술이나 음악처럼 예술 수업을 듣는 것이 중요한가요?
- 고등학생이 연극 공연을 하는 것의 장점은 무엇인가요?

| TOEIC Speaking | Question 11 of 11 |
|---|---|

If high school students were going to have a day trip, which do you think would be more valuable for them, and why: to tour a local factory or visit an art gallery?
Give specific reasons or examples to support your opinion.

만약 고등학생들이 당일 견학을 간다면, 지역 공장을 방문하는 것과 미술관을 방문하는 것 중 어느 것이 더 가치 있을 것 이라고 생각하나요? 그 이유는 무엇인가요?
구체적인 이유 또는 예를 들어 당신의 의견을 뒷받침하세요.

## 브레인스토밍 & 노트테이킹

문제를 읽어주는 약 10초와 준비 시간 45초 동안, 설정 기준에 맞는 만능 패턴과 본론 템플릿 떠올려 답변 방향을 잡아요. 본론 템플릿에 이유-상황-경험-결과 순으로 답변 요소를 적어 체계적인 구조를 만듭니다.

| 서론/결론 T | | 본론 T | | 패턴 |
|---|---|---|---|---|
| 미술관 | → | 부정 경험 | → | 업무 스트레스, 스트레스, 문화 |

| 서론 | | 미술관 |
|---|---|---|
| **본론** | 이유 | 그림, 조각을 보면서 학생들, 스트레스 P |
| | 상황 | 나 고등학생 때, 공부 많아 스트레스 받았음 |
| | 경험 | 하지만, 미술관 갈 때 마다, 에너지P |
| | 결과 | 재미있고 즐거웠음 |
| 결론 | | 학생들이 미술관 견학 가는 것 = beneficial |

# 답안 구성

서론/결론 T  미술관    패턴 업무 스트레스, 스트레스, 에너지

| 서론 | | I think visiting an art gallery would be more valuable for high school students.<br>저는 고등학생들에게 미술관을 방문하는 것이 더 가치 있을 것이라 생각합니다. |
|---|---|---|
| 본론<br><br>부정 경험<br>템플릿 | 이유 | Because they can relieve stress while enjoying good paintings or sculptures.<br>왜냐하면 그들은 좋은 그림이나 조각을 즐기면서 스트레스를 풀 수 있기 때문입니다. |
| | 상황 | In my case, when I was a high school student, I had to study a lot. So I got stressed out too much.<br>제 경우에는, 저는 고등학생 때 공부를 많이 해야 했습니다. 그래서 스트레스를 너무 많이 받았습니다. |
| | 경험 | But whenever I went to art galleries, I was able to get more energy.<br>하지만 제가 미술관에 갈 때마다, 저는 더 많은 에너지를 얻을 수 있었습니다. |
| | 결과 | So it was fun and enjoyable for me.<br>그래서 저는 재밌고 즐거웠습니다. |
| 결론 | | Therefore, I believe it is beneficial for high school students to visit an art gallery for a day trip.<br>그러므로, 저는 고등학생들이 당일 견학을 위해 미술관을 방문하는 것이 유익하다고 생각합니다. |

## 고득점 포인트

- 긴 질문은 다 복붙하지 마세요. 핵심 동사, 주어를 빨리 파악해 서론을 만들어야 합니다.
  think 뒤에 동사(would be)를 찾은 후, 선택 키워드 (visit an art gallery)를 동명사로 바꿔서 주어로 활용하면 서론을 뚝딱 정리할 수 있습니다.

- 질문의 대상을 고등학생으로 한정했는데, 현재 시제, 나(I)의 관점으로 말하지 않게 주의해 주세요. '난 누구, 여긴 어디, 어떤 상황'을 항상 답변 초반에 정확히 설정합니다.

- 본론 전부를 과거 경험으로 답변할 때는 천천히 말하면서 문법 실수에 주의합니다.

- 본론 템플릿과 만능 패턴도 과거 시제로 바꾸는 건 연습 없이는 쉽지 않죠. 준비 시간 동안 사용할 과거 동사들은 모두 메모장에 적어두고, 답변 시 메모를 보면서 말하면 실수를 막을 수 있어요.

- could는 can의 과거가 아니라 불확실한 미래의 가능성을 뜻 합니다. 과거 경험을 말할 때는 과거 동사로 바꿔야 하지만 치트키 was able to 하나만 입에 딱 붙이면 동사 원형을 사용할 수 있어 편해요.

## 빈출 표현

| | | | |
|---|---|---|---|
| ☐ for free | 무료로 | ☐ memorize | 암기하다 |
| ☐ gain knowledge | 지식을 습득하다 | ☐ build experience | 경험을 쌓다 |
| ☐ learn to | ~하는 것을 배우다, 익히다 | ☐ school facilities | 학교 시설 |
| ☐ do one's best | 최선을 다하다 | ☐ extracurricular activities | 과외 활동 |
| ☐ It is helpful | 도움이 된다 | ☐ foreign languages | 외국어 |
| ☐ do volunteer work | 봉사 활동을 하다 | ☐ studying abroad | 유학 |
| ☐ after school | 방과 후 | ☐ exchange program | 교환 학생 프로그램 |
| ☐ get along with | ~와 잘 지내다 | ☐ internship | 인턴십 |

## 나만의 본론 템플릿 만들기

| 본론 템플릿 | | 이유 T | 긍정 경험 T | 부정 경험 T | 과거 비교 T |
|---|---|---|---|---|---|
| 본론 | 이유 | | | | |
| | 상황 | | | | |
| | 경험 | | | | |
| | 결과 | | | | |
| 만능 패턴 | | | | | |

준비 시간과 답변 시간에 맞춰 답변해 보세요.

**1**

MP3 5_실전연습 7

| TOEIC Speaking | Question 11 of 11 |
| --- | --- |

Which of the following extracurricular activities would be more important for elementary school students to take part in: learning foreign languages or learning how to play musical instruments? Why?
Give specific reasons or examples to support your opinion.

준비 시간: 45초 / 답변 시간: 60초

| 본론 템플릿 | | 이유 T | 긍정 경험 T | 부정 경험 T | 과거 비교 T |
| --- | --- | --- | --- | --- | --- |
| 본론 | 이유 | | | | |
| | 상황 | | | | |
| | 경험 | | | | |
| | 결과 | | | | |
| 만능 패턴 | | | | | |

**2**

| TOEIC Speaking | Question 11 of 11 |
|---|---|

Do you agree or disagree with the following statement?
*Children should spend time outdoors at school.*
Give specific reasons or examples to support your opinion.

준비 시간: 45초 / 답변 시간: 60초

| 본론 템플릿 | 이유 T | 긍정 경험 T | 부정 경험 T | 과거 비교 T |
|---|---|---|---|---|
| **본론** | 이유 | | | |
| | 상황 | | | |
| | 경험 | | | |
| | 결과 | | | |
| **만능 패턴** | | | | |

**1**

🔊 MP3 5_20

Which of the following extracurricular activities would be more important for elementary school students to take part in: learning foreign languages or learning how to play musical instruments? Why?
Give specific reasons or examples to support your opinion.

다음 과외 활동 중 어느 것이 초등학생들에게 더 중요할까요? 외국어를 배우는 것과 악기를 연주하는 법을 배우는 것? 그 이유는 무엇인가요?
구체적인 이유 또는 예를 들어 당신의 의견을 뒷받침하세요.

서론/결론 T 외국어 배우기    패턴 좋은 결과, 회사

| | | |
|---|---|---|
| **서론** | | I think learning foreign languages is more important for elementary school students to take part in.<br>저는 외국어를 배우는 것이 초등학생들에게 더 중요하다고 생각합니다. |
| **본론**<br>긍정 경험<br>템플릿 | 이유 | Because they can have better job opportunities in the future.<br>왜냐하면 그들은 미래에 더 좋은 직업의 기회를 가질 수 있기 때문입니다. |
| | 상황 | In my case, when I was a kid, I learned English in afterschool classes.<br>제 경우에는, 어렸을 때 방과 후 수업에서 영어를 배웠습니다. |
| | 경험 | Thanks to English lessons at an early age, I became more comfortable speaking English.<br>이른 나이에 영어 학습 덕분에, 영어로 말하는 것이 더 편해졌습니다. |
| | 결과 | In this way, I had better results in my job interview about 2 years ago. And now, I work for Hyundai.<br>이렇게 해서, 저는 약 2년 전 제 취업 면접에서 더 좋은 결과를 얻었습니다. 그리고 지금, 저는 현대에서 일합니다. |
| **결론** | | Therefore, learning foreign languages is more beneficial for children to get better jobs in the future.<br>그러므로, 외국어를 배우는 것이 아이들이 미래에 더 나은 직업을 갖는 데 더 유익할 것입니다. |

어휘 foreign language 외국어  at an early age 어린 나이에

Tip 교육 주제의 경우, 긍정 경험 또는 부정 경험을 과거 예시와 접목해 답변해야 하는 경우가 자주 생깁니다.
When I was a child, When I was a high school student 과 같이 과거 설정 문장을 사전에 입으로 소리내어 연습해 두세요.

**2**

MP3 5_21

Do you agree or disagree with the following statement?
*Children should spend time outdoors at school.*
Give specific reasons or examples to support your opinion.

당신은 다음 의견에 동의하나요, 아니면 반대하나요?
*학교에서 아이들이 반드시 야외에서 시간을 보내야 한다.*
구체적인 이유 또는 예를 들어 당신의 의견을 뒷받침하세요.

서론/결론 T 동의  **패턴** 소통, 친구

| 서론 | | Yes, I agree that children should spend time outdoors at school.<br>네, 저는 학교에서 아이들이 야외에서 시간을 보내야 한다는 것에 동의합니다. |
|---|---|---|
| **본론**<br><br>긍정 경험<br>템플릿 | 이유 | I think interacting with others is important for children.<br>저는 다른 사람들과 교류하는 것이 아이들에게 중요하다고 생각합니다. |
| | 상황 | When I was a child, I had some outdoor activities like playing baseball at school.<br>제가 어렸을 때, 학교에서 야구 같은 야외 활동을 했습니다. |
| | 경험 | It was fun to play with classmates and I was able to make more friends while playing.<br>반 친구들과 노는 것은 재미있었고 놀면서 더 많은 친구들을 사귈 수 있었습니다. |
| | 결과 | Also, they are still growing physically so they need to exercise to be healthy.<br>또한, 아이들은 여전히 신체적으로 성장하고 있기 때문에 건강해지기 위해서 운동을 해야 합니다. |
| 결론 | | So kids should spend time outdoors at school.<br>그래서 학교에서 아이들은 야외에서 시간을 보내야 합니다. |

어휘  outdoor 야외의, 실외의  interact 교류하다, 작용하다  physically 신체적으로

Tip  브레인스토밍으로 답변을 준비하는 시간에 미리 본론에서 사용할 동사들을 과거형을 바꿔 메모장에 적어두세요. 보고 읽을 수 있어 실수를 줄일 수 있습니다. 또한, 만능 패턴들만으로는 답변에 한계가 있으므로 본인의 아이디어를 주축으로 패턴을 사이사이 연결하는 훈련이 중요합니다.

## 문제 예시

- 업무 진행 시, 가장 효과적인 소통 방법은 무엇인가요? (이메일, 대면 소통, 화상 채팅)
- 직장에서 동료와 소통하기 위해 소셜 네트워크 사이트를 사용해도 될까요?
- 취미를 배울 때 인터넷을 통해서 검색하고 싶은가요, 아니면 친구에게 배우고 싶은가요?
- 아이들이 휴대폰을 갖는 것의 장점은 무엇인가요?

| TOEIC Speaking | Question 11 of 11 |
|---|---|

What is the most effective method to communicate when working with coworkers?
- Emailing
- Face to face meeting
- Video chatting

동료와 일할 때, 가장 효과적인 소통 방법은 무엇인가요?
- 이메일
- 대면 회의
- 화상 채팅

## 브레인스토밍 & 노트테이킹

문제를 읽어주는 약 10초와 준비 시간 45초 동안, 설정 기준에 맞는 만능 패턴과 본론 템플릿 떠올려 답변 방향을 잡아요. 본론 템플릿에 이유-상황-경험-결과 순으로 답변 요소를 적어 체계적인 구조를 만듭니다.

| 서론/결론 T | 본론 T | 패턴 |
|---|---|---|
| 이메일 하기 | 긍정 경험 | 회사, 인터넷 동사, 시간, 노력 |

| 서론 | | 이메일 하기 |
|---|---|---|
| **본론** | 이유 | 왜냐하면 쉽게 정보 공유가 됨 |
| | 상황 | 난 포스코에서, 이메일 사용해 동료와 일함 |
| | 경험 | 편함, 쉽게 자료, 사진들 한 번에 보낼 수 있음, Save T/E<br>Also, 다수와 효율적 소통 O, in person 회의 X |
| | 결과 | 협업 시, 이메일이 필수적 |
| **결론** | | 이메일이 최고 |

## 답안 구성

서론/결론 T 이메일 하기  **패턴** 회사, 인터넷 동사, 시간, 노력

| 서론 | | The most **effective method to communicate is** emailing.<br>가장 효과적인 의사 소통 방법은 이메일을 하는 것입니다. |
|---|---|---|
| **본론**<br><br>**긍정 경험<br>템플릿** | 이유 | Because it's easy to work with a lot of people.<br>왜냐하면 많은 사람들과 함께 일하는 것이 쉽기 때문입니다. |
| | 상황 | In my case, I work for Posco and I usually work with coworkers **by** email.<br>제 경우에는, 포스코에서 일하며 주로 동료들과 이메일로 일합니다. |
| | 경험 | It is convenient because I can send some files or pictures to them at once.<br>파일이나 사진을 한 번에 그들에게 보낼 수 있어서 편리합니다.<br><br>Also, I can communicate with many people at the same time.<br>So I don't need to have many meetings in person.<br>또한, 저는 동시에 많은 사람들과 소통할 수 있습니다.<br>그래서 저는 직접 많은 회의를 할 필요가 없습니다. |
| | 결과 | As a result, I can save time and effort when I email my coworkers.<br>그 결과, 저는 동료들에게 이메일을 보낼 때 시간과 노력을 절약할 수 있습니다. |
| 결론 | | Therefore, **emailing is** the best **method to communicate with** colleagues at work.<br>그러므로, 이메일을 하는 것은 직장에서 동료들과 의사소통하기에 최고의 방법입니다. |

## 고득점 포인트

- 서론 답변 시, 키워드를 주어로 시작할 수 있으니 편하게 말할 수 있는 문장을 선택하여 답변합니다.
  Emailing is the most effective method to communicate when working with coworkers.
- by email(이메일로), at once (한 번에), at the same time (동시에), in person (직접) 과 같은 전치사구를 활용하여 답변의
  완성도를 올려줍니다.
- email은 동사로도 활용 가능합니다.
  can save time and effort when I email my coworkers.
- 결론은 email is the best로 간단히 마무리합니다. 한 개의 이메일이 아니라 이메일 자체를 지칭하므로 관사는 필요 없어요.
- coworkers가 자꾸 반복된다면 유의어인 colleagues를 번갈아 가면서 사용해 주세요.

## 빈출 표현

| | | | |
|---|---|---|---|
| □ in detail | 구체적으로, 상세하게 | □ e-document | 전자 문서 |
| □ various | 다양한 | □ too much information | 정보가 지나치게 많은/<br>지나치게 많은 정보 |
| □ electronic device | 전자제품, 전자기기 | □ anytime | 언제든 |
| □ fix | 수리하다, 고치다 | □ develop | 발전하다 |
| □ consumer-friendly | 소비자를 위한 | □ effectively | 효과적으로 |
| □ become diverse | 더 다양해지다 | □ these days / nowadays | 요즘 |
| □ pros and cons | 장단점 | □ easily | 쉽게 |
| □ compared to the past | 과거와 비교해서 | □ current information | 최신 정보 |

## 나만의 본론 템플릿 만들기

| 본론 템플릿 | | 이유 T | 긍정 경험 T | 부정 경험 T | 과거 비교 T |
|---|---|---|---|---|---|
| 본론 | 이유 | | | | |
| | 상황 | | | | |
| | 경험 | | | | |
| | 결과 | | | | |
| 만능 패턴 | | | | | |

준비 시간과 답변 시간에 맞춰 답변해 보세요.

**1**

 MP3 5_실전연습 9

| TOEIC Speaking | Question 11 of 11 |
| --- | --- |

Some people prefer to learn about a new hobby by doing research on the internet.
Others prefer to learn about a new hobby by getting information from a friend. Which do you prefer, and why?
Give specific reasons or examples to support your opinion.

준비 시간: 45초 / 답변 시간: 60초

| 본론 템플릿 | 이유 T | | 긍정 경험 T | 부정 경험 T | 과거 비교 T |
| --- | --- | --- | --- | --- | --- |
| 본론 | 이유 | | | | |
| | 상황 | | | | |
| | 경험 | | | | |
| | 결과 | | | | |
| 만능 패턴 | | | | | |

2

| TOEIC Speaking | Question 11 of 11 |
| --- | --- |

Do you agree or disagree with the following statement?
*Employees should be able to use social network sites at work to communicate with their colleagues.*
Give specific reasons or examples to support your opinion.

준비 시간: 45초 / 답변 시간: 60초

| 본론 템플릿 | 이유 T | 긍정 경험 T | 부정 경험 T | 과거 비교 T |
| --- | --- | --- | --- | --- |
| **본론** | 이유 | | | |
| | 상황 | | | |
| | 경험 | | | |
| | 결과 | | | |
| **만능 패턴** | | | | |

## 1

🔊 MP3 5_23

Some people prefer to learn about a new hobby by doing research on the internet. Others prefer to learn about a new hobby by getting information from a friend. Which do you prefer, and why?
Give specific reasons or examples to support your opinion.

어떤 사람들은 인터넷에서 조사하면서 새로운 취미에 대해 배우는 것을 선호합니다.
다른 사람들은 친구로부터 정보를 얻으면서 새로운 취미에 대해 배우는 것을 선호합니다. 당신은 어느 것을 더 선호하며, 그 이유는 무엇인가요?
구체적인 이유 또는 예를 들어 당신의 의견을 뒷받침하세요.

**서론/결론 T** 인터넷에서 정보 찾기  **패턴** 시간, 노력, 취미, 학습, 무료

| 서론 | | I prefer to learn about a new hobby by doing research on the internet.<br>저는 인터넷으로 조사하여 새로운 취미를 배우는 것을 선호합니다. |
|---|---|---|
| **본론**<br><br>**긍정 경험<br>템플릿** | 이유 | Because I can save time and effort.<br>왜냐하면 시간과 노력을 절약할 수 있기 때문입니다. |
| | 상황 | In my case, my hobby is dancing.<br>제 경우에는, 저의 취미는 춤 추는 것입니다. |
| | 경험 | I usually watch YouTube and learn how to dance.<br>It is easy to learn new skills or gestures.<br>저는 주로 유튜브를 보고 춤을 추는 방법을 배웁니다.<br>새로운 기술이나 제스처를 배우기 쉽습니다.<br>Also, I can practice with a lot of dance videos for free online.<br>또한, 저는 온라인에서 많은 댄스 비디오를 무료로 연습할 수 있습니다. |
| | 결과 | That's why I research dance videos on the internet.<br>그것이 제가 인터넷으로 댄스 비디오를 찾는 이유입니다. |
| 결론 | | So learning about a new hobby by doing research online is better for me.<br>그래서 온라인 조사를 통해 새로운 취미를 배우는 것이 저에게 더 좋습니다. |

**어휘** how to ~하는 방법  gesture 제스처, 몸짓  practice 연습하다  a lot of 많은

**Tip** 구체적인 답변을 위해서는 구체적인 상황과 경험이 필요합니다. 이때 육하원칙 구조를 활용해 보다 자세한 설명이 가능하고 이것이 고득점을 만들어 줍니다. 단, 많은 요소들로 인해 주의력이 분산되어 답변의 흐름이 질문 의도에 벗어나는 경우도 많으니, 질문에 제대로 답하고 있는지 메모와 질문을 체크하며 답변하는 훈련이 중요합니다.

**2**

◁» MP3 5_24

Do you agree or disagree with the following statement?
*Employees should be able to use social network sites at work to communicate with their colleagues.*
Give specific reasons or examples to support your opinion.

당신은 다음 의견에 동의하나요, 아니면 반대하나요?
*직원들은 직장에서 소셜 네트워크 사이트를 사용하여 그들의 동료들과 소통할 수 있어야 한다.*
구체적인 이유 또는 예를 들어 당신의 의견을 뒷받침하세요.

서론/결론 T 동의   패턴 시간, 회사, 목표 달성

| 서론 | Yes, I agree that employees should be able to use social network sites at work to communicate with their colleagues. 네, 저는 직원들이 그들의 동료들과 소통하기 위해 직장에서 소셜 네트워크 사이트를 이용할 수 있어야 한다는 것에 동의합니다. | |
|---|---|---|
| **본론** 긍정 경험 템플릿 | 이유 | Because they can save time and effort to work with others. 왜냐하면 그들은 다른 사람들과 함께 일하기 위한 시간과 노력을 절약할 수 있기 때문입니다. |
| | 상황 | In my case, I work for LS and we use KaKao Talk to communicate quickly. 제 경우에는, 저는 LS에서 일하고 우리는 빠르게 의사소통하기 위해서 카카오톡을 사용합니다. |
| | 경험 | It is easy to talk to coworkers right away so I spend less time on meetings and emails. 곧 바로 동료들과 이야기 하기 쉬워서 저는 회의와 이메일에 더 적은 시간을 보냅니다. |
| | 결과 | In this way, I can finish my work on time and achieve more. 이렇게 하면, 저는 제 시간에 일을 끝낼 수 있고 더 많은 것을 달성할 수 있습니다. |
| 결론 | Therefore, companies should allow their workers to use social network sites to be more efficient. 그러므로, 회사들은 직원들이 소셜 네트워크 사이트를 더 효율적으로 사용할 수 있도록 허용해야 합니다. | |

**어휘** social network site 소셜 네트워크 사이트   quickly 빨리   allow 허용하다, 허락하다

**Tip** 결론에서는 서론을 그대로 반복하는 것보다 비슷한 다른 단어들로 문장을 바꾸는 것이 득점에 유리합니다. 결론 템플릿을 통해 문장 구조와 단어를 어떻게 바꿀지 메모장에 간단히 메모하는 연습을 해주세요.

시원스쿨 LAB

6

시원스쿨 4주 완성

TOEIC Speaking

학 습 지

조앤박 | 시원스쿨어학연구소

시원스쿨
**토익스피킹학습지**

초판 1쇄 발행 2023년 1월 2일

**지은이** 조애나·시원스쿨어학연구소
**펴낸곳** (주)에스제이더블유인터내셔널
**펴낸이** 양홍걸 이시원

**홈페이지** www.siwonschool.com
**주소** 서울시 영등포구 국회대로74길 12 시원스쿨
**교재 구입 문의** 02)2014-8151
**고객센터** 02)6409-0878

**ISBN** 979-11-6150-655-5 13740
**Number** 1-110303-19190400-08

# 6

# 시원스쿨 토익스피킹학습지
# IM-IH 실전 모의고사

## 목차

실전모의고사1회
문제영상

MP3  AT1_Q

## Speaking Test Directions

TOEIC Speaking

This is the TOEIC Speaking Test. This test includes eleven questions that measure different aspects of your speaking ability. The test lasts approximately 20 minutes.

| Question | Task | Evaluation Criteria |
|---|---|---|
| 1-2 | Read a text aloud | · pronunciation<br>· intonation and stress |
| 3-4 | Describe a picture | all of the above, plus<br>· grammar<br>· vocabulary<br>· cohesion |
| 5-7 | Respond to questions | all of the above, plus<br>· relevance of content<br>· completeness of content |
| 8-10 | Respond to questions using information provided | all of the above |
| 11 | Express an opinion | all of the above |

## Questions 1-2: Read a text aloud

TOEIC Speaking

**Directions:** In this part of the test, you will read aloud the text on the screen. You will have 45 seconds to prepare. Then you will have 45 seconds to read the text aloud.

---

### Question 1 of 11

TOEIC Speaking

This ends the new employee orientation. In your handout book, you will see the policies, long-term goals and specific projects of the company for this year. When you begin your work next week, please make sure to restart your computer and reset your password. I look forward to working with you all.

| PREPARATION TIME | RESPONSE TIME |
|---|---|
| 00:00:45 | 00:00:45 |

### Question 2 of 11

TOEIC Speaking

If your weekend has been exciting or exhausting, wind down with this relaxing yoga class. In a modern studio, teacher Lily Lawrence begins with a reassuring talk. The first half of the session moves through a gentle flow of standing poses, balances and twists. Lily's soothing teaching style means the studio is always full, so register early.

| PREPARATION TIME | RESPONSE TIME |
|---|---|
| 00:00:45 | 00:00:45 |

## Question 4 of 11

PREPARATION TIME
00:00:45

RESPONSE TIME
00:00:30

---

### Questions 3-4: Describe a picture

Directions: In this part of the test, you will describe the picture on the screen in as much detail as you can. You will have 45 seconds to prepare your response. Then you will have 30 seconds to speak about the picture.

## Question 3 of 11

PREPARATION TIME
00:00:45

RESPONSE TIME
00:00:30

TOEIC Speaking

**Questions 5-7: Respond to questions**

Directions: In this part of the test, you will answer three questions. You will have three seconds to prepare after you hear each question. You will have 15 seconds to respond to Questions 5 and 6 and 30 seconds to respond to Question 7.

---

TOEIC Speaking

Imagine that an American marketing company is doing research in your country. You have agreed to participate in a telephone interview about text messages.

---

TOEIC Speaking

**Question 5 of 11**

Imagine that an American marketing company is doing research in your country. You have agreed to participate in a telephone interview about text messages.

How often do you get text messages, and who do you usually get them from?

| PREPARATION TIME | RESPONSE TIME |
|---|---|
| 00:00:03 | 00:00:15 |

---

TOEIC Speaking

**Question 6 of 11**

Imagine that an American marketing company is doing research in your country. You have agreed to participate in a telephone interview about text messages.

Would you like to receive advertisements through text messages?

| PREPARATION TIME | RESPONSE TIME |
|---|---|
| 00:00:03 | 00:00:15 |

---

TOEIC Speaking

**Question 7 of 11**

Imagine that an American marketing company is doing research in your country. You have agreed to participate in a telephone interview about text messages.

What are the advantages of text messaging?

| PREPARATION TIME | RESPONSE TIME |
|---|---|
| 00:00:03 | 00:00:30 |

# Annual Human Resources Conference

**Hilton Hotel, Convention Hall A**

**Sunday, July 10**

**Registration Fee: $25 ($30 after July 7)**

| Time | Session | Speaker |
|---|---|---|
| 9:00 a.m. – 9:40 a.m. | Lecture: Recruiting Online | Reza Jones |
| 9:40 a.m. – 10:30 a.m. | Speech: Company Benefits and Legal Accountability | Sun Woo Nam |
| 10:30 a.m. – 11:50 a.m. | Lecture: Training New Employees | Joe Leigh |
| Noon – 1:30 p.m. | Lunch (included in the registration fee) | Thomas Lynch |
| 1:30 p.m. – 2:30 p.m. | Workshop: Finding Perfect Careers | Micah Villi |
| 2:30 p.m. – 4:00 p.m. | Discussion: Interviewing Online | Adam Thomson |

**PREPARATION TIME**

00:00:45

---

## Questions 8-10: Respond to questions using information provided

**Directions:** In this part of the test, you will answer three questions based on the information provided. You will have 45 seconds to read the information before the questions begin. You will have three seconds to prepare and 15 seconds to respond to Questions 8 and 9. You will hear Question 10 two times. You will have three seconds to prepare and 30 seconds to respond to Question 10.

## Question 11: Express an opinion

**Directions:** In this part of the test, you will give your opinion about a specific topic. Be sure to say as much as you can in the time allowed. You will have 45 seconds to prepare. Then you will have 60 seconds to speak.

---

## Question 11 of 11

Which option do you think affects a person's happiness the most? Choose one of the options below and give specific reasons or examples to support your opinion.

- Having a pleasant hobby
- Spending time with friends or family
- Having a rewarding occupation

| PREPARATION TIME | RESPONSE TIME |
|---|---|
| 00:00:45 | 00:01:00 |

---

### Annual Human Resources Conference

**Hilton Hotel, Convention Hall A**

**Sunday, July 10**

**Registration Fee: $25 ($30 after July 7)**

| 9:00 a.m. – 9:40 a.m. | Lecture: Recruiting Online | Reza Jones |
|---|---|---|
| 9:40 a.m. – 10:30 a.m. | Speech: Company Benefits and Legal Accountability | Sun Woo Nam |
| 10:30 a.m. – 11:50 a.m. | Lecture: Training New Employees | Joe Leigh |
| Noon – 1:30 p.m. | Lunch (included in the registration fee) | Thomas Lynch |
| 1:30 p.m. – 2:30 p.m. | Workshop: Finding Perfect Careers | Micah Villi |
| 2:30 p.m. – 4:00 p.m. | Discussion: Interviewing Online | Adam Thomson |

| PREPARATION TIME | RESPONSE TIME |
|---|---|
| 00:00:03 | 00:00:15 |

| PREPARATION TIME | RESPONSE TIME |
|---|---|
| 00:00:03 | 00:00:15 |

| PREPARATION TIME | RESPONSE TIME |
|---|---|
| 00:00:03 | 00:00:30 |

**실전 모의고사 2**

---

TOEIC Speaking

## Speaking Test Directions

This is the TOEIC Speaking Test. This test includes eleven questions that measure different aspects of your speaking ability. The test lasts approximately 20 minutes.

| Question | Task | Evaluation Criteria |
|---|---|---|
| 1-2 | Read a text aloud | · pronunciation<br>· intonation and stress |
| 3-4 | Describe a picture | all of the above, plus<br>· grammar<br>· vocabulary<br>· cohesion |
| 5-7 | Respond to questions | all of the above, plus<br>· relevance of content<br>· completeness of content |
| 8-10 | Respond to questions using information provided | all of the above |
| 11 | Express an opinion | all of the above |

---

TOEIC Speaking

## Questions 1-2: Read a text aloud

Directions: In this part of the test, you will read aloud the text on the screen. You will have 45 seconds to prepare. Then you will have 45 seconds to read the text aloud.

---

TOEIC Speaking

## Question 1 of 11

Attention, passengers flying to Montevallo. Due to bad weather, all flights today to Montevallo have been canceled. If this announcement affects you, please find one of our airline customer counters immediately. Our agents can assist you with your flight rescheduling, hotel accommodations and ground transportation. We apologize for the inconvenience. Thank you.

| PREPARATION TIME | RESPONSE TIME |
|---|---|
| 00:00:45 | 00:00:45 |

---

TOEIC Speaking

## Question 2 of 11

Good afternoon! This is the one o'clock San Diego News. In the upcoming stories, we will cover the president's New Year speech, the city hall remodeling project and the recent government protests. But first, let's go to Ian McCarthy for our local weather report!

| PREPARATION TIME | RESPONSE TIME |
|---|---|
| 00:00:45 | 00:00:45 |

TOEIC Speaking

## Question 4 of 11

PREPARATION TIME
00:00:45

RESPONSE TIME
00:00:30

---

TOEIC Speaking

### Questions 3-4: Describe a picture

Directions: In this part of the test, you will describe the picture on the screen in as much detail as you can. You will have 45 seconds to prepare your response. Then you will have 30 seconds to speak about the picture.

TOEIC Speaking

## Question 3 of 11

PREPARATION TIME
00:00:45

RESPONSE TIME
00:00:30

## Questions 5-7: Respond to questions

**Directions:** In this part of the test, you will answer three questions. You will have three seconds to prepare after you hear each question. You will have 15 seconds to respond to Questions 5 and 6 and 30 seconds to respond to Question 7.

---

Imagine that a British marketing firm is doing research in your country. You have agreed to participate in a telephone interview about going on a trip abroad.

---

Imagine that a British marketing firm is doing research in your country. You have agreed to participate in a telephone interview about going on a trip abroad.

When was the last time you went on a trip abroad, and where did you go?

| PREPARATION TIME | RESPONSE TIME |
|---|---|
| 00:00:03 | 00:00:15 |

---

Imagine that a British marketing firm is doing research in your country. You have agreed to participate in a telephone interview about going on a trip abroad.

If you went on a trip abroad, would you prefer taking an organized tour or go exploring by yourself?

| PREPARATION TIME | RESPONSE TIME |
|---|---|
| 00:00:03 | 00:00:15 |

---

Imagine that a British marketing firm is doing research in your country. You have agreed to participate in a telephone interview about going on a trip abroad.

If you went on a trip abroad, which of the following places would you like to visit the most?

- A museum
- A historical site
- A famous restaurant

| PREPARATION TIME | RESPONSE TIME |
|---|---|
| 00:00:03 | 00:00:30 |

## Jacksonville Community Center

**Winter courses: December 5 ~ January 3**
**Deadline for registration: November 15**

| Time | Course | Days |
|------|--------|------|
| 9:00 – 10:00 A.M. | Introduction to Art | Mondays |
| 10:00 – 11:00 A.M. | Photography and Printmaking | Tuesdays |
| Noon – 1:00 P.M. | Drawing For Fun | Wednesdays |
| 1:00 – 2:00 P.M. | Painting Zoo Animals (Ages 5-8) | Thursdays |
| 2:00 – 3:00 P.M. | Pottery Class For Adults | Fridays |
| 3:00 – 4:00 P.M. | Under The Sea: Watercolor Painting (Ages 7-12) | Saturdays |

Price: $60 / Course

**PREPARATION TIME**
00:00:45

---

Questions 8-10: Respond to questions using information provided

Directions: In this part of the test, you will answer three questions based on the information provided. You will have 45 seconds to read the information before the questions begin. You will have three seconds to prepare and 15 seconds to respond to Questions 8 and 9. You will hear Question 10 two times. You will have three seconds to prepare and 30 seconds to respond to Question 10.

## Question 11: Express an opinion

Directions: In this part of the test, you will give your opinion about a specific topic. Be sure to say as much as you can in the time allowed. You will have 45 seconds to prepare. Then you will have 60 seconds to speak.

## Question 11 of 11

Which subject do you think is more important for high school students; computer skills or physical education?

Choose one and support your opinion with specific reasons and examples.

| PREPARATION TIME | RESPONSE TIME |
|---|---|
| 00:00:45 | 00:01:00 |

## Jacksonville Community Center

Winter courses: December 5 – January 3
Deadline for registration: November 15

| Time | Course | Days |
|---|---|---|
| 9:00 – 10:00 A.M. | Introduction to Art | Mondays |
| 10:00 – 11:00 A.M. | Photography and Printmaking | Tuesdays |
| Noon – 1:00 P.M. | Drawing For Fun | Wednesdays |
| 1:00 – 2:00 P.M. | Painting Zoo Animals (Ages 5-8) | Thursdays |
| 2:00 – 3:00 P.M. | Pottery Class For Adults | Fridays |
| 3:00 – 4:00 P.M. | Under The Sea: Watercolor Painting (Ages 7-12) | Saturdays |

Price: $60 / Course

| PREPARATION TIME | RESPONSE TIME |
|---|---|
| 00:00:03 | 00:00:15 |

| PREPARATION TIME | RESPONSE TIME |
|---|---|
| 00:00:03 | 00:00:15 |

| PREPARATION TIME | RESPONSE TIME |
|---|---|
| 00:00:03 | 00:00:30 |

토익스피킹학습지

실전 모의고사 3회
IM-IH

MP3 AT3_Q
문제 영상

실전 모의고사 3

TOEIC Speaking

## Speaking Test Directions

This is the TOEIC Speaking Test. This test includes eleven questions that measure different aspects of your speaking ability. The test lasts approximately 20 minutes.

| Question | Task | Evaluation Criteria |
|---|---|---|
| 1-2 | Read a text aloud | · pronunciation<br>· intonation and stress |
| 3-4 | Describe a picture | all of the above, plus<br>· grammar<br>· vocabulary<br>· cohesion |
| 5-7 | Respond to questions | all of the above, plus<br>· relevance of content<br>· completeness of content |
| 8-10 | Respond to questions using information provided | all of the above |
| 11 | Express an opinion | all of the above |

TOEIC Speaking

## Questions 1-2: Read a text aloud

Directions: In this part of the test, you will read aloud the text on the screen. You will have 45 seconds to prepare. Then you will have 45 seconds to read the text aloud.

TOEIC Speaking

### Question 1 of 11

Hello employees, and welcome to Triple A Cleaning's company outing. Your hard work and team spirit are essential to our success. In fact, because you keep our customers satisfied, our cleaning business is rapidly expanding. To express our appreciation, we have planned special entertainment, prizes, and refreshments. We hope you enjoy the events today.

| PREPARATION TIME | RESPONSE TIME |
|---|---|
| 00:00:45 | 00:00:45 |

TOEIC Speaking

### Question 2 of 11

On behalf of Welford Art Society, I'm pleased to announce the nomination for this year's theater awards. In a moment, I'll tell you the nominees for modern dance, musicals and so on. Before we move on, I have to thank our many enthusiasts who made us the most popular theater ever.

| PREPARATION TIME | RESPONSE TIME |
|---|---|
| 00:00:45 | 00:00:45 |

## Question 4 of 11

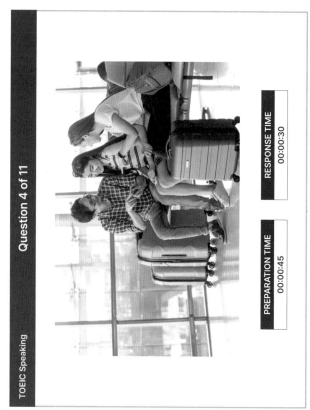

PREPARATION TIME
00:00:45

RESPONSE TIME
00:00:30

---

---

### Questions 3-4: Describe a picture

**Directions:** In this part of the test, you will describe the picture on the screen in as much detail as you can. You will have 45 seconds to prepare your response. Then you will have 30 seconds to speak about the picture.

## Question 3 of 11

PREPARATION TIME
00:00:45

RESPONSE TIME
00:00:30

TOEIC Speaking

## Questions 5-7: Respond to questions

**Directions:** In this part of the test, you will answer three questions. You will have three seconds to prepare after you hear each question. You will have 15 seconds to respond to Questions 5 and 6 and 30 seconds to respond to Question 7.

---

TOEIC Speaking

Imagine that a colleague from a different branch location will be moving to your office. You are having a telephone conversation with him about your town.

---

TOEIC Speaking

## Question 5 of 11

Imagine that a colleague from a different branch location will be moving to your office. You are having a telephone conversation with him about your town.

Who was the last person to visit your neighborhood and how long did he or she stay in your neighborhood?

| PREPARATION TIME | RESPONSE TIME |
|---|---|
| 00:00:03 | 00:00:15 |

---

TOEIC Speaking

## Question 6 of 11

Imagine that a colleague from a different branch location will be moving to your office. You are having a telephone conversation with him about your town.

Do you have any specific food that you would recommend in your town? Where can I eat it?

| PREPARATION TIME | RESPONSE TIME |
|---|---|
| 00:00:03 | 00:00:15 |

---

TOEIC Speaking

## Question 7 of 11

Imagine that a colleague from a different branch location will be moving to your office. You are having a telephone conversation with him about your town.

Which of the following places do you think is the best to have in your town to attract more visitors?

- New park
- New shopping mall
- New museum

| PREPARATION TIME | RESPONSE TIME |
|---|---|
| 00:00:03 | 00:00:30 |

## Venture Magazine

Job Interview Schedule: Tuesday, Oct 18
All Interviews: Conference Room 101

| Time | Applicant Name | Position | Experience |
|---|---|---|---|
| 9:00 a.m. | Chloe Li | Photo Editor | 5 months |
| 9:30 a.m. | David Smith | Senior Editor | 5 years |
| 10:00 a.m. | Emily Anderson | Photographer | 8 months |
| 11:30 a.m. | Joe Thomas | Proofreader | 3 years and 5 months |
| 1:00 p.m. | ~~Olivia Johnson~~ canceled | ~~Fashion Journalist Intern~~ | |
| 1:30 p.m. | Daniel Oh | Photographer | 2 years |

**PREPARATION TIME**
**00:00:45**

---

### Questions 8-10: Respond to questions using information provided

**Directions:** In this part of the test, you will answer three questions based on the information provided. You will have 45 seconds to read the information before the questions begin. You will have three seconds to prepare and 15 seconds to respond to Questions 8 and 9. You will hear Question 10 two times. You will have three seconds to prepare and 30 seconds to respond to Question 10.

## Question 11: Express an opinion

**Directions:** In this part of the test, you will give your opinion about a specific topic. Be sure to say as much as you can in the time allowed. You will have 45 seconds to prepare. Then you will have 60 seconds to speak.

---

## Question 11 of 11

If you were planning to buy a house or apartment, who would you ask for advice: a close friend or a real estate agent? Why?

Give specific reasons or examples to support your opinion.

| PREPARATION TIME | RESPONSE TIME |
|---|---|
| 00:00:45 | 00:01:00 |

---

### Venture Magazine

Job Interview Schedule: Tuesday, Oct 18
All Interviews: Conference Room 101

| Time | Applicant Name | Position | Experience |
|---|---|---|---|
| 9:00 a.m. | Chloe Li | Photo Editor | 5 months |
| 9:30 a.m. | David Smith | Senior Editor | 5 years |
| 10:00 a.m. | Emily Anderson | Photographer | 8 months |
| 11:30 a.m. | Joe Thomas | Proofreader | 3 years and 5 months |
| 1:00 p.m. | Olivia Johnson canceled | Fashion Journalist Intern | |
| 1:30 p.m. | Daniel Oh | Photographer | 2 years |

| PREPARATION TIME | RESPONSE TIME |
|---|---|
| 00:00:03 | 00:00:15 |

| PREPARATION TIME | RESPONSE TIME |
|---|---|
| 00:00:03 | 00:00:15 |

| PREPARATION TIME | RESPONSE TIME |
|---|---|
| 00:00:03 | 00:00:30 |

실전 모의고사 4회
문제 영상

◁)) MP3  AT4_Q

실전 모의고사 4

## TOEIC Speaking

### Speaking Test Directions

This is the TOEIC Speaking Test. This test includes eleven questions that measure different aspects of your speaking ability. The test lasts approximately 20 minutes.

| Question | Task | Evaluation Criteria |
|---|---|---|
| 1-2 | Read a text aloud | · pronunciation<br>· intonation and stress |
| 3-4 | Describe a picture | all of the above, plus<br>· grammar<br>· vocabulary<br>· cohesion |
| 5-7 | Respond to questions | all of the above, plus<br>· relevance of content<br>· completeness of content |
| 8-10 | Respond to questions using information provided | all of the above |
| 11 | Express an opinion | all of the above |

## TOEIC Speaking

### Questions 1-2: Read a text aloud

**Directions:** In this part of the test, you will read aloud the text on the screen. You will have 45 seconds to prepare. Then you will have 45 seconds to read the text aloud.

---

## TOEIC Speaking

### Question 1 of 11

Thanks for using Packing Up Now, the new hit travel application. Within just a couple of steps, you can find the best deals, book your flights and hotels, and get tips on packing your luggage. You can easily get out of town with this excellent travel app. And the best part is: it's free!

| PREPARATION TIME | RESPONSE TIME |
|---|---|
| 00:00:45 | 00:00:45 |

## TOEIC Speaking

### Question 2 of 11

Thank you for calling Robertson Real Estate Agency. If you know the extension of the party you are trying to reach, you may dial it now. Otherwise, listen to the following options. Press one for reservations, press two for accounting and press three for lending. If you would like to speak with a representative, press zero.

| PREPARATION TIME | RESPONSE TIME |
|---|---|
| 00:00:45 | 00:00:45 |

TOEIC Speaking

## Question 4 of 11

PREPARATION TIME
00:00:45

RESPONSE TIME
00:00:30

---

TOEIC Speaking

### Questions 3-4: Describe a picture

Directions: In this part of the test, you will describe the picture on the screen in as much detail as you can. You will have 45 seconds to prepare your response. Then you will have 30 seconds to speak about the picture.

TOEIC Speaking

## Question 3 of 11

PREPARATION TIME
00:00:45

RESPONSE TIME
00:00:30

## Question 6 of 11

Imagine that you are talking on the telephone with your friend. You are talking about accessories.

Would you like to buy accessories from the internet?

| PREPARATION TIME | RESPONSE TIME |
|---|---|
| 00:00:03 | 00:00:15 |

---

## Question 7 of 11

Imagine that you are talking on the telephone with your friend. You are talking about accessories.

Do you think accessories are a good gift?

| PREPARATION TIME | RESPONSE TIME |
|---|---|
| 00:00:03 | 00:00:30 |

---

## Questions 5-7: Respond to questions

**Directions:** In this part of the test, you will answer three questions. You will have three seconds to prepare after you hear each question. You will have 15 seconds to respond to Questions 5 and 6 and 30 seconds to respond to Question 7.

---

Imagine that you are talking on the telephone with your friend. You are talking about accessories.

---

## Question 5 of 11

Imagine that you are talking on the telephone with your friend. You are talking about accessories.

When was the last time you bought accessories, and what did you buy?

| PREPARATION TIME | RESPONSE TIME |
|---|---|
| 00:00:03 | 00:00:15 |

TOEIC Speaking

## Everett Electronics

**New Employee Orientation**
**Fri, July 1**
**Conference Room B203**

| | |
|---|---|
| 9:30 – 10:30 a.m. | Welcome Speech (John Butler) |
| 10:30 – 11:00 a.m. | Video: Company Values |
| 11:00 a.m. – Noon | Tour of Offices (Laura Smith) |
| Noon – 1:00 p.m. | Lunch |
| 1:00 – 2:30 p.m. | Safety Guidelines (John Butler) |
| 2:30 – 4:00 p.m. | Department meetings |

**PREPARATION TIME**
00:00:45

---

TOEIC Speaking

Questions 8-10: Respond to questions using information provided

Directions: In this part of the test, you will answer three questions based on the information provided. You will have 45 seconds to read the information before the questions begin. You will have three seconds to prepare and 15 seconds to respond to Questions 8 and 9. You will hear Question 10 two times. You will have three seconds to prepare and 30 seconds to respond to Question 10.

## Question 11: Express an opinion

**Directions:** In this part of the test, you will give your opinion about a specific topic. Be sure to say as much as you can in the time allowed. You will have 45 seconds to prepare. Then you will have 60 seconds to speak.

---

## Question 11 of 11

Do you agree or disagree with the following statement? Without the ability to adapt to change, people cannot be effective employees. Give specific reasons or examples to support your opinion.

| PREPARATION TIME | RESPONSE TIME |
|---|---|
| 00:00:45 | 00:01:00 |

---

## Questions 8-10 of 11

### Everett Electronics

New Employee Orientation
Fri, July 1
Conference Room B203

| | |
|---|---|
| 9:30 – 10:30 a.m. | Welcome Speech (John Butler) |
| 10:30 – 11:00 a.m. | Video: Company Values |
| 11:00 a.m. – Noon | Tour of Offices (Laura Smith) |
| Noon – 1:00 p.m. | Lunch |
| 1:00 – 2:30 p.m. | Safety Guidelines (John Butler) |
| 2:30 – 4:00 p.m. | Department meetings |

| PREPARATION TIME | RESPONSE TIME |
|---|---|
| 00:00:03 | 00:00:15 |

| PREPARATION TIME | RESPONSE TIME |
|---|---|
| 00:00:03 | 00:00:15 |

| PREPARATION TIME | RESPONSE TIME |
|---|---|
| 00:00:03 | 00:00:30 |

토익스피킹학습지

실전 모의고사 5

IM-IH

실전 모의고사 5회
응용 영상
문제영상

🔊 MP3  AT5_Q

**TOEIC Speaking**

## Speaking Test Directions

This is the TOEIC Speaking Test. This test includes eleven questions that measure different aspects of your speaking ability. The test lasts approximately 20 minutes.

| Question | Task | Evaluation Criteria |
|---|---|---|
| 1-2 | Read a text aloud | · pronunciation<br>· intonation and stress |
| 3-4 | Describe a picture | all of the above, plus<br>· grammar<br>· vocabulary<br>· cohesion |
| 5-7 | Respond to questions | all of the above, plus<br>· relevance of content<br>· completeness of content |
| 8-10 | Respond to questions using information provided | all of the above |
| 11 | Express an opinion | all of the above |

**TOEIC Speaking**

## Questions 1-2: Read a text aloud

**Directions:** In this part of the test, you will read aloud the text on the screen. You will have 45 seconds to prepare. Then you will have 45 seconds to read the text aloud.

**TOEIC Speaking**

### Question 1 of 11

This is Daniel Murphy on Morning Drive. It is going to be a special morning with Scarlet Wall, the number one pop singer. This year has been her year, and it hasn't ended yet. We have seen her on commercials, on TV programs and at all the famous award ceremonies. Stay tuned and you will get to be among the first to hear her newest single, coming right up!

| PREPARATION TIME | RESPONSE TIME |
|---|---|
| 00:00:45 | 00:00:45 |

**TOEIC Speaking**

### Question 2 of 11

Good morning, Western Airways passengers. We will soon be serving beverages including coffee, canned soda and various types of wine. Please remain seated until the captain turns off the seatbelt sign. If you need any assistance, please raise your hand or press the yellow button. We will be right with you.

| PREPARATION TIME | RESPONSE TIME |
|---|---|
| 00:00:45 | 00:00:45 |

## Question 4 of 11

RESPONSE TIME
00:00:30

PREPARATION TIME
00:00:45

---

### Questions 3-4: Describe a picture

Directions: In this part of the test, you will describe the picture on the screen in as much detail as you can. You will have 45 seconds to prepare your response. Then you will have 30 seconds to speak about the picture.

## Question 3 of 11

RESPONSE TIME
00:00:30

PREPARATION TIME
00:00:45

**TOEIC Speaking**

## Questions 5-7: Respond to questions

**Directions:** In this part of the test, you will answer three questions. You will have three seconds to prepare after you hear each question. You will have 15 seconds to respond to Questions 5 and 6 and 30 seconds to respond to Question 7.

---

**TOEIC Speaking**

Imagine that a British marketing firm is doing research in your country. You have agreed to participate in a telephone interview about bicycles.

---

**TOEIC Speaking**

## Question 5 of 11

Imagine that a British marketing firm is doing research in your country. You have agreed to participate in a telephone interview about bicycles.

When was the last time you bought a bicycle, and were you satisfied with it?

| PREPARATION TIME | RESPONSE TIME |
|---|---|
| 00:00:03 | 00:00:15 |

---

**TOEIC Speaking**

## Question 6 of 11

Imagine that a British marketing firm is doing research in your country. You have agreed to participate in a telephone interview about bicycles.

What is your favorite park in your area, and is it a good place to ride a bicycle?

| PREPARATION TIME | RESPONSE TIME |
|---|---|
| 00:00:03 | 00:00:15 |

---

**TOEIC Speaking**

## Question 7 of 11

Imagine that a British marketing firm is doing research in your country. You have agreed to participate in a telephone interview about bicycles.

When choosing a bicycle shop, what is the most important factor to consider?

- Variety of bicycles
- Friendly staff
- Reasonable prices

| PREPARATION TIME | RESPONSE TIME |
|---|---|
| 00:00:03 | 00:00:30 |

## Hotel Management Quarterly Meeting

**Marriott Conference Center**
**Thursday, November 20**

| Time | Event |
| --- | --- |
| 8:30 – 9:00 A.M. | Opening remarks – Derek Harper (CEO) |
| 9:00 – 10:00 A.M. | Lecture: Trends in Short Travel – Vicky Astor (Sales) |
| 10:00 A.M. – Noon | Discussion: Development in Online Reservation Systems |
| Noon – 1:00 P.M. | Lunch |
| 1:00 – 2:30 P.M. | Video: How to Introduce New Facilities – Grant Sorenson (Marketing) |
| 2:30 – 4:30 P.M. | Seminar: Branch Development – Vicky Astor (Sales) |
| 4:30 – 5:30 P.M. | Lecture: Big Data for Traveling – Ben Pearlman (Technology) |

**PREPARATION TIME**
**00:00:45**

---

Questions 8-10: Respond to questions using information provided

**Directions:** In this part of the test, you will answer three questions based on the information provided. You will have 45 seconds to read the information before the questions begin. You will have three seconds to prepare and 15 seconds to respond to Questions 8 and 9. You will hear Question 10 two times. You will have three seconds to prepare and 30 seconds to respond to Question 10.

TOEIC Speaking

## Question 11: Express an opinion

**Directions:** In this part of the test, you will give your opinion about a specific topic. Be sure to say as much as you can in the time allowed. You will have 45 seconds to prepare. Then you will have 60 seconds to speak.

---

TOEIC Speaking

## Question 11 of 11

Which of the following factors is the biggest contributor to a team's success? Choose one of the options below and give specific reasons or examples to support your opinion.

- Team members' creativity
- Efficient organizational skills
- Rewards for being successful

| PREPARATION TIME | RESPONSE TIME |
|---|---|
| 00:00:45 | 00:01:00 |

---

TOEIC Speaking

## Questions 8-10 of 11

### *Hotel Management Quarterly Meeting*

**Marriott Conference Center**
**Thursday, November 20**

| Time | Event |
|---|---|
| 8:30 – 9:00 A.M. | Opening remarks – Derek Harper (CEO) |
| 9:00 – 10:00 A.M. | Lecture: Trends in Short Travel – Vicky Astor (Sales) |
| 10:00 A.M. – Noon | Discussion: Development in Online Reservation Systems |
| Noon – 1:00 P.M. | Lunch |
| 1:00 – 2:30 P.M. | Video: How to Introduce New Facilities – Grant Sorenson (Marketing) |
| 2:30 – 4:30 P.M. | Seminar: Branch Development – Vicky Astor (Sales) |
| 4:30 – 5:30 P.M. | Lecture: Big Data for Traveling – Ben Pearlman (Technology) |

| PREPARATION TIME | RESPONSE TIME |
|---|---|
| 00:00:03 | 00:00:15 |

| PREPARATION TIME | RESPONSE TIME |
|---|---|
| 00:00:03 | 00:00:15 |

| PREPARATION TIME | RESPONSE TIME |
|---|---|
| 00:00:03 | 00:00:30 |

6

# 시원스쿨 토익스피킹학습지
# IH-AL 실전 모의고사

## 목차

**TOEIC Speaking**

## Speaking Test Directions

This is the TOEIC Speaking Test. This test includes eleven questions that measure different aspects of your speaking ability. The test lasts approximately 20 minutes.

| Question | Task | Evaluation Criteria |
|---|---|---|
| 1-2 | Read a text aloud | · pronunciation<br>· intonation and stress |
| 3-4 | Describe a picture | all of the above, plus<br>· grammar<br>· vocabulary<br>· cohesion |
| 5-7 | Respond to questions | all of the above, plus<br>· relevance of content<br>· completeness of content |
| 8-10 | Respond to questions using information provided | all of the above |
| 11 | Express an opinion | all of the above |

**TOEIC Speaking**

## Questions 1-2: Read a text aloud

**Directions:** In this part of the test, you will read aloud the text on the screen. You will have 45 seconds to prepare. Then you will have 45 seconds to read the text aloud.

**TOEIC Speaking**      Question 1 of 11

Please join us on Thursday, April twentieth, for the opening of Joe's Restaurant. This new downtown dining option offers nutritious meals at affordable prices. For example, you can eat breakfast, lunch or dinner for less than 9 dollars per person. If you want a healthy meal at a reasonable price, visit Joe's Restaurant this spring.

| PREPARATION TIME | RESPONSE TIME |
|---|---|
| 00:00:45 | 00:00:45 |

**TOEIC Speaking**      Question 2 of 11

The next stop on our tour of Rosedale's famous neighborhoods will be Summerville. Although this neighborhood was once filled with industrial factories and warehouses, it has been transformed into a huge tourist attraction recently. In the past two decades, it has become the most popular district with many trendy shops, restaurants and art galleries.

| PREPARATION TIME | RESPONSE TIME |
|---|---|
| 00:00:45 | 00:00:45 |

TOEIC Speaking

## Question 4 of 11

PREPARATION TIME
00:00:45

RESPONSE TIME
00:00:30

---

TOEIC Speaking

### Questions 3-4: Describe a picture

Directions: In this part of the test, you will describe the picture on the screen in as much detail as you can. You will have 45 seconds to prepare your response. Then you will have 30 seconds to speak about the picture.

TOEIC Speaking

## Question 3 of 11

PREPARATION TIME
00:00:45

RESPONSE TIME
00:00:30

## Question 6 of 11

Imagine that a technology magazine is doing research in your area. You have agreed to participate in a telephone interview about watching television programs using streaming services.

If you watch TV programs using streaming services, would you like to use your cell phone or computer?

PREPARATION TIME
00:00:03

RESPONSE TIME
00:00:15

---

## Question 7 of 11

Imagine that a technology magazine is doing research in your area. You have agreed to participate in a telephone interview about watching television programs using streaming services.

What are some advantages of using streaming services when you watch a movie?

PREPARATION TIME
00:00:03

RESPONSE TIME
00:00:30

---

## Questions 5-7: Respond to questions

**Directions:** In this part of the test, you will answer three questions. You will have three seconds to prepare after you hear each question. You will have 15 seconds to respond to Questions 5 and 6 and 30 seconds to respond to Question 7.

---

Imagine that a technology magazine is doing research in your area. You have agreed to participate in a telephone interview about watching television programs using streaming services.

---

## Question 5 of 11

Imagine that a technology magazine is doing research in your area. You have agreed to participate in a telephone interview about watching television programs using streaming services.

What video content did you watch most recently? What kind of content was it?

PREPARATION TIME
00:00:03

RESPONSE TIME
00:00:15

## Future of Education and Careers Seminar

April 2, Millennium Hotel, Las Vegas
235 Smith St.

| | |
|---|---|
| 5:00 p.m. | Keynote Speech: Introduction to Smart Education for Kids |
| 5:15 p.m. | Presentation: Essential Academic Education<br>*Margaret Richie, Chairman of SLT Leadership Corporation* |
| 6:00 p.m. | Group Discussion: How to Support International Students |
| 7:15 p.m. | Buffet Dinner (Newton Hall) |
| 8:30 p.m. | Presentation: Make Seed Money for Careers<br>*Ray Adelman, Investment Director of BV Bank* |
| 9:15 p.m. | Questions & Answers |

**PREPARATION TIME**
**00:00:45**

---

### Questions 8-10: Respond to questions using information provided

Directions: In this part of the test, you will answer three questions based on the information provided. You will have 45 seconds to read the information before the questions begin. You will have three seconds to prepare and 15 seconds to respond to Questions 8 and 9. You will hear Question 10 two times. You will have three seconds to prepare and 30 seconds to respond to Question 10.

## Question 11: Express an opinion

**Directions:** In this part of the test, you will give your opinion about a specific topic. Be sure to say as much as you can in the time allowed. You will have 45 seconds to prepare. Then you will have 60 seconds to speak.

---

## Question 11 of 11

What are some advantages of living in the downtown area rather than living in the suburbs?

Give specific reasons or examples to support your opinion.

| PREPARATION TIME | RESPONSE TIME |
|---|---|
| 00:00:45 | 00:01:00 |

---

## Future of Education and Careers Seminar

April 2, Millennium Hotel, Las Vegas
235 Smith St.

| | |
|---|---|
| 5:00 p.m. | Keynote Speech: Introduction to Smart Education for Kids |
| 5:15 p.m. | Presentation: Essential Academic Education *Margaret Richie, Chairman of SLT Leadership Corporation* |
| 6:00 p.m. | Group Discussion: How to Support International Students |
| 7:15 p.m. | Buffet Dinner (Newton Hall) |
| 8:30 p.m. | Presentation: Make Seed Money for Careers *Ray Adelman, Investment Director of BV Bank* |
| 9:15 p.m. | Questions & Answers |

| PREPARATION TIME | RESPONSE TIME |
|---|---|
| 00:00:03 | 00:00:15 |
| 00:00:03 | 00:00:15 |
| 00:00:03 | 00:00:30 |

실전 모의고사 2회
문제 영상

🔊 MP3  AT2_Q

---

**TOEIC Speaking**

## Question 1 of 11

Now for the local news. City officials have announced the construction of a new highway access road that will connect to Main Street in the downtown area. In order to complete the project, the city has obtained several bulldozers, cranes and trucks to clear the area for the new access road. The project is scheduled to begin next month.

| PREPARATION TIME | RESPONSE TIME |
| :---: | :---: |
| 00:00:45 | 00:00:45 |

---

**TOEIC Speaking**

## Question 2 of 11

In this online lesson, you will learn how to write a novel and receive some simple writing tips. Do you want to write romance, comedy or science fiction novels? We will help you work on whatever type of novel you choose. Click on the links below to find out some major genres.

| PREPARATION TIME | RESPONSE TIME |
| :---: | :---: |
| 00:00:45 | 00:00:45 |

---

**TOEIC Speaking**

## Speaking Test Directions

This is the TOEIC Speaking Test. This test includes eleven questions that measure different aspects of your speaking ability. The test lasts approximately 20 minutes.

| Question | Task | Evaluation Criteria |
| :---: | --- | --- |
| 1-2 | Read a text aloud | · pronunciation<br>· intonation and stress |
| 3-4 | Describe a picture | all of the above, plus<br>· grammar<br>· vocabulary<br>· cohesion |
| 5-7 | Respond to questions | all of the above, plus<br>· relevance of content<br>· completeness of content |
| 8-10 | Respond to questions using information provided | all of the above |
| 11 | Express an opinion | all of the above |

---

**TOEIC Speaking**

### Questions 1-2: Read a text aloud

Directions: In this part of the test, you will read aloud the text on the screen. You will have 45 seconds to prepare. Then you will have 45 seconds to read the text aloud.

## Question 4 of 11

PREPARATION TIME
00:00:45

RESPONSE TIME
00:00:30

---

### Questions 3-4: Describe a picture

Directions: In this part of the test, you will describe the picture on the screen in as much detail as you can. You will have 45 seconds to prepare your response. Then you will have 30 seconds to speak about the picture.

## Question 3 of 11

PREPARATION TIME
00:00:45

RESPONSE TIME
00:00:30

TOEIC Speaking

## Questions 5-7: Respond to questions

**Directions:** In this part of the test, you will answer three questions. You will have three seconds to prepare after you hear each question. You will have 15 seconds to respond to Questions 5 and 6 and 30 seconds to respond to Question 7.

---

TOEIC Speaking

## Question 5 of 11

Imagine that a marketing firm is doing research in your area. You have agreed to participate in a telephone interview about movie theaters.

How often do you watch movies at home, and what is your favorite genre?

PREPARATION TIME
00:00:03

RESPONSE TIME
00:00:15

---

TOEIC Speaking

## Question 6 of 11

Imagine that a marketing firm is doing research in your area. You have agreed to participate in a telephone interview about movie theaters.

Would you prefer to watch a movie on the internet or at a theater?

PREPARATION TIME
00:00:03

RESPONSE TIME
00:00:15

---

TOEIC Speaking

## Question 7 of 11

Imagine that a marketing firm is doing research in your area. You have agreed to participate in a telephone interview about movie theaters.

Describe your last visit to a movie theater.

PREPARATION TIME
00:00:03

RESPONSE TIME
00:00:30

## Itinerary for Jason Rand

**Sep 8**

| | | |
|---|---|---|
| Depart | Atlanta, Daily Airways Flight 38 | 10:00 a.m. |
| Arrive | Seattle | 2:50 p.m. |

**Sep 13**

Day Trip – (Branch office) Pike Place (Shuttle service provided)

| | | |
|---|---|---|
| Depart from Hotel | | 9:15 a.m. |
| Return to Hotel | | 8:30 p.m. |

**Sep 15**

| | | |
|---|---|---|
| Depart | Seattle, JetBlue Airways Flight 55 | 3:40 p.m. |
| Arrive | Atlanta | 8:30 p.m. |

*(taxi service to home)*

PREPARATION TIME
00:00:45

---

Questions 8-10: Respond to questions using information provided

**Directions:** In this part of the test, you will answer three questions based on the information provided. You will have 45 seconds to read the information before the questions begin. You will have three seconds to prepare and 15 seconds to respond to Questions 8 and 9. You will hear Question 10 two times. You will have three seconds to prepare and 30 seconds to respond to Question 10.

## Question 11: Express an opinion

Directions: In this part of the test, you will give your opinion about a specific topic. Be sure to say as much as you can in the time allowed. You will have 45 seconds to prepare. Then you will have 60 seconds to speak.

## Question 11 of 11

As a university student, if you were given the choice between studying in another country or taking part in an internship, which would you choose? Why?

Give specific reasons or examples to support your opinion.

| PREPARATION TIME | RESPONSE TIME |
| --- | --- |
| 00:00:45 | 00:01:00 |

## Questions 8-10 of 11

### Itinerary for Jason Rand

**Sep 8**

| | | |
| --- | --- | --- |
| Depart | Atlanta, Daily Airways Flight 38 | 10:00 a.m. |
| Arrive | Seattle | 2:50 p.m. |

**Sep 13**

Day Trip – (Branch office) Pike Place (Shuttle service provided)

| | |
| --- | --- |
| Depart from Hotel | 9:15 a.m. |
| Return to Hotel | 8:30 p.m. |

**Sep 15**

| | | |
| --- | --- | --- |
| Depart | Seattle, JetBlue Airways Flight 55 | 3:40 p.m. |
| Arrive | Atlanta | 8:30 p.m. |

*(taxi service to home)*

| PREPARATION TIME | RESPONSE TIME |
| --- | --- |
| 00:00:03 | 00:00:15 |

| PREPARATION TIME | RESPONSE TIME |
| --- | --- |
| 00:00:03 | 00:00:15 |

| PREPARATION TIME | RESPONSE TIME |
| --- | --- |
| 00:00:03 | 00:00:30 |

**TOEIC Speaking**

## Speaking Test Directions

This is the TOEIC Speaking Test. This test includes eleven questions that measure different aspects of your speaking ability. The test lasts approximately 20 minutes.

| Question | Task | Evaluation Criteria |
|---|---|---|
| 1-2 | Read a text aloud | - pronunciation<br>- intonation and stress |
| 3-4 | Describe a picture | all of the above, plus<br>- grammar<br>- vocabulary<br>- cohesion |
| 5-7 | Respond to questions | all of the above, plus<br>- relevance of content<br>- completeness of content |
| 8-10 | Respond to questions using information provided | all of the above |
| 11 | Express an opinion | all of the above |

**TOEIC Speaking**

## Questions 1-2: Read a text aloud

**Directions:** In this part of the test, you will read aloud the text on the screen. You will have 45 seconds to prepare. Then you will have 45 seconds to read the text aloud.

---

**TOEIC Speaking**   Question 1 of 11

Nail Lounge is celebrating summer with great deals in July. If you want to get services such as manicures, pedicures and even a neck and shoulder massage, you can get a fifty percent discount, this month only! Be sure to make an appointment, because afternoons can get a bit crowded.

| PREPARATION TIME | RESPONSE TIME |
|---|---|
| 00:00:45 | 00:00:45 |

**TOEIC Speaking**   Question 2 of 11

Calling all foodies! The International Food Festival is coming this Saturday. The festival will take place at Sylvan Park in Springfield from 11 a.m. to 7 p.m. Around 15 food trucks are expected to participate in the event. Along with the food, there will also be a farmer's market, live music and craft vendors.

| PREPARATION TIME | RESPONSE TIME |
|---|---|
| 00:00:45 | 00:00:45 |

TOEIC Speaking

## Question 4 of 11

PREPARATION TIME
00:00:45

RESPONSE TIME
00:00:30

TOEIC Speaking

### Questions 3-4: Describe a picture

Directions: In this part of the test, you will describe the picture on the screen in as much detail as you can. You will have 45 seconds to prepare your response. Then you will have 30 seconds to speak about the picture.

TOEIC Speaking

## Question 3 of 11

PREPARATION TIME
00:00:45

RESPONSE TIME
00:00:30

## Questions 5-7: Respond to questions

**Directions:** In this part of the test, you will answer three questions. You will have three seconds to prepare after you hear each question. You will have 15 seconds to respond to Questions 5 and 6 and 30 seconds to respond to Question 7.

---

Imagine that a snack company is doing research about vending machines in your area. You have agreed to participate in a telephone interview about vending machines.

---

## Question 5 of 11

Imagine that a snack company is doing research about vending machines in your area. You have agreed to participate in a telephone interview about vending machines.

When was the last time you bought from a vending machine, and what did you buy?

| PREPARATION TIME | RESPONSE TIME |
|---|---|
| 00:00:03 | 00:00:15 |

---

## Question 6 of 11

Imagine that a snack company is doing research about vending machines in your area. You have agreed to participate in a telephone interview about vending machines.

If there were more vending machines in your area, would you use them more often? Why or why not?

| PREPARATION TIME | RESPONSE TIME |
|---|---|
| 00:00:03 | 00:00:15 |

---

## Question 7 of 11

Imagine that a snack company is doing research about vending machines in your area. You have agreed to participate in a telephone interview about vending machines.

Which of the following items would you like to buy from a vending machine?

- A sandwich
- A pack of chips
- Hot food

| PREPARATION TIME | RESPONSE TIME |
|---|---|
| 00:00:03 | 00:00:30 |

## McCarthy Health & Fitness Center

Job Interview Schedule
Mar 25, Room B

| Time | Applicant | Position | Years of experience |
|------|-----------|----------|---------------------|
| 9:00–9:30 A.M. | Naomi Wyatt | Front Desk Staff | 2 years |
| 9:30–10:00 A.M. | Sandra Vincent | Personal Trainer | 5 years |
| 10:00–10:30 A.M. | Karl Owens | Zumba Instructor | 1 year |
| 10:30–11:00 A.M. | Bailey Lancaster | Swim Instructor | 3 years |
| 11:00–11:30 A.M. | Sarah Maloney | Zumba Instructor | 2 years |

**PREPARATION TIME**
00:00:45

---

### Questions 8-10: Respond to questions using information provided

**Directions:** In this part of the test, you will answer three questions based on the information provided. You will have 45 seconds to read the information before the questions begin. You will have three seconds to prepare and 15 seconds to respond to Questions 8 and 9. You will hear Question 10 two times. You will have three seconds to prepare and 30 seconds to respond to Question 10.

## Questions 8-10 of 11

### McCarthy Health & Fitness Center

Job Interview Schedule
Mar 25, Room B

| Time | Applicant | Position | Years of experience |
|------|-----------|----------|---------------------|
| 9:00–9:30 A.M. | Naomi Wyatt | Front Desk Staff | 2 years |
| 9:30–10:00 A.M. | Sandra Vincent | Personal Trainer | 5 years |
| 10:00–10:30 A.M. | Karl Owens | Zumba Instructor | 1 year |
| 10:30–11:00 A.M. | Bailey Lancaster | Swim Instructor | 3 years |
| 11:00–11:30 A.M. | Sarah Maloney | Zumba Instructor | 2 years |

PREPARATION TIME 00:00:03  RESPONSE TIME 00:00:15

PREPARATION TIME 00:00:03  RESPONSE TIME 00:00:15

PREPARATION TIME 00:00:03  RESPONSE TIME 00:00:30

---

### Question 11: Express an opinion

**Directions:** In this part of the test, you will give your opinion about a specific topic. Be sure to say as much as you can in the time allowed. You will have 45 seconds to prepare. Then you will have 60 seconds to speak.

---

### Question 11 of 11

Which of the following do you think is the most effective way to relieve stress? Choose one of the options below and give specific reasons or examples to support your opinion.

- Watching TV
- Listening to music
- Playing games

PREPARATION TIME 00:00:45   RESPONSE TIME 00:01:00

IH-AL

실전 모의고사 4회
문제 영상

◁» MP3  AT4_Q

---

**TOEIC Speaking**

# Question 1 of 11

Attention Wizard Kingdom Theme Park Guests! Due to the freezing weather, our amusement park will temporarily close for today. Our shopping malls, cafés and gift shops will stay open for your convenience. We are offering complimentary tickets, so all of you can come back to our park again soon. Please visit our customer service center for your free tickets.

| PREPARATION TIME | RESPONSE TIME |
|---|---|
| 00:00:45 | 00:00:45 |

---

**TOEIC Speaking**

# Question 2 of 11

Attention Corrigan's Home Interior Warehouse shoppers. We are excited to announce that our Christmas sale, which is our biggest sales event of the year, began today. That means discounted prices on all unique furniture, silk cushions and interior accessories. You can save up to seventy percent on your purchases.

| PREPARATION TIME | RESPONSE TIME |
|---|---|
| 00:00:45 | 00:00:45 |

44
—
45

---

# 생각 더하기 4

**TOEIC Speaking**

## Speaking Test Directions

This is the TOEIC Speaking Test. This test includes eleven questions that measure different aspects of your speaking ability. The test lasts approximately 20 minutes.

| Question | Task | Evaluation Criteria |
|---|---|---|
| 1-2 | Read a text aloud | · pronunciation<br>· intonation and stress |
| 3-4 | Describe a picture | all of the above, plus<br>· grammar<br>· vocabulary<br>· cohesion |
| 5-7 | Respond to questions | all of the above, plus<br>· relevance of content<br>· completeness of content |
| 8-10 | Respond to questions using information provided | all of the above |
| 11 | Express an opinion | all of the above |

---

**TOEIC Speaking**

## Questions 1-2: Read a text aloud

**Directions:** In this part of the test, you will read aloud the text on the screen. You will have 45 seconds to prepare. Then you will have 45 seconds to read the text aloud.

## Question 4 of 11

PREPARATION TIME
00:00:45

RESPONSE TIME
00:00:30

---

### Questions 3-4: Describe a picture

**Directions:** In this part of the test, you will describe the picture on the screen in as much detail as you can. You will have 45 seconds to prepare your response. Then you will have 30 seconds to speak about the picture.

## Question 3 of 11

PREPARATION TIME
00:00:45

RESPONSE TIME
00:00:30

**TOEIC Speaking**

## Questions 5-7: Respond to questions

**Directions:** In this part of the test, you will answer three questions. You will have three seconds to prepare after you hear each question. You will have 15 seconds to respond to Questions 5 and 6 and 30 seconds to respond to Question 7.

---

**TOEIC Speaking**

Imagine someone wants to open a new clothing shop in your area. You have agreed to participate in a telephone interview about clothes.

---

**TOEIC Speaking**

## Question 5 of 11

Imagine someone wants to open a new clothing shop in your area. You have agreed to participate in a telephone interview about clothes.

When going to work, do you prefer to wear a suit? Why or why not?

| PREPARATION TIME | RESPONSE TIME |
|---|---|
| 00:00:03 | 00:00:15 |

---

**TOEIC Speaking**

## Question 6 of 11

Imagine someone wants to open a new clothing shop in your area. You have agreed to participate in a telephone interview about clothes.

When was the last time you bought clothes for a special event? What kind of clothes were they?

| PREPARATION TIME | RESPONSE TIME |
|---|---|
| 00:00:03 | 00:00:15 |

---

**TOEIC Speaking**

## Question 7 of 11

Imagine someone wants to open a new clothing shop in your area. You have agreed to participate in a telephone interview about clothes.

In which of the following ways would you rather learn about new fashion styles? Why?
- By asking a friend
- By going to a store
- By checking social media

| PREPARATION TIME | RESPONSE TIME |
|---|---|
| 00:00:03 | 00:00:30 |

## Spring Yoga Classes

Sunrise Yoga Studio

7:00 A.M. – 8:00 P.M. (Monday – Friday)

| Class | Instructor | Time | Location | Fee |
|---|---|---|---|---|
| Hatha Yoga | Shawn Parell | 7:00 – 8:00 A.M. | Room B | $40 |
| Classic Yoga | Tiffany Chandler | 8:00 – 9:00 A.M. | Room A | $35 |
| Vinyasa Yoga | Alexa Sharry | 9:00 – 10:00 A.M. | Room A | $40 |
| Hatha Yoga | Jennifer Shiffman | 6:00 – 7:00 P.M. | Room C | $40 |
| Flying Yoga | Alexa Sharry | 7:00 – 8:00 P.M. | Room B | $50 |

PREPARATION TIME
00:00:45

---

Questions 8-10: Respond to questions using information provided

**Directions:** In this part of the test, you will answer three questions based on the information provided. You will have 45 seconds to read the information before the questions begin. You will have three seconds to prepare and 15 seconds to respond to Questions 8 and 9. You will hear Question 10 two times. You will have three seconds to prepare and 30 seconds to respond to Question 10.

TOEIC Speaking

## Question 11: Express an opinion

**Directions:** In this part of the test, you will give your opinion about a specific topic. Be sure to say as much as you can in the time allowed. You will have 45 seconds to prepare. Then you will have 60 seconds to speak.

---

TOEIC Speaking

## Question 11 of 11

What are some advantages of buying a cell phone for young children?

Give specific reasons or examples to support your opinion.

| PREPARATION TIME | RESPONSE TIME |
|---|---|
| 00:00:45 | 00:01:00 |

---

TOEIC Speaking

## Questions 8-10 of 11

### Spring Yoga Classes

Sunrise Yoga Studio
7:00 A.M. – 8:00 P.M. (Monday – Friday)

| Class | Instructor | Time | Location | Fee |
|---|---|---|---|---|
| Hatha Yoga | Shawn Parell | 7:00 – 8:00 A.M. | Room B | $40 |
| Classic Yoga | Tiffany Chandler | 8:00 – 9:00 A.M. | Room A | $35 |
| Vinyasa Yoga | Alexa Sharry | 9:00 – 10:00 A.M. | Room A | $40 |
| Hatha Yoga | Jennifer Shiffman | 6:00 – 7:00 P.M. | Room C | $40 |
| Flying Yoga | Alexa Sharry | 7:00 – 8:00 P.M. | Room B | $50 |

| PREPARATION TIME | RESPONSE TIME |
|---|---|
| 00:00:03 | 00:00:15 |

| PREPARATION TIME | RESPONSE TIME |
|---|---|
| 00:00:03 | 00:00:15 |

| PREPARATION TIME | RESPONSE TIME |
|---|---|
| 00:00:03 | 00:00:30 |

## TOEIC Speaking

### Speaking Test Directions

This is the TOEIC Speaking Test. This test includes eleven questions that measure different aspects of your speaking ability. The test lasts approximately 20 minutes.

| Question | Task | Evaluation Criteria |
|---|---|---|
| 1-2 | Read a text aloud | · pronunciation<br>· intonation and stress |
| 3-4 | Describe a picture | all of the above, plus<br>· grammar<br>· vocabulary<br>· cohesion |
| 5-7 | Respond to questions | all of the above, plus<br>· relevance of content<br>· completeness of content |
| 8-10 | Respond to questions using information provided | all of the above |
| 11 | Express an opinion | all of the above |

## TOEIC Speaking

### Questions 1-2: Read a text aloud

Directions: In this part of the test, you will read aloud the text on the screen. You will have 45 seconds to prepare. Then you will have 45 seconds to read the text aloud.

## TOEIC Speaking

### Question 1 of 11

Thanks for listening to the public radio program The Musicology. On today's show we will interview Kelsee O'Brien, a popular pop musician. Kelsee is a singer, producer and violinist. Her new album, Lover or Liar, was released only four days ago and is already getting rave reviews. Now let's welcome Kelsee to the show.

| PREPARATION TIME | RESPONSE TIME |
|---|---|
| 00:00:45 | 00:00:45 |

## TOEIC Speaking

### Question 2 of 11

For those attending tonight's outdoor concert in Carmel Park, it has been canceled due to heavy precipitation. The event organizers will reschedule the event to next Friday, Saturday or Sunday and move the location to an indoor facility.

| PREPARATION TIME | RESPONSE TIME |
|---|---|
| 00:00:45 | 00:00:45 |

TOEIC Speaking

## Question 4 of 11

PREPARATION TIME
00:00:45

RESPONSE TIME
00:00:30

TOEIC Speaking

### Questions 3-4: Describe a picture

Directions: In this part of the test, you will describe the picture on the screen in as much detail as you can. You will have 45 seconds to prepare your response. Then you will have 30 seconds to speak about the picture.

TOEIC Speaking

## Question 3 of 11

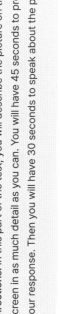

PREPARATION TIME
00:00:45

RESPONSE TIME
00:00:30

## Questions 5-7: Respond to questions

**Directions:** In this part of the test, you will answer three questions. You will have three seconds to prepare after you hear each question. You will have 15 seconds to respond to Questions 5 and 6 and 30 seconds to respond to Question 7.

---

Imagine that you are talking on the telephone with your friend. You are talking about listening to the radio.

---

## Question 5 of 11

Imagine that you are talking on the telephone with your friend. You are talking about listening to the radio.

What device do you like to listen to the radio on?

| PREPARATION TIME | RESPONSE TIME |
|---|---|
| 00:00:03 | 00:00:15 |

---

## Question 6 of 11

Imagine that you are talking on the telephone with your friend. You are talking about listening to the radio.

When do you listen to the radio more: alone or with someone else?

| PREPARATION TIME | RESPONSE TIME |
|---|---|
| 00:00:03 | 00:00:15 |

---

## Question 7 of 11

Imagine that you are talking on the telephone with your friend. You are talking about listening to the radio.

If you listen to the radio, which program do you tune into the most? Why?

- Music programs
- Comedy programs
- Sports programs

| PREPARATION TIME | RESPONSE TIME |
|---|---|
| 00:00:03 | 00:00:30 |

## Winter Event

December: International Culture Festival

| Date | Time | Event | Cost |
|---|---|---|---|
| Dec. 4th | 9:30 a.m. - 3:30 p.m. | Jazz Festival | $20 |
| Dec. 11th | 10:00 a.m. - 11:00 p.m. | Asian Food Fair | $12 |
| Dec. 16th | 11:30 a.m. - 1:30 p.m. | Outdoor Film Festival | Free admission |
| Dec. 20th | 2:00 p.m. - 3:20 p.m. | German Food Festival | $10 |
| Dec. 23rd | 2:30 p.m. - 3:30 p.m. | Christmas Tree Festival & Photo Wall | $20 |
| Dec. 29th | 3:30 p.m. - 4:00 p.m. | Ice Sculpture Exhibition | Free admission |

PREPARATION TIME
00:00:45

### Questions 8-10: Respond to questions using information provided

**Directions:** In this part of the test, you will answer three questions based on the information provided. You will have 45 seconds to read the information before the questions begin. You will have three seconds to prepare and 15 seconds to respond to Questions 8 and 9. You will hear Question 10 two times. You will have three seconds to prepare and 30 seconds to respond to Question 10.

## Question 11: Express an opinion

**Directions:** In this part of the test, you will give your opinion about a specific topic. Be sure to say as much as you can in the time allowed. You will have 45 seconds to prepare. Then you will have 60 seconds to speak.

## Question 11 of 11

Do you think it is important for a team leader to have the ability to motivate other members? Why or why not?

Give specific reasons or examples to support your opinion.

| PREPARATION TIME | RESPONSE TIME |
|---|---|
| 00:00:45 | 00:01:00 |

---

## Questions 8-10 of 11

# Winter Event

December: International Culture Festival

| Date | Time | Event | Cost |
|---|---|---|---|
| Dec. 4th | 9:30 a.m. – 3:30 p.m. | Jazz Festival | $20 |
| Dec. 11th | 10:00 a.m. – 11:00 p.m. | Asian Food Fair | $12 |
| Dec. 16th | 11:30 a.m. – 1:30 p.m. | Outdoor Film Festival | Free admission |
| Dec. 20th | 2:00 p.m. – 3:20 p.m. | German Food Festival | $10 |
| Dec. 23rd | 2:30 p.m. – 3:30 p.m. | Christmas Tree Festival & Photo Wall | $20 |
| Dec. 29th | 3:30 p.m. – 4:00 p.m. | Ice Sculpture Exhibition | Free admission |

| PREPARATION TIME | RESPONSE TIME |
|---|---|
| 00:00:03 | 00:00:15 |

| PREPARATION TIME | RESPONSE TIME |
|---|---|
| 00:00:03 | 00:00:15 |

| PREPARATION TIME | RESPONSE TIME |
|---|---|
| 00:00:03 | 00:00:30 |

# 6

# 시원스쿨 토익스피킹학습지
# AL-AH 실전 모의고사

## 목차

🔊 MP3  AT1_Q

---

**TOEIC Speaking**

## Speaking Test Directions

This is the TOEIC Speaking Test. This test includes eleven questions that measure different aspects of your speaking ability. The test lasts approximately 20 minutes.

| Question | Task | Evaluation Criteria |
|---|---|---|
| 1-2 | Read a text aloud | · pronunciation<br>· intonation and stress |
| 3-4 | Describe a picture | all of the above, plus<br>· grammar<br>· vocabulary<br>· cohesion |
| 5-7 | Respond to questions | all of the above, plus<br>· relevance of content<br>· completeness of content |
| 8-10 | Respond to questions using information provided | all of the above |
| 11 | Express an opinion | all of the above |

---

**TOEIC Speaking**

## Questions 1-2: Read a text aloud

**Directions:** In this part of the test, you will read aloud the text on the screen. You will have 45 seconds to prepare. Then you will have 45 seconds to read the text aloud.

---

**TOEIC Speaking**

## Question 1 of 11

To conclude our program, it is time for our local news segment. Dale Jones, a teacher from Woods Valley School, has been nominated for a National Teaching Award. Mr. Jones has 23 years of experience and has taught English, History and Creative Writing. Congratulations, Mr. Jones.

| PREPARATION TIME | RESPONSE TIME |
|---|---|
| 00:00:45 | 00:00:45 |

---

**TOEIC Speaking**

## Question 2 of 11

Traffic is moving slowly in most areas of Delta City with a few exceptions. There is a stalled car in the third lane on Holland Avenue which has left only one lane open. Additionally, road construction on Middle Parkway has blocked exits four, five and six. We suggest taking Jenson Road instead.

| PREPARATION TIME | RESPONSE TIME |
|---|---|
| 00:00:45 | 00:00:45 |

## Question 4 of 11

PREPARATION TIME
00:00:45

RESPONSE TIME
00:00:30

### Questions 3-4: Describe a picture

Directions: In this part of the test, you will describe the picture on the screen in as much detail as you can. You will have 45 seconds to prepare your response. Then you will have 30 seconds to speak about the picture.

## Question 3 of 11

PREPARATION TIME
00:00:45

RESPONSE TIME
00:00:30

**TOEIC Speaking**

## Questions 5-7: Respond to questions

**Directions:** In this part of the test, you will answer three questions. You will have three seconds to prepare after you hear each question. You will have 15 seconds to respond to Questions 5 and 6 and 30 seconds to respond to Question 7.

---

**TOEIC Speaking**

Imagine that you are talking to a friend on the telephone. You are talking about finding an apartment.

---

**TOEIC Speaking**

## Question 5 of 11

Imagine that you are talking to a friend on the telephone. You are talking about finding an apartment.

When was the last time you found an apartment to live in, and how long did it take?

| PREPARATION TIME | RESPONSE TIME |
|---|---|
| 00:00:03 | 00:00:15 |

---

**TOEIC Speaking**

## Question 6 of 11

Imagine that you are talking to a friend on the telephone. You are talking about finding an apartment.

Is the size of an apartment important when choosing a place to live?

| PREPARATION TIME | RESPONSE TIME |
|---|---|
| 00:00:03 | 00:00:15 |

---

**TOEIC Speaking**

## Question 7 of 11

Imagine that you are talking to a friend on the telephone. You are talking about finding an apartment.

What is the hardest thing about choosing an apartment?

| PREPARATION TIME | RESPONSE TIME |
|---|---|
| 00:00:03 | 00:00:30 |

# Paul Kalani

20 Woodland Street, Holly Bay, Melbourne 23648
Phone: (826) 526-8531
Email: paul.kalani@cmail.com

**Position desired:** Senior Landscape Architect (Holly Bay area)

**Education**

Bachelor's degree in Landscape Planning: Australian National College (2013)
High school diploma: Gold Coast High School (2007)

**Work Experience**

Landscape Architect: Coast Landscaping (2018–present)
Landscape Gardener: Truegreen Landscaping (2014–2018)

**Skills & Activities**

Arabic (conversational), Spanish (fluent)
Internship program, Gaudi's Landscape Company, Spain (2012–2013)

PREPARATION TIME
00:00:45

---

58

59

---

Questions 8-10: Respond to questions using information provided

**Directions:** In this part of the test, you will answer three questions based on the information provided. You will have 45 seconds to read the information before the questions begin. You will have three seconds to prepare and 15 seconds to respond to Questions 8 and 9. You will hear Question 10 two times. You will have three seconds to prepare and 30 seconds to respond to Question 10.

TOEIC Speaking

## Question 11: Express an opinion

**Directions:** In this part of the test, you will give your opinion about a specific topic. Be sure to say as much as you can in the time allowed. You will have 45 seconds to prepare. Then you will have 60 seconds to speak.

TOEIC Speaking

## Question 11 of 11

Some companies train their new hires by assigning them to work alongside more experienced staff. However, others prefer to conduct training by showing training videos. Which training method is more effective, and why? Give specific reasons or examples to support your opinion.

| PREPARATION TIME | RESPONSE TIME |
|---|---|
| 00:00:45 | 00:01:00 |

TOEIC Speaking

## Questions 8-10 of 11

### Paul Kalani

20 Woodland Street, Holly Bay, Melbourne 23648
Phone: (826) 526-8531
Email␣└: paul.kalani@cmail.com

**Position desired:** Senior Landscape Architect (Holly Bay area)

**Education**

Bachelor's degree in Landscape Planning: Australian National College (2013)
High school diploma: Gold Coast High School (2007)

**Work Experience**

Landscape Architect: Coast Landscaping (2018-present)
Landscape Gardener: Truegreen Landscaping (2014-2018)

**Skills & Activities**

Arabic (conversational), Spanish (fluent)
Internship program, Gaudí's Landscape Company, Spain (2012-2013)

| PREPARATION TIME | RESPONSE TIME |
|---|---|
| 00:00:03 | 00:00:15 |

| PREPARATION TIME | RESPONSE TIME |
|---|---|
| 00:00:03 | 00:00:15 |

| PREPARATION TIME | RESPONSE TIME |
|---|---|
| 00:00:03 | 00:00:30 |

**적중 토익스피킹 2**

**TOEIC Speaking**

## Speaking Test Directions

This is the TOEIC Speaking Test. This test includes eleven questions that measure different aspects of your speaking ability. The test lasts approximately 20 minutes.

| Question | Task | Evaluation Criteria |
|---|---|---|
| 1-2 | Read a text aloud | · pronunciation<br>· intonation and stress |
| 3-4 | Describe a picture | all of the above, plus<br>· grammar<br>· vocabulary<br>· cohesion |
| 5-7 | Respond to questions | all of the above, plus<br>· relevance of content<br>· completeness of content |
| 8-10 | Respond to questions using information provided | all of the above |
| 11 | Express an opinion | all of the above |

**TOEIC Speaking**

## Questions 1-2: Read a text aloud

**Directions:** In this part of the test, you will read aloud the text on the screen. You will have 45 seconds to prepare. Then you will have 45 seconds to read the text aloud.

**TOEIC Speaking**

### Question 1 of 11

If you are looking for a wedding gift or dishes just for your kitchen, Dora's Dishes will provide solutions. We sell porcelain, stoneware and glass dishes produced by the best manufacturers in the business. Also, we provide the best prices around the country. Stop by Dora's Dishes today!

| PREPARATION TIME | RESPONSE TIME |
|---|---|
| 00:00:45 | 00:00:45 |

**TOEIC Speaking**

### Question 2 of 11

Welcome to the Barton Museum of Art. We hope your tour today is informative and enjoyable. Since there are many visitors here today, we will divide into three groups. After completing your tour, you may visit the gift shop, purchase a meal in the cafeteria or learn about upcoming exhibits at the information desk.

| PREPARATION TIME | RESPONSE TIME |
|---|---|
| 00:00:45 | 00:00:45 |

TOEIC Speaking

## Question 4 of 11

PREPARATION TIME 00:00:45

RESPONSE TIME 00:00:30

---

TOEIC Speaking

## Questions 3-4: Describe a picture

Directions: In this part of the test, you will describe the picture on the screen in as much detail as you can. You will have 45 seconds to prepare your response. Then you will have 30 seconds to speak about the picture.

TOEIC Speaking

## Question 3 of 11

PREPARATION TIME 00:00:45

RESPONSE TIME 00:00:30

**TOEIC Speaking**

## Questions 5-7: Respond to questions

**Directions:** In this part of the test, you will answer three questions. You will have three seconds to prepare after you hear each question. You will have 15 seconds to respond to Questions 5 and 6 and 30 seconds to respond to Question 7.

---

**TOEIC Speaking**

Imagine that a marketing company is doing research in your area. You have agreed to participate in a telephone interview about candy.

---

**TOEIC Speaking**

## Question 5 of 11

Imagine that a marketing company is doing research in your area. You have agreed to participate in a telephone interview about candy.

When was the last time you had candy, and what kind of candy did you have?

| PREPARATION TIME | RESPONSE TIME |
|---|---|
| 00:00:03 | 00:00:15 |

---

**TOEIC Speaking**

## Question 6 of 11

Imagine that a marketing company is doing research in your area. You have agreed to participate in a telephone interview about candy.

Where do you usually buy candy, and why do you buy it there?

| PREPARATION TIME | RESPONSE TIME |
|---|---|
| 00:00:03 | 00:00:15 |

---

**TOEIC Speaking**

## Question 7 of 11

Imagine that a marketing company is doing research in your area. You have agreed to participate in a telephone interview about candy.

When choosing a candy store, which factor do you consider the most? Why?

- Customer reviews
- Free candy samples
- Radio advertisements

| PREPARATION TIME | RESPONSE TIME |
|---|---|
| 00:00:03 | 00:00:30 |

## Greenwich Office Stationery

25 Christopher St., New York

Business Hours: Mon. – Fri., 9:00 A.M. – 6:00 P.M.

Ordered by Jacob Evans

| Item | Quantity | Amount |
|------|----------|--------|
| Pencil Case | 8 | $80 |
| Color Marker | 10 | $50 |
| File Bag | 2 | $20 |
| | | Total $150 |

Payment: Cash (   )  Credit Card ( ✓ )  Check (   )

PREPARATION TIME
00:00:45

---

TOEIC Speaking

## Questions 8-10: Respond to questions using information provided

**Directions:** In this part of the test, you will answer three questions based on the information provided. You will have 45 seconds to read the information before the questions begin. You will have three seconds to prepare and 15 seconds to respond to Questions 8 and 9. You will hear Question 10 two times. You will have three seconds to prepare and 30 seconds to respond to Question 10.

## Question 11: Express an opinion

**Directions:** In this part of the test, you will give your opinion about a specific topic. Be sure to say as much as you can in the time allowed. You will have 45 seconds to prepare. Then you will have 60 seconds to speak.

---

## Question 11 of 11

Do you agree or disagree with the following statement? The most important factor for a successful sales staff member is extensive product knowledge. Give specific reasons or examples to support your opinion.

| PREPARATION TIME | RESPONSE TIME |
|---|---|
| 00:00:45 | 00:01:00 |

---

## Greenwich Office Stationery

25 Christopher St., New York

Business Hours: Mon. – Fri., 9:00 A.M. – 6:00 P.M.

Ordered by Jacob Evans

| Item | Quantity | Amount |
|---|---|---|
| Pencil Case | 8 | $80 |
| Color Marker | 10 | $50 |
| File Bag | 2 | $20 |

Total $150

Payment: Cash ( )   Credit Card ( ✓ )   Check ( )

| PREPARATION TIME | RESPONSE TIME |
|---|---|
| 00:00:03 | 00:00:15 |

| PREPARATION TIME | RESPONSE TIME |
|---|---|
| 00:00:03 | 00:00:15 |

| PREPARATION TIME | RESPONSE TIME |
|---|---|
| 00:00:03 | 00:00:30 |

토익스피킹학습지

시원스쿨 3

AT3_Q

실전모의고사 3회
문제음성

MP3

AL-AH

## TOEIC Speaking

### Speaking Test Directions

This is the TOEIC Speaking Test. This test includes eleven questions that measure different aspects of your speaking ability. The test lasts approximately 20 minutes.

| Question | Task | Evaluation Criteria |
|---|---|---|
| 1-2 | Read a text aloud | · pronunciation<br>· intonation and stress |
| 3-4 | Describe a picture | all of the above, plus<br>· grammar<br>· vocabulary<br>· cohesion |
| 5-7 | Respond to questions | all of the above, plus<br>· relevance of content<br>· completeness of content |
| 8-10 | Respond to questions using information provided | all of the above |
| 11 | Express an opinion | all of the above |

## TOEIC Speaking

### Questions 1-2: Read a text aloud

Directions: In this part of the test, you will read aloud the text on the screen. You will have 45 seconds to prepare. Then you will have 45 seconds to read the text aloud.

## TOEIC Speaking

### Question 1 of 11

The Department of Natural Resources is conducting public safety improvement work at Dallas State Park, beginning October twenty first and continuing through November second. During the project, the State Park will remain open, though park visitors may experience periodic traffic stops, dusty air and other inconveniences

| PREPARATION TIME | RESPONSE TIME |
|---|---|
| 00:00:45 | 00:00:45 |

## TOEIC Speaking

### Question 2 of 11

Tonight on the Evening News, we have a special report on mobile phones. Almost everyone today has a mobile phone for making calls, texting and browsing the internet. How has this affected our daily lives? Dr. Jennifer Ridgewood, who has just published a book on the subject, is here tonight to discuss mobile phones with us.

| PREPARATION TIME | RESPONSE TIME |
|---|---|
| 00:00:45 | 00:00:45 |

TOEIC Speaking

## Question 4 of 11

PREPARATION TIME
00:00:45

RESPONSE TIME
00:00:30

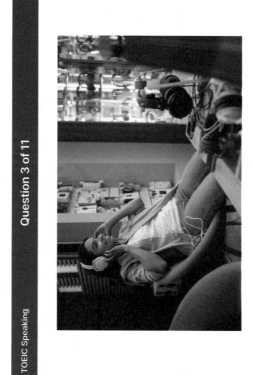

---

TOEIC Speaking

### Questions 3-4: Describe a picture

**Directions:** In this part of the test, you will describe the picture on the screen in as much detail as you can. You will have 45 seconds to prepare your response. Then you will have 30 seconds to speak about the picture.

TOEIC Speaking

## Question 3 of 11

PREPARATION TIME
00:00:45

RESPONSE TIME
00:00:30

TOEIC Speaking

## Questions 5-7: Respond to questions

**Directions:** In this part of the test, you will answer three questions. You will have three seconds to prepare after you hear each question. You will have 15 seconds to respond to Questions 5 and 6 and 30 seconds to respond to Question 7.

---

TOEIC Speaking

Imagine that a marketing firm is conducting research about the internet service providers in your area. You have agreed to participate in a telephone interview about them.

---

TOEIC Speaking

## Question 5 of 11

Imagine that a marketing firm is conducting research about the internet service providers in your area. You have agreed to participate in a telephone interview about them.

Are there many internet providers that people can choose from in your area? What is the most popular internet provider?

PREPARATION TIME
00:00:03

RESPONSE TIME
00:00:15

---

TOEIC Speaking

## Question 6 of 11

Imagine that a marketing firm is conducting research about the internet service providers in your area. You have agreed to participate in a telephone interview about them.

Would you be willing to replace your current internet provider? Why?

PREPARATION TIME
00:00:03

RESPONSE TIME
00:00:15

---

TOEIC Speaking

## Question 7 of 11

Imagine that a marketing firm is conducting research about the internet service providers in your area. You have agreed to participate in a telephone interview about them.

When choosing an internet service provider, what factor do you consider the most, and why?

PREPARATION TIME
00:00:03

RESPONSE TIME
00:00:30

## Packaged tour schedule for London

| March 20 | |
| --- | --- |
| 10:00 a.m. | Arrive: Hotel Heathrow (check-in) |
| 1:00 p.m. | Half-day guided tour: Buckingham Palace |
| 5:00 p.m. | Spring Jazz Festival (free of charge, Rose Garden) |

| March 21 | |
| --- | --- |
| 9:00 a.m. | Free time for shopping (Central Outlet Shopping Mall/ 3 hrs.) |
| 5:00 p.m. | Night tour: Historic Buildings and Architecture (Downtown/ 2 hrs.) |

| March 22 | |
| --- | --- |
| 10:30 a.m. | Free time (London National Park) |
| 12:00 p.m. | Lunch (Covent Garden Market) |
| 6:00 p.m. | Depart: Heathrow Airport |

**PREPARATION TIME**
00:00:45

---

Questions 8-10: Respond to questions using information provided

Directions: In this part of the test, you will answer three questions based on the information provided. You will have 45 seconds to read the information before the questions begin. You will have three seconds to prepare and 15 seconds to respond to Questions 8 and 9. You will hear Question 10 two times. You will have three seconds to prepare and 30 seconds to respond to Question 10.

## Question 11: Express an opinion

Directions: In this part of the test, you will give your opinion about a specific topic. Be sure to say as much as you can in the time allowed. You will have 45 seconds to prepare. Then you will have 60 seconds to speak.

---

## Question 11 of 11

Do you agree or disagree with the following statement? In the future, people will have more free time.

Give specific reasons or examples to support your opinion.

| PREPARATION TIME | RESPONSE TIME |
|---|---|
| 00:00:45 | 00:01:00 |

---

## *Packaged tour schedule for London*

**March 20**

10:00 a.m.   Arrive: Hotel Heathrow (check-in)

1:00 p.m.   Half-day guided tour: Buckingham Palace

5:00 p.m.   Spring Jazz Festival (free of charge, Rose Garden)

**March 21**

9:00 a.m.   Free time for shopping (Central Outlet Shopping Mall/ 3 hrs.)

5:00 p.m.   Night tour: Historic Buildings and Architecture (Downtown/ 2 hrs.)

**March 22**

10:30 a.m.   Free time (London National Park)

12:00 p.m.   Lunch (Covent Garden Market)

6:00 p.m.   Depart: Heathrow Airport

| PREPARATION TIME | RESPONSE TIME |
|---|---|
| 00:00:03 | 00:00:15 |

| PREPARATION TIME | RESPONSE TIME |
|---|---|
| 00:00:03 | 00:00:15 |

| PREPARATION TIME | RESPONSE TIME |
|---|---|
| 00:00:03 | 00:00:30 |

실전 모의고사 4

## TOEIC Speaking

### Speaking Test Directions

This is the TOEIC Speaking Test. This test includes eleven questions that measure different aspects of your speaking ability. The test lasts approximately 20 minutes.

| Question | Task | Evaluation Criteria |
|---|---|---|
| 1-2 | Read a text aloud | · pronunciation<br>· intonation and stress |
| 3-4 | Describe a picture | all of the above, plus<br>· grammar<br>· vocabulary<br>· cohesion |
| 5-7 | Respond to questions | all of the above, plus<br>· relevance of content<br>· completeness of content |
| 8-10 | Respond to questions using information provided | all of the above |
| 11 | Express an opinion | all of the above |

## TOEIC Speaking

### Questions 1-2: Read a text aloud

Directions: In this part of the test, you will read aloud the text on the screen. You will have 45 seconds to prepare. Then you will have 45 seconds to read the text aloud.

---

## TOEIC Speaking          Question 1 of 11

This is your new local gym, The East Athletic Club. This new place is for everyone to come and enjoy a healthy lifestyle. Members can have many exercise options through any of 20 fitness classes, including kickboxing, yoga and cycling. After you've finished exercising, enjoy our healthy breakfast for free. There's something for everyone here.

| PREPARATION TIME | RESPONSE TIME |
|---|---|
| 00:00:45 | 00:00:45 |

## TOEIC Speaking          Question 2 of 11

The City School District will be providing free meals during the summer while school is out. According to CSD, the program will run from June 11 through August 13, Monday through Friday from 10:00 a.m. to 11:00 a.m. at Hillside Elementary, Village Middle and McArthur High School.

| PREPARATION TIME | RESPONSE TIME |
|---|---|
| 00:00:45 | 00:00:45 |

TOEIC Speaking

## Question 4 of 11

PREPARATION TIME
00:00:45

RESPONSE TIME
00:00:30

---

TOEIC Speaking

### Questions 3-4: Describe a picture

Directions: In this part of the test, you will describe the picture on the screen in as much detail as you can. You will have 45 seconds to prepare your response. Then you will have 30 seconds to speak about the picture.

TOEIC Speaking

## Question 3 of 11

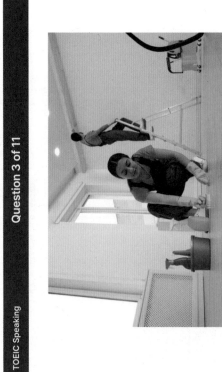

PREPARATION TIME
00:00:45

RESPONSE TIME
00:00:30

## Question 6 of 11

Imagine that a British marketing company is doing research in your country. You have agreed to participate in a telephone interview about a work of art.

If you bought a work of art, would you buy it directly from a store or on the internet?

| PREPARATION TIME | RESPONSE TIME |
|---|---|
| 00:00:03 | 00:00:15 |

---

## Question 7 of 11

Imagine that a British marketing company is doing research in your country. You have agreed to participate in a telephone interview about a work of art.

What is the most important thing when buying a work of art?

- Theme
- Size
- Artist

| PREPARATION TIME | RESPONSE TIME |
|---|---|
| 00:00:03 | 00:00:30 |

---

---

## Questions 5-7: Respond to questions

**Directions:** In this part of the test, you will answer three questions. You will have three seconds to prepare after you hear each question. You will have 15 seconds to respond to Questions 5 and 6 and 30 seconds to respond to Question 7.

---

Imagine that a British marketing company is doing research in your country. You have agreed to participate in a telephone interview about a work of art.

---

## Question 5 of 11

Imagine that a British marketing company is doing research in your country. You have agreed to participate in a telephone interview about a work of art.

When was the last time you bought a work of art, and what did you buy?

| PREPARATION TIME | RESPONSE TIME |
|---|---|
| 00:00:03 | 00:00:15 |

# Monroe IT Conference

Sep. 2 - 3
Monroe Event Hall

### *Sep. 2*

| | | |
|---|---|---|
| 10:00 a.m. | Opening Speech | Benjamin Taylor |
| 10:30 a.m. | Lecture: Strategies for Success | Noah Hamilton |
| 11:30 a.m. | Discussion: Emerging Technologies | William Lopez |

### *Sep. 3*

| | | |
|---|---|---|
| 10:00 a.m. | Lecture: Rapid Changes in Technologies | Noah Hamilton |
| Noon | Conference Luncheon | |
| 1:00 p.m. | Discussion: How to Lead Trends | Samuel Evans |

PREPARATION TIME
00:00:45

---

## Questions 8-10: Respond to questions using information provided

**Directions:** In this part of the test, you will answer three questions based on the information provided. You will have 45 seconds to read the information before the questions begin. You will have three seconds to prepare and 15 seconds to respond to Questions 8 and 9. You will hear Question 10 two times. You will have three seconds to prepare and 30 seconds to respond to Question 10.

## Question 11: Express an opinion

**Directions:** In this part of the test, you will give your opinion about a specific topic. Be sure to say as much as you can in the time allowed. You will have 45 seconds to prepare. Then you will have 60 seconds to speak.

---

## Question 11 of 11

If a high school had to organize a day trip for students, which option would be more beneficial; touring a local university or visiting a zoo? Choose one and support your opinion with specific reasons and examples.

| PREPARATION TIME | RESPONSE TIME |
|---|---|
| 00:00:45 | 00:01:00 |

---

---

## Monroe IT Conference

Sep. 2 - 3
Monroe Event Hall

### Sep. 2

| 10:00 a.m. | Opening Speech | Benjamin Taylor |
|---|---|---|
| 10:30 a.m. | Lecture: Strategies for Success | Noah Hamilton |
| 11:30 a.m. | Discussion: Emerging Technologies | William Lopez |

### Sep. 3

| 10:00 a.m. | Lecture: Rapid Changes in Technologies | Noah Hamilton |
|---|---|---|
| Noon | Conference Luncheon | |
| 1:00 p.m. | Discussion: How to Lead Trends | Samuel Evans |

| PREPARATION TIME | RESPONSE TIME |
|---|---|
| 00:00:03 | 00:00:15 |

| PREPARATION TIME | RESPONSE TIME |
|---|---|
| 00:00:03 | 00:00:15 |

| PREPARATION TIME | RESPONSE TIME |
|---|---|
| 00:00:03 | 00:00:30 |

토익스피킹학습지

실전 모의고사 5

AL-AH

실전 모의고사 5회
문제 영상

◁》MP3  AT5_Q

## Speaking Test Directions

This is the TOEIC Speaking Test. This test includes eleven questions that measure different aspects of your speaking ability. The test lasts approximately 20 minutes.

| Question | Task | Evaluation Criteria |
|---|---|---|
| 1-2 | Read a text aloud | · pronunciation<br>· intonation and stress |
| 3-4 | Describe a picture | all of the above, plus<br>· grammar<br>· vocabulary<br>· cohesion |
| 5-7 | Respond to questions | all of the above, plus<br>· relevance of content<br>· completeness of content |
| 8-10 | Respond to questions using information provided | all of the above |
| 11 | Express an opinion | all of the above |

### Questions 1-2: Read a text aloud

Directions: In this part of the test, you will read aloud the text on the screen. You will have 45 seconds to prepare. Then you will have 45 seconds to read the text aloud.

---

**TOEIC Speaking**

### Question 1 of 11

Thank you for calling Shoestock Customer Support Center. If you know the party's extension, please press 1. Your call is important to us but our office is currently closed. Please visit our website, Shoestock.com, for more contact options, directions to our store or to browse our inventory. We look forward to assisting you.

| PREPARATION TIME | RESPONSE TIME |
|---|---|
| 00:00:45 | 00:00:45 |

---

**TOEIC Speaking**

### Question 2 of 11

This evening, we are happy to welcome the great fiction writer Elizabeth Clarkson to Compass Bookstore. Inspiring, fascinating and entertaining, Ms. Clarkson's novels have delighted her fans for many years. Her fans are particularly pleased with her most recent work. Before we sit down and speak with her, let me give you a quick background of her literary career.

| PREPARATION TIME | RESPONSE TIME |
|---|---|
| 00:00:45 | 00:00:45 |

## Question 4 of 11

PREPARATION TIME
00:00:45

RESPONSE TIME
00:00:30

---

---

### Questions 3-4: Describe a picture

Directions: In this part of the test, you will describe the picture on the screen in as much detail as you can. You will have 45 seconds to prepare your response. Then you will have 30 seconds to speak about the picture.

## Question 3 of 11

PREPARATION TIME
00:00:45

RESPONSE TIME
00:00:30

TOEIC Speaking

## Questions 5-7: Respond to questions

Directions: In this part of the test, you will answer three questions. You will have three seconds to prepare after you hear each question. You will have 15 seconds to respond to Questions 5 and 6 and 30 seconds to respond to Question 7.

---

TOEIC Speaking

Imagine that a technology magazine is doing research in your country. You have agreed to participate in a telephone interview about the internet.

---

TOEIC Speaking

## Question 5 of 11

Imagine that a technology magazine is doing research in your country. You have agreed to participate in a telephone interview about the internet.

How much time do you spend online per day? What do you usually use the internet for?

PREPARATION TIME
00:00:03

RESPONSE TIME
00:00:15

---

TOEIC Speaking

## Question 6 of 11

Imagine that a technology magazine is doing research in your country. You have agreed to participate in a telephone interview about the internet.

Would you be interested in taking a class online? Why or why not?

PREPARATION TIME
00:00:03

RESPONSE TIME
00:00:15

---

TOEIC Speaking

## Question 7 of 11

Imagine that a technology magazine is doing research in your country. You have agreed to participate in a telephone interview about the internet.

When taking a class online, which of the following devices would you prefer to use?
- Smartphone
- Laptop
- Tablet

PREPARATION TIME
00:00:03

RESPONSE TIME
00:00:30

Questions 8-10: Respond to questions using information provided

**Directions:** In this part of the test, you will answer three questions based on the information provided. You will have 45 seconds to read the information before the questions begin. You will have three seconds to prepare and 15 seconds to respond to Questions 8 and 9. You will hear Question 10 two times. You will have three seconds to prepare and 30 seconds to respond to Question 10.

---

## Summer Dance Classes

Date: July 14 ~ July 29
Deadline of registration: June 25

| Time | Class | Level | Days |
|------|-------|-------|------|
| 9:30–10:30 a.m. | Rhythm & Move | Intermediate | Tuesdays |
| 10:30–11:30 a.m. | Intro to K-Pop Dance | Beginner | Fridays |
| 11:30–1:00 p.m. | Professional Ballet | Advanced | Mondays |
| 1:00–2:00 p.m. | Basic Choreography | Beginner | Thursdays |
| 2:00–3:30 p.m. | Master Hip Hop Dance | Advanced | Fridays |
| 3:30–4:30 p.m. | Contemporary Movement | Intermediate | Wednesdays |

**PREPARATION TIME**
00:00:45

TOEIC Speaking

## Question 11: Express an opinion

**Directions:** In this part of the test, you will give your opinion about a specific topic. Be sure to say as much as you can in the time allowed. You will have 45 seconds to prepare. Then you will have 60 seconds to speak.

---

TOEIC Speaking

## Question 11 of 11

Do you think a mobile phone can replace a laptop computer? Why or why not?

Give specific reasons or examples to support your opinion.

| PREPARATION TIME | RESPONSE TIME |
|---|---|
| 00:00:45 | 00:01:00 |

---

TOEIC Speaking

## Questions 8-10 of 11

### *Summer Dance Classes*

Date: July 14 ~ July 29
Deadline of registration: June 25

| Time | Class | Level | Days |
|---|---|---|---|
| 9:30-10:30 a.m. | Rhythm & Move | Intermediate | Tuesdays |
| 10:30-11:30 a.m. | Intro to K-Pop Dance | Beginner | Fridays |
| 11:30-1:00 p.m. | Professional Ballet | Advanced | Mondays |
| 1:00-2:00 p.m. | Basic Choreography | Beginner | Thursdays |
| 2:00-3:30 p.m. | Master Hip Hop Dance | Advanced | Fridays |
| 3:30-4:30 p.m. | Contemporary Movement | Intermediate | Wednesdays |

| PREPARATION TIME | RESPONSE TIME |
|---|---|
| 00:00:03 | 00:00:15 |

| PREPARATION TIME | RESPONSE TIME |
|---|---|
| 00:00:03 | 00:00:15 |

| PREPARATION TIME | RESPONSE TIME |
|---|---|
| 00:00:03 | 00:00:30 |

# 시원스쿨 4주 완성

# TOEIC
# Speaking
# 학습지

조앤박 | 시원스쿨어학연구소

# 7

시원스쿨
**토익스피킹학습지**

**초판 1쇄 발행** 2023년 1월 2일

**지은이** 조앤박·시원스쿨어학연구소
**펴낸곳** (주)에스제이더블유인터내셔널
**펴낸이** 양홍걸 이시원

**홈페이지** www.siwonschool.com
**주소** 서울시 영등포구 국회대로74길 12 시원스쿨
**교재 구입 문의** 02)2014-8151
**고객센터** 02)6409-0878

**ISBN** 979-11-6150-655-5 13740
**Number** 1-110303-19190400-08

# 7

## Actual Test IM-IH
## IM-IH 실전모의고사
## 정답 및 해설

## 목차

———

# 실전 모의고사 1

모의고사 총평

## QUESTIONS 1-2 Read a text aloud

### Q1 안내문

🔊 MP3 AT1_1

**디 발음** 강세 ↗ 올려 읽기 ↘ 내려 읽기 / 끊어 읽기

This ends the new employee orientation. ↘// In your handout book, ↗/ you will see the policies, ↗/ long-term goals↗/ and specific projects of the company↗/ for this year. ↘// When you begin your work next week, ↗/ please make sure↗/ to restart your computer↗/ and reset your password. ↘// I look forward to working with you all. ↘//

---

이것으로 신입사원 오리엔테이션을 마칩니다. 여러분의 유인물 책자에서, 올해 회사의 정책과 장기적인 목표, 그리고 구체적인 프로젝트들을 확인하시게 될 겁니다. 다음 주에 근무를 시작할 때, 반드시 컴퓨터를 다시 시작하신 다음, 비밀번호를 재설정하시기 바랍니다. 여러분 모두와 함께 근무하기를 고대합니다.

**어휘** handout 유인물 policy 정책 long-term 장기적인 specific 구체적인, 특정한 make sure to 반드시 ~하도록 하다, ~하는 것을 확실히 해두다 reset ~을 재설정하다 look forward to -ing ~하기를 고대하다

**고득점 포인트**
· 발음 강세 법칙에 적용되는 단어들을 답변 준비 시간에 미리 파악해 입에 붙도록 연습해 줍니다.
orientation, handout, policies, password

### Q2 광고문

🔊 MP3 AT1_2

**디 발음** 강세 ↗ 올려 읽기 ↘ 내려 읽기 / 끊어 읽기

If your weekend has been exciting ↗/ or exhausting, ↗/ wind down with this relaxing yoga class. ↘// In a modern studio, ↗/ teacher ↗/ Lily Lawrence ↗/ begins with a reassuring talk. ↘// The first half of the session ↗/ moves through a gentle flow of standing poses, ↗/ balances ↗/ and twists. ↘// Lily's soothing teaching style ↗/ means the studio is always full, ↗/ so register early. ↘//

---

주말이 흥미로웠거나 고단하셨다면, 편안하게 만들어 드리는 이 요가 강좌와 함께 긴장을 풀어 보시기 바랍니다. 현대적인 스튜디오에서, 릴리 로렌스 강사님께서 위안을 드리는 말씀으로 시작합니다. 이 수업의 전반부는 서 있는 자세와 균형 잡기, 그리고 비틀기로 구성된 가벼운 흐름으로 진행됩니다. 릴리 강사님의 진정 효과가 있는 수업 방식으로 인해 스튜디오가 항상 만원을 이루게 되므로, 조기에 등록하시기 바랍니다.

**어휘** exhausting 고단하게 만드는, 너무 피곤하게 하는 wind down 긴장을 풀다 reassuring 위안을 주는, 안심시키는 session (특정 활동을 하는) 시간 move through ~로 진행되다 gentle (정도, 영향 등) 가벼운, 순한, 온화한 flow (진행) 흐름 soothing 진정시키는, 달래주는 mean (결국) ~하게 되다, ~을 의미하다 register 등록하다

**고득점 포인트**
· 모음의 소리가 2개로 이루어진 2음절 단어의 경우, 대부분 명사는 첫 음절에, 동사는 두번째 음절에 강세를 주는 경향이 있습니다.
명사: yo/ga, mo/dern, tea/cher    동사: ex/haust, re/lax, be/gin

## QUESTIONS 3-4　Describe a picture

### Q3 인물 중심 사진 (3인)

### 브레인스토밍

| 1 | 장소 | 방 |
|---|---|---|
| 2 | 주연 | 왼쪽에 2명의 여자들 / 테이블에 앉아 있음 |
| 3 | 주연 | 재봉틀로 일하는 중 |
| 4 | 조연 | 그들 뒤에 여자 / 서서 / 통화 중 |
| 5 | 사물 | 뒤쪽 / 다양한 색상의 옷들이 걸려 있음 |

🔊 MP3　AT1_3

사진 묘사 템플릿 핵심 표현

| 1 | 장소 | This is a picture of a room.<br>이것은 방의 사진입니다. |
|---|---|---|
| 2 | 주연 | On the left, two women are sitting at the tables.<br>왼쪽에는, 두 명의 여자가 테이블 앞에 앉아 있습니다. |
| 3 | 주연 | They are working with sewing machines.<br>그들은 재봉틀로 작업하고 있습니다. |
| 4 | 조연 | Behind them, a woman is standing and talking on the phone.<br>그들 뒤에는, 여자 한 명이 서서 전화 통화하고 있습니다. |
| 5 | 사물 | Colorful clothes are hanging in the background.<br>다양한 색상의 의류가 뒤쪽에 걸려 있습니다. |

어휘 sewing machine 재봉틀　behind ~ 뒤에　talk on the phone 전화 통화하다　colorful 여러 색상의, 다채로운　hang 걸리다, 매달리다

고득점 포인트
• 어디인지 판단이 안되는 작은 내부 공간이라면 room 이라는 단순한 단어로 위기 탈출이 가능해요.
• sewing machines이 생각나지 않을 경우, white machines, small machines 등 대체할 표현을 찾습니다.
• two women, they, colorful clothes의 복수급 주격 뒤에 [are + 동사ing]로 실수없이 답변합니다.

## Q4 다수 인물, 사물, 배경 혼합 사진 (5인 이상)　브레인스토밍

| 1 | 장소 | 야외 |
|---|---|---|
| 2 | 주연 | 앞쪽 여자 / 앉아 / 휴대폰 봄 |
| 3 | 조연들 | 그녀 옆에 남자들 / 테이블에 앉아 있음 |
| 4 | 엑스트라 | 그들 뒤 / 많은 사람들이 테이블에 앉아 쉬는 중 |
| 5 | 사물 | 그들 주변 / 파란 파라솔들이 보임 |

🔊 MP3　AT1_4

사진 묘사 템플릿 핵심 표현

| 1 | 장소 | This is a picture taken outdoors.<br>이것은 야외에서 찍은 사진입니다. |
|---|---|---|
| 2 | 주연 | In the foreground, a woman is sitting and looking at her cell phone.<br>앞쪽에는, 여자 한 명이 앉아서 휴대전화기를 보고 있습니다. |
| 3 | 조연들 | Next to her, four men are sitting at a table.<br>그녀 옆에는, 남자 네 명이 테이블 앞에 앉아 있습니다. |
| 4 | 엑스트라 | Behind them, many people are relaxing at their tables.<br>그들 뒤에는, 많은 사람들이 각자 테이블 앞에 앉아 쉬고 있습니다. |
| 5 | 사물 | I can see blue parasols around them.<br>그들 주변에 파란색 파라솔들이 보입니다. |

**어휘** look at ~을 보다　next to ~ 옆에　behind ~ 뒤에　relax 쉬다, 휴식하다　around ~ 주변에

**고득점 포인트**
- 어디인지 판단이 안되는 외부 공간이라면 This is a picture taken outdoors. 템플릿으로 가볍게 넘어가세요.
- 사진에서 왼쪽, 오른쪽처럼 정확한 위치로 표현하기 애매할 때 next to her(그녀 옆에), behind them(그들 뒤에) 처럼 바로 전 묘사한 사람을 기준해 다음 사람이나 사물의 위치를 설명하는 것이 더 정확합니다.

# 나만의 답변 만들어 보기

**Q3**

| | | |
|---|---|---|
| 1 | | |
| 2 | | |
| 3 | | |
| 4 | | |
| 5 | | |

**Q4**

| | | |
|---|---|---|
| 1 | | |
| 2 | | |
| 3 | | |
| 4 | | |
| 5 | | |

## QUESTIONS 5-7 Respond to questions

### 전화 인터뷰: 인터넷/전자 기기 (문자)

Imagine that an American marketing company is doing research in your country. You have agreed to participate in a telephone interview about text messages.
미국의 한 마케팅 회사가 당신의 나라에서 설문 조사를 하고 있다고 가정해 보세요. 당신은 문자 메시지에 대한 전화 인터뷰에 참여하기로 동의했습니다.

MP3 AT1_5 | AT1_6 | AT1_7

만능 표현

**Q5** How often do you get text messages, and who do you usually get them from?
얼마나 자주 문자 메시지를 받으며, 평소에 누구에게서 받나요?

**A5**

| | |
|---|---|
| 핵심 답변 WH P | I get text messages every day from my friends or family |
| 이유 | because it's easy to talk with them. |
| | 저는 친구들이나 가족에게서 매일 문자 메시지를 받는데, 함께 대화를 나누기 쉽기 때문입니다. |

**Q6** Would you like to receive advertisements through text messages?
문자 메시지를 통해서 광고를 받고 싶은가요?

**A6**

| | |
|---|---|
| 선택 | No. I don't like it. |
| 핵심 답변 | Because I don't read text ads. |
| 시간 P | I don't want to spend time erasing them. |
| | 아뇨. 좋아하지 않습니다. 왜냐하면 저는 문자 광고를 읽지 않기 때문입니다. 그걸 지우는 데 시간을 소비하고 싶지 않습니다. |

**Q7** What are the advantages of text messaging?
문자 메시지 전송의 장점은 무엇인가요?

**A7**

| | |
|---|---|
| 핵심 답변 | Basically, I can text for free. |
| 이유 | In my case, I usually use Kakao Talk to text my friends or family because it's free to use. |
| 추가 이유 | Also, I can send pictures or files to many people. |
| 마무리 | So it's convenient and easy to use. |
| | 기본적으로, 무료로 문자를 보낼 수 있습니다. 제 경우에는, 평소에 친구들이나 가족에게 문자 메시지를 보내기 위해 카카오톡을 이용하는데, 무료로 이용할 수 있기 때문입니다. 또한, 많은 사람들에게 사진이나 파일을 전송할 수 있습니다. 그래서 이용하기 편리하고 쉽습니다. |

**어휘** text message 문자 메시지, 문자 메시지를 보내다 it's easy to ~하기 쉽다 receive ~을 받다 advertisement 광고 (= ad) spend time -ing ~하는 데 시간을 소비하다 erase ~을 지우다 free to ~하는데 무료인

# 나만의 답변 만들어 보기

Imagine that an American marketing company is doing research in your country. You have agreed to participate in a telephone interview about text messages.

**Q5** How often do you get text messages, and who do you usually get them from?

A5 _____

_____

**Q6** Would you like to receive advertisements through text messages?

A6 _____

_____

**Q7** What are the advantages of text messaging?

A7 _____

_____

_____

_____

**행사 일정**

### 연례 인적 자원 컨퍼런스

힐튼 호텔, 컨벤션 홀 A
일요일, 7월 10일
등록비: 25달러 (7월 7일 이후는 30달러)

| | | |
|---|---|---|
| 오전 9:00 – 오전 9:40 | 강연: 온라인으로 직원 모집하기 | 레자 존스 |
| 오전 9:40 – 오전 10:30 | 연설: 회사 복리 후생 및 법적 책임 | 남선우 |
| 오전 10:30 – 오전 11:50 | 강연: 신입 사원 교육하기 | 조 리 |
| 정오 – 오후 1:30 | 점심 식사 (등록비에 포함) | |
| 오후 1:30 – 오후 2:30 | 워크숍: 완벽한 경력 찾기 | 마이카 빌리 |
| 오후 2:30 – 오후 4:00 | 토론: 온라인으로 면접 보기 | 애덤 톰슨 |

Hi, my name is Jennifer. I heard you're in charge of the Annual Human Resources Conference. Can I ask you some questions about the schedule?

안녕하세요, 제 이름은 제니퍼입니다. 당신이 연례 인적 자원 컨퍼런스를 책임지고 계신다고 들었습니다. 일정에 대해 몇 가지 물어봐도 될까요?

> MP3  AT1_8 | AT1_9 | AT1_10

주어 동사 키워드 전치사

**Q8**  When and where will the conference take place?
컨퍼런스는 언제, 어디에서 개최되나요?

**A8**  The conference will be held on Sunday, July 10th at 9 a.m. in Convention Hall A at the Hilton Hotel.
컨퍼런스는 7월 10일, 일요일 오전 9시에 힐튼 호텔 컨벤션 홀 A에서 개최될 예정입니다.

**Q9**  I heard that the registration fee is 20 dollars. Is that right?
저는 등록비가 20달러라고 들었습니다. 맞나요?

**A9**  I'm sorry but, it is 25 dollars. You should pay 30 dollars after July 7th.
최송하지만, 25달러입니다. 7월 7일 후에는 30달러를 지불해야 합니다.

---

**어휘** annual 연례적인, 해마다의  human resources 인적 자원, 인사(부)  registration fee 등록비  recruit 모집하다  company benefits 회사 복리 후생  legal 법적인  accountability 책임  train ~을 교육하다  include ~을 포함하다  discussion 토론, 논의  in charge of ~을 책임지고 있는  take place (일, 행사 등이) 개최되다, 일어나다  hold ~을 개최하다, ~을 열다  pay ~을 지불하다

| Q10 | I'm especially interested in working online. Could you give me all the details about the sessions related to working online?<br>저는 특히 온라인으로 근무하는 데 관심이 있습니다. 온라인 근무와 관련된 세션들에 대해 세부사항을 모두 알려줄 수 있나요? 관해 모든 상세 정보를 알려 주시겠어요? |
|---|---|
| A10 | OK. The lecture on recruiting online will be led by Reza Jones at 9 a.m.<br>And then, Adam Thomson will lead the discussion on interviewing online at 2:30 p.m.<br>알겠습니다. 온라인으로 직원 모집하기에 관한 강연이 오전 9시에 레자 존스 씨에 의해 진행될 것입니다. 그리고 그 후에, 애덤 톰슨 씨가 오후 2시 30분에 온라인으로 면접 보기에 관한 토론을 진행할 예정입니다. |

---

**어휘** be interested in ~에 관심이 있다  especially 특히  details 상세정보, 세부사항  session (특정 활동을 위한) 시간  related to ~와 관련된  lead ~을 진행하다, ~을 이끌다  then 그 후에, 그런 다음

**고득점 포인트**

· when and where이 '웨-넨웨-얼'처럼 연음이 되므로 사전에 기본 질문들은 여러번 듣고 귀로 읽혀주세요.
· 기본적으로 잘 쓰게 되는 동사 패턴들을 입에 붙여두세요.
  세션 will be held 장소/날짜/시간, You should pay 금액, 세션 will be led by 사람, 사람 will lead 세션

**듣기 포인트**

when / where / the conference / take place / registration fee / 20 dollars / right / working online

Hi, I'm very interested in the upcoming seminar, but I don't have the schedule for it.
Can I ask a few questions about the seminar schedule?

| Q8 | When and where will the conference take place? |

A8

| Q9 | I heard that the registration fee is 20 dollars. Is that right? |

A9

| Q10 | I'm especially interested in working online. Could you give me all the details about the sessions related to working online? |

A10

## QUESTION 11  Express an opinion

### 일상생활

Which option do you think affects a person's happiness the most?
Choose one of the options below and give specific reasons or examples to support your opinion.
- Having a pleasant hobby
- Spending time with friends or family
- Having a rewarding occupation

어느 선택지가 사람의 행복에 가장 많이 영향을 미친다고 생각하나요? 아래 선택지 중 하나를 고른 뒤, 구체적인 이유 또는 예를 들어 당신의 의견을 뒷받침하세요.
- 즐거운 취미 갖기
- 친구들 또는 가족과 시간 보내기
- 보람 있는 직업 갖기

### 브레인스토밍 & 노트테이킹

| 서론/결론 T | 본론 T | 패턴 |
|---|---|---|
| 즐거운 취미 갖기 | 긍정 경험 | 스트레스, 취미, 스마트폰, 기분 |

| 서론 | | 즐거운 취미 갖기 |
|---|---|---|
| 본론 | 이유 | 즐거운 취미 가질 때, 스트레스 P |
| | 상황 | 내 취미 = 쇼핑, on my smartphone |
| 긍정 경험 템플릿 | 경험 | 온라인 상 좋은 제품 살 때 →기분 P<br>Also, 기분 전환 쉬움 |
| | 결과 | 온라인 쇼핑이 내겐 제일 잘 맞음 |
| 결론 | | 좋은 취미 갖는 것 = 나의 행복 |

Which option do you think affects a person's happiness the most?
Choose one of the options below and give specific reasons or examples to support your opinion.
- Having a pleasant hobby
- Spending time with friends or family
- Having a rewarding occupation

어느 선택지가 사람의 행복에 가장 많이 영향을 미친다고 생각하나요? 아래 선택지 중 하나를 고른 뒤, 구체적인 이유 또는 예를 들어 당신의
의견을 뒷받침하세요.
- 즐거운 취미 갖기
- 친구들 또는 가족과 시간 보내기
- 보람 있는 직업 갖기

🔊 MP3  AT1_11

**서론/결론 T** 즐거운 취미 갖기  **본론 T** 긍정 경험  **패턴** 스트레스, 취미, 스마트폰, 기분

| 서론 | | I think having a pleasant hobby affects a person's happiness the most. 저는 즐거운 취미를 갖는 것이 사람의 행복에 가장 많이 영향을 미친다고 생각합니다. |
|---|---|---|
| 본론 <br><br> 긍정 경험 템플릿 | 이유 | Because you can relieve stress when you have a nice hobby. 왜냐하면 좋은 취미가 있을 때 스트레스를 풀 수 있기 때문입니다. |
| | 상황 | In my case, my hobby is shopping on my smartphone. 제 경우에는, 취미가 스마트폰으로 쇼핑하는 것입니다. |
| | 경험 | When I buy good items online, I feel good and happy. 온라인으로 좋은 제품을 구입할 때, 기분이 좋고 행복감을 느낍니다. <br><br> Also, it's easy to refresh myself. 또한, 기분 전환을 하기도 쉽습니다. |
| | 결과 | So online shopping works for me the most. 그래서 저에겐 온라인 쇼핑이 가장 좋더라고요. |
| 결론 | | For these reasons, having a nice hobby is the best for my happiness. 이러한 이유로, 좋은 취미를 갖는 것이 행복해지는 데 최고입니다. |

**어휘** affect ~에 영향을 미치다  the most 가장 (많이, 크게)  pleasant 즐거운, 기쁜  rewarding 보람 있는  occupation 직업
relieve stress 스트레스를 풀다  refresh oneself 기분을 전환하다  work for ~에게 좋다

**고득점 포인트**
· 서론에서 선택지를 말한 후 간단한 핵심 이유로 연결할 때, 아직 본인 경험이 아닌 일반적 사실, 상식을 이유로 들어주는 것이므로
  you 주어를 활용합니다. 그 다음 상황을 본인 경험으로 설정하게 되면 I 주어를 사용해 주세요.
· 만능 패턴은 본인의 입맛에 맞춰 편집, 암기하는 사전 작업이 중요합니다. 다양한 시작 문장들에 연결해 보세요.

# 본론 템플릿 추가 연습

앞서 배운 본론 템플릿, 만능 패턴을 활용하여 다른 설정으로 답변을 구성할 수도 있습니다. 다음 본론 템플릿에 맞춰 답변을 연습해 보세요.

| 본론 템플릿 | | 이유 T | 긍정 경험 T | 부정 경험 T | 과거 비교 T |
|---|---|---|---|---|---|
| 본론 | 이유 | 즐거운 취미가 없다면, 스트레스를 풀 수 없음 | | | |
| | 상황 | 작년에는 회사 일이 많아서 취미가 없었음 | | | |
| | 경험 | 그러나, 최근에 온라인 쇼핑을 하며 스트레스 풀리고 기분 전환됨 | | | |
| | 결과 | 취미가 있어서 행복함 | | | |
| 만능 패턴 | | 회사, 업무 스트레스, 취미, 기분 | | | |

# 나만의 본론 템플릿 만들어 보기

앞서 배운 본론 템플릿, 만능 패턴을 활용하여 나만의 본론 템플릿을 만들어 보세요.

| 본론 템플릿 | | 이유 T | 긍정 경험 T | 부정 경험 T | 과거 비교 T |
|---|---|---|---|---|---|
| 본론 | 이유 | | | | |
| | 상황 | | | | |
| | 경험 | | | | |
| | 결과 | | | | |
| 만능 패턴 | | | | | |

# 실전 모의고사 2

모의고사 총평

## QUESTIONS 1-2 Read a text aloud

### Q1 안내문

🔊 MP3 AT2_1

디 발음 강세 ↗ 올려 읽기 ↘ 내려 읽기 / 끊어 읽기

Attention, ↗/ passengers ↗/ flying to Montevallo. ↘// Due to bad weather, ↗/ all flights today to Montevallo ↗/ have been canceled. ↘// If this announcement affects you, ↗/ please find one of our airline customer counters ↗/ immediately. ↘// Our agents can assist you ↗/ with your flight rescheduling, ↗/ hotel accommodations ↗/ and ground transportation. ↘// We apologize for the inconvenience. ↘// Thank you. ↘//

몬테발로행 항공편을 이용하시는 승객 여러분, 잠시 주목바랍니다. 악천후로 인해, 오늘 몬테발로로 떠나는 모든 항공편이 취소되었습니다. 이 공지가 영향을 미치는 분이실 경우, 즉시 저희 항공사 고객 카운터들 중 한 곳을 찾으시기 바랍니다. 저희 직원이 항공편 일정 재조정, 호텔 숙박, 그리고 지상 교통편에 대해 도와 드릴 수 있습니다. 불편을 끼쳐드려 사과 드립니다. 감사합니다.

**어휘** passenger 승객  fly to ~로 비행기를 타고 가다  due to ~로 인해  bad weather 악천후  cancel ~을 취소하다  announcement 공지, 알림  affect ~에게 영향을 미치다  immediately 즉시  agent 직원, 대리인  assist A with B B에 대해 A를 돕다  rescheduling 일정 재조정  accommodations 숙박, 시설  transportation 교통(편)  apologize for ~에 대해 사과하다  inconvenience 불편함

**고득점 포인트**
• 복수급 단어들과 3인칭 단수의 마지막 -s 까지 정확히 발음해 주세요.
  passengers, flights, affects, counters, agents, accommodations

### Q2 뉴스

🔊 MP3 AT2_2

디 발음 강세 ↗ 올려 읽기 ↘ 내려 읽기 / 끊어 읽기

Good afternoon! ↘// This is the one o'clock San Diego News. ↘// In the upcoming stories, ↗/ we will cover the president's New Year speech, ↗/ the city hall remodeling project ↗/ and the recent government protests. ↘// But first, ↗/ let's go to Ian McCarthy ↗/ for our local weather report! ↘//

안녕하세요! 1시 샌디에이고 뉴스입니다. 곧 전해 드릴 소식으로, 대통령의 신년 연설, 시청 개조 공사 프로젝트, 그리고 최근 정부 시위를 다룰 예정입니다. 하지만 먼저, 이언 맥카시 기자를 연결해 우리 지역 일기 예보를 알아 보겠습니다!

**어휘** upcoming 곧 있을, 다가오는  cover (주제 등) ~을 다루다  speech 연설  remodeling 개조 공사  recent 최근의  protest 시위, 항의  local 지역의, 현지의

**고득점 포인트**
• the one 에서 one은 '워언', 즉 자음 W소리이며, '디 원'이 아닌 '더 원'으로 발음합니다.
• '아,에,이,오,우'는 모음의 소리예요. the upcoming에서 up은 모음의 소리이므로 '디 업-커밍'으로 발음해요.

## QUESTIONS 3-4  Describe a picture

### Q3 인물 중심 사진 (3인)

**브레인스토밍**

| 1 | 장소 | 식당 |
|---|------|------|
| 2 | 주연 | 왼쪽 서버 / 유니폼 입음 / 음식 서빙 중 |
| 3 | 조연1 | 중간에 여자 / 테이블에 앉아 / 음식을 들고 있음 |
| 4 | 조연2 | 오른쪽 남자 / 등을 보이고 있음 |
| 5 | 배경 | 뒤쪽 / 다양한 종류의 병들이 보임 |

🔊 MP3  AT2_3

__사진 묘사 템플릿__ 핵심 표현

| 1 | 장소 | <u>This is a picture of</u> a restaurant.<br>이것은 레스토랑의 사진입니다. |
|---|------|------|
| 2 | 주연 | On the left, a server wearing a uniform is serving food.<br>왼쪽에는, 유니폼을 입은 종업원이 음식을 제공하고 있습니다. |
| 3 | 조연1 | In the middle, a woman is sitting at a table <u>and</u> holding a dish.<br>중간에는, 여자 한 명이 테이블 앞에 앉아서 접시를 들고 있습니다. |
| 4 | 조연2 | On the right, a man is showing his back.<br>오른쪽에는, 남자 한 명이 등을 보이고 있습니다. |
| 5 | 배경 | Different types of bottles <u>can be seen in the background</u>.<br>다양한 종류의 병들이 뒤쪽에 보입니다. |

**어휘** server 종업원  serve (음식 등) ~을 제공하다, ~을 내오다  hold ~을 들다, ~을 붙잡다, ~을 쥐다  show one's back 등을 보이다  bottle 병

**고득점 포인트**
· 요즘에는 waiter, waitress 표현은 지양하는 추세이므로 server라는 표현을 익혀둡시다.
· 서버와 더불어 유니폼 같은 옷을 입은 근무자들은 wearing a uniform으로 추가적인 상태 묘사가 가능해요.
· 뒷 모습만 보이는 인물이 있다면 showing his/her back을 활용해 주세요.

**브레인스토밍**

| 1 | 장소 | 사무실 |
|---|---|---|
| 2 | 주연 | 오른쪽 여자 / 머리 묶음 / 정장 입음 |
| 3 | 주연 | 테이블에 앉아 / 무엇인가 적고 있음 |
| 4 | 사물 | 앞쪽 / 서류들과 컴퓨터들이 테이블 위에 있음 |
| 5 | 조연 | 뒤쪽 여자 / 금발 / 서 있음 |

 MP3 AT2_4

**사진 묘사 템플릿** 핵심 표현

| 1 | 장소 | This is a picture of an office.<br>이것은 사무실의 사진입니다. |
|---|---|---|
| 2 | 주연 | On the right, a woman with a ponytail is wearing a suit.<br>오른쪽에는, 머리를 묶은 여자 한 명이 정장을 입고 있습니다. |
| 3 | 주연 | She is sitting at the table and writing something.<br>그녀는 테이블 앞에 앉아 뭔가 쓰고 있습니다. |
| 4 | 사물 | In the foreground, there are documents and computers on the table.<br>앞쪽에는, 서류와 컴퓨터들이 테이블 위에 있습니다. |
| 5 | 조연 | A woman with blond hair is standing in the background.<br>뒤쪽에 금발머리를 한 여자 한 명이 서 있습니다. |

**어휘** ponytail 포니테일 머리(머리를 뒤로 묶어 말 꼬리처럼 한 줄로 늘어뜨린 형태)   blond 금발의

**고득점 포인트**

· 템플릿과 an의 연음을 주의합니다. This is a picture of an office 디-씨져 픽-쳐럴 어브언 오-f이쓰
· 주연의 상태 표현용 with와 wearing에 붙일 묘사 요소를 구분해 줍니다. with a ponytail, wearing a suit
· 제일 처음 말할 사물의 수를 고려해 there are/ is를 정합니다.
  there are 복수 명사들, there is a 단수 명사

# 나만의 답변 만들어 보기

**Q3**

| | | |
|---|---|---|
| 1 | | |
| 2 | | |
| 3 | | |
| 4 | | |
| 5 | | |

**Q4**

| | | |
|---|---|---|
| 1 | | |
| 2 | | |
| 3 | | |
| 4 | | |
| 5 | | |

Test 2

### 전화 인터뷰: 취미/일상 생활 (해외여행)

Imagine that a British marketing firm is doing research in your country. You have agreed to participate in a telephone interview about going on a trip abroad.

영국의 한 마케팅 회사가 당신의 나라에서 설문 조사를 하고 있다고 가정해 보세요. 당신은 해외로 여행 가는 것에 대한 전화 인터뷰에 참여하기로 동의했습니다.

🔊 MP3  AT2_5 | AT2_6 | AT2_7

만능 표현

**Q5**  When was the last time you went on a trip abroad, and where did you go?
마지막으로 해외로 여행을 간 것은 언제이며, 어디로 갔나요?

**A5**  [핵심 답변] [WH P] I went on a trip abroad about 2 years ago. I went to San Francisco with my family.
[필러] It was fun.
저는 약 2년 전에 해외로 여행을 갔습니다. 가족과 함께 샌프란시스코에 갔습니다. 재미있었습니다.

**Q6**  If you went on a trip abroad, would you prefer taking an organized tour or go exploring by yourself?
해외로 여행을 간다면, 단체 여행과 혼자 탐방하는 것 중 무엇을 선호할 것 같나요?

**A6**  [선택] [이유] I would prefer taking an organized tour because it is cheaper.
[추가 이유] Also, it is more convenient.
[시간, 노력P] Moreover, I can save time and effort.
저라면 단체 여행을 선호할 것 같은데, 더 저렴하기 때문입니다. 그리고, 그게 더 편리합니다. 게다가, 시간과 노력을 아낄 수 있습니다.

**Q7**  If you went on a trip abroad, which of the following places would you like to visit the most?
- A museum  - A historical site  - A famous restaurant
해외로 여행을 간다면, 다음 장소들 중 어느 곳을 가장 방문하고 싶은가요?
- 박물관  - 역사 유적지  - 유명 레스토랑

**A7**  [선택] I would like to visit a museum the most.
[경험 설정] [취미 P] In my case, my hobby is going to museums.
[문화 P] I can experience new cultures there so it's beneficial.
[견문 지식 P] Also, I can broaden my perspective and knowledge.
저는 박물관을 가장 방문하고 싶습니다. 제 경우에는, 취미가 박물관에 가는 것입니다. 그곳에서 새로운 문화를 경험할 수 있기 때문에 유익합니다. 또한, 제 견문과 지식을 넓힐 수 있습니다.

---

**어휘** firm 회사  go on a trip 여행을 가다  abroad 해외로, 해외에  organized tour (미리 조직된) 단체 여행  explore 탐방하다  by oneself 혼자, 스스로  cheap 저렴한, 싼  convenient 편리한  historical 역사적인  site 장소, 현장, 부지  experience ~을 경험하다, ~을 겪다  beneficial 유익한, 이로운  broaden ~을 넓히다  perspective 시각, 관점  knowledge 지식

Imagine that a British marketing firm is doing research in your country. You have agreed to participate in a telephone interview about going on a trip abroad.

**Q5** When was the last time you went on a trip abroad, and where did you go?

**A5** _____

**Q6** If you went on a trip abroad, would you prefer taking an organized tour or go exploring by yourself?

**A6** _____

**Q7** If you went on a trip abroad, which of the following places would you like to visit the most?
- A museum   - A historical site   - A famous restaurant

**A7** _____

## 수업 일정

| 잭슨빌 지역 문화 센터 | | |
|---|---|---|
| 겨울 과정: 12월 5일 ~ 1월 3일 | | |
| 등록 마감 기한: 11월 15일 | | |
| 시간 | 과정 | 요일 |
| 오전 9:00 – 10:00 | 미술 입문 | 매주 월요일 |
| 오전 10:00 – 11:00 | 사진 촬영 및 판화 | 매주 화요일 |
| 정오 – 오후 1:00 | 재미로 그리는 그림 | 매주 수요일 |
| 오후 1:00 – 2:00 | 동물원 동물 그리기 (5-8세) | 매주 목요일 |
| 오후 2:00 – 3:00 | 성인 대상 도자기 강좌 | 매주 금요일 |
| 오후 3:00 – 4:00 | 바다 속에서: 수채화 그리기 (7-12세) | 매주 토요일 |
| 가격: 60달러 / 과정당 | | |

Hi, I'm David. I'm interested in taking some winter courses at the Jacksonville community center. But I don't know much about the schedule yet. Can I ask you a few questions about the courses?

안녕하세요. 저는 데이빗입니다. 제가 잭슨빌 지역 문화 센터에서 열리는 몇몇 겨울 수업을 수강하는 데 관심이 있습니다. 하지만, 아직 그 일정과 관해 많이 알지 못합니다. 그 수업에 대해 몇 가지 물어봐도 될까요?

🔊 MP3 AT2_8 | AT2_9 | AT2_10

주어 동사 키워드 전치사

**Q8** What is the name of the first course and when does it start?
첫 번째 수업의 명칭은 무엇이며, 언제 시작하나요?

**A8** The **first course is Introduction to Art at 9:00 A.M. on Mondays.**
첫 번째 수업은 매주 월요일 오전 9시에 시작하는 미술 입문입니다.

**Q9** As far as I know, I can take the Drawing For Fun course on Tuesdays. Is that right?
제가 알기로는, 매주 화요일에 재미로 그리는 그림을 수강할 수 있습니다. 맞나요?

**A9** I'm sorry but, **it will be held** on Wednesdays at Noon.
죄송하지만, 그 과정은 매주 수요일 정오에 열릴 예정입니다.

---

**어휘** deadline 마감 기한  registration 등록  introduction 입문, 소개, 도입  photography 사진 촬영  printmaking 판화  drawing 그림  pottery 도자기  watercolor painting 수채화  be interested in ~에 관심이 있다  take ~을 수강하다, ~을 듣다  know much about ~에 관해 많이 알다  a few 몇몇의  as far as I know 제가 알기로는, 제가 아는 한  hold ~을 열다, ~을 개최하다

| Q10 | My 8 year old son is interested in taking a painting course. |
| --- | --- |
| | Could you tell me all of the details of the painting courses that he can take? |
| | 8살짜리 제 아들이 그림 그리기 수업을 수강하는 데 관심이 있습니다. 제 아들이 수강할 수 있는 그림 그리기 수업에 대해 세부 사항을 모두 알려줄 수 있나요? |

| A10 | OK. He can take the course called Painting Zoo Animals on Thursdays at 1 p.m. |
| --- | --- |
| | Also, he can take the watercolor painting course called Under The Sea on Saturdays at 3 p.m. |
| | 알겠습니다. 그는 매주 목요일 오후 1시에 동물원 동물 그리기라는 수업을 수강할 수 있습니다. 또한, 매주 토요일 오후 3시에 '바다 속에서'라는 수채화 그리기 수업도 수강할 수 있습니다. |

**어휘** details 상세 정보, 세부 사항  called ~라는 이름의, ~라고 부르는

**고득점 포인트**

• 전치사와 관사를 사용할 때, 너무 빨리 말하면 실수가 생기므로 표의 정보를 짚어가며 차근차근 답변해 주세요.

on 요일/날짜, at 시간, the 수업/코스 called 수업명

**듣기 포인트**

What / name / first course / when / start / Drawing For Fun course / Tuesdays / right? / My 8 year old son / taking a painting course / painting courses

Hi, I'm David. I'm interested in taking some winter courses at the Jacksonville community center. But I don't know much about the schedule yet. Can I ask you a few questions about the courses?

| Q8 | What is the name of the first course and when does it start? |

A8 _____

_____

| Q9 | As far as I know, I can take the Drawing For Fun course on Tuesdays. Is that right? |

A9 _____

_____

| Q10 | My 8 year old son is interested in taking a painting course. Could you tell me all of the details of the painting courses that he can take? |

A10 _____

_____

_____

## QUESTION 11　Express an opinion

### 교육

Which subject do you think is more important for high school students; computer skills or physical education? Choose one and support your opinion with specific reasons and examples.

컴퓨터 활용 능력과 체육 중에서 어느 과목이 고등학생들에게 더 중요하다고 생각하나요? 하나를 고른 다음, 구체적인 이유와 예를 들어 당신의 의견을 뒷받침하세요.

## 브레인스토밍 & 노트테이킹

| 서론/결론 T | 본론 T | 패턴 |
|---|---|---|
| 컴퓨터 기술 | 과거 긍정 경험 | 좋은 결과, 회사 |

| 서론 | | 컴퓨터 기술  →  고등학생에게 더 중요 |
|---|---|---|
| **본론**<br>과거<br>긍정 경험<br>템플릿 | 이유 | 더 좋은 직업 기회 가질 수 O |
| | 상황 | 고등학생 때, 컴퓨터 스킬 배웠음 |
| | 경험 | 컴퓨터 수업 덕분에, 지금 다양한 소프트웨어 사용 O |
| | 결과 | 작년 인터뷰 좋은 결과 P  →  지금 포스코에서 일함 |
| 결론 | | 컴퓨터 스킬 배움 – beneficial, to get a better job |

Which subject do you think is more important for high school students; computer skills or physical education? Choose one and support your opinion with specific reasons and examples.

컴퓨터 활용 능력과 체육 중에서 어느 과목이 고등학생들에게 더 중요하다고 생각하나요? 하나를 고른 다음, 구체적인 이유와 예를 들어 당신의 의견을 뒷받침하세요.

◁)) MP3  AT2_11

서론/결론 T 컴퓨터 기술   본론 T 과거 긍정 경험   패턴 좋은 결과, 회사

| 서론 | | I think computer skills are more important for high school students. <br> 저는 컴퓨터 활용 능력이 고등학생들에게 더 중요하다고 생각합니다. |
|---|---|---|
| 본론 <br><br> 과거 긍정 경험 템플릿 | 이유 | Because they can have better job opportunities in the future. <br> 왜냐하면 나중에 더 나은 취업 기회를 얻을 수 있기 때문입니다. |
| | 상황 | In my case, when I was a high school student, I learned computer skills. <br> 제 경우에는, 고등학생이었을 때, 컴퓨터 활용 능력을 배웠습니다. |
| | 경험 | Thanks to the computer lessons in high school, I can use different types of software nowadays. <br> 고등학교 컴퓨터 수업 덕분에, 요즘 서로 다른 종류의 소프트웨어를 활용할 수 있습니다. |
| | 결과 | So I had better results in my job interview last year and now, I work for Posco. <br> 그래서 작년에 구직 면접에서 더 나은 결과를 얻었고, 현재 포스코에서 근무하고 있습니다. |
| 결론 | | Therefore, learning computer skills is beneficial for high school students to get a better job. <br> 따라서, 컴퓨터 활용 능력을 배우는 것이 더 나은 일자리를 얻는 데 있어 고등학생들에게 유익합니다. |

**고득점 포인트**

• 과거 비교 템플릿과 긍정 경험 템플릿을 적절히 섞어 활용해 보세요. 과거의 어떤 행동으로 인해 현재 긍정적인 결과로 이어진 경험 예시로 본론 템플릿을 합쳐 구성할 수도 있습니다.

• 시제 실수를 줄이기 위해 과거 시제는 1-2문장만 짧게 말하고 현재 시제로 주된 경험과 결과를 설명해 주세요.

## 본론 템플릿 추가 연습

앞서 배운 본론 템플릿, 만능 패턴을 활용하여 다른 설정으로 답변을 구성할 수도 있습니다. 다음 본론 템플릿에 맞춰 답변을 연습해 보세요.

| 본론 템플릿 | | 이유 T | 긍정 경험 T | 부정 경험 T | 과거 비교 T |
|---|---|---|---|---|---|
| 본론 | 이유 | 미래에 더 좋은 직업을 찾을 수 있음 | | | |
| | 상황 | 고등학생들에게 컴퓨터 기술은 필수적 – 다양한 직업 기회가 생김 | | | |
| | 이유 | 또한, 더 많은 돈을 벌 수 있음 | | | |
| | 상황 | 좋은 컴퓨터 기술일 있다면 많이 벌면서 덜 일할 수 있음 | | | |
| 만능 패턴 | | 시간, 노력, 돈 | | | |

## 나만의 본론 템플릿 만들어 보기

앞서 배운 본론 템플릿, 만능 패턴을 활용하여 나만의 본론 템플릿을 만들어 보세요.

| 본론 템플릿 | | 이유 T | 긍정 경험 T | 부정 경험 T | 과거 비교 T |
|---|---|---|---|---|---|
| 본론 | 이유 | | | | |
| | 상황 | | | | |
| | 경험 | | | | |
| | 결과 | | | | |
| 만능 패턴 | | | | | |

# 실전 모의고사 3

## QUESTIONS 1-2  Read a text aloud

### Q1 안내문

🔊 MP3 AT3_1

디 발음 강세 ↗ 올려 읽기 ↘ 내려 읽기 / 끊어 읽기

Hello employees, ↗ / and welcome to ↗ / Triple A Cleaning's company outing. ↘ // Your hard work and team spirit ↗ / are essential to our success. ↘ // In fact, ↗ / because you keep our customers satisfied, ↗ / our cleaning business ↗ / is rapidly expanding. ↘ // To express our appreciation, ↗ / we have planned special entertainment, ↗ / prizes, ↗ / and refreshments. ↘ // We hope you enjoy the events ↗ / today. ↘ //

안녕하세요, 직원 여러분, 트리플 에이 클리닝의 회사 야유회에 오신 것을 환영합니다. 여러분의 노고와 팀 정신은 우리의 성공에 필수적입니다. 실제로, 여러분이 우리 고객들을 계속 만족시키고 있기 때문에, 우리 청소 사업이 빠르게 확장되고 있습니다. 감사의 뜻을 표하기 위해, 특별 오락 시간과 상품, 그리고 다과를 계획해 두었습니다. 오늘 행사를 즐기길 바랍니다.

**어휘** outing 야유회  be essential to ~에 필수적이다  success 성공  in fact 실제로, 사실  keep A satisfied A를 계속 만족시키다  rapidly 빠르게  expand 확장되다, 확대되다  express one's appreciation 감사의 뜻을 표하다  prize 상, 상품  refreshment 다과, 간식

**고득점 포인트**
- Triple A Cleaning '트뤼쁠 어 클리닝'(X) '트뤼쁠 에이 클리닝'(O)
- outing '오팅'(X) '아우팅/아우링'(O)

### Q2 소개문

🔊 MP3 AT3_2

디 발음 강세 ↗ 올려 읽기 ↘ 내려 읽기 / 끊어 읽기

On behalf of ↗ / Welford Art Society, ↗ / I'm pleased to announce ↗ / the nomination for this year's theater awards. ↘ // In a moment, ↗ / I'll tell you the nominees ↗ / for modern dance, ↗ / musicals ↗ / and so on. ↘ // Before we move on , ↗ / I have to thank our many enthusiasts ↗ / who made us ↗ / the most popular theater ↗ / ever. ↘ //

웰포드 예술 협회를 대표해, 올해의 극작품 상 후보를 발표하게 되어 기쁘게 생각합니다. 잠시 후에, 모던 댄스와 뮤지컬 그리고 그외 수상 후보자들을 말씀 드리겠습니다. 다음 순서로 넘어가기에 앞서, 저희를 지금껏 가장 인기 있는 극장으로 만들어주신 많은 저희 팬분들께 감사 드리고자 합니다.

**어휘** on behalf of ~을 대표해, ~을 대신해  be pleased to ~해서 기쁘다  announce ~을 발표하다, ~을 공지하다  nomination 후보 지명  theater 공연계, 극작품, 극장  in a moment 잠시 후에  nominee 수상 후보자  move on (순서 등) 넘어가다

**고득점 포인트**
- this year's theater awards 사이에 줄 바꿈이 있지만 손가락 가이드리딩을 통해 끊김없이 부드럽게 읽습니다.
- 마지막 ever는 앞뒤로 살짝 숨을 골라 독립적으로 강조를 주면 효과적입니다.

### Q3 인물 중심 사진 (2인)

**브레인스토밍**

| 1 | 장소 | 꽃 가게 |
|---|---|---|
| 2 | 주연 | 오른쪽 여자 / 점원에게 돈을 건네는 중 |
| 3 | 주연 | 그녀는 다양한 색상의 꽃을 들고 있음 |
| 4 | 조연 | 왼쪽 점원 / 돈을 받으며 / 웃고 있음 |
| 5 | 사물 | 중간 / 많은 꽃들이 전시되어 있음 |

🔊 MP3  AT3_3

**사진 묘사 템플릿** 핵심 표현

| 1 | 장소 | This is a picture of a flower shop.<br>이것은 꽃가게의 사진입니다. |
|---|---|---|
| 2 | 주연 | On the right, a woman is handing cash to a salesperson.<br>오른쪽에는, 여자 한 명이 판매원에게 현금을 건네고 있습니다. |
| 3 | 주연 | She is holding colorful flowers.<br>그녀는 여러 색상의 꽃을 들고 있습니다. |
| 4 | 조연 | On the left, the salesperson is receiving the cash while smiling.<br>왼쪽에는, 판매원이 웃으면서 현금을 받고 있습니다. |
| 5 | 사물 | A lot of flowers are displayed in the middle.<br>중간에는 많은 꽃이 진열되어 있습니다. |

**어휘** hand A to B A를 B에게 건네다, A를 B에게 넘기다  salesperson 판매원  hold ~을 들다, ~을 붙잡다, ~을 쥐다  colorful 여러 색상의, 다채로운  receive ~을 받다  while -ing ~하면서  display ~을 진열하다, ~을 전시하다

**고득점 포인트**
- 장소 표현으로 flower shop이 생각 안 나면 그냥 a store, 그것도 생각 안 나면 two women을 활용해 줍니다.
- cash는 수를 세지 않으므로 handing cash to a salesperson으로 표현했지만 만약 신용카드였다면 handing a credit card to a salesperson으로 관사를 붙여줍니다.

## Q4 인물 중심 사진 (3인)

### 브레인스토밍

| 1 | 장소 | 대기실(대기 구역) |
|---|------|------------------|
| 2 | 주연 | 남자 / 휴대폰을 터치하고 있음 |
| 3 | 조연1 | 그의 옆에 여자 / 웃고 있음 |
| 4 | 조연2 | 오른쪽 여자 / 손가락으로 무엇인가를 가리키고 있음 |
| 5 | 사물 | 그들 주변에 / 다양한 색상의 수화물, 핑크 가방 보임 |

🔊 MP3 AT3_4

**사진 묘사 템플릿** 핵심 표현

| 1 | 장소 | <u>This is a picture of</u> a waiting area.<br>이것은 대기실(대기 구역)의 사진입니다. |
|---|------|--------------------------------------------------|
| 2 | 주연 | A man is touching his cell phone.<br>남자 한 명이 휴대폰을 만지고 있습니다. |
| 3 | 조연1 | Next to him, a woman is smiling.<br>그의 옆에는, 여자 한 명이 미소 짓고 있습니다. |
| 4 | 조연2 | A woman on the right is pointing at something.<br>오른쪽에 있는 여자 한 명은 무엇인가를 가리키고 있습니다. |
| 5 | 사물 | <u>I can see</u> colorful luggage and a pink bag around them.<br>그들 주변에 여러 색상의 수하물과 핑크색 가방 하나가 보입니다. |

**어휘** next to ~ 옆에   point at ~을 가리키다   colorful 여러 색상의, 다채로운   luggage 수하물, 짐, 여행 가방   around ~ 주변에

**고득점 포인트**
- 장소 템플릿에 airport를 넣어 답하면 마치 공항 외부에서 찍힌 사진처럼 느껴지므로 대기실 혹은 대기 구역 정도가 적합해요.
- 앉아있는 3명을 한 번에 묘사한 후 다시 일일이 설명하려면 the woman, the man으로 인물을 특정해야 하므로 실수가 생기고 시간도 촉박합니다. 동선을 정하여 한 명씩 차례대로 핵심 동작만 훑고 지나듯이 설명해 주세요.

## 나만의 답변 만들어 보기

**Q3**

| 1 | | |
|---|---|---|
| 2 | | |
| 3 | | |
| 4 | | |
| 5 | | |

**Q4**

| 1 | | |
|---|---|---|
| 2 | | |
| 3 | | |
| 4 | | |
| 5 | | |

Test 3

# QUESTIONS 5-7  Respond to questions

## 지인과의 대화: 장소/활동 반경 (우리 동네)

> Imagine that a colleague from a different branch location will be moving to your office. You are having a telephone conversation with him about your town.
>
> 다른 지사에 소속된 동료 직원 한 명이 당신 사무실로 전근할 예정이라고 가정해 보세요. 당신이 사는 도시와 관련해 그 직원과 전화 통화를 하고 있습니다.

🔊 MP3  AT3_5 | AT3_6 | AT3_7

만능 표현

| Q5 | Who was the last person to visit your neighborhood and how long did he or she stay in your neighborhood?<br>마지막으로 당신이 사는 지역을 방문한 사람은 누구였으며, 얼마나 오래 당신이 있는 지역에 머물렀나요? |

| A5 | **핵심 답변** **WH P** The last person to visit our neighborhood was my mom.<br>She stayed in my apartment for 2 days<br>**필러** and we had a good time.<br>제가 사는 지역을 마지막으로 방문한 사람은 어머니였습니다. 제 아파트에서 이틀 동안 머물렀고, 즐거운 시간을 보냈습니다. |

| Q6 | Do you have any specific food that you would recommend in your town? Where can I eat it?<br>당신이 사는 도시에서 추천할 만한 특정한 음식이 있나요? 어디에서 먹을 수 있나요? |

| A6 | **핵심 답변** **WH P** Yes. I would recommend spicy galbi in my town.<br>There is a restaurant called Kalbi 5 near my place.<br>**필러** It is so good. You should try it.<br>네. 제가 살고 있는 도시에 있는 매운 갈비를 추천하고 싶습니다. 우리 집 근처에 갈비 5라는 식당이 있습니다. 정말 맛있습니다. 한 번 드셔 보시기 바라요. |

| Q7 | Which of the following places do you think is the best to have in your town to attract more visitors?<br>- New park  - New shopping mall  - New museum<br>다음 중 당신이 사는 도시에 더 많은 방문객을 끌어들이기 위해 가장 좋은 장소는 어디라고 생각하나요?<br>- 새 공원  - 새 쇼핑몰  - 새 박물관 |

| A7 | **선택** The best place to have in my town to attract more visitors is a new shopping mall.<br>**핵심 답변** Because, people can have a good time in a shopping mall.<br>**스트레스 P** So they can relieve stress and refresh themselves.<br>**마무리** In this way, more people would come to my town.<br>제가 사는 도시에 더 많은 방문객을 끌어들이기 위해 가장 좋은 장소는 새 쇼핑몰입니다. 왜냐하면 사람들이 쇼핑몰에서 좋은 시간을 보낼 수 있기 때문입니다. 그래서 스트레스를 풀고 기분을 전환할 수 있습니다. 이렇게 하면 더 많은 사람들이 제 도시로 찾아올 것입니다. |

# 나만의 답변 만들어 보기

Imagine that a colleague from a different branch location will be moving to your office. You are having a telephone conversation with him about your town.

**Q5** Who was the last person to visit your neighborhood and how long did he or she stay in your neighborhood?

**A5** _____

_____

**Q6** Do you have any specific food that you would recommend in your town? Where can I eat it?

**A6** _____

_____

**Q7** Which of the following places do you think is the best to have in your town to attract more visitors?
- New park   - New shopping mall   - New museum

**A7** _____

_____

_____

_____

## 면접 일정

### 벤처 매거진

구직 면접 일정: 10월 18일, 화요일
모든 면접: 대회의실 101

| 시간 | 지원자 성명 | 지원 직책 | 경력 |
|------|------------|-----------|------|
| 오전 9:00 | 클로이 리 | 사진 편집자 | 5개월 |
| 오전 9:30 | 데이빗 스미스 | 수석 편집자 | 5년 |
| 오전 10:00 | 에밀리 앤더슨 | 사진 기자 | 8개월 |
| 오전 11:30 | 조 토머스 | 교정 담당자 | 3년 5개월 |
| 오후 1:00 | ~~올리비아 존슨~~ 취소 | ~~패션 기자 인턴~~ | |
| 오후 1:30 | 대니얼 오 | 사진 기자 | 2년 |

Hi, this is John Morris, the department manager of Human Resources. I'm going to interview several applicants tomorrow, but I can't find the interview schedule. Can I ask you some questions about tomorrow's schedule?

안녕하세요, 저는 인사부장인 존 모리스입니다. 제가 내일 몇몇 지원자들을 면접 볼 예정인데, 면접 일정표를 찾을 수 없습니다. 내일 일정과 관련해 몇 가지 물어봐도 될까요?

**MP3** AT3_8 | AT3_9 | AT3_10

주어 동사 키워드 전치사

| Q8 | When and where will the first interview be held?<br>언제 그리고 어디에서 첫 번째 면접이 있나요? |
|----|----|

| A8 | **You will interview Chloe Li for** the photo editor position **in Conference Room 101 at** 9 a.m. **on** Tuesday, October 18th.<br>당신은 10월 18일, 화요일 오전 9시에 101번 회의실에서 사진 편집자 직책에 지원한 클로이 리 씨를 면접할 예정입니다. |
|----|----|

| Q9 | I heard that I'm supposed to interview Olivia Johnson at 1 p.m. Is that right?<br>제가 오후 1시에 올리비아 존슨 씨를 면접 보기로 되어 있다고 들었습니다. 맞나요? |
|----|----|

| A9 | I'm sorry but, the **interview has been canceled.**<br>죄송하지만, 그 면접은 취소되었습니다. |
|----|----|

**어휘** department manager 부서장  Human Resources 인사(부), 인적 자원  several 여럿의, 몇몇의  be supposed to ~하기로 되어 있다, ~할 예정이다

**Q10** Can you tell me all the details of interviews with people applying for the photographer position?

사진 기자 직책에 지원하는 사람들의 면접에 대해 세부사항을 모두 알려줄 수 있나요?

**A10** OK. You will interview Emily Anderson at 10:00 a.m. She has 8 months of experience.

Also, there is an interview with Daniel Oh at 1:30 p.m. He has 2 years of experience.

알겠습니다. 오전 10시에 에밀리 앤더슨 씨를 면접할 예정입니다. 그녀는 8개월의 경력을 가지고 있습니다. 또한, 오후 1시 30분에 대니얼 오 씨와의 면접도 있습니다. 그는 2년의 경력을 가지고 있습니다.

---

**어휘** details 상세정보, 세부사항  apply for ~에 지원하다, ~을 신청하다

**고득점 포인트**
- 면접 전용 만능 문장을 입으로 익혀줍니다. You will interview 지원자 for the 직종 position.
- 단순 취소가 아니라 다른 날, 다른 시간으로 옮겨진 정보가 특별히 표시되어 있다면 해당 정보로 답해줍니다.
  the interview has been moved to 2 p.m. 인터뷰가 2시로 변경되었습니다.

**듣기 포인트**

When / where / the first interview / interview Olivia Johnson / 1 p.m. / right? / interviews / photographer

Hi, this is John Morris, the department manager of Human Resources. I'm going to interview several applicants tomorrow, but I can't find the interview schedule. Can I ask you some questions about tomorrow's schedule?

**Q8**     When and where will the first interview be held?

**A8**

---

**Q9**     I heard that I'm supposed to interview Olivia Johnson at 1 p.m. Is that right?

**A9**

---

**Q10**     Can you tell me all the details of interviews with people applying for the photographer position?

**A10**

## QUESTION 11 Express an opinion

### 일상 생활

If you were planning to buy a house or apartment, who would you ask for advice: a close friend or a real estate agent? Why?

Give specific reasons or examples to support your opinion.

만약 당신이 주택 또는 아파트를 구입할 계획이라면, 가까운 친구 혹은 부동산 중개업자 중 누구에게 조언을 구할 건가요? 그 이유는 무엇인가요? 구체적인 이유 또는 예를 들어 당신의 의견을 뒷받침하세요.

### 브레인스토밍 & 노트테이킹

| 서론/결론 T | 본론 T | 패턴 |
|---|---|---|
| 부동산 중개사에게 문의 하기 | 이유 | 전문가 정보, 시간 |

| 서론 | | 부동산 중개사에게 문의 하기 |
|---|---|---|
| **본론** | 이유 | 더 믿을 수 있음 |
| | 상황 | 그들이 experts, they know what I want |
| 이유 템플릿 | 이유 | Also, 전문가 정보 P |
| | 상황 | when I get customized feedback → Save T/M |
| **결론** | | I would ask 부동산 중개사 |

If you were planning to buy a house or apartment, who would you ask for advice: a close friend or a real estate agent? Why?

Give specific reasons or examples to support your opinion.

만약 당신이 주택 또는 아파트를 구입할 계획이라면, 가까운 친구 혹은 부동산 중개업자 중 누구에게 조언을 구할 건가요? 그 이유는 무엇인가요? 구체적인 이유 또는 예를 들어 당신의 의견을 뒷받침하세요.

🔊 MP3 AT3_11

서론/결론 T 부동산 중개업자에게 문의 하기　본론 T 이유　패턴 전문가 정보, 시간

| 서론 | | If I was planning to buy a house or apartment, I would ask a real estate agent for advice.<br>제가 주택 또는 아파트를 구입할 계획이라면, 부동산 중개업자에게 조언을 구하고 싶습니다. |
|---|---|---|
| 본론 | 이유 | Because I can trust them more.<br>왜냐하면 더 신뢰할 수 있기 때문입니다. |
| | 상황 | They are experts so they know what I want.<br>그들은 전문가이기 때문에 제가 원하는 것을 알고 있습니다. |
| 이유 템플릿 | 이유 | Also, I want to get reliable recommendations from them.<br>또한, 그 사람들을 통해 믿을 수 있는 곳을 추천 받고 싶습니다. |
| | 상황 | When I get customized feedback from them, I can save time and money.<br>그들에게서 맞춤 피드백을 얻으면 시간과 돈을 아낄 수 있습니다. |
| 결론 | | Therefore, I would ask a real estate agent for advice.<br>따라서, 저라면 부동산 중개업자에게 조언을 부탁하겠습니다. |

**어휘** plan to ~할 계획이다　ask A for B A에게 B를 부탁하다, A에게 B를 요청하다　real estate agent 부동산 중개업자　trust ~을 신뢰하다, ~을 믿다　expert 전문가　reliable 믿을 수 있는　recommendation 추천(하는 것)　customized 개인에게 맞춰진, 주문에 맞춘　feedback 의견, 피드백　therefore 따라서, 그러므로

**고득점 포인트**
• 이유 템플릿을 쓸 때, Because 첫 이유 – Also 두 번째 이유 순으로 답변 순서를 정리해 깔끔하게 답변합니다.

## 본론 템플릿 추가 연습

앞서 배운 본론 템플릿, 만능 패턴을 활용하여 다른 설정으로 답변을 구성할 수도 있습니다. 다음 본론 템플릿에 맞춰 답변을 연습해 보세요.

| 본론 템플릿 | | 이유 T | (긍정 경험 T) | 부정 경험 T | 과거 비교 T |
|---|---|---|---|---|---|
| 본론 | 이유 | 부동산 중개사가 더 전문적임 | | | |
| | 상황 | 10년 전, 부모님이 집을 살 때, 부동산 중개사를 통해 구매했음 | | | |
| | 경험 | 믿을 수 있고, 맞춤 정보를 얻을 수 있었음<br>시간, 노력을 아낄 수 있었음 | | | |
| | 결과 | 현재, 그 집은 매우 비싸졌고, 부모님은 그 집을 좋아하심 | | | |
| 만능 패턴 | | 전문가 정보, 시간, 노력 | | | |

## 나만의 본론 템플릿 만들어 보기

앞서 배운 본론 템플릿, 만능 패턴을 활용하여 나만의 본론 템플릿을 만들어 보세요.

| 본론 템플릿 | | 이유 T | 긍정 경험 T | 부정 경험 T | 과거 비교 T |
|---|---|---|---|---|---|
| 본론 | 이유 | | | | |
| | 상황 | | | | |
| | 경험 | | | | |
| | 결과 | | | | |
| 만능 패턴 | | | | | |

## QUESTIONS 1-2  Read a text aloud

### Q1 광고문

MP3 AT4_1

디 발음 강세　↗ 올려 읽기　↘ 내려 읽기 / 끊어 읽기

Thanks for using ↗/ Packing Up Now, ↗/ the new hit travel application. ↘// Within just a couple of steps, ↗/ you can find the best deals, ↗/ book your flights and hotels, ↗/ and get tips ↗/ on packing your luggage. ↘// You can easily get out of town ↗/ with this excellent travel app. ↘// And the best part is: ↗/ it's free! ↘//

새롭게 히트친 여행 애플리케이션 패킹 업 나우를 이용해 주셔서 감사합니다. 불과 두어 번의 단계 만에, 최고의 여행 상품을 찾아, 항공편과 호텔을 예약하시고, 짐 꾸리기에 관한 팁을 찾으실 수 있습니다. 이 훌륭한 여행 앱만 있으면 손쉽게 다른 곳으로 떠나실 수 있습니다. 그리고 가장 좋은 점은, 무료입니다!

**어휘** within ~ 만에, ~ 이내에　step 단계　deal 거래 상품, 거래 조건　book ~을 예약하다　flight 항공편　pack one's luggage 짐을 꾸리다　get out of ~에서 벗어나다　free 무료의

**고득점 포인트**
- 나열식 구조에서 억양과 복수급에 주의합니다. [best deals, ↗/ book your flights and hotels,]
- 제품명, 느낌표 등은 앞뒤로 숨을 고르며 단독 강조해 주세요. [Packing Up Now, it's free!]

### Q2 자동 응답 메시지

MP3 AT4_2

디 발음 강세　↗ 올려 읽기　↘ 내려 읽기 / 끊어 읽기

Thank you for calling ↗/ Robertson Real Estate Agency. ↘// If you know ↗/ the extension of the party ↗/ you are trying to reach, ↗/ you may dial it now. ↘// Otherwise, ↗/ listen to the following options. ↘// Press one ↗/ for reservations, ↗/ press two ↗/ for accounting ↗/ and press three ↗/ for lending. ↘// If you would like to speak with a representative, ↗/ press zero. ↘//

로버트슨 부동산 중개소에 전화해 주셔서 감사합니다. 연락하고자 하는 분의 내선번호를 알고 계시는 경우, 지금 누르면 됩니다. 그렇지 않으시면, 다음 선택권을 들으시기 바랍니다. 예약은 1번, 회계는 2번, 대출은 3번을 눌러 주십시오. 상담원과 통화를 원하시는 경우, 0번을 누르시기 바랍니다.

**어휘** real estate agency 부동산 중개소　extension 내선 전화(번호)　party 당사자, 상대방　try to ~하려 하다　reach ~에게 연락하다　dial (전화에서) ~의 번호를 누르다　otherwise 그렇지 않으면　following 다음의　reservation 예약　accounting 회계　lending 대출　would like to ~하기를 원하다, ~하고자 하다　representative 직원, 대표자

**고득점 포인트**
- 가장 중요한 회사명은 또박또박 읽어 주세요. Robertson Real Estate Agency
- 'press 숫자' 뒤에는 끊어 읽기를 해줘야 느낌이 살아납니다.
- representative '리프레젠테이티브'(X) '뤠쁘리제-네리브'(O)

## Q3 인물 중심 사진 (2인)

## 브레인스토밍

| 1 | 장소 | 길(거리) |
|---|---|---|
| 2 | 주연들 | 중간에 사람 2명 / 자전거 타고 있음 |
| 3 | 주연들 | 그들은 선글라스를 쓰고 / 헬멧을 쓰고 있음 |
| 4 | 사물 | 왼쪽 / 차들이 움직이고 있음 |
| 5 | 배경 | 뒤쪽 / 많은 나무와 남자 2명이 보임 |

 AT4_3

사진 묘사 템플릿 핵심 표현

| 1 | 장소 | This is a picture of a street.<br>이것은 거리의 사진입니다. |
|---|---|---|
| 2 | 주연들 | In the middle, two people are riding bicycles.<br>중간에는, 두 사람이 자전거를 타고 있습니다. |
| 3 | 주연들 | They are wearing sunglasses and helmets.<br>그들은 선글라스와 헬멧을 쓰고 있습니다. |
| 4 | 사물 | On the left, cars are moving along the street.<br>왼쪽에는, 자동차들이 거리를 따라 이동하고 있습니다. |
| 5 | 배경 | A lot of trees and two men can be seen in the background.<br>많은 나무와 남자 두 명이 뒤쪽에 보입니다. |

**어휘** ride a bicycle 자전거를 타다　wear (상태) ~을 착용하다　along (길 등) ~을 따라

**고득점 포인트**
- 같은 행동 중인 인물을 개별 묘사할 경우, 표현들이 반복되므로 한 그룹으로 묶어 설명해 주세요.
- 복수급 단어의 수일치에 신경 써주세요. bicycles, sunglasses and helmets, cars, two men
- 본인의 입에 더 잘 붙는 표현으로 입에 붙여두세요. a lot of trees = lots of trees

Test 4

## Q4 인물 중심 사진 (2인)

## 브레인스토밍

| 1 | 장소 | 야외 시장(마켓) |
|---|---|---|
| 2 | 주연 | 오른쪽 여자 / 계란을 향해 팔을 뻗고 있음 |
| 3 | 사물 | 카운터(판매대) 위에 / 계란 바구니, 녹색 계란 상자와 마늘이 있음 |
| 4 | 조연 | 왼쪽 남자 / 계란을 보고 있음 |
| 5 | 배경 | 뒤쪽 / 다른 상인들과 흰 밴(승합차) 차량이 보임 |

🔊 MP3 AT4_4

<u>사진 묘사 템플릿</u> 핵심 표현

| 1 | 장소 | <u>This is a picture of</u> an outdoor market.<br>이것은 야외 시장의 사진입니다. |
|---|---|---|
| 2 | 주연 | On the right, a woman is reaching for eggs.<br>오른쪽에는, 여자 한 명이 계란을 향해 팔을 뻗고 있습니다. |
| 3 | 사물 | <u>There are</u> eggs in baskets, green egg containers <u>and</u> garlic on the counter.<br>바구니에 담긴 계란과 녹색 계란 용기, 그리고 마늘이 판매대에 놓여 있습니다. |
| 4 | 조연 | On the left, a man with a hat is looking at the eggs.<br>왼쪽에는, 모자를 쓴 남자 한 명이 계란을 보고 있습니다. |
| 5 | 배경 | Other vendors and a white van <u>can be seen in the background</u>.<br>다른 상인들과 흰색 승합차가 뒤쪽에 보입니다. |

**어휘** reach for (붙잡기 위해) ~을 향해 팔을 뻗다  container 용기, 그릇  look at ~을 보다  vendor 판매업자  van 승합차

**고득점 포인트**
- 준비 시간에 an outdoor market의 관사 an을 미리 입에 붙여 두세요.
- 손을 뻗는 행위는 전반적으로 is/are reaching for 물건 으로 표현 가능합니다.
- 원어민들은 담는 용도로 쓰여지는 물품에 주로 container를 붙여 표현합니다.

# 나만의 답변 만들어 보기

**Q3**

| | | |
|---|---|---|
| 1 | | |
| 2 | | |
| 3 | | |
| 4 | | |
| 5 | | |

**Q4**

| | | |
|---|---|---|
| 1 | | |
| 2 | | |
| 3 | | |
| 4 | | |
| 5 | | |

## 지인과의 대화: 취미/일상 생활 (액세서리)

Imagine that you are talking on the telephone with your friend. You are talking about accessories.
친구와 전화 통화하고 있다고 가정해 보세요. 당신은 액세서리에 관해 이야기하고 있습니다.

🔊 MP3  AT4_5 | AT4_6 | AT4_7

만능 표현

| Q5 | When was the last time you bought accessories, and what did you buy?<br>마지막으로 액세서리를 산 게 언제였고, 무엇을 샀니? |
|---|---|

| A5 | 핵심 답변  WH P  I bought a cap 2 months ago.<br>추가 답변  I wear it every day.<br>2달 전에 모자를 하나 샀어. 매일 쓰고 다녀. |
|---|---|

| Q6 | Would you like to buy accessories from the internet?<br>액세서리를 인터넷에서 사고 싶어? |
|---|---|

| A6 | 선택  Yes, I'd like to buy them on the internet.<br>핵심 답변  Because it's fast and convenient.<br>시간, 노력 P  I can save time and effort.<br>응, 인터넷에서 사고 싶어. 왜냐하면, 빠르고 편리하기 때문이야. 시간과 노력을 아낄 수 있어. |
|---|---|

| Q7 | Do you think accessories are a good gift?<br>액세서리가 좋은 선물이라고 생각해? |
|---|---|

| A7 | 선택  Yes, I think so.<br>핵심 답변  In my case, I usually buy Nike caps for my friends as gifts.<br>이유  They are not that expensive and my friends wear them.<br>마무리  So I think they are good gifts.<br>응, 그렇게 생각해. 내 경우에는, 난 평소에 친구들 선물로 나이키 모자를 사. 그렇게 비싸지도 않고 친구들도 그걸 쓰고 다녀. 그래서 그게 좋은 선물인 것 같아. |
|---|---|

어휘  convenient 편리한  save ~을 아끼다, ~을 절약하다  effort 노력  usually 평소에, 보통, 일반적으로  expensive 비싼

고득점 포인트
• 액세서리를 보는 순간, 당황스러울 수도 있지만 목걸이, 반지를 포함해 모자, 비니, 안경, 스카프, 벨트도 액세서리이므로
  자주 사용하는 편한 물품으로 키워드를 잡아 답변해 주세요.
• 7번은 긍정 경험이나 부정 경험을 예시로 들어 설명하는 것이 쉽습니다.

# 나만의 답변 만들어 보기

Imagine that you are talking on the telephone with your friend. You are talking about accessories.

**Q5** When was the last time you bought accessories, and what did you buy?

A5

**Q6** Would you like to buy accessories from the internet?

A6

**Q7** Do you think accessories are a good gift?

A7

**행사 일정**

---

**에버렛 일렉트로닉스**

신입 사원 오리엔테이션
7월 1일, 금요일
대회의실 B203

| | |
|---|---|
| 오전 9:30 – 10:30 | 환영사 (존 버틀러) |
| 오전 10:30 – 11:00 | 동영상: 회사 가치관 |
| 오전 11:00 - 정오 | 사무실 견학 (로라 스미스) |
| 정오 – 오후 1:00 | 점심 식사 |
| 오후 1:00 – 2:30 | 안전 가이드라인 (존 버틀러) |
| 오후 2:30 – 4:00 | 부서 회의 |

---

Hi, this is Jane Brown, a new employee of Everett Electronics. I don't have much information about the new employee orientation, so let me ask you a few questions about the schedule.

안녕하세요, 저는 에버렛 일렉트로닉스의 신입 사원 제인 브라운입니다. 제가 신입 사원 오리엔테이션에 관한 정보가 많이 없어서, 일정에 대해 몇 가지 여쭤보겠습니다.

🔊 MP3  AT4_8 | AT4_9 | AT4_10

주어 동사 키워드 전치사

**Q8** When will the new employee orientation be held and where will it be held?

신입 사원 오리엔테이션이 언제 그리고 어디에서 열리나요?

**A8** The orientation will be held on Friday, July 1st in Conference Room B203 at 9:30 a.m.

오리엔테이션은 7월 1일, 금요일 오전 9시 30분에 B203 회의실에서 열릴 예정입니다.

**Q9** I heard that we have department meetings scheduled for 2 o' clock. Is that correct?

저는 2시로 예정된 부서 회의가 있다고 들었습니다. 맞나요?

**A9** No. Actually, the department meetings will be held at 2:30 p.m.

아니요. 사실, 그 부서 회의는 오후 2시 30분에 열릴 예정입니다.

---

**어휘** speech 연설, 담화  value 가치(관)  department 부서

**Q10**

Could you tell me all the sessions that John Butler will conduct on Friday?

존 버틀러 씨가 금요일에 진행하는 모든 세션을 말해줄 수 있나요?

**A10**

OK. He will give a welcome speech at 9:30 a.m.

At 1 p.m., he will lead the session on safety guidelines.

알겠습니다. 그는 오전 9시 30분에 환영사를 할 예정입니다. 오후 1시에는, 안전 가이드라인에 관한 세션을 진행할 예정입니다.

---

**어휘** session (특정 활동을 위한) 시간  conduct ~을 진행하다, ~을 실시하다  lead ~을 진행하다, ~을 이끌다

**고득점 포인트**

· The orientation에서 '디 오리엔테이션'으로 발음에 주의해 주세요.
· a welcome speech의 a는 하나의 환영사를, the welcome speech의 the는 특정 환영사를 뜻합니다.
  일정 중 환영사는 어차피 한 개 뿐이고, 이미 지정되어 있는 일정이므로 둘 다 맞습니다.

**듣기 포인트**

When / new employee orientation / where / department meetings / 2 o' clock / correct? / John Butler

Hi, this is Jane Brown, a new employee of Everett Electronics. I don't have much information about the new employee orientation, so let me ask you a few questions about the schedule.

**Q8**    When will the new employee orientation be held and where will it be held?

**A8**

**Q9**    I heard that we have department meetings scheduled for 2 o' clock. Is that correct?

**A9**

**Q10**    Could you tell me all the sessions that John Butler will conduct on Friday?

**A10**

## 능력, 자질

Do you agree or disagree with the following statement?

*Without the ability to adapt to change, people cannot be effective employees.*

Give specific reasons or examples to support your opinion.

당신은 다음 의견에 동의하나요, 아니면 반대하나요? 변화에 적응할 수 있는 능력이 없다면, 유능한 직원이 될 수 없다. 구체적인 이유 또는 예를 들어 당신의 의견을 뒷받침하세요.

## 브레인스토밍 & 노트테이킹

| 서론 | 동의 | |
|---|---|---|
| **본론**<br>**긍정 경험**<br>**템플릿** | 이유 | 변화에 잘 적응해야, Save T/E |
| | 상황 | 난 한화에서 일해, 내 동료 도영은 유연해 |
| | 경험 | 예 그는 new skills & cultures 쉽게 배워<br>open-minded & well-rounded, 협업 효율적 |
| | 결과 | 좋은 결과 P |
| **결론** | 직장에서 적응 잘해야 효과적 직원 O | |

Do you agree or disagree with the following statement?

*Without the ability to adapt to change, people cannot be effective employees.*

Give specific reasons or examples to support your opinion.

당신은 다음 의견에 동의하나요, 아니면 반대하나요? 변화에 적응할 수 있는 능력이 없다면, 유능한 직원이 될 수 없다. 구체적인 이유 또는 예를 들어 당신의 의견을 뒷받침하세요.

MP3 AT4_11

서론/결론 T 동의  본론 T 긍정 경험  패턴 시간, 노력, 회사, 학습 문화, 성격, 좋은 결과

| 서론 | | Yes, I agree that without the ability to adapt to change, people cannot be effective employees.<br>네, 저는 변화에 적응할 수 있는 능력이 없다면 유능한 직원이 될 수 없다는 점에 동의합니다. |
|---|---|---|
| 본론<br><br>긍정 경험<br>템플릿 | 이유 | If you adapt to change well, you can save time and effort.<br>변화에 잘 적응한다면, 시간과 노력을 아낄 수 있습니다. |
| | 상황 | In my case, I work for Hanwha and my coworker, Do Young is very flexible.<br>제 경우에는, 한화에서 근무하고 있는데 제 동료 직원 도영 씨가 매우 융통성이 좋습니다. |
| | 경험 | For example, he can learn new skills and new cultures easily.<br>예를 들어, 그는 새로운 기술과 새로운 문화를 쉽게 배울 수 있습니다. |
| | | I think he is very open-minded and well-rounded so it's very efficient to work with him.<br>저는 그가 매우 열린 마음을 지니고 있고 원만하기 때문에 함께 근무하는 것이 매우 효율적입니다. |
| | 결과 | Thanks to his abilities, our team had better results last month.<br>그의 능력 덕분에, 저희 팀은 지난 달에 더 나은 결과를 얻었습니다. |
| 결론 | | So I think you can be an effective employee when you have the ability to adapt to change at work.<br>그래서 저는 직장에서 변화에 적응할 수 있는 능력이 있을 때 유능한 직원이 될 수 있다고 생각합니다. |

**어휘** ability to ~할 수 있는 능력  adapt to ~에 적응하다  effective 유능한, 효과적인  agree that ~라는 점에 동의하다  effort 노력  coworker 동료 (직원)  flexible 융통성 있는, 유연한  open-minded 열린 마음을 지닌, 개방적인  well-rounded 원만한  efficient 효율적인  thanks to ~ 덕분에, ~ 때문에  result 결과

**고득점 포인트**
• 회사 패턴으로 나의 상황을 설정하고 동료인 능력자 도영을 추가해 능력 패턴으로 연결해 보세요.
• 동료가 '어떤' 적응력을 갖고 있어서 '어떤' 결과가 나왔는지 명사, 동사, 형용사 등으로 세부 설명해주세요.

## 본론 템플릿 추가 연습

앞서 배운 본론 템플릿, 만능 패턴을 활용하여 다른 설정으로 답변을 구성할 수도 있습니다. 다음 본론 템플릿에 맞춰 답변을 연습해 보세요.

| 본론 템플릿 | | 이유 T | 긍정 경험 T | (부정 경험 T) | 과거 비교 T |
|---|---|---|---|---|---|
| 본론 | 이유 | 변화에 적응하지 못하면, 팀으로 일할 수 없음 | | | |
| | 상황 | 내 경우, 포스코에서 일하는데, 동료인 리아는 변화에 적응하지 못함 | | | |
| | 경험 | 새 프로젝트를 할 때, 그녀는 항상 시간이 더 걸림 | | | |
| | 결과 | 그래서, 일을 제때 끝낼 수 없고 더 성취할 수 없음 | | | |
| 만능 패턴 | | 회사, 능력, 시간, 노력, 목표 달성 | | | |

## 나만의 본론 템플릿 만들어 보기

앞서 배운 본론 템플릿, 만능 패턴을 활용하여 나만의 본론 템플릿을 만들어 보세요.

| 본론 템플릿 | | 이유 T | 긍정 경험 T | 부정 경험 T | 과거 비교 T |
|---|---|---|---|---|---|
| 본론 | 이유 | | | | |
| | 상황 | | | | |
| | 경험 | | | | |
| | 결과 | | | | |
| 만능 패턴 | | | | | |

# 실전 모의고사 5

모의고사 총평

## Q1 소개문

 MP3 AT5_1

디 발음 강세 ↗ 올려 읽기 ↘ 내려 읽기 / 끊어 읽기

---

This is Daniel Murphy ↗ / on Morning Drive. ↘ // It is going to be a special morning ↗ / with Scarlet Wall, ↗ / the number one pop singer. ↘ // This year has been her year, ↗ / and it hasn't ended yet. ↘ // We have seen her ↗ / on commercials, ↗ / on TV programs ↗ / and at all the famous award ceremonies. ↘ // Stay tuned ↗ / and you will get to be among the first to hear ↗ / her newest single, ↗ / coming right up! ↘ //

---

모닝 드라이브의 대니얼 머피입니다. 오늘 아침은 최고의 팝 가수 스칼렛 월 씨와 함께 하는 특별한 시간이 될 것입니다. 올해는 월 씨의 해였으며, 그 시간은 아직 끝나지 않았습니다. 우리는 광고와 TV 프로그램, 그리고 모든 유명 시상식에서 그녀를 봐왔습니다. 채널 고정하시면 곧바로 이어지는 월 씨의 최신 싱글을 처음으로 들으시는 분들 중 한 분이 될 것입니다.

---

**어휘** commercial 광고 (방송)  award ceremony 시상식  stay tuned 채널을 고정하다, 채널을 맞춰 놓다  get to ~하게 되다  among ~ 중에서, ~ 사이에서  come right up 곧바로 이어지다, 금방 다가오다

**고득점 포인트**
- 사람 이름은 스펠링대로 천천히 읽어 잘 녹음해 주세요. Daniel Murphy, Scarlet Wall
- 단어별 강세 포인트와 복수급-s에 주의합니다. commercials, TV programs, ceremonies

## Q2 안내문

 MP3 AT5_2

디 발음 강세 ↗ 올려 읽기 ↘ 내려 읽기 / 끊어 읽기

---

Good morning, ↗ / Western Airways passengers. ↘ // We will soon be serving beverages ↗ / including coffee, ↗ / canned soda ↗ / and various types of wine. ↘ // Please remain seated ↗ / until the captain turns off the seatbelt sign. ↘ // If you need any assistance, ↗ / please raise your hand ↗ / or press the yellow button. ↘ // We will be right with you. ↘ //

---

안녕하세요, 웨스턴 항공 승객 여러분. 곧 커피와 캔 탄산음료, 그리고 다양한 종류의 와인을 포함한 음료를 제공해 드릴 예정입니다. 기장님께서 안전벨트 신호등을 끌 때까지 자리에 앉아 계시기 바랍니다. 어떤 도움이든 필요한 경우, 손을 들거나 노란색 버튼을 눌러 주세요. 저희가 즉시 자리로 가겠습니다.

---

**어휘** passenger 승객  serve (음식 등) ~을 제공하다, ~을 내오다  beverage 음료  including ~을 포함해  canned 캔으로 된  various 다양한  remain seated 계속 자리에 앉아 있다  until ~할 때까지  turn off ~을 끄다  seatbelt sign 안전벨트 신호등  assistance 도움, 지원  raise one's hand 손을 들다  right 즉시, 곧바로

**고득점 포인트**
- v와 b 발음이 휘말리지 않도록 주의해 줍니다. serving beverages
- -ed 발음까지 정확히 나도록 준비 시간에 연습해 두세요. canned 캐-엔드, seated 씨-디듯
- the yellow button의 '예' 발음은 자음의 소리라 '더 옐로우 버-엇은' 으로 읽습니다.

### Q3 인물 중심 사진 (2인)

**브레인스토밍**

| 1 | 장소 | 계단 |
|---|---|---|
| 2 | 주연 | 오른쪽 여자 / 곱슬머리 / 계단에 앉아 있음 |
| 3 | 주연 | 그녀는 그녀의 태블릿 컴퓨터를 보고 있음 |
| 4 | 조연 | 그녀 뒤에 여자 / 가방에서 무엇인가 찾고 있음 |
| 5 | 조연 | 그녀는 파란 셔츠, 안경 쓰고 있음 |

MP3 AT5_3

Test 5

<u>사진 묘사 템플릿</u> 핵심 표현

| 1 | 장소 | <u>This is a picture of</u> stairs.<br>이것은 계단의 사진입니다. |
|---|---|---|
| 2 | 주연 | On the right, a woman with curly hair is sitting on the stairs.<br>오른쪽에는, 곱슬머리를 한 여자 한 명이 계단에 앉아 있습니다. |
| 3 | 주연 | She is looking at her tablet computer.<br>그녀는 그녀의 태블릿 컴퓨터를 보고 있습니다. |
| 4 | 조연 | Behind her, a woman is looking for something in her bag.<br>그녀 뒤에는, 여자 한 명이 가방 안에 든 뭔가를 찾고 있습니다. |
| 5 | 조연 | She is wearing a blue shirt <u>and</u> glasses.<br>그녀는 파란색 셔츠와 안경을 쓰고 있습니다. |

**어휘** stairs 계단  curly 곱슬곱슬한  look at ~을 보다  behind ~ 뒤에  look for ~을 찾다

**고득점 포인트**

- hair는 수를 세지 않으므로 a hair, hairs 처럼 실수하지 않도록 주의해 주세요.
- 눈과 손으로 무엇인가 찾고 있다면 is/are looking for something으로 표현합니다.
- 단수나 복수 단어, 색상 형용사를 사용해 정확하게 묘사합니다.
  wearing a blue shirt and glasses

## Q4 다수 인물, 사물, 배경 혼합 사진 (5인 이상)　브레인스토밍

| 1 | 장소 | 야외 |
|---|------|------|
| 2 | 주연들 | 왼쪽 많은 고객들 / 줄 서 있음 |
| 3 | 사물 | 중간에 / 디저트 가게 보임 |
| 4 | 조연들 | 오른쪽 사람들 2명 / 벤치에서 크림 퍼프 (슈크림빵)를 먹는 중 |
| 5 | 배경 | 뒤쪽 / 큰 광고들이 보임 |

🔊 MP3 AT5_4

**사진 묘사 템플릿** 핵심 표현

| 1 | 장소 | This is a picture taken outdoors.<br>이것은 야외에서 찍은 사진입니다. |
|---|------|------|
| 2 | 주연들 | On the left, many customers are standing in line.<br>왼쪽에는, 많은 고객들이 줄지어 서 있습니다. |
| 3 | 사물 | I can see a dessert store in the middle.<br>중간에는 디저트 매장이 보입니다. |
| 4 | 조연들 | On the right, two people are eating cream puffs on a bench.<br>오른쪽에는, 두 사람이 벤치에서 슈크림빵을 먹고 있습니다. |
| 5 | 배경 | Big advertisements can be seen in the background.<br>커다란 광고가 뒤쪽에 보입니다. |

**어휘** stand in line 줄지어 서 있다　cream puff 슈크림빵　advertisement 광고

**고득점 포인트**

- 어딘지 모르는 장소라면 뜸들일 필요 없이 This is a picture taken outdoors.로 정리합니다.
- 고객들이 줄지어 서 있으니 명사, 전치사구로 세부 묘사를 합니다. many customers are standing in line.
- cream puffs는 사진에 보여서 사용했지만, 무엇을 먹는지 정보가 없다면 eating something도 좋습니다.

**Q3**

| 1 | | |
|---|---|---|
| 2 | | |
| 3 | | |
| 4 | | |
| 5 | | |

**Q4**

| 1 | | |
|---|---|---|
| 2 | | |
| 3 | | |
| 4 | | |
| 5 | | |

## 전화 인터뷰: 취미/일상 생활 (자전거)

Imagine that a British marketing firm is doing research in your country. You have agreed to participate in a telephone interview about bicycles.

영국의 한 마케팅 회사가 당신의 나라에서 설문 조사를 하고 있다고 가정해 보세요. 당신은 자전거에 대한 전화 인터뷰에 참여하기로 동의했습니다.

🔊 MP3 AT5_5 | AT5_6 | AT5_7

만능 표현

**Q5** When was the last time you bought a bicycle, and were you satisfied with it?
마지막으로 자전거를 구입한 것은 언제였으며, 그것에 만족했나요?

**A5**
[핵심 답변] [WH P] I bought my bicycle about 2 years ago on the internet.
[추가 답변] And yes, I was satisfied with it.
저는 2년 전에 인터넷으로 자전거를 구입했습니다. 그리고 네, 그것에 만족했습니다.

**Q6** What is your favorite park in your area, and is it a good place to ride a bicycle?
당신이 사는 지역에서 가장 좋아하는 공원은 어디이며, 그곳은 자전거를 타기 좋은 장소인가요?

**A6**
[핵심 답변] [WH P] My favorite park is Olympic Park near my place.
[추가 답변] And yes, it's a good place to ride a bicycle.
I go there about once or twice a week.
제가 가장 좋아하는 공원은 집 근처에 있는 올림픽 공원입니다. 그리고 네, 그곳은 자전거를 타기 좋은 장소입니다. 일주일에 약 한두 번씩 그곳에 갑니다.

**Q7** When choosing a bicycle shop, what is the most important factor to consider?
- Variety of bicycles   - Friendly staff   - Reasonable prices
자전거 매장을 선택할 때, 고려해야 하는 가장 중요한 요소는 무엇인가요?
- 다양한 자전거   - 친절한 직원   - 합리적인 가격

**A7**
[선택] The most important factor is a reasonable price.
[돈 P] In my case, I'm a student and I don't have much money.
[핵심 답변] So I want to buy a bicycle at a cheap price.
[마무리] That's why I bought my bicycle online.
가장 중요한 요소는 합리적인 가격입니다. 제 경우에는, 학생이라서 돈이 많지 않습니다. 그래서 저렴한 가격에 자전거를 구입하기를 원합니다. 이것이 바로 제가 온라인에서 자전거를 구입한 이유입니다.

[고득점 포인트]
· 자전거를 안타더라도 주제로 출제된 이상, 자전거 타기가 취미이며 어디서 누구랑 자주 타고 왜 타는지에 대한 답변을 상상해 두어야 일관성있게 전체 답변들을 이어갈 수 있습니다.

Imagine that a British marketing firm is doing research in your country. You have agreed to participate in a telephone interview about bicycles.

**Q5**  When was the last time you bought a bicycle, and were you satisfied with it?

**A5**

**Q6**  What is your favorite park in your area, and is it a good place to ride a bicycle?

**A6**

**Q7**  When choosing a bicycle shop, what is the most important factor to consider?
- Variety of bicycles    - Friendly staff    - Reasonable prices

**A7**

Test 5

## 행사 일정

<table>
<tr><td colspan="2" align="center">호텔 경영진 분기 회의</td></tr>
<tr><td colspan="2" align="right">매리엇 컨퍼런스 센터<br>11월 20일, 목요일</td></tr>
<tr><th>시간</th><th>행사</th></tr>
<tr><td>오전 8:30 – 9:00</td><td>개회사 – 데릭 하퍼 (대표이사)</td></tr>
<tr><td>오전 9:00 – 10:00</td><td>강연: 짧은 여행의 트렌드 – 비키 애스터 (영업부)</td></tr>
<tr><td>오전 10:00 – 정오</td><td>토론: 온라인 예약 시스템의 발전</td></tr>
<tr><td>정오 – 오후 1:00</td><td>점심 식사</td></tr>
<tr><td>오후 1:00 – 2:30</td><td>동영상: 새로운 시설 도입 방법 – 그랜트 소렌슨 (마케팅부)</td></tr>
<tr><td>오후 2:30 – 4:30</td><td>세미나: 지사 발전 – 비키 애스터 (영업부)</td></tr>
<tr><td>오후 4:30 – 5:30</td><td>강연: 여행 빅 데이터 – 벤 펄먼 (기술부)</td></tr>
</table>

Hi, this is Christine. I'll be attending the meeting next week but I don't have a copy of the final schedule. I'm hoping you can answer some questions for me.

안녕하세요, 저는 크리스틴입니다. 제가 다음 주에 회의에 참석할 예정인데, 최종 일정표 사본이 없습니다. 저를 위해 몇 가지 질문에 답변 해 주길 바랍니다.

🔊 MP3 AT5_8 | AT5_9 | AT5_10

주어 동사 키워드 전치사

**Q8** What is the first event in the morning, and what time does it start?

오전에 있을 첫 번째 행사는 무엇이며, 몇 시에 시작하나요?

**A8** The first event is the opening remarks and it will be led by Derek Harper, the CEO, at 8:30 a.m.

첫 번째 행사는 개회사이며, 오전 8시 30분에 대릭 하퍼 대표이사님이 진행할 예정입니다.

**Q9** I'm really looking forward to hearing Grant Sorenson's video session. He'll be speaking sometime in the morning, right?

저는 그랜트 소렌슨 씨의 비디오 세션을 듣는 것을 정말 고대하고 있습니다. 그가 오전 중에 연설할 예정인 게 맞나요?

**A9** No. Actually, he will lead the video session called How to Introduce New Facilities at 1:00 p.m.

아니오. 사실, 그는 오후 1시에 '새로운 시설 도입 방법'이라는 비디오 세션을 진행할 예정입니다.

---

**어휘** quarterly 분기의 remark 말, 발언, 언급 trend 트렌드, 유행, 경향 sales 영업, 판매, 매출 discussion 토론, 논의 development 발전, 개발 reservation 예약 how to ~하는 방법 introduce ~을 도입하다, ~을 소개하다 facility 시설(물) branch 지사, 지점

| Q10 | I heard about a few sessions focusing on travel. Could you give me all the details of the sessions about travel? |
| --- | --- |
| | 저는 여행에 초점을 맞춘 몇몇 세션에 관한 얘기를 들었습니다. 여행과 관련된 세션에 대한 세부사항을 모두 알려줄 수 있나요? |
| A10 | OK. At 9:00 a.m., the Lecture called Trends in Short Travel will be led by Vicky Astor from the sales department. |
| | And then, Ben Pearlman from the technology department will lead the lecture called Big Data for Traveling at 4:30 p.m. |
| | 알겠습니다. 오전 9시에, '짧은 여행의 트렌드'라는 강연을 영업부의 비키 애스터 씨가 진행할 예정입니다. 그리고 그 후에, 기술부의 벤 펄먼 씨가 오후 4시 40분에 '여행 빅 데이터'라는 강연을 진행할 예정입니다. |

**어휘** focus on ~에 초점을 맞추다   details 상세정보, 세부사항

**고득점 포인트**
- 개회사는 지정된 일정(세션)의 종류이므로 정관사 the를 붙여 '디'로 발음합니다. the opening remarks
- 비디오 일정 옆 구문은 타이틀로 구분해 called로 연결해 주세요. called How to Introduce New Facilities
- '어떤 부서의 누구'라는 표현은 사람 from the 부서명 순으로 말해줍니다.

**듣기 포인트**
What / first event / morning / what time / start / Grant Sorenson's video session / morning / right? / travel

Hi, this is Christine. I'll be attending the meeting next week but I don't have a copy of the final schedule. I'm hoping you can answer some questions for me.

**Q8**　　What is the first event in the morning, and what time does it start?

**A8**

_____

_____

**Q9**　　I'm really looking forward to hearing Grant Sorenson's video session. He'll be speaking sometime in the morning, right?

**A9**

_____

_____

**Q10**　　I heard about a few sessions focusing on travel. Could you give me all the details of the sessions about travel?

**A10**

_____

_____

## 직장 생활

> Which of the following factors is the biggest contributor to a team's success?
>
> Choose one of the options below and give specific reasons or examples to support your opinion.
>
> - Team members' creativity
>
> - Efficient organizational skills
>
> - Rewards for being successful
>
> 다음 요소들 중 어느 것이 팀의 성공에 가장 큰 기여 요인인가요? 아래 선택지 중 하나를 고른 뒤 구체적인 이유 또는 예를 들어 당신의 의견을 뒷받침하세요.
>
> - 팀원들의 창의성
> - 효율적인 조직력
> - 성공을 거두는 것에 대한 보상

## 브레인스토밍 & 노트테이킹

| 서론/결론 T | 본론 T | 패턴 |
|---|---|---|
| 효율적인 조직력 | 긍정 경험 | 시간, 노력, 회사, 목표 달성, 좋은 결과 |

| 서론 | | 효율적인 조직력 |
|---|---|---|
| **본론**<br><br>긍정 경험<br>템플릿 | 이유 | Save T/E |
| | 상황 | 난 삼성에서 일해 |
| | 경험 | 내 동료들은 조직력 O - 목표 달성 P |
| | 결과 | Thanks to their organizational skills - 좋은 결과 P |
| **결론** | | 조직력 중요 |

Which of the following factors is the biggest contributor to a team's success?

Choose one of the options below and give specific reasons or examples to support your opinion.

- Team members' creativity

- Efficient organizational skills

- Rewards for being successful

다음 요소들 중 어느 것이 팀의 성공에 가장 큰 기여 요인인가요? 아래 선택지 중 하나를 고른 뒤 구체적인 이유 또는 예를 들어 당신의 의견을 뒷받침하세요.

- 팀원들의 창의성
- 효율적인 조직력
- 성공을 거두는 것에 대한 보상

서론/결론 T 효율적인 조직력   본론 T 긍정 경험   패턴 시간, 노력, 회사, 목표 달성, 좋은 결과

| 서론 | | The biggest contributor to a team's success is efficient organizational skills.<br>팀의 성공에 있어 가장 큰 기여 요인은 효율적인 조직력입니다. |
|---|---|---|
| **본론**<br><br>**긍정 경험<br>템플릿** | 이유 | Because you can save time and effort.<br>왜냐하면, 시간과 노력을 아낄 수 있기 때문입니다. |
| | 상황 | In my case, I work for Samsung.<br>제 경우에는, 삼성에서 근무하고 있습니다. |
| | 경험 | And my coworkers have good organizational skills.<br>그리고 제 동료 직원들은 좋은 조직력을 지니고 있습니다.<br>So they finish their work on time and achieve more.<br>그래서 그들은 제때 업무를 완료하고 더 많은 것을 달성합니다. |
| | 결과 | Thanks to their organizational skills, our team had better results last month.<br>그들의 조직력 덕분에, 저희 팀은 지난 달에 더 나은 결과를 얻었습니다. |
| 결론 | | Therefore, the most important factor to a team's success is efficient organizational skills.<br>따라서, 팀의 성공에 있어 가장 중요한 요소는 효율적인 조직력입니다. |

**어휘** factor 요소, 요인   contributor 기여 요인, 원인   creativity 창의성   efficient 효율적인   organizational skills 조직력   reward 보상   successful 성공적인   effort 노력   coworker 동료 (직원)   on time 제때   achieve ~을 달성하다, ~을 성취하다   thanks to ~ 덕분에, ~ 때문에   result 결과   therefore 따라서, 그러므로

**고득점 포인트**
· 능력자를 특정하고 싶지 않다면 동료 집단을 주어로 잡을 수도 있습니다. 단, 복수급에 주의해 주세요.
· 목표 달성 패턴과 좋은 결과 패턴을 적절히 활용하면 쉽게 답변 가능합니다.

## 본론 템플릿 추가 연습

앞서 배운 본론 템플릿, 만능 패턴을 활용하여 다른 설정으로 답변을 구성할 수도 있습니다. 다음 본론 템플릿에 맞춰 답변을 연습해 보세요.

| 본론 템플릿 | | 이유 T | 긍정 경험 T | 부정 경험 T | 과거 비교 T |
|---|---|---|---|---|---|
| 본론 | 이유 | 왜냐하면 시간과 노력을 아낄 수 있음 | | | |
| | 상황 | 내 경우, LG에서 일하는데, 팀원들이 조직력이 있음<br>함께 일하기 효율적이며 시간, 노력이 아껴짐 | | | |
| | 이유 | 또한, 더 많이 일할 수 있음 | | | |
| | 상황 | 다른 팀들보다 많이 일하므로, 지난달에는 더 좋은 결과를 냈음 | | | |
| 만능 패턴 | | 시간, 노력, 회사, 목표 달성, 좋은 결과 | | | |

## 나만의 본론 템플릿 만들어 보기

앞서 배운 본론 템플릿, 만능 패턴을 활용하여 나만의 본론 템플릿을 만들어 보세요.

| 본론 템플릿 | | 이유 T | 긍정 경험 T | 부정 경험 T | 과거 비교 T |
|---|---|---|---|---|---|
| 본론 | 이유 | | | | |
| | 상황 | | | | |
| | 경험 | | | | |
| | 결과 | | | | |
| 만능 패턴 | | | | | |

시원스쿨 LAB

시원스쿨 4주 완성

# TOEIC Speaking

조앤박 | 시원스쿨어학연구소

## 학습지

8

시원스쿨
**토익스피킹학습지**

**초판 1쇄 발행** 2023년 1월 2일

**지은이** 조앤박·시원스쿨어학연구소
**펴낸곳** (주)에스제이더블유인터내셔널
**펴낸이** 양홍걸 이시원

**홈페이지** www.siwonschool.com
**주소** 서울시 영등포구 국회대로74길 12 시원스쿨
**교재 구입 문의** 02)2014-8151
**고객센터** 02)6409-0878

**ISBN** 979-11-6150-655-5 13740
**Number** 1-110303-19190400-08

# 8

## Actual Test IH-AL
## IH-AL 실전모의고사
## 정답 및 해설

## 목차

————

# 실전 모의고사 1

## QUESTIONS 1-2  Read a text aloud

### Q1  광고문

 MP3  AT1_1

**디 발음** 강세 ↗ 올려 읽기 ↘ 내려 읽기 / 끊어 읽기

Please join us on Thursday, ↗/ April twentieth, ↗/ for the opening of Joe's Restaurant. ↘// This new downtown dining option ↗/ offers nutritious meals ↗/ at affordable prices. ↘// For example, ↗/ you can eat breakfast, ↗/ lunch ↗/ or dinner ↗/ for less than 9 dollars per person. ↘// If you want a healthy meal ↗/ at a reasonable price, ↗/ visit Joe's Restaurant ↗/ this spring. ↘//

4월 20일, 목요일에 있을 조의 레스토랑의 개장식에 함께 하시기 바랍니다. 시내에 새로 여는 저희 식당은 저렴한 가격에 영양가 높은 식사를 제공합니다. 예를 들어, 1인당 9달러도 채 되지 않는 가격에 아침, 점심, 또는 저녁 식사를 하실 수 있습니다. 합리적인 가격에 건강에 좋은 식사를 원하실 경우, 올 봄에 조의 레스토랑을 방문해 보시기 바랍니다.

**어휘** join ~와 함께 하다, ~에 합류하다  downtown 시내의  dining option 식당 (선택권)  offer ~을 제공하다  nutritious 영양가 높은  meal 식사  affordable 저렴한, 가격이 알맞은  for example 예를 들어  less than ~가 채 되지 않는, ~ 미만의  per ~당, ~마다  reasonable 합리적인, 가격이 적정한

**고득점 포인트**
- 서수 발음 특히 20일과 30일 발음에 주의해 주세요. 20th: twentieth, 30th: thirtieth
- 앞에서 읽었던 비슷한 단어들의 연상 작용으로 인해 지문과 다르게 읽지 않도록 주의해 주세요.
  at affordable prices, at a reasonable price

### Q2  안내문

 MP3  AT1_2

**디 발음** 강세 ↗ 올려 읽기 ↘ 내려 읽기 / 끊어 읽기

The next stop ↗/ on our tour of Rosedale's famous neighborhoods ↗/ will be Summerville. ↘// Although this neighborhood ↗/ was once filled ↗/ with industrial factories ↗/ and warehouses, ↗/ it has been transformed ↗/ into a huge tourist attraction ↗/ recently. ↘// In the past two decades, ↗/ it has become the most popular district ↗/ with many trendy shops, ↗/ restaurants ↗/ and art galleries. ↘//

로즈데일의 유명 지역들을 둘러보는 이번 투어의 다음 방문 장소는 서머빌이 될 것입니다. 이 지역은 한때 공업용 공장과 창고들로 가득했지만, 최근 거대 관광 명소로 탈바꿈되었습니다. 지난 20년 동안, 많은 세련된 매장과 레스토랑, 그리고 미술관들로 구성된 가장 인기 있는 지역이 되었습니다.

**어휘** stop 방문 장소, 정류소  be filled with ~로 가득하다  once 한때  industrial 공업의, 산업의  warehouse 창고  transform A into B A를 B로 탈바꿈시키다  attraction 명소, 인기 장소  decade 10년  district 지역, 구역, 지구

**고득점 포인트**
- 복합 명사는 주로 앞 단어에 강세를 줍니다. Rosedale, neighborhoods, Summerville, warehouses
- Recently의 강세는 앞에 있습니다. '뤼쎈-틀리'(X) - '뤼-쓴리'(O)

## QUESTIONS 3-4 Describe a picture

**Q3 인물 중심 사진 (2인)**

**브레인스토밍**

| 1 | 장소 | 야외 |
|---|---|---|
| 2 | 주연 | 오른쪽 여자 / 벤치에 앉아 / (전화) 통화 중 |
| 3 | 조연 | 그녀 옆에 여자 / 휴대폰을 들고 / 다리를 꼬고 있음 |
| 4 | 엑스트라 | 그들 뒤에 사람들 / 보행자 도로를 걷고 있음 |
| 5 | 배경 | 뒤쪽 / 차들과 빌딩들이 보임 |

🔊 MP3 AT1_3

<u>사진 묘사 템플릿</u> 핵심 표현

| 1 | 장소 | <u>This is a picture taken</u> outdoors.<br>이것은 야외에서 찍은 사진입니다. |
|---|---|---|
| 2 | 주연 | On the right, a woman is sitting on a bench <u>and</u> talking on the phone.<br>오른쪽에는, 여자 한 명이 벤치에 앉아 전화 통화하고 있습니다. |
| 3 | 조연 | Next to her, a woman is holding her cell phone with her legs crossed.<br>그녀 옆에는, 여자 한 명이 다리를 꼰 채로 앉아 휴대폰을 들고 있습니다. |
| 4 | 엑스트라 | Behind them, some people are walking on the sidewalk.<br>그들 뒤에는, 몇몇 사람들이 보행자 도로에서 걷고 있습니다. |
| 5 | 배경 | Some cars and buildings <u>can be seen in the background</u>.<br>몇몇 차들과 빌딩들이 뒤쪽에 보입니다. |

**어휘** talk on the phone 전화 통화하다   next to ~ 옆에   hold ~을 들다, ~을 붙잡다, ~을 쥐다   with one's legs crossed 다리를 꼰 채로   behind ~ 뒤에   sidewalk 보도, 인도

**고득점 포인트**
- 최근 다리를 꼰 사진이 자주 출제되므로 과거 분사 표현을 익혀두세요. with her legs crossed
- 차, 사람이 모두 다니는 큰 길은 street, 차도 옆 인도는 sidewalk, 비포장된 오솔길은 path로 구분해요.

## Q4 다수 인물, 사물, 배경 혼합 사진 (5인 이상)　브레인스토밍

| 1 | 장소 | 야외 |
|---|---|---|
| 2 | 주연들 | 오른쪽 2명 / 악기 연주 중 |
| 3 | 조연들 | 중간에 / 엄마와 아이들이 노래(음악)를 듣고 있음 |
| 4 | 엑스트라 | 왼쪽 사람들 / 길(거리)을 걷고 있음 |
| 5 | 배경 | 뒤쪽(양쪽) / 빌딩들과 나무들이 사진의 양쪽에 보임 |

🔊 MP3  AT1_4

<u>사진 묘사 템플릿</u> 핵심 표현

| 1 | 장소 | This is a picture taken outdoors.<br>이것은 야외에서 찍은 사진입니다. |
|---|---|---|
| 2 | 주연들 | On the right, two people are playing musical instruments.<br>오른쪽에는, 두 사람이 악기를 연주하고 있습니다. |
| 3 | 조연들 | In the middle, a mom and her kids are listening to the music.<br>중간에는, 엄마와 아이들이 그 음악을 듣고 있습니다. |
| 4 | 엑스트라 | On the left, many people are walking on the street.<br>왼쪽에는, 많은 사람들이 거리를 걷고 있습니다. |
| 5 | 배경 | Some buildings and trees <u>can be seen</u> on both sides of the picture.<br>몇몇 빌딩들과 나무들이 사진 양쪽에 보입니다. |

**어휘** musical instrument 악기　on both sides of ~의 양쪽에

**고득점 포인트**

• 사람, 사물, 배경이 혼합된 사진의 경우, 일일이 묘사하는 것은 불가능합니다. 오른쪽 악기 연주자들, 중간에 엄마와 아이들, 왼쪽에 걷고 있는 사람들 처럼 복수급 주어들로 묶어 설명해야 전반적인 사진 묘사가 가능합니다.
• 어떤 것의 양쪽에 위치한 경우, on both sides of 명사 표현을 활용해 보세요.

# 나만의 답변 만들어 보기

**Q3**

| | | |
|---|---|---|
| 1 | | |
| 2 | | |
| 3 | | |
| 4 | | |
| 5 | | |

**Q4**

| | | |
|---|---|---|
| 1 | | |
| 2 | | |
| 3 | | |
| 4 | | |
| 5 | | |

## 전화 인터뷰: 인터넷/전자 기기 (스트리밍 서비스)

Imagine that a technology magazine is doing research in your area. You have agreed to participate in a telephone interview about watching television programs using streaming services.

한 기술 잡지가 당신이 사는 지역에서 설문 조사를 하고 있다고 가정해 보세요. 당신은 스트리밍 서비스를 이용한 텔레비전 프로그램 시청에 대한 전화 인터뷰에 참여하기로 동의했습니다.

◁) MP3　AT1_5 | AT1_6 | AT1_7

만능 표현

| Q5 | What video content did you watch most recently? What kind of content was it?<br>가장 최근에 어떤 영상 콘텐츠를 시청했나요? 어떤 종류의 콘텐츠였나요? |
|---|---|

| A5 | **핵심 답변** **WH P** I watched a cat video on YouTube yesterday.<br>It was a vlog on a YouTube channel called Cat's go.<br>저는 어제 유튜브에서 고양이 동영상을 하나 시청했습니다. 캣츠 고라는 유튜브 채널의 브이로그였습니다. |
|---|---|

| Q6 | If you watch TV programs using streaming services, would you like to use your cell phone or computer?<br>스트리밍 서비스를 이용해 TV 프로그램을 시청한다면, 휴대폰 또는 컴퓨터 중 어느 것을 이용하고 싶나요? |
|---|---|

| A6 | **선택** I'd like to use my cell phone because it's convenient.<br>**핵심 답변** I can watch TV shows anywhere like on a bus or subway.<br>**필러** So it works for me.<br>저는 휴대폰을 이용하고 싶은데, 편리하기 때문입니다. 버스나 지하철 같이 어디서든 TV 프로그램을 시청할 수 있습니다. 그래서 저는 그게 좋습니다. |
|---|---|

| Q7 | What are some advantages of using streaming services when you watch a movie?<br>영화를 볼 때 스트리밍 서비스를 이용하는 것의 몇몇 장점은 무엇인가요? |
|---|---|

| A7 | **핵심 답변** Basically, I can watch a new movie at home.<br>**시간 노력P** I don't need to go to a movie theater so I can save time and effort.<br>**돈 P** Also, I can save money.<br>**추가 이유** It's cheaper to watch movies on Netflix these days.<br>기본적으로, 집에서 신작 영화를 볼 수 있습니다. 영화관에 갈 필요가 없기 때문에, 시간과 노력을 아낄 수 있습니다. 또한, 돈도 절약할 수 있습니다. 요즘은 넷플릭스에서 영화를 보는 게 더 저렴합니다. |
|---|---|

**고득점 포인트**

- 움직이는 이미지는 다 비디오예요. 웃기거나 재미있는 짧은 영상을 video, video clip 이라고 합니다. 대표적으로 유튜브 비디오가 있고 본인이 즐겨보는 채널이나 영상, 영상의 종류를 답하고 스트레스 패턴을 추가해 보세요.
- 스트리밍 서비스를 구독하면 최신 영화나 TV shows를 더 싸고 편하게 언제 어디서나 볼 수 있습니다.

# 나만의 답변 만들어 보기

Imagine that a technology magazine is doing research in your area. You have agreed to participate in a telephone interview about watching television programs using streaming services.

**Q5**     What video content did you watch most recently? What kind of content was it?

**A5**

**Q6**     If you watch TV programs using streaming services, would you like to use your cell phone or computer?

**A6**

**Q7**     What are some advantages of using streaming services when you watch a movie?

**A7**

**행사 일정**

| 교육과 진로의 미래 세미나 4월 2일, 밀레니엄 호텔, 라스베이거스 235번지 스미스 스트리트 | |
| --- | --- |
| 오후 5:00 | 기조 연설: 아이들을 위한 스마트 교육 소개 |
| 오후 5:15 | 발표: 필수 학문 교육<br>*마거렛 리치, SLT 리더십 코퍼레이션 회장* |
| 오후 6:00 | 단체 토론: 국제 학생 지원 방법 |
| 오후 7:15 | 뷔페 저녁 식사 (뉴튼 홀) |
| 오후 8:30 | 발표: 경력을 위한 종자돈 만들기<br>*레이 애들먼, BV 은행 투자 이사* |
| 오후 9:15 | 질의 응답 시간 |

Hi, this is Olivia. I'm attending the Future of Education and Careers Seminar this April, but I can't find the schedule online. I would like to ask you some questions.

안녕하세요, 저는 올리비아입니다. 제가 올 4월에 있을 교육의 진로의 미래 세미나에 참석하는데, 온라인에서 일정표를 찾을 수 없습니다. 몇 가지 질문을 드리고자 합니다.

 MP3 | AT1_8 | AT1_9 | AT1_10

주어 동사 키워드 전치사

| Q8 | Where will the seminar be held, and what time will it start?<br>세미나는 어디에서 열리며, 몇 시에 시작하나요? |
| --- | --- |
| A8 | The seminar will be held at the Millennium Hotel in Las Vegas and it will start at 5 p.m.<br>이 세미나는 라스베이거스에 있는 밀레니엄 호텔에서 개최될 것이며, 오후 5시에 시작합니다. |
| Q9 | I heard that dinner is not provided. Is that correct?<br>저녁 식사가 제공되지 않는다고 들었습니다. 맞나요? |
| A9 | No. Actually, There is a buffet dinner in Newton Hall at 7:15 p.m.<br>아니요. 사실, 오후 7시 15분에 뉴튼 홀에서 뷔페 저녁 식사가 있습니다. |

**어휘** career 경력, 직업 활동  keynote speech 기조 연설  introduction to ~의 소개, ~ 입문  presentation 발표(회)  essential 필수적인  discussion 토론, 논의  how to ~하는 방법  support ~을 지원하다, ~을 후원하다  seed money 종자돈  investment 투자(금)  attend ~에 참석하다  ask A a question A에게 질문하다  hold ~을 개최하다, ~을 열다  provide ~을 제공하다

**Q10** I'm particularly interested in the presentation sessions in the seminar. Can you give me all the details about the presentations held during the seminar?

저는 특히 이 세미나의 발표 세션에 관심이 있습니다. 세미나 중에 열리는 발표에 대해 세부사항을 모두 알려줄 수 있나요?

**A10** OK. At 5:15 p.m., the presentation on Essential Academic Education will be led by Margaret Richie, the Chairman of SLT Leadership Corporation. And then, Ray Adelman, the Investment Director of BV Bank, will give the presentation called Make Seed Money for Careers.

알겠습니다. 오후 5시 15분에, '필수 학문 교육'에 관한 발표를 SLT 리더십 코퍼레이션의 마거렛 리치 회장님이 진행할 예정입니다. 그리고 그 후에, BV 은행의 투자 이사인 레이 애들먼 씨가 '경력을 위한 종자돈 만들기'라는 발표를 할 예정입니다.

---

**어휘** be interested in ~에 관심이 있다   particularly 특히, 특별히   session (특정 활동을 위한) 시간   details 상세 정보, 세부 사항   lead ~을 진행하다, ~을 이끌다   then 그 후에, 그런 다음   give a presentation 발표하다   called ~라고 부르는, ~라는 이름의

**고득점 포인트**
- 8번에서 호텔 앞에 at the를 쓰고, 도시 앞에 in 을 붙여 답변합니다.
- 9번 질문을 따서 쓰고자 한다면, a buffet dinner is provided in Newton Hall로 답할 수도 있어요.
- Essential Academic Education (필수 인문 교육)은 주제라서 앞에 on을, Make Seed Money for Careers (커리어를 위한 씨드 만들기)는 제목이라서 앞에 called을 사용합니다.

**준비 시간 45초 핵심 키워딩**
- Q8 기본 정보
  ① 날짜, 호텔, 도시, 시간: on April 2nd, at the Millennium Hotel, in Las Vegas, at 5 p.m.
  ② 첫 일정: the Keynote Speech

- Q9 특정 정보
  점심, 문장 부호: a buffet dinner, in Newton Hall

- Q10 공통적 정보
  presentation 2건, 저녁 이후 일정 2건

Hi, this is Olivia. I'm attending the Future of Education and Careers Seminar this April, but I can't find the schedule online. I would like to ask you some questions.

**Q8**    Where will the seminar be held, and what time will it start?

**A8**
_____
_____

**Q9**    I heard that dinner is not provided. Is that correct?

**A9**
_____
_____

**Q10**   I'm particularly interested in the presentation sessions in the seminar. Can you give me all the details about the presentations held during the seminar?

**A10**
_____
_____

## QUESTION 11  Express an opinion

### 일상생활

What are some advantages of living in the downtown area rather than living in the suburbs?
Give specific reasons or examples to support your opinion.

교외 지역에 사는 것보다 도심 지역에 사는 것의 몇몇 장점은 무엇인가요? 구체적인 이유 또는 예를 들어 당신의 의견을 뒷받침하세요.

### 브레인스토밍 & 노트테이킹

| 서론/결론 T | 본론 T | 패턴 |
|---|---|---|
| 도심에서 사는 것의 장점 | 긍정 경험 | 스트레스, 언제, 친구, 문화, 견문, 지식 |

| 서론 | | 도심에서 사는 것의 장점 |
|---|---|---|
| **본론**<br><br>긍정 경험 | 이유 | 더 재미있음 |
| | 상황 | 난 강남, 서울에서 살아서 |
| | 경험 | near my place, usually find 맛집, 상점들<br>스트레스 P, 언제든지<br>Also, 다양한 사람들 만남, 문화 P |
| | 결과 | 사람들과 사회생활 하면서, 견문, 지식 P |
| 결론 | | 지방보다 도심이 살기엔 more beneficial |

What are some advantages of living in the downtown area rather than living in the suburbs?
Give specific reasons or examples to support your opinion.

교외 지역에 사는 것보다 시내 지역에 사는 것의 몇몇 장점은 무엇인가요? 구체적인 이유 또는 예를 들어 당신의 의견을 뒷받침하세요.

MP3 AT1_11

서론/결론 T 도심에서 사는 것의 장점 　본론 T 긍정 경험 　패턴 스트레스, 언제, 친구 문화, 견문,지식

| 서론 | | There are some advantages of living in the downtown area.<br>시내 지역에 사는 것에는 몇 가지 장점이 있습니다. |
|---|---|---|
| **본론**<br><br>긍정 경험<br>템플릿 | 이유 | Basically, it's more fun to live in a downtown area.<br>기본적으로, 시내 지역에 사는 것이 더 재미있습니다. |
| | 상황 | In my case, I live in Gangnam, Seoul.<br>제 경우에는, 서울 강남에 살고 있습니다. |
| | 경험 | I usually find good restaurants and stores near my place.<br>저는 평소에 집 근처에서 좋은 식당과 매장들을 찾습니다. |
| | | So I can relieve stress and refresh myself anytime.<br>그래서 언제든지 스트레스를 풀고 기분 전환을 할 수 있습니다. |
| | | Also, it's easy to meet different types of people and experience new cultures.<br>또한, 서로 다른 사람들을 만나고 새로운 문화를 경험하기 쉽습니다. |
| | 결과 | In this way, I can broaden my perspective and knowledge while socializing with others.<br>이렇게 하면, 다른 사람들과 어울리면서 제 견문과 지식을 넓힐 수 있습니다. |
| 결론 | | Therefore, living in the downtown area is more beneficial than living in the suburbs.<br>따라서, 시내 지역에 사는 것이 교외 지역에 사는 것보다 더 유익합니다. |

**어휘** advantage 장점, 이점　suburbs 교외 지역　basically 기본적으로　usually 평소에, 보통, 일반적으로　near ~ 근처에　relieve stress 스트레스를 풀다　refresh oneself 기분을 전환하다　anytime 언제든지　experience ~을 경험하다, ~을 겪다　in this way 이런 식으로, 이런 면에서　broaden ~을 넓히다　perspective 시각, 관점　knowledge 지식 socialize with ~와 어울리다, ~와 교류하다　others 다른 사람들　therefore 따라서, 그러므로　beneficial 유익한, 이로운

**고득점 포인트**
· 다양한 장점들이 있다면 First of all, Second, Third로 문장 도입의 형식을 맞춰줄 수도 있지만, 첫 번째 이유에서 풀어나가다 보면 두 번째 이유까지 가지 못하고 답변 시간이 끝나는 경우도 많아요. 장단점 문제의 본론은 Basically로 시작하고 Also로 이유를 추가하는 것이 안전합니다.

## 본론 템플릿 추가 연습

앞서 배운 본론 템플릿, 만능 패턴을 활용하여 다른 설정으로 답변을 구성할 수도 있습니다. 다음 본론 템플릿에 맞춰 답변을 연습해 보세요.

| 본론 템플릿 | | (이유 T) | 긍정 경험 T | 부정 경험 T | 과거 비교 T |
|---|---|---|---|---|---|
| 본론 | 이유 | 기본적으로, 도심에 사는 것이 더 재미있음 | | | |
| | 상황 | 난 도심에 사는데, 많은 레스토랑과 상점들이 있어 편함<br>스트레스 풀고 기분 전환하기 좋음 | | | |
| | 이유 | 또한, 구직 기회가 많음 | | | |
| | 상황 | 도시에 더 많은 회사가 있어서, 면접을 더 많이 볼 수 있음 | | | |
| 만능 패턴 | | 스트레스, 기분 | | | |

## 나만의 본론 템플릿 만들어 보기

앞서 배운 본론 템플릿, 만능 패턴을 활용하여 나만의 본론 템플릿을 만들어 보세요.

| 본론 템플릿 | | 이유 T | 긍정 경험 T | 부정 경험 T | 과거 비교 T |
|---|---|---|---|---|---|
| 본론 | 이유 | | | | |
| | 상황 | | | | |
| | 경험 | | | | |
| | 결과 | | | | |
| 만능 패턴 | | | | | |

# 실전 모의고사 2

모의고사 총평

## QUESTIONS 1-2　Read a text aloud

### Q1 뉴스

🔊 MP3 AT2_1

디 발음　강세 ↗ 올려 읽기　↘ 내려 읽기 / 끊어 읽기

Now for the local news. ↘// City officials have announced ↗/ the construction of a new highway access road ↗/ that will connect to Main Street ↗/ in the downtown area. ↘// In order to complete the project, ↗/ the city has obtained several bulldozers, ↗/ cranes ↗/ and trucks ↗/ to clear the area for the new access road. ↘// The project is scheduled ↗/ to begin next month. ↘//

지역 뉴스를 전해 드릴 순서입니다. 시 관계자들이 시내 지역의 메인 스트리트와 연결되는 새로운 고속도로 진입로 공사를 발표했습니다. 이 프로젝트를 완료하기 위해, 시에서 이 새로운 진입로에 필요한 구역을 깨끗이 정리하기 위한 여러 대의 불도저와 크레인, 그리고 트럭을 확보했습니다. 이 프로젝트는 다음 달에 시작될 예정입니다.

**어휘** local 지역의, 현지의　official 관계자, 당국자　announce ~을 발표하다, ~을 공지하다　construction 공사, 건설　highway 고속도로　access road 진입로, 연결로　connect to ~와 연결되다　downtown 시내의　in order to ~하기 위해　complete ~을 완료하다　obtain ~을 얻다, ~을 획득하다　several 여럿의, 몇몇의　clear ~을 깨끗이 정리하다　be scheduled to ~할 예정이다

**고득점 포인트**
· 감탄 삼총사 (Now, Today, Here)는 단독 강조해 읽어주며 뉘앙스를 살려줍니다.
· 어려운 단어들은 사전에 여러번 입으로 읽어 발음, 강세 포인트를 정리합니다. officials, obtained, bulldozers

### Q2 안내문

🔊 MP3 AT2_2

디 발음　강세 ↗ 올려 읽기　↘ 내려 읽기 / 끊어 읽기

In this online lesson, ↗/ you will learn ↗/ how to write a novel ↗/ and receive some simple writing tips. ↘// Do you want to write romance, ↗/ comedy ↗/ or science fiction novels? ↗// We will help you work ↗/ on whatever type of novel ↗/ you choose. ↘// Click on the links below ↗/ to find out some major genres. ↘//

이번 온라인 강좌에서는, 소설을 쓰는 방법을 배우고 몇 가지 간단한 글쓰기 팁을 얻을 수 있을겁니다. 로맨스나 코미디, 또는 공상 과학 소설을 쓰고 싶은가요? 선택하는 어떤 종류의 소설이든 작업할 수 있도록 저희가 도와 드리겠습니다. 아래의 링크를 클릭해 몇몇 주요 장르를 알아보시기 바랍니다.

**어휘** how to ~하는 방법　novel 소설　receive ~을 얻다, ~을 받다　science fiction 공상 과학 (소설)　whatever 어떤 ~이든, ~하는 무엇이든　choose ~을 선택하다　below 아래에, 밑에　find out ~을 알아보다, ~을 파악하다　genre 장르

**고득점 포인트**
· 무의식 중에 콩글리쉬 발음이 나오지 않도록 주의해 주세요.
　novel 노벨(X) 나-v을(O), comedy 코메디(X) 카-미리(O), genres 장르(X) 좌-안롸(O)
· 동사어구 find out은 주로 뒤에 강세를 주지만, 헷갈린다면 둘 다 강조해 또렷이 녹음하는 것을 추천합니다.

## QUESTIONS 3-4  Describe a picture

**Q3 인물 중심 사진 (1인)**

**브레인스토밍**

| 1 | 장소 | 내부(실내) |
|---|---|---|
| 2 | 주연 | 오른쪽 여자 / 안경을 쓴 / 소파에 앉아 있음 |
| 3 | 주연 | 그녀는 노트(메모장)를 들고 / 보고 있음 |
| 4 | 사물 | 책들, 랩탑(노트북 컴퓨터), 커피 한 잔이 테이블 위에 있음 |
| 5 | 배경 | 그녀의 뒤쪽 / 유리창이 보임 |

🔊 MP3  AT2_3

**사진 묘사 템플릿 핵심 표현**

| 1 | 장소 | This is a picture taken indoors.<br>이것은 실내에서 찍은 사진입니다. |
|---|---|---|
| 2 | 주연 | On the right, a woman with glasses is sitting on a sofa.<br>오른쪽에는, 안경을 쓴 여자 한 명이 소파에 앉아 있습니다. |
| 3 | 주연 | She is holding and looking at her notepad.<br>그녀는 메모장을 든 채로 보고 있습니다. |
| 4 | 사물 | There are some books, a laptop and a cup of coffee on the table.<br>몇몇 책들과 노트북 컴퓨터, 그리고 커피 한 잔이 테이블 위에 놓여 있습니다. |
| 5 | 배경 | Glass windows can be seen behind her.<br>그녀의 뒤쪽에 유리창이 보입니다. |

**어휘** hold ~을 들다, ~을 붙잡다, ~을 쥐다  notepad 메모장  behind ~ 뒤에

**고득점 포인트**
- sofa는 팔걸이가 있고, couch는 팔걸이가 없어 누울 수도 있는 긴 소파를 뜻하는데 여기선 둘 다 괜찮아요.
- 1명 중심 사진에서는 주연 묘사만 2문장 정도는 해줘야 성의 있게 답한 느낌이 듭니다. 표현을 3-4개는 찾아야 하므로 몸, 손, 얼굴에서 하는 행동과 인상착의를 묘사할 구문을 떠올려 말할 순서를 정합니다.

## Q4 인물 중심 사진 (2인)

## 브레인스토밍

| 1 | 장소 | 마켓(시장) |
|---|---|---|
| 2 | 주연 | 앞쪽 여자 / 금발의 / 토마토를 고르는 중 |
| 3 | 조연 | 그녀 옆에 점원(판매원) / 앞치마를 하고 / 그녀를 돕고 있음 |
| 4 | 사물 | (시장)진열대 위에 다양한 종류와 색상의 채소들이 있음 |
| 5 | 배경 | 뒤쪽 / 유리 벽이 보임 |

 AT2_4

사진 묘사 템플릿 핵심 표현

| 1 | 장소 | <u>This is a picture of</u> a market.<br>이것은 시장의 사진입니다. |
|---|---|---|
| 2 | 주연 | In the foreground, a woman with blond hair is picking a tomato.<br>앞쪽에는, 금발머리를 한 여자 한 명이 토마토 하나를 고르고 있습니다. |
| 3 | 조연 | Next to her, a salesperson wearing an apron is helping her.<br>그녀 옆에는, 앞치마를 착용한 판매원이 그녀들 돕고 있습니다. |
| 4 | 사물 | <u>There are</u> different types of colorful vegetables on the market stand.<br>다양한 종류와 색상의 채소가 시장 진열대에 놓여 있습니다. |
| 5 | 배경 | Glass walls <u>can be seen in the background</u>.<br>유리 벽들이 뒤쪽에 보입니다. |

**어휘** blond 금발의  pick ~을 고르다, ~을 선택하다  next to ~ 옆에  apron 앞치마  colorful 여러 색상의, 다채로운  stand 진열대, 판매대

**고득점 포인트**
- an이 자연스럽게 나오도록 여러 번 입으로 연습해 두세요. wearing an apron
- 종류, 색상이 많다면 늘 응용 가능한 만능 패턴을 꼭 암기해 활용합시다. different types of colorful 명사들
- 유리로 된 벽, 창문이 배경에 많이 나오므로 입에 익혀두세요.

# 나만의 답변 만들어 보기

**Q3**

| | | |
|---|---|---|
| 1 | | |
| 2 | | |
| 3 | | |
| 4 | | |
| 5 | | |

**Q4**

| | | |
|---|---|---|
| 1 | | |
| 2 | | |
| 3 | | |
| 4 | | |
| 5 | | |

## 전화 인터뷰: 장소/활동 반경 (영화관)

Imagine that a marketing firm is doing research in your area. You have agreed to participate in a telephone interview about movie theaters.

한 마케팅 회사가 당신이 사는 지역에서 설문 조사를 하고 있다고 가정해 보세요. 당신은 영화관에 대한 전화 인터뷰에 참여하기로 동의했습니다.

🔊 MP3  AT2_5 | AT2_6 | AT2_7

만능 표현

| Q5 | How often do you watch movies at home, and what is your favorite genre? |
| | 얼마나 자주 집에서 영화를 보며, 가장 좋아하는 장르는 무엇인가요? |

**A5**  핵심 답변  WH P  I watch movies about once or twice a month at home and my favorite genre is comedy.

저는 집에서 한 달에 약 한두 번 영화를 보고, 제가 가장 좋아하는 장르는 코미디입니다.

| Q6 | Would you prefer to watch a movie on the internet or at a theater? |
| | 인터넷으로 영화를 보는 것과 영화관에서 영화를 보는 것 중 어느 것을 더 선호하나요? |

**A6**
선택    I'd prefer to watch a movie on the internet.

핵심 답변    Because I can watch new movies

언제 어디서 P   스마트폰 P   anytime and anywhere on my smartphone.

저는 인터넷으로 영화를 보는 것을 선호합니다. 왜냐하면 제 스마트폰으로 언제 어디서든 신작 영화를 볼 수 있기 때문입니다.

| Q7 | Describe your last visit to a movie theater. |
| | 마지막 영화관 방문 경험을 설명해 주세요. |

**A7**
필러    Um, let me think.

핵심 답변   WH P   I went to a movie theater called CGV near my place with my friend, Da Hyun.

We watched an action movie.

추가 답변    We had a good time watching it and eating popcorn.

음, 생각 좀 해 볼게요. 집 근처에 있는 CGV라는 영화관에 친구 다현이와 함께 갔습니다. 우리는 액션 영화를 봤습니다. 영화도 보고 팝콘도 먹으면서 즐거운 시간을 보냈습니다.

---

고득점 포인트

- 영화관은 빈출 주제입니다. 좋아하는 영화 종류, 이름, 보는 장소 등 다양한 답변 요소를 미리 정리하세요.
- 인터넷 패턴을 활용하여 6번의 답변량을 늘려보세요.
- '오프라인 기준점을 활용해 내용을 추가해 보세요.

Test 2

Imagine that a marketing firm is doing research in your area. You have agreed to participate in a telephone interview about movie theaters.

Q5    How often do you watch movies at home, and what is your favorite genre?

A5

Q6    Would you prefer to watch a movie on the internet or at a theater?

A6

Q7    Describe your last visit to a movie theater.

A7

## 여행, 출장 일정

---

### 제이슨 랜드씨 여행 일정표

**9월 8일**

| | | |
|---|---|---|
| 출발 | 애틀랜타, 데일리 항공 38 항공편 | 오전 10:00 |
| 도착 | 시애틀 | 오후 2:50 |

**9월 13일**

당일 여행 – (지사) 파이크 플레이스 *(셔틀버스 서비스 제공)*

| | | |
|---|---|---|
| | 호텔 출발 | 오전 9:15 |
| | 호텔 복귀 | 오후 8:30 |

**9월 15일**

| | | |
|---|---|---|
| 출발 | 시애틀, 제트블루 항공 55 항공편 | 오후 3:40 |
| 도착 | 애틀랜타 | 오후 8:30 |

*(자택 이동 택시 서비스)*

---

Hello, this is Jason Rand. I have a business trip to Seattle coming up bút I don't have my itinerary with me, so I want to check on some details.

안녕하세요, 저는 제이슨 랜드입니다. 제 시애틀 출장이 다가오고 있지만, 제가 여행 일정표를 갖고 있지 않아서, 몇몇 세부 사항을 확인하고 싶습니다.

🔊 MP3 | AT2_8 | AT2_9 | AT2_10

주어 동사 키워드 전치사

| | |
|---|---|
| **Q8** | What airline do I take from Atlanta to Seattle and what is my flight number?<br>제가 애틀랜타에서 시애틀까지 어떤 항공사를 이용하며, 제 항공편 번호는 무엇인가요? |
| **A8** | You will be on Daily Airways Flight 38 on September 8th.<br>9월 8일에 데일리 항공 38 항공편을 탈 예정입니다. |
| **Q9** | I'm looking forward to taking a day trip to the branch office in Pike Place. Should I arrange for a shuttle service in advance?<br>저는 파이크 플레이스에 있는 지사로 당일 여행을 떠나는 것을 고대하고 있습니다. 셔틀버스 서비스를 사전에 예약해야 하나요? |
| **A9** | Don't worry. The shuttle service will be provided.<br>It will depart from the hotel at 9:15 a.m. and return to the hotel at 8:30 p.m.<br>걱정하지 마세요. 셔틀버스 서비스가 제공될 것입니다. 오전 9시 15분에 호텔에서 출발해 오후 8시 30분에 호텔로 복귀할 것입니다. |

---

**어휘** itinerary 여행 일정(표)  branch office 지사, 지점  return to ~로 복귀하다, ~로 돌아가다  business trip 출장  check on ~을 확인하다  look forward to -ing ~하기를 고대하다  arrange for ~을 예약하다, ~에 대한 일정을 잡다  in advance 미리, 사전에

| Q10 | My return trip to Atlanta should be finalized by now. Could you please give me all the details of my return trip on September 15th? |
|---|---|
| | 애틀랜타로 향하는 제 복귀 여행이 지금쯤 최종 확정되어야 합니다. 9월 15일에 있을 제 복귀 여행에 대해 세부사항을 모두 알려 줄 수 있나요? |

| A10 | OK. You will depart from Seattle on JetBlue Airways Flight 55 at 3:40 p.m. And then, you will arrive in Atlanta at 8:30 p.m. The taxi service will be provided for you to your home. |
|---|---|
| | 네. 오후 3시 40분에 제트블루 항공 55 항공편으로 시애틀에서 출발할 예정입니다. 그리고 그 후에, 오후 8시 30분에 애틀랜타에 도착할 예정입니다. 자택으로 향하는 택시 서비스가 당신을 위해 제공될 것입니다. |

**어휘** finalize ~을 최종 확정하다  by now 지금쯤  then 그 후에, 그런 다음

**고득점 포인트**
- 일정 만능 답변을 입으로 정리해 두세요.
  You will depart from 도시 and arrive in 도시, You will be on 항공사, 편명, on 날짜
- Shuttle service provided를 문장으로 답해줍니다. the shuttle service will be provided.
- 마지막 문장은 You can use the taxi service to your home. 으로 변경해 말할 수도 있어요.

**준비 시간 45초 핵심 키워딩**
- Q8 기본 정보
  첫 날 일정: on Sep 8, depart from Atlanta, on Daily Airways Flight 38, at 10 a.m., arrive in Seattle, at 2:50 p.m.

- Q9 특정 정보
  이튿날, 문장 부호: (Shuttle service will be provided) depart from the hotel at 9:15 a.m., return to the hotel at 8:30 p.m.

- Q10 공통적 정보
  ① 마지막 날 일정: on Sep 15, depart from Seattle, on JetBlue Airways Flight 55, at 3:40 p.m.,
  arrive in Atlanta, at 8:30 p.m.,
  ② 특이 사항: The taxi service will be provided for you to your home.

# 나만의 답변 만들어 보기

> Hello, this is Jason Rand. I have a business trip to Seattle coming up but I don't have my itinerary with me, so I want to check on some details.

**Q8** What airline do I take from Atlanta to Seattle and what is my flight number?

**A8** _____

**Q9** I'm looking forward to taking a day trip to the branch office in Pike Place. Should I arrange for a shuttle service in advance?

**A9** _____

**Q10** My return trip to Atlanta should be finalized by now. Could you please give me all the details of my return trip on September 15th?

**A10** _____

# QUESTION 11 Express an opinion

## 교육

As a university student, if you were given the choice between studying in another country or taking part in an internship, which would you choose? Why?

Give specific reasons or examples to support your opinion.

대학생으로서, 다른 나라에서 공부하는 것과 인턴 프로그램에 참여하는 것 중에서 선택권이 주어진다면, 어느 것을 선택할 건가요?
그 이유는 무엇인가요? 구체적인 이유 또는 예를 들어 당신의 의견을 뒷받침하세요.

## 브레인스토밍 & 노트테이킹

| 서론/결론 T | 본론 T | 패턴 |
|---|---|---|
| 유학하기 | 이유 | 학습, 친구, 사회성, 견문, 지식, 문화 |

| 서론 | | 유학하기 |
|---|---|---|
| **본론**<br><br>**이유 템플릿** | 이유 | 외국에서 – 학습 P |
| | 상황 | ㉐ 친구 P<br>In this way, 사회성 P |
| | 이유 | Also, 견문, 지식 P |
| | 상황 | 유학 하면, 문화 P |
| 결론 | | 유학이 would be better for me |

As a university student, if you were given the choice between studying in another country or taking part in an internship, which would you choose? Why?

Give specific reasons or examples to support your opinion.

대학생으로서, 다른 나라에서 공부하는 것과 인턴 프로그램에 참여하는 것 중에서 선택권이 주어진다면, 어느 것을 선택할 건가요? 그 이유는 무엇인가요? 구체적인 이유 또는 예를 들어 당신의 의견을 뒷받침하세요.

서론/결론 T 유학하기   본론 T 이유   패턴 학습, 친구, 사회성, 견문, 지식, 문화

| 서론 | | I'd like to study in another country.<br>저는 다른 나라에서 공부하고 싶습니다. |
|---|---|---|
| 본론<br><br>이유 템플릿 | 이유 | Because it's beneficial to learn new things in another country.<br>왜냐하면 다른 나라에서 새로운 것을 배우는 게 유익하기 때문입니다. |
| | 상황 | For example, you can meet new people and make friends.<br>예를 들어, 새로운 사람들을 만나고 친구들도 사귈 수 있습니다. |
| | | In this way, you can learn more social skills.<br>이렇게 하면, 더 많은 사회적 능력을 배울 수 있습니다. |
| | 이유 | Also, you can broaden your perspective and knowledge.<br>또한, 견문과 지식을 넓힐 수도 있습니다. |
| | 상황 | Because you would experience new cultures if you study abroad.<br>왜냐하면 해외에서 공부하면 새로운 문화를 경험할 수 있기 때문입니다. |
| 결론 | | Therefore, studying in another country would be better for me.<br>따라서, 다른 나라에서 공부하면 저에게 더 좋을 것입니다. |

**어휘** choice 선택(권)   between A and B A와 B 사이에서   take part in ~에 참여하다   internship 인턴 프로그램   choose ~을 선택하다   beneficial 유익한, 이로운   social skills 사회적 능력, 사교 능력   broaden ~을 넓히다   perspective 시각, 관점   knowledge 지식   experience ~을 경험하다, ~을 겪다   abroad 해외에서, 해외로

**고득점 포인트**
· 나의 경험이 아닌 일반적인 사실, 상식을 말하는 뉘앙스를 원한다면 you 주어로 말하면 됩니다.
· 인과관계를 설명하기 위한 요소들 because, for example, in this way, also, therefore을 적극 활용하세요.

## 본론 템플릿 추가 연습

앞서 배운 본론 템플릿, 만능 패턴을 활용하여 다른 설정으로 답변을 구성할 수도 있습니다. 다음 본론 템플릿에 맞춰 답변을 연습해 보세요.

| 본론 템플릿 | | 이유 T | 긍정 경험 T | 부정 경험 T | 과거 비교 T |
|---|---|---|---|---|---|
| 본론 | 이유 | 유학을 하면 새로운 것을 많이 배움 | | | |
| | 상황 | 내 경우 유학을 한 적이 있음<br>영어를 배울 수 있었음 | | | |
| | 경험 | 또한, 새로운 사람들을 사귀고 문화를 배웠음 | | | |
| | 결과 | 그래서, 지금 해외 영업부에서 일함 | | | |
| 만능 패턴 | | 학습, 친구, 문화, 회사 | | | |

## 나만의 본론 템플릿 만들어 보기

앞서 배운 본론 템플릿, 만능 패턴을 활용하여 나만의 본론 템플릿을 만들어 보세요.

| 본론 템플릿 | | 이유 T | 긍정 경험 T | 부정 경험 T | 과거 비교 T |
|---|---|---|---|---|---|
| 본론 | 이유 | | | | |
| | 상황 | | | | |
| | 경험 | | | | |
| | 결과 | | | | |
| 만능 패턴 | | | | | |

# 실전 모의고사 3

모의고사 총평

## QUESTIONS 1-2 Read a text aloud

### Q1 광고문

🔊MP3 AT3_1

디 발음 강세 ↗ 올려 읽기 ↘ 내려 읽기 / 끊어 읽기

Nail Lounge ↗ / is celebrating summer ↗ / with great deals in July. ↘// If you want to get services ↗ / such as manicures, ↗ / pedicures ↗ / and even a neck and shoulder massage, ↗ / you can get a fifty percent discount, ↗ / this month only! ↘// Be sure to make an appointment, ↗ / because afternoons ↗ / can get a bit crowded. ↘//

네일 라운지가 7월에 뛰어난 이용 조건으로 여름을 기념합니다. 매니큐어와 페디큐어, 그리고 심지어 목과 어깨 마사지 같은 서비스들을 받고자 하는 경우, 이번 달에 한해 50퍼센트 할인을 받을 수 있습니다! 오후 시간대가 다소 붐빌 수 있기 때문에 반드시 예약해야 합니다.

**어휘** celebrate ~을 기념하다, ~을 축하하다  deal 거래 조건, 거래 제품  such as ~와 같은  even 심지어 (~도)  be sure to 반드시 ~하다, 꼭 ~하다  make an appointment 예약하다  a bit 조금, 약간  crowded (사람들로) 붐비는, 혼잡한

**고득점 포인트**
- 긴 모음은 길게 읽어주세요. great deals 그레잇 딜즈(X) 그뤠-잇 디-얼즈(O)
- 연음은 자연스럽게 만들어 주세요. get a bit crowded '게러빗 크롸-우딧'

### Q2 안내문

🔊MP3 AT3_2

디 발음 강세 ↗ 올려 읽기 ↘ 내려 읽기 / 끊어 읽기

Calling all foodies! ↘// The International Food Festival ↗ / is coming this Saturday. ↘// The festival will take place ↗ / at Sylvan Park ↗ / in Springfield ↗ / from 11 a.m. to 7 p.m. ↘// Around 15 food trucks ↗ / are expected to participate in the event. ↘// Along with the food, ↗ / there will also be a farmer's market, ↗ / live music ↗ / and craft vendors. ↘//

모든 음식 애호가들을 초대합니다! 국제 음식 축제가 이번 주 토요일에 찾아옵니다. 이 축제는 스프링필드의 실비안 공원에서 오전 11시부터 오후 7시까지 진행될 예정입니다. 약 15대의 푸드 트럭이 행사에 참가할 것으로 예상됩니다. 음식과 함께, 농산물 시장과 라이브 음악, 그리고 수공예품 판매점들도 있을 것입니다.

**어휘** foodie 음식 애호가, 식도락가  take place (일, 행사 등이) 개최되다, 일어나다, 발생되다  around 약, 대략  be expected to ~할 것으로 예상되다  participate in ~에 참가하다  along with ~와 함께  farmer's market 농산물 시장, 직판장  craft 수공예(품)  vendor 판매점, 판매상

**고득점 포인트**
- L과 R발음이 꼬이지 않게 주의해 주세요. Calling all 콜링 올(X) 커-얼링 얼(O)
- from 11 a.m. to 7 p.m. 구문 중간에 점은 마침표가 아니라 이니셜 부호이므로 끊김없이 한 구문으로 읽습니다.
- 모음의 소리 앞 the는 '디' 로 읽어야 하므로 준비 시간에 미리 위치를 파악해 두세요.

### Q3 인물 중심 사진 (3인)

### 브레인스토밍

| 1 | 장소 | 리셉션 데스크(안내 데스크) |
|---|---|---|
| 2 | 주연 | 중간에 여자 / 접수 담당자에게 카드를 주고 (건네고) 있음 |
| 3 | 조연 1 | 그 접수 담당자가 카드를 받고 있음 |
| 4 | 조연 2 | 오른쪽 남자 / 짐을 잡고 / 웃고 있음 |
| 5 | 사물 | 카운터 위에 랩탑(노트북 컴퓨터)이 보임 |

◁》MP3  AT3_3

사진 묘사 템플릿 핵심 표현

| 1 | 장소 | <u>This is a picture of</u> a reception desk.<br>이것은 안내 데스크의 사진입니다. |
|---|---|---|
| 2 | 주연 | A woman in the middle is handing a card to a receptionist.<br>중간에 있는 여자 한 명이 접수 담당자에게 카드를 건네고 있습니다. |
| 3 | 조연 1 | The receptionist is receiving the card.<br>접수 담당자가 그 카드를 받고 있습니다. |
| 4 | 조연 2 | On the right, a man is holding his luggage <u>while</u> smiling.<br>오른쪽에는, 남자 한 명이 짐을 웃으며 붙잡고 있습니다. |
| 5 | 사물 | <u>I can see</u> a laptop on the counter.<br>카운터 위에 노트북 컴퓨터가 한 대가 보입니다. |

**어휘** hand A to B A를 B에게 건네다, A를 B에게 전달하다  receptionist 안내 담당 직원, 접수 담당자  receive ~을 받다  hold ~을 붙잡다, ~을 들다, ~을 쥐다  luggage 짐, 수하물, 여행 가방  while -ing ~하면서

**고득점 포인트**
- reception desk 대신 front desk를, receptionist 대신 hotel staff member로 대체할 수도 있습니다.
- handing a card 로 주고, receiving the card 로 받는 것을 설명합니다. 한 번 말한 카드 앞에는 the를 붙여요.
- luggage는 셀 수 없는 불가산명사입니다.

## Q4 인물 중심 사진 (2인)

### 브레인스토밍

| 1 | 장소 | 공사장 |
|---|---|---|
| 2 | 주연 | 오른쪽 남자 / 안전모를 쓴 / 서서 / 삽질하고 있음 |
| 3 | 조연 | 중간 남자 / 바닥에 쭈그려(웅크리고) 앉아 / 검정 전선 잡고 있음 |
| 4 | 사물 | 길을 따라 도로 경계석이 보임 |
| 5 | 느낌 | 그들은 바빠 보임 |

🔊 MP3 AT3_4

### 사진 묘사 템플릿 핵심 표현

| 1 | 장소 | This is a picture of a construction site.<br>이것은 공사장의 사진입니다. |
|---|---|---|
| 2 | 주연 | On the right, a man with a safety helmet is standing and shoveling.<br>오른쪽에는, 안전모를 쓴 남자 한 명이 서서 삽질을 하고 있습니다. |
| 3 | 조연 | A man in the middle is crouching down on the ground and holding a black wire.<br>중간에 있는 남자 한 명은 땅바닥에 웅크리고 앉아 검은색 전선을 붙잡고 있습니다. |
| 4 | 사물 | I can see a curb along the street.<br>길을 따라 도로 경계석이 보입니다. |
| 5 | 느낌 | They look busy.<br>그들은 바빠 보입니다. |

**어휘** construction site 공사장  safety helmet 안전모  shovel 삽질하다  crouch down 웅크리고 앉다, 쭈그리고 앉다  hold ~을 붙잡다, ~을 들다, ~을 쥐다  wire 전선  curb (인도와 차도를 구분하는) 경계석, 연석  look A A하게 보이다, A한 것 같다

**고득점 포인트**
- safety helmet, safety vest가 떠오르지 않을 때는 blue helmet, orange vest로 꾸며주세요.
- shoveling, crouching down on the ground 과 같은 표현은 사전에 암기해 주세요.
- a curb라는 표현이 생각나지 않을 경우, I can see a street on the left. 처럼 일반적인 묘사로 정리해 주세요.

## 나만의 답변 만들어 보기

**Q3**

| | | |
|---|---|---|
| 1 | | |
| 2 | | |
| 3 | | |
| 4 | | |
| 5 | | |

**Q4**

| | | |
|---|---|---|
| 1 | | |
| 2 | | |
| 3 | | |
| 4 | | |
| 5 | | |

## 전화 인터뷰: 인터넷/전자 기기 (자판기)

Imagine that a snack company is doing research about vending machines in your area. You have agreed to participate in a telephone interview about vending machines.

한 스낵 회사가 당신이 사는 지역에서 자판기에 대해 설문 조사를 하고 있다고 가정해 보세요. 당신은 자판기에 대한 전화 인터뷰에 참여하기로 동의했습니다

◁◦ MP3 AT3_5 I AT3_6 I AT3_7

만능 표현

| Q5 | When was the last time you bought from a vending machine, and what did you buy?<br>마지막으로 자판기에서 제품을 구입한 것은 언제이며, 무엇을 구입했나요? |
| --- | --- |
| A5 | **핵심 답변** **WH P** I bought a bottle of Coke from a vending machine yesterday.<br>어제 자판기에서 콜라 한 병을 구입했습니다. |

| Q6 | If there were more vending machines in your area, would you use them more often? Why or why not?<br>살고 있는 지역에 자판기가 더 많이 있다면, 더 자주 이용할 것 같나요? 그 이유는 무엇인가요? |
| --- | --- |
| A6 | **선택** Yes. I would use them more often.<br>**핵심 답변** Because it's more convenient and easy to buy snacks.<br>**추가 이유** So I don't need to go to the store.<br>네, 더 자주 이용할 것 같습니다. 왜냐하면 스낵을 구입하는 게 더 편리하고 쉽기 때문입니다. 그래서 상점에 갈 필요가 없습니다. |

| Q7 | Which of the following items would you like to buy from a vending machine?<br>- A sandwich    - A pack of chips    - Hot food<br>다음 제품들 중 어느 것을 자판기에서 구입하고 싶은가요?<br>- 샌드위치    - 과자 한 봉지    - 따뜻한 음식 |
| --- | --- |
| A7 | **선택** I'd like to buy hot food from a vending machine.<br>**시간 부족 P** These days, I'm busy with a lot of work.<br>So I don't have enough time to go out for lunch.<br>**핵심 답변** If I buy hot food like ramen from a vending machine, it would be convenient.<br>저는 자판기에서 따뜻한 음식을 구입하고 싶습니다. 요즘, 제가 일이 많아서 바쁩니다. 그래서 점심 식사하러 나갈 시간이 충분하지 않습니다. 자판기에서 라면 같은 따뜻한 음식을 구입한다면, 편리할 겁니다. |

**고득점 포인트**
- 자판기가 주제임을 파악한 순간, 탄산과 과자부터 떠올려야 추가 답변 아이디어들이 연상됩니다.
- 경험 말고 이유로만 답하려면, chips를 선택해 싸고 빠르게 살 수 있다는 내용으로 만능 패턴들을 사용하세요.

# 나만의 답변 만들어 보기

Imagine that a snack company is doing research about vending machines in your area. You have agreed to participate in a telephone interview about vending machines.

**Test 3**

**Q5**  When was the last time you bought from a vending machine, and what did you buy?

**A5**

---

**Q6**  If there were more vending machines in your area, would you use them more often? Why or why not?

**A6**

---

**Q7**  Which of the following items would you like to buy from a vending machine?
- A sandwich    - A pack of chips    - Hot food

**A7**

## 면접 일정

### 맥카시 헬스 & 피트니스 센터
면접 일정
3월 25일, B번 방

| 시간 | 지원자 | 직책 | 경력 연수 |
|------|--------|------|-----------|
| 오전 9:00-9:30 | 나오미 와트 | 프런트 데스크 직원 | 2년 |
| 오전 9:30-10:00 | 샌드라 빈센트 | 개인 트레이너 | 5년 |
| 오전 10:00-10:30 | 칼 오웬스 | 줌바 강사 | 1년 |
| 오전 10:30-11:00 | 배일리 랭카스터 | 수영 강사 | 3년 |
| 오전 11:00-11:30 | 새라 맬러니 | 줌바 강사 | 2년 |

Hi, this is Paul. I am scheduled to have several interviews tomorrow morning. But I already left my office. So, I'm hoping you can answer my questions.

안녕하세요, 저는 폴입니다. 제가 내일 아침에 여러 면접을 볼 예정입니다. 하지만 제가 이미 사무실에서 나왔습니다. 그래서, 제 질문에 답변 해주길 바랍니다.

🔊 MP3  AT3_8 | AT3_9 | AT3_10

주어 동사 키워드 전치사

**Q8**  Where will the interviews be held, and what time does the first one start?
면접은 어디에서 열리며, 몇 시에 첫 번째 면접이 시작되나요?

**A8**  The interviews will be held in Room B and you will interview Naomi Wyatt for the front desk staff position at 9 a.m.
면접은 B번 방에서 개최될 것이며, 오전 9시에 프런트 데스크 직원 직책에 지원한 나오미 와트 씨를 면접 볼 예정입니다.

**Q9**  I remember I'm supposed to interview two applicants who want the position of personal trainer, right?
개인 트레이너 직책을 원하는 지원자 두 명을 면접 보기로 되어 있는 것으로 기억하고 있습니다. 맞나요?

**A9**  No. Actually, there is only one applicant, Sandra Vincent.
The interview will be at 9:30 a.m.
아뇨. 사실, 지원자는 샌드라 빈센트 씨 한 명 밖에 없습니다. 이 면접은 오전 9시 30분에 있을 예정입니다.

---

**어휘** applicant 지원자, 신청자  position 직책, 일자리  instructor 강사  be scheduled to ~할 예정이다  several 여럿의, 몇몇의  leave ~에서 나오다, ~에서 떠나다  hold ~을 개최하다, ~을 열다  be supposed to ~하기로 되어 있다, ~할 예정이다  actually 사실, 실은

| Q10 | Could you give me all the details about any interviews with people applying for the Zumba instructor position?<br>줌바 강사 직책에 지원한 사람들의 면접에 대해 세부사항을 모두 알려줄 수 있나요? |
|---|---|

| A10 | OK. You will interview Karl Owens at 10:00 a.m. He has 1 year of experience.<br><br>Also, there is an interview with Sarah Maloney at 11:00 a.m. She has 2 years of experience.<br><br>알겠습니다. 오전 10시에 칼 오웬스 씨를 면접 볼 예정입니다. 그는 1년의 경력을 가지고 있습니다. 또한, 오전 11시에 새라 맬러니 씨와의 면접도 있습니다. 그녀는 2년의 경력을 가지고 있습니다. |

---

**어휘** details 상세 정보, 세부 사항  apply for ~에 지원하다, ~을 신청하다

**고득점 포인트**
- 면접 일정의 8번은 대부분 첫 일정이나 특정 지원자의 일정 및 장소가 어디인지 묻습니다.
- 9번은 지원자의 수, 일정, 직책 등을 잘못 알고 질문해요. 답변의 시작을 예, 아니요 중 선택하기 애매하다면, 아예 빼고 확인해 줄 핵심 내용만 말해도 점수를 받습니다.

**준비 시간 45초 핵심 키워딩**
- Q8 기본 정보
  ① 날짜, 장소: Mar 25, Room B
  ② 첫 일정: Naomi Wyatt
  ③ 만능 문장: You will interview 지원자 for the 직책 position

- Q9 특정 정보
  8번, 10번에서 묻지 않은 부분

- Q10 공통적 정보
  ① 경력 3년 이상인 지원자: Sandra Vincent, Bailey Lancaster
  ② 줌바 교사 지원자: Karl Owens, Sarah Maloney
  ③ 만능 문장: You will interview 지원자 at 시간 / there is an interview with 지원자 at 시간
  　　　　　　 지원자 has 몇 년 of experience.

Hi, this is Paul. I am scheduled to have several interviews tomorrow morning. But I already left my office. So, I'm hoping you can answer my questions.

**Q8** Where will the interviews be held, and what time does the first one start?

**A8**

**Q9** I remember I'm supposed to interview two applicants who want the position of personal trainer, right?

**A9**

**Q10** Could you give me all the details about any interviews with people applying for the Zumba instructor position?

**A10**

## 일상 생활

Which of the following do you think is the most effective way to relieve stress?

Choose one of the options below and give specific reasons or examples to support your opinion.

- Watching TV

- Listening to music

- Playing games

다음 중 어느 것이 스트레스를 푸는 가장 효과적인 방법이라고 생각하시나요? 아래 선택지 중 하나를 고른 뒤 구체적인 이유 또는 예를 들어 당신의 의견을 뒷받침하세요.
- TV 시청하기
- 음악 감상하기
- 게임하기

## 브레인스토밍 & 노트테이킹

| 서론/결론 T | 본론 T | 패턴 |
|---|---|---|
| 음악 듣기 | 부정 경험 | 기분, 취미, 업무 과다, 업무 스트레스, 스마트폰, 스트레스, 에너지 |

| 서론 | | 음악 듣기 |
|---|---|---|
| **본론**<br><br>부정 경험<br>템플릿 | 이유 | it makes me - 기분 P |
| | 상황 | 내 취미 = 음악 듣기, hip hop, K-pop or classical |
| | 경험 | 요즘 업무 과다 P  →  업무 스트레스 P<br>쉬는 시간에 휴대폰으로 음악 감상  →  스트레스 P |
| | 결과 | 에너지 P, get back to work again |
| 결론 | | 음악 감상 = 스트레스 풀기에 최고 |

Which of the following do you think is the most effective way to relieve stress?

Choose one of the options below and give specific reasons or examples to support your opinion.

- Watching TV   - Listening to music   - Playing games

다음 중 어느 것이 스트레스를 푸는 가장 효과적인 방법이라고 생각하시나요? 아래 선택지 중 하나를 고른 뒤 구체적인 이유 또는 예를 들어 당신의 의견을 뒷받침하세요.

- TV 시청하기   - 음악 감상하기   - 게임하기

🔊 MP3  AT3_11

서론/결론 T  음악 듣기   본론 T  부정 경험   패턴  기분, 취미, 업무 과다, 업무 스트레스, 스마트폰, 스트레스, 에너지

| 서론 | | The most effective way to relieve stress is listening to music. <br> 스트레스를 푸는 가장 효과적인 방법은 음악을 듣는 것입니다. |
|---|---|---|
| 본론 <br><br> 부정 경험 템플릿 | 이유 | Because it makes me feel good and happy. <br> 왜냐하면 저를 기분이 좋고 행복하게 만들어주기 때문입니다. |
| | 상황 | In my case, my hobby is listening to different types of music like hip hop, K-pop or classical. <br> 제 경우에는, 취미가 힙합, K-팝, 또는 클래식 같은 서로 다른 종류의 음악을 듣는 것입니다. |
| | 경험 | These days, I work a lot so I get stressed out too much. <br> 요즘, 제가 일을 많이 하고 있기 때문에, 스트레스를 너무 많이 받고 있습니다. <br><br> When I have free time, I listen to music on my smartphone to relieve stress and refresh myself. <br> 여유 시간이 있을 때, 스트레스를 풀고 기분을 전환하기 위해 스마트폰으로 음악을 듣습니다. |
| | 결과 | In this way, I get more energy to get back to work again. <br> 이렇게 하면, 다시 일을 할 수 있는 더 많은 에너지를 얻습니다. |
| 결론 | | Therefore, listening to music is the best way to relieve stress. <br> 따라서, 음악 감상이 스트레스를 푸는 최고의 방법입니다. |

어휘  effective 효과적인  way to ~하는 방법  relieve stress 스트레스를 풀다  make A do A를 ~하게 만들다  these days 요즘  get stressed out 스트레스를 받다  have free time 여유 시간이 있다  refresh oneself 기분을 전환하다  in this way 이런 식으로, 이런 면에서  get back to (다시) ~로 되돌아가다  therefore 따라서, 그러므로

고득점 포인트
• I 주어를 너무 반복하는 느낌이라면 it 가주어로 문장을 시작하세요. It makes me feel good.
• 상황 설정 시, 어떤 종류의 음악을 듣는지까지 구체적으로 설정해 주면 고득점에 가까워집니다.
• 부정 경험을 들어 음악 감상이 어떤 긍정적 역할을 하는지 대조적으로 보여주는 전개 방법입니다.

## 본론 템플릿 추가 연습

앞서 배운 본론 템플릿, 만능 패턴을 활용하여 다른 설정으로 답변을 구성할 수도 있습니다. 다음 본론 템플릿에 맞춰 답변을 연습해 보세요.

| 본론 템플릿 | | 이유 T | 긍정 경험 T | 부정 경험 T | 과거 비교 T |
|---|---|---|---|---|---|
| 본론 | 이유 | 쉽고 편하게 스트레스 풀 수 있음 | | | |
| | 상황 | 2년 전 내 취미는 게임하기 였음 | | | |
| | 경험 | 그러나 요즘은 음악을 많이 들음<br>핸드폰으로 언제 어디서나 무료로 들을 수 있음 | | | |
| | 결과 | 더 빠르게 기분 전환 가능함 | | | |
| 만능 패턴 | | 스트레스, 취미, 기분, 인터넷, 핸드폰, 언제 어디서, 무료 | | | |

## 나만의 본론 템플릿 만들어 보기

앞서 배운 본론 템플릿, 만능 패턴을 활용하여 나만의 본론 템플릿을 만들어 보세요.

| 본론 템플릿 | | 이유 T | 긍정 경험 T | 부정 경험 T | 과거 비교 T |
|---|---|---|---|---|---|
| 본론 | 이유 | | | | |
| | 상황 | | | | |
| | 경험 | | | | |
| | 결과 | | | | |
| 만능 패턴 | | | | | |

Test 3

## QUESTIONS 1-2  Read a text aloud

### Q1  안내문

🔊 MP3 AT4_1

디 발음  강세  ↗ 올려 읽기  ↘ 내려 읽기  / 끊어 읽기

Attention ↗/ Wizard Kingdom Theme Park Guests! ↘// Due to the freezing weather, ↗/ our amusement park ↗/ will temporarily close ↗/ for today. ↘// Our shopping malls, ↗/ cafés ↗/ and gift shops ↗/ will stay open ↗/ for your convenience. ↘// We are offering complimentary tickets, ↗/ so all of you ↗/ can come back to our park again soon. ↘// Please ↗/ visit our customer service center ↗/ for your free tickets. ↘//

위저드 킹덤 테마 공원 손님 여러분께 알립니다! 매우 추운 날씨로 인해, 저희 놀이 공원이 오늘 일시적으로 문을 닫을 것입니다. 저희 쇼핑몰과 카페, 그리고 선물 매장들은 여러분의 편의를 위해 계속 문을 엽니다. 저희가 무료 입장권을 제공하고 있으므로, 모든 분들은 곧 다시 저희 공원을 방문할 수 있습니다. 무료 입장권을 받으실 수 있도록 저희 고객 서비스 센터를 방문하시기 바랍니다.

**어휘** due to ~로 인해, ~ 때문에  freezing 매우 추운  amusement park 놀이 공원  temporarily 일시적으로, 임시로  stay open 계속 문을 연 상태로 있다  convenience 편의  offer ~을 제공하다  complimentary 무료의

**고득점 포인트**
- 긴 고유 명사는 잘 들리게 또박또박 읽어주세요. Wizard Kingdom Theme Park Guests deals
- 긴 단어는 강세 포인트를 미리 찾아 자연스럽게 읽어주세요. temporarily, convenience, complimentary

### Q2  광고문

🔊 MP3 AT4_2

디 발음  강세  ↗ 올려 읽기  ↘ 내려 읽기  / 끊어 읽기

Attention ↗/ Corrigan's Home Interior Warehouse shoppers. ↘// We are excited to announce ↗/ that our Christmas sale, ↗/ which is our biggest sales event of the year, ↗/ began today. ↘// That means ↗/ discounted prices ↗/ on all unique furniture, ↗/ silk cushions ↗/ and interior accessories. ↘// You can save up to seventy percent ↗/ on your purchases. ↘//

코리건스 홈 인테리어 웨어하우스 쇼핑객 여러분께 알립니다. 연중 가장 큰 세일 행사인 저희 크리스마스 세일이 오늘 시작되었다는 것을 알리게 되어 기쁩니다. 이는 모든 독특한 가구와 실크 쿠션, 그리고 실내 장식용품에 대한 가격 할인을 의미합니다. 구입 제품에 대해 최대 70퍼센트까지 비용을 절약할 수 있습니다.

**어휘** be excited to ~해서 기쁘다, ~해서 흥분되다  announce that ~임을 알리다, ~라고 발표하다  discounted 할인된  unique 독특한, 특별한  save ~을 절약하다, ~을 아끼다  up to 최대 ~까지  purchase 구입(품)

**고득점 포인트**
- 발음에 주의합니다. interior 인테리어(X) 인티-어뤼얼(O), shoppers 쇼퍼스(X) 샤-뻘즈(O),
- 숫자 강세에 잘 들리게 읽어줍니다. seventy 쎄-브니

**Q3 다수 인물, 사물, 배경 혼합 사진 (5인)**

**브레인스토밍**

| 1 | 장소 | 서점 |
|---|---|---|
| 2 | 주연 | 중간 여자 / 녹색 치마를 입고 / 서 있음 |
| 3 | 사물 | 그녀 주변에 / 다양한 종류와 색상의 책들이 판매대에 있음 |
| 4 | 조연들 | 책들 주변에 / 많은 사람들이 책을 둘러 보는 중 |
| 5 | 느낌 | 언젠가 여기(이 장소)에 가보고 싶음 |

🔊 **MP3** AT4_3

<u>사진 묘사 템플릿</u> 핵심 표현

| 1 | 장소 | <u>This is a picture of</u> a bookstore.<br>이것은 서점의 사진입니다. |
|---|---|---|
| 2 | 주연 | In the middle, a woman wearing a green skirt is standing.<br>중간에는, 녹색 치마를 입은 여자 한 명이 서 있습니다. |
| 3 | 사물 | Around her, <u>there are</u> different types of colorful books on the counters.<br>그녀 주변에, 다양한 종류와 색상이 책들이 판매대 위에 있습니다. |
| 4 | 조연들 | Many people are browsing the books.<br>많은 사람들이 그 책들을 둘러보고 있습니다. |
| 5 | 느낌 | <u>I'd like to visit this place someday</u>.<br>언젠가 이 장소에 가보고 싶습니다. |

**어휘** around ~ 주변에  colorful 여러 색상의, 다채로운  counter 판매대  browse ~을 둘러보다  someday 언젠가

**고득점 포인트**
- 중간에 있는 여성의 녹색 치마가 잘 보이므로 wearing a green skirt을 떠올릴 수 있습니다.
- 셀러와 고객 사이를 가로지르는 테이블류는 counter 로 표현할 수 있어요.
- 묘사가 끝나고도 시간이 남는다면 언젠가 여기 가보고 싶다는 멘트를 해주세요.

## Q4 다수 인물, 사물, 배경 혼합 사진 (5인 이상)　브레인스토밍

| 1 | 장소 | 공항 터미널 |
|---|---|---|
| 2 | 주연 | 중간 여자 / 짐(수하물)을 끌고 있음 |
| 3 | 조연 | 왼쪽 여자 / 핸드폰(휴대폰)을 보고 있음 |
| 4 | 엑스트라 | 오른쪽 사람들 / 움직이는 보도(자동 보도)에 있음 |
| 5 | 배경 | (그들) 주변 / 몇몇 광고들 보임 |

◁» MP3　AT4_4

**사진 묘사 템플릿** 핵심 표현

| 1 | 장소 | This is a picture of an airport terminal.<br>이것은 공항 터미널의 사진입니다. |
|---|---|---|
| 2 | 주연 | In the middle, a woman is pulling her luggage.<br>중간에는, 여자 한 명이 수하물을 끌고 있습니다. |
| 3 | 조연 | A woman on the left is looking at her cell phone.<br>왼쪽에 있는 여자 한 명은 휴대폰을 보고 있습니다. |
| 4 | 엑스트라 | On the right, some people are on a moving walkway.<br>오른쪽에는, 몇몇 사람들이 자동 보도에 있습니다. |
| 5 | 배경 | Some advertisements can be seen around them.<br>몇몇 광고들이 그들 주변에 보입니다. |

**어휘** pull ~을 끌다, ~을 당기다　luggage 수하물, 짐, 여행 가방　look at ~을 보다　moving walkway 자동 보도
advertisement 광고　around ~ 주변에

**고득점 포인트**

· 사람들이 걸어서 이동하는 이곳을 an airport terminal (공항 터미널)로 표현합니다.
· on a moving walkway라는 표현을 알아두세요. Some people are walking on the right. 처럼 좀 더 쉽게 말해도 됩니다.
· 사물들, 인물들 주변을 표현할 때, around를 활용하면 편합니다.

**Q3**

| | | |
|---|---|---|
| 1 | | |
| 2 | | |
| 3 | | |
| 4 | | |
| 5 | | |

**Q4**

| | | |
|---|---|---|
| 1 | | |
| 2 | | |
| 3 | | |
| 4 | | |
| 5 | | |

## 전화 인터뷰: 취미/일상 생활 (옷/패션)

Imagine someone wants to open a new clothing shop in your area. You have agreed to participate in a telephone interview about clothes.

어떤 사람이 당신이 사는 지역에 새 의류 매장을 개장하기를 원한다고 가정해 보세요. 당신은 옷에 대한 전화 인터뷰에 참여하기로 동의했습니다.

🔊 MP3  AT4_5 | AT4_6 | AT4_7

만능 표현

**Q5** | When going to work, do you prefer to wear a suit? Why or why not?
출근할 때, 정장을 입는 것을 선호하시나요? 그 이유는 무엇인가요?

**A5**
| 선택 | Yes, I'd prefer to wear a suit. |
| 핵심 답변 | Because when I wear a suit, I feel more professional. |

네, 저는 정장을 입는 것을 선호합니다. 왜냐하면 정장을 입을 때 더 전문적인 느낌이 들기 때문입니다.

**Q6** | When was the last time you bought clothes for a special event? What kind of clothes were they?
특별한 행사를 위해 마지막으로 옷을 구입한 것은 언제였나요? 어떤 종류의 옷이었나요?

**A6**
| 핵심 답변 | I bought a suit for my sister's wedding about 6 months ago. |
| 추가 답변  WH P | I bought it at a department store called Shinsegae near my place. |

약 6개월 전에 누나 결혼식에 입을 정장을 구입했습니다. 집 근처에 있는 신세계라는 백화점에서 구입했습니다.

**Q7** | In which of the following ways would you rather learn about new fashion styles? Why?
- By asking a friend  - By going to a store  - By checking social media
다음 중 어느 방법으로 새로운 패션 스타일에 관해 알고 싶은가요? 그 이유는 무엇인가요?
- 친구에게 물어봐서    - 상점에 가서    - 소셜 미디어를 확인해서

**A7**
| 선택 | I check social media to learn about new fashion styles. |
| 취미 P | In my case, my hobby is online shopping. |
| 인터넷 정보 P | So I usually read reviews on Instagram to find information about new fashion styles.
It's free to get useful information so I don't have to spend money. |

저는 새로운 패션 스타일에 관해 알기 위해 소셜 미디어를 확인합니다. 제 경우에는, 취미가 온라인 쇼핑입니다. 그래서 평소에 새로운 패션 스타일에 관한 정보를 찾기 위해 인스타그램에 올라온 후기를 읽어 봅니다. 무료로 유용한 정보를 얻을 수 있어서, 돈을 쓸 필요가 없습니다.

**고득점 포인트**
- I feel more professional 대신 I feel good and happy로 만능 패턴을 사용할 수도 있어요.
- 특별한 날을 위한 옷이므로 정장, 드레스, 코트 등을 떠올리고 구매한 장소 정보를 만능 패턴으로 추가합니다.

Imagine someone wants to open a new clothing shop in your area. You have agreed to participate in a telephone interview about clothes.

**Q5**   When going to work, do you prefer to wear a suit? Why or why not?

**A5**   _____

_____

**Q6**   When was the last time you bought clothes for a special event? What kind of clothes were they?

**A6**   _____

_____

**Q7**   In which of the following ways would you rather learn about new fashion styles? Why?
- By asking a friend  - By going to a store  - By checking social media

**A7**   _____

_____

_____

_____

수업 일정

<table>
<tr><td colspan="5" align="center">**봄 요가 수업**<br>선라이즈 요가 스튜디오<br>오전 7:00 - 오후 8:00 (월요일 - 금요일)</td></tr>
<tr><td align="center">강좌</td><td align="center">강사</td><td align="center">시간대</td><td align="center">장소</td><td align="center">수강료</td></tr>
<tr><td align="center">하타 요가</td><td align="center">숀 패럴</td><td align="center">오전 7:00 - 8:00</td><td align="center">B번 방</td><td align="center">40 달러</td></tr>
<tr><td align="center">전통 요가</td><td align="center">티파니 챈들러</td><td align="center">오전 8:00 - 9:00</td><td align="center">A번 방</td><td align="center">35 달러</td></tr>
<tr><td align="center">빈야사 요가</td><td align="center">알렉사 샤리</td><td align="center">오전 9:00 - 10:00</td><td align="center">A번 방</td><td align="center">40 달러</td></tr>
<tr><td align="center">하타 요가</td><td align="center">제니퍼 쉬프먼</td><td align="center">오후 6:00 - 7:00</td><td align="center">C번 방</td><td align="center">40 달러</td></tr>
<tr><td align="center">플라잉 요가</td><td align="center">알렉사 샤리</td><td align="center">오후 7:00 - 8:00</td><td align="center">B번 방</td><td align="center">50 달러</td></tr>
</table>

Hello, I'm interested in the Spring Yoga Classes at your yoga studio. Could you answer some of my questions?

안녕하세요, 저는 당신의 요가 스튜디오에서 열리는 봄 요가 수업에 관심이 있습니다. 몇 가지 제 질문에 답변해줄 수 있나요?

🔊 MP3  AT4_8 | AT4_9 | AT4_10

주어 동사 키워드 전치사

**Q8**  What time does Shawn Parell's class start and where will it be held?

몇 시에 숀 패럴 씨의 수업이 시작되며, 어디에서 진행되나요?

**A8**  It will be held at 7 a.m. in Room B. The fee is 40 dollars.

오전 7시에 B번 방에서 개최될 것입니다. 수강료는 40달러입니다.

**Q9**  I heard that the cost of the Classic Yoga class is 40 dollars. Is that right?

전통 요가 수업의 수강료가 40달러라고 들었습니다. 맞나요?

**A9**  No. Actually, it is 35 dollars. It will be held in Room A at 8:00 a.m.

아뇨. 사실은, 35달러입니다. 오전 8시에 A번 방에서 진행될 예정입니다.

**어휘** instructor 강사  location 장소, 위치, 지점  fee 요금, 수수료  be interested in ~에 관심이 있다  hold ~을 개최하다, ~을 열다  cost 비용  actually 실은, 사실

| Q10 | I'm afraid I won't be able to attend the morning classes. Could you give me all the details about the classes being held in the afternoon? |
|---|---|
| | 제가 오전 강좌에는 참석할 수 없을 것 같습니다. 오후에 열리는 수업에 대한 세부사항을 모두 알려줄 수 있나요? |

| A10 | OK. The Hatha Yoga class will be led by Jennifer Shiffman at 6 p.m. in Room C. The fee is 40 dollars. Also, Alexa Sharry will lead the Flying Yoga class at 7 p.m. in Room B. It is 50 dollars. |
|---|---|
| | 알겠습니다. 하타 요가 수업이 오후 6시에 C번 방에서 제니퍼 쉬프먼 씨에 의해 진행될 것입니다. 수강료는 40달러입니다. 또한, 알렉사 샤리 씨가 오후 7시에 B번 방에서 플라잉 요가를 진행할 예정입니다. 수강료는 50달러입니다. |

**어휘** be able to ~할 수 있다  attend ~에 참석하다  details 상세 정보, 세부 사항  lead ~을 진행하다, ~을 이끌다

**고득점 포인트**
· 8번의 답변 후 시간이 남는다면 추가 정보를 줘도 됩니다. The fee is 40 dollars.
· 2개 행의 키워드 양이 많고 추가할 품사들도 많기 때문에 손가락 가이드 리딩을 하면서 차분히 답변주세요.

**준비 시간 45초 핵심 키워딩**
· Q8 기본 정보
  ① 시간, 요일: at 7:00 A.M., Monday to Friday
  ② 첫 일정: Shawn Parell의 Hatha Yoga

· Q9 특정 정보
  다른 가격 정보: Tiffany Chandler의 Classic Yoga 35 dollars, Alexa Sharry의 Flying Yoga 50 dollars

· Q10 공통적 정보
  Alexa Sharry 2건, Hatha Yoga 2건, 오후 일정 2건

Hello, I'm interested in the Spring Yoga Classes at your yoga studio. Could you answer some of my questions?

**Q8**   What time does Shawn Parell's class start and where will it be held?

**A8**

**Q9**   I heard that the cost of the Classic Yoga class is 40 dollars. Is that right?

**A9**

**Q10**   I'm afraid I won't be able to attend the morning classes. Could you give me all the details about the classes being held in the afternoon?

**A10**

## 교육

What are some advantages of buying a cell phone for young children?

Give specific reasons or examples to support your opinion.

어린 아이들에게 휴대폰을 사주는 것의 몇 가지 장점은 무엇인가요?

구체적인 이유 또는 예를 들어 당신의 의견을 뒷받침하세요.

## 브레인스토밍 & 노트테이킹

| 서론/결론 T | 본론 T | 패턴 |
|---|---|---|
| 어린 아이들에게 휴대폰을 사주는 것의 장점 | 이유 | 스마트폰 |

| 서론 | | 어린 아이들에게 휴대폰을 사주는 것의 장점 |
|---|---|---|
| **본론** | 이유 | 비상 시, 아이들이 부모에게 call |
| | 상황 | 문제가 있다면, 부모에게 빨리 연락 가능 |
| **이유 템플릿** | 이유 | Also, 친구들이랑 놀려면 휴대폰 필요함<br>요즘 스마트폰으로 talk, play with 함 |
| | 상황 | 스마트폰 없이 친구와 keep in touch X |
| 결론 | | 아이들에게 휴대폰 사주는 것, beneficial |

What are some advantages of buying a cell phone for young children?

Give specific reasons or examples to support your opinion.

어린 아이들에게 휴대폰을 사주는 것의 몇 가지 장점은 무엇인가요?

구체적인 이유 또는 예를 들어 당신의 의견을 뒷받침하세요.

MP3 AT4_11

**서론/결론 T** 어린 아이들에게 휴대폰을 사주는 것의 장점   **본론 T** 이유   **패턴** 스마트폰

| 서론 | | There are some advantages of buying a cell phone for young children.<br>어린 아이들에게 휴대폰을 사주는 것에는 몇 가지 장점이 있습니다. |
|---|---|---|
| **본론**<br><br>**이유 템플릿** | 이유 | Basically, kids can call their parents in an emergency.<br>기본적으로, 아이들이 긴급 상황에서 부모님에게 전화할 수 있습니다. |
| | 상황 | If they have a problem, they can contact their parents quickly.<br>문제가 생기면, 빠르게 부모님에게 연락할 수 있습니다. |
| | 이유 | Also, they need cell phones to hang out with friends.<br>또한, 친구들과 어울려 시간을 보내는 데 휴대전화기가 필요합니다. |
| | | These days, children talk or play with their friends on their smartphones.<br>요즘, 아이들은 스마트폰으로 친구들과 이야기하거나 놉니다. |
| | 상황 | So without a smartphone, they can't keep in touch with friends.<br>그래서 스마트폰이 없으면, 친구들과 연락할 수 없습니다. |
| 결론 | | Therefore, buying a cell phone for young children is beneficial.<br>따라서, 어린 아이들에게 휴대폰을 사주는 것이 유익합니다. |

**어휘** advantage 장점, 이점  basically 기본적으로  emergency 긴급 상황, 비상 상황  contact ~에게 연락하다  quickly 빠르게
hang out with ~와 어울려 시간을 보내다  these days 요즘  without ~이 없으면, ~ 없이는  keep in touch with ~와 연락하다
therefore 따라서, 그러므로  beneficial 유익한, 이로운

**고득점 포인트**
- 장단점 문제의 본론은 Basically로 시작하세요.
- 본인이 어렸을 때 휴대폰이 있었다면 과거의 긍정 경험으로 내용을 풀어나가 봅시다.
- 만능 패턴을 활용하기 애매한 돌발 문제는 천천히 질문한 의도에 맞춰 답변하는 것에 주력합니다.

## 본론 템플릿 추가 연습

앞서 배운 본론 템플릿, 만능 패턴을 활용하여 다른 설정으로 답변을 구성할 수도 있습니다. 다음 본론 템플릿에 맞춰 답변을 연습해 보세요.

| 본론 템플릿 | | 이유 T | 긍정 경험 T | 부정 경험 T | 과거 비교 T |
|---|---|---|---|---|---|
| 본론 | 이유 | 부모가 안심할 수 있음 | | | |
| | 상황 | 내 조카는 7살이고 휴대폰을 갖고 있음<br>부모가 아이에게 빨리 연락 가능 | | | |
| | 경험 | 지난주에 조카가 휴대폰 없이 유치원에 갔고 늦게 옴<br>그의 부모는 계속 걱정했음 | | | |
| | 결과 | 또한, 아이도 언제 어디서나 부모에게 연락할 수 있음<br>휴대폰이 있어야 서로 편함 | | | |
| 만능 패턴 | | 언제 어디서 | | | |

## 나만의 본론 템플릿 만들어 보기

앞서 배운 본론 템플릿, 만능 패턴을 활용하여 나만의 본론 템플릿을 만들어 보세요.

| 본론 템플릿 | | 이유 T | 긍정 경험 T | 부정 경험 T | 과거 비교 T |
|---|---|---|---|---|---|
| 본론 | 이유 | | | | |
| | 상황 | | | | |
| | 경험 | | | | |
| | 결과 | | | | |
| 만능 패턴 | | | | | |

Test 4

# 실전 모의고사 5

모의고사 총평

## QUESTIONS 1-2 Read a text aloud

### Q1 소개문

🔊 MP3 AT5_1

디 발음  강세 ↗ 올려 읽기  ↘ 내려 읽기  / 끊어 읽기

Thanks for listening to the public radio program ↗/ The Musicology. ↘// On today's show ↗/ we will interview ↗/ Kelsee O'Brien, ↗/ a popular pop musician. ↘// Kelsee is a singer, ↗/ producer ↗/ and violinist. ↘// Her new album, ↗/ Lover or Liar, ↗/ was released ↗/ only four days ago ↗/ and is already getting rave reviews. ↘// Now ↗/ let's welcome ↗/ Kelsee to the show. ↘//

공영 라디오 프로그램 더 뮤지콜로지를 청취해 주셔서 감사합니다. 오늘 시간에는, 인기 있는 팝 음악가 켈시 오브라이언 씨를 인터뷰할 예정입니다. 켈시 씨는 가수이자, 프로듀서, 그리고 바이올리니스트입니다. 그녀의 새 앨범 러버 오어 라이어가 불과 나흘 전에 발매되었으며, 이미 극찬을 받고 있습니다. 자, 저희 프로그램을 찾아주신 켈시 씨를 환영해 주시기 바랍니다.

**어휘** public 공영의, 공공의  popular 인기 있는  release ~을 발매하다, ~을 출시하다  rave reviews 극찬, 호평

**고득점 포인트**
- 접미사 강세 법칙을 적용해 모르는 단어도 정확히 읽을 수 있어요. Musicology '뮤지코-올로쥐'
- 제목은 앞뒤로 숨을 골라 단독 강조해 주세요. [Lover or Liar]

### Q2 뉴스

🔊 MP3 AT5_2

디 발음  강세 ↗ 올려 읽기  ↘ 내려 읽기  / 끊어 읽기

For those ↗/ attending tonight's outdoor concert ↗/ in Carmel Park, ↗/ it has been canceled ↗/ due to heavy precipitation. ↘// The event organizers ↗/ will reschedule the event ↗/ to next Friday, ↗/ Saturday ↗/ or Sunday ↗/ and move the location ↗/ to an indoor facility. ↘//

오늘 저녁 카멜 공원에서 열리는 야외 콘서트에 참석하시는 분들께 전해 드리는 소식으로, 이 행사가 호우로 인해 취소되었습니다. 행사 주최측에서 다음 주 금요일이나 토요일, 또는 일요일로 행사 일정을 재조정하고 장소를 실내 시설로 옮길 것입니다.

**어휘** attend ~에 참석하다  cancel ~을 취소하다  due to ~로 인해, ~ 때문에  heavy (정도, 양 등이) 많은, 심한  precipitation 강수량  organizer 주최자, 조직자  reschedule ~의 일정을 재조정하다  move A to B A를 B로 옮기다  location 장소, 위치, 지점  indoor 실내의  facility 시설(물)

**고득점 포인트**
- Carmel 카멜 인데 Camel 캐멀 로 잘못 읽지 않도록 주의해 주세요.
- 모음의 소리 앞 the '디' 발음은 준비 시간에 미리 위치를 파악해 줍니다.
- 단어가 길고 어렵다면 몇 번 읽어 자연스럽게 만들어 두세요. precipitation, organizers, facility

## Q3 인물 중심 사진 (3인)

### 브레인스토밍

| 1 | 장소 | 창고 |
|---|---|---|
| 2 | 주연 | 왼쪽 여자 / 서서 / 노트 패드(메모지)에 무엇인가 적고 있음 |
| 3 | 조연 1 | 중간 남자 / 박스를 옮기는 중 |
| 4 | 조연 2 | 오른쪽 남자 / 등을 보이고 있음 |
| 5 | 배경 | 뒤쪽 / 많은 제품들이 선반에 쌓여 있음 |

<u>사진 묘사 템플릿</u> 핵심 표현

| 1 | 장소 | <u>This is a picture of</u> a warehouse.<br>이것은 창고의 사진입니다. |
|---|---|---|
| 2 | 주연 | On the left, a woman is standing and writing something on a notepad.<br>왼쪽에는, 여자 한 명이 서서 메모지에 무엇인가를 적고 있습니다. |
| 3 | 조연 1 | A man in the middle is moving a box.<br>중간에 있는 남자 한 명은 박스를 옮기고 있습니다. |
| 4 | 조연 2 | On the right, a man is showing his back.<br>오른쪽에는, 남자 한 명이 등을 보이고 있습니다. |
| 5 | 배경 | A lot of products are stacked on the shelves in the background.<br>뒤쪽에는 많은 제품들이 선반에 쌓여 있습니다. |

**어휘** warehouse 창고  notepad 메모지  show one's back 등을 보이다  a lot of 많은  product 제품  stack (차곡차곡) ~을 쌓다  shelf 선반, 진열대

**고득점 포인트**
- 여자가 들고 있는 것은 노트북이 아닌 노트 패드입니다.
- lifting a box처럼 박스를 들고 있다는 간접 표현도 좋지만, 답변처럼 박스를 옮기고 있다는 간접 표현도 좋아요.
- 물건이 쌓여있다는 수동태 표현도 정리해 주세요. 물건들 are stacked on the shelves.

## Q4 인물 사진 (2인)

### 브레인스토밍

| 1 | 장소 | 사무실 |
|---|------|--------|
| 2 | 주연 | 중간 남자 / 회색 정장 입고 / 서서 / 복사 중 |
| 3 | 사물 | 그의 앞에 복사기가 보임 |
| 4 | 조연 | 뒤쪽 여자 / 테이블에 앉아 / (전화) 통화 하고 있음 |
| 5 | 느낌 | 그들은 바빠 보임 |

🔊 MP3 AT5_4

**사진 묘사 템플릿** 핵심 표현

| 1 | 장소 | <u>This is a picture of</u> an office.<br>이것은 사무실의 사진입니다. |
|---|------|---------------------------------------------|
| 2 | 주연 | In the middle, a man wearing a grey suit is standing <u>and</u> making a copy.<br>중간에는, 회색 정장을 입은 남자 한 명이 서서 복사를 하고 있습니다. |
| 3 | 사물 | <u>I can see</u> a copy machine in front of him.<br>그의 앞에 복사기가 보입니다. |
| 4 | 조연 | In the background, a woman is sitting at the table <u>and</u> talking on the phone.<br>뒤쪽에는, 여자 한 명이 테이블에 앉아 전화 통화를 하고 있습니다. |
| 5 | 느낌 | <u>They look</u> busy.<br>그들은 바빠 보입니다. |

**어휘** make a copy 복사하다   in front of ~ 앞에   talk on the phone 전화 통화하다

**고득점 포인트**
- an office 의 관사 실수에 주의합니다.
- 2인 중심의 사진은 묘사 요소가 그리 많지 않으므로 인물과 사물에서 동작, 상태 표현을 꼼꼼히 찾아야 합니다.
- a copy machine이 a coffee machine처럼 발음되지 않도록 주의해 주세요.

**Q3**

| | | |
|---|---|---|
| 1 | | |
| 2 | | |
| 3 | | |
| 4 | | |
| 5 | | |

**Q4**

| | | |
|---|---|---|
| 1 | | |
| 2 | | |
| 3 | | |
| 4 | | |
| 5 | | |

Test 5

## 지인과의 대화: 취미/일상 생활(라디오)

Imagine that you are talking on the telephone with your friend. You are talking about listening to the radio.
당신이 친구와 전화 통화를 하고 있다고 가정해 보세요. 당신은 라디오를 듣는 것에 대해 이야기하고 있습니다.

🔊 MP3  AT5_5 | AT5_6 | AT5_7

만능 표현

**Q5**
What device do you like to listen to the radio on?
어떤 기기로 라디오를 듣는 걸 좋아해?

**A5**
[핵심 답변] [WH P]  I listen to the radio on my smartphone every day.
Because it's convenient and free.
매일 스마트폰으로 라디오를 들어. 왜냐하면 그게 편리하고 무료이기 때문이야.

**Q6**
When do you listen to the radio more: alone or with someone else?
혼자 있을 때와 다른 누군가와 함께 있을 때 중 언제 라디오를 더 많이 들어?

**A6**
[선택]  I listen to the radio alone more.
[핵심 답변]  Because I usually listen to music when I go to work on the bus.
혼자 있을 때 라디오를 더 많이 들어. 왜냐하면 나는 평소에 버스를 타고 출근할 때 음악을 들어.

**Q7**
If you listen to the radio, which program do you tune into the most? Why?
- Music programs   - Comedy programs   - Sports programs
라디오를 듣는다면, 어느 프로그램 채널을 가장 많이 들어? 그 이유는 뭐야?
- 음악 프로그램    - 코미디 프로그램    - 스포츠 프로그램

**A7**
[선택]  I would tune into music programs the most.
[취미 P]  In my case, my hobby is finding different types of music.
[핵심 답변]  When I listen to music programs on the radio, I can discover new music for free.
[스트레스 P]  In this way, I can relieve stress and refresh myself.
음악 프로그램을 가장 많이 들을 거야. 내 경우에는, 취미가 다른 종류의 음악을 찾는 거야. 라디오에서 음악 프로그램을 들을 때, 무료로 새로운 음악을 발견할 수 있어. 이렇게 하면, 스트레스를 풀고 기분 전환을 할 수 있어.

---

[어휘] device 기기, 장치  convenient 편리한  free 무료인  usually 평소에, 보통, 일반적으로  go to work 출근하다  tune into ~에 채널을 맞추다  the most 가장 (많이, 크게)  discover ~을 발견하다  for free 무료로  in this way 이런 식으로, 이런 면에서  relieve stress 스트레스를 풀다, 해소하다  refresh 기분을 전환하다

[고득점 포인트]
• 가장 빨리 생각나는 device는 당연히 스마트폰입니다.
• 7번의 3개 선택지 중 무엇을 고른다 해도, 일단 취미 패턴, 무료 패턴, 스트레스 패턴은 사용 가능합니다.

# 나만의 답변 만들어 보기

Imagine that you are talking on the telephone with your friend. You are talking about listening to the radio.

**Q5** What device do you like to listen to the radio on?

**A5**

**Q6** When do you listen to the radio more: alone or with someone else?

**A6**

**Q7** If you listen to the radio, which program do you tune into the most? Why?
- Music programs   - Comedy programs   - Sports programs

**A7**

## 행사 일정

**겨울 행사**

12월: 국제 문화 축제

| 날짜 | 시간 | 행사 | 비용 |
|---|---|---|---|
| 12월 4일 | 오전 9:30 - 오후 3:30 | 재즈 축제 | 20 달러 |
| 12월 11일 | 오전 10:00 - 오후 11:00 | 아시아 음식 박람회 | 12 달러 |
| 12월 16일 | 오전 11:30 - 오후 1:30 | 야외 영화제 | 무료 입장 |
| 12월 20일 | 오후 2:00 - 오후 3:20 | 독일 음식 축제 | 10 달러 |
| 12월 23일 | 오후 2:30 - 오후 3:30 | 크리스마스 트리 축제 & 포토월 | 20 달러 |
| 12월 29일 | 오후 3:30 – 오후 4:00 | 얼음 조각품 전시회 | 무료입장 |

Hi, this is Edward. I'm interested in going to the winter international culture events. I'm hoping you can answer some of my questions.

안녕하세요, 저는 에드워드입니다. 저는 겨울 국제 문화 축제 행사에 가는 데 관심이 있습니다. 몇몇 제 질문에 답변 해주길 바랍니다.

🔊 **MP3** AT5_8 | AT5_9 | AT5_10

주어 동사 키워드 전치사

**Q8**
What is the first event and what time does it start?

첫 번째 행사는 무엇이며, 몇 시에 시작하나요?

**A8**
The first event is the Jazz Festival and it will start at 9:30 a.m. on December 4th.

첫 번째 행사는 재즈 축제이며, 12월 4일 오전 9시 30분에 시작할 예정입니다.

**Q9**
I saw on the poster that the outdoor film festival costs 12 dollars. Is that right?

포스터에서 야외 영화제에 12달러의 비용이 든다고 쓰여 있는 것을 봤습니다. 맞나요?

**A9**
Don't worry. It is free.

걱정하지 마세요. 무료입니다.

**어휘** fair 박람회  outdoor 야외의, 옥외의  photo wall 포토월(사진 촬영을 위한 배경 공간)  sculpture 조각품  exhibition 전시(회)
free 무료의  admission 입장(료)  be interested in ~에 관심이 있다  cost ~의 비용이 들다

**Q10** I am interested in food-related events. Could you tell me about all the events that are related to food?

저는 음식과 관련된 행사에 관심이 있습니다. 음식과 관련된 행사에 대해 모두 알려줄 수 있나요?

**A10** OK. There is the Asian Food Fair on December 11th at 10:00 a.m.

Also, you can attend the German Food Festival on December 20th at 2:00 p.m.

알겠습니다. 12월 11일 오전 10시에 아시아 음식 박람회가 있습니다. 그리고, 12월 20일 오후 2시에 독일 음식 축제에도 참석할 수 있습니다.

---

**어휘** related ~와 관련된　be related to ~와 관련되어 있다　attend ~에 참석하다

**고득점 포인트**
- 고유한 페스티벌 이름이라도 큰 범주에서 이벤트의 종류이므로 the를 붙여 the Jazz Festival처럼 말해요.
- 9번에서 No. Actually, it is free admission.으로 답할 수도 있습니다.
- 읽어야 할 많은 정보가 헷갈릴 수 있으므로, 답변 준비 시간에 10번을 시작해 줄 문장들 (There is, You can attend)을 대략 정해 두고, 답변 시, 손가락 가이드 리딩을 하면서 차분히 답변 요소들을 추가해 주세요.

**준비 시간 45초 핵심 키워딩**
- Q8 기본 정보
  첫 일정: on Dec. 4th, at 9:30 a.m, the Jazz Festival, for 20 dollars

- Q9 특정 정보
  다른 가격 정보: the Asian Food Fair 12 dollars, the German Food Festival 10 dollars

- Q10 공통적 정보
  가격이 20 dollars인 이벤트 2건, Free admission 2건

Hi, this is Edward. I'm interested in going to the winter international culture events. I'm hoping you can answer some of my questions.

**Q8**   What is the first event and what time does it start?

**A8**

---

---

**Q9**   I saw on the poster that the outdoor film festival costs 12 dollars. Is that right?

**A9**

---

---

**Q10**   I am interested in food-related events. Could you tell me about all the events that are related to food?

**A10**

---

---

## 능력, 자질

Do you think it is important for a team leader to have the ability to motivate other members? Why or why not? Give specific reasons or examples to support your opinion.

팀장이 다른 구성원들에게 동기를 부여할 수 있는 능력을 지니는 것이 중요하다고 생각하나요? 그 이유는 무엇인가요? 구체적인 이유 또는 예를 들어 당신의 의견을 뒷받침하세요.

## 브레인스토밍 & 노트테이킹

| 서론/결론 T | 본론 T | 패턴 |
|---|---|---|
| 동의 | 긍정 경험 | 회사, 능력, 문제 해결, 좋은 결과 |

| 서론 | | 동의 |
|---|---|---|
| **본론**<br><br>긍정 경험<br>템플릿 | 이유 | 더 재미있게 일할 수 있음 |
| | 상황 | 난 현대에서 일함 |
| | 경험 | 내 보스, 소미, 팀원들 동기 부여 능력 O<br>문제 해결 P, she encourages me |
| | 결과 | 좋은 결과 P |
| 결론 | | 동기 부여 능력, very important |

Do you think it is important for a team leader to have the ability to motivate other members? Why or why not? Give specific reasons or examples to support your opinion.

팀장이 다른 구성원들에게 동기를 부여할 수 있는 능력을 지니는 것이 중요하다고 생각하나요? 그 이유는 무엇인가요? 구체적인 이유 또는 예를 들어 당신의 의견을 뒷받침하세요.

🔊 MP3　AT5_11

**서론/결론 T** 동의　**본론 T** 긍정 경험　**패턴** 회사, 능력, 문제 해결, 좋은 결과

| 서론 | | Yes, I think it is important for a team leader to have the ability to motivate other members.<br>네, 팀장이 다른 구성원들에게 동기를 부여할 수 있는 능력을 지니는 것이 중요하다고 생각합니다. |
|---|---|---|
| **본론**<br><br>긍정 경험<br>템플릿 | 이유 | Because you can work more happily.<br>왜냐하면 더 행복하게 일할 수 있기 때문입니다. |
| | 상황 | In my case, I work for Hyundai.<br>제 경우에는, 현대에서 근무하고 있습니다. |
| | 경험 | My boss, Somi, has the ability to motivate her team members.<br>저희 소미 팀장님께서는 팀원들에게 동기를 부여해주실 수 있는 능력을 지니고 있습니다.<br><br>When I have some problems with our clients, she encourages me a lot.<br>제가 저희 고객들과 몇몇 문제가 있을 때, 팀장님께서 저를 많이 격려해줍니다. |
| | 결과 | So thanks to her motivation, I had better results last month.<br>그래서 팀장님의 동기 부여 덕분에, 제가 지난 달에 좋은 결과를 얻었습니다. |
| **결론** | | Therefore, a team leader's motivational skills are very important at work.<br>따라서, 팀장의 동기 부여 능력은 직장에서 매우 중요합니다. |

**어휘** ability to ~할 수 있는 능력　motivate ~에게 동기를 부여하다　work for ~에서 근무하다　client 고객　encourage ~을 격려하다　thanks to ~ 덕분에, ~ 때문에　motivation 동기 부여　result 결과　therefore 따라서, 그러므로　at work 직장에서

**고득점 포인트**
· 능력 패턴들을 활용해 상상의 동료나 보스의 이름, 능력, 성향 등을 한 번 지정해 두는 작업이 중요합니다.
적어서 정리하면, he/ his, she/ her 처럼 세밀한 부분까지 잡을 수 있고, 본인에게 더 잘 맞는 패턴들을 입으로 연결해 둘 수 있어 답변이 훨씬 쉬워집니다. 단, 어려운 영작이 되지 않도록 합니다.

## 본론 템플릿 추가 연습

앞서 배운 본론 템플릿, 만능 패턴을 활용하여 다른 설정으로 답변을 구성할 수도 있습니다. 다음 본론 템플릿에 맞춰 답변을 연습해 보세요.

| 본론 템플릿 | | 이유 T | 긍정 경험 T | 부정 경험 T | 과거 비교 T |
|---|---|---|---|---|---|
| 본론 | 이유 | 동기부여 능력 없으면 팀워크가 안됨 | | | |
| | 상황 | 난 한화에서 일함<br>내 보스, Jason은 팀원들 동기 부여를 안 해줌 | | | |
| | 경험 | 요즘 일이 많은데 스트레스 받고 업무 만족하지 못함 | | | |
| | 결과 | 목표 달성과 성취를 하기 힘듦 | | | |
| 만능 패턴 | | 회사, 능력, 업무 과다, 업무 스트레스, 불만족, 목표 달성 | | | |

## 나만의 본론 템플릿 만들어 보기

앞서 배운 본론 템플릿, 만능 패턴을 활용하여 나만의 본론 템플릿을 만들어 보세요.

| 본론 템플릿 | | 이유 T | 긍정 경험 T | 부정 경험 T | 과거 비교 T |
|---|---|---|---|---|---|
| 본론 | 이유 | | | | |
| | 상황 | | | | |
| | 경험 | | | | |
| | 결과 | | | | |
| 만능 패턴 | | | | | |

Test 5

시원스쿨 LAB

시원스쿨

# TOEIC
# Speaking
학 습 지

조앤박 | 시원스쿨어학연구소

# 시원스쿨
# **토익스피킹학습지**

**초판 1쇄 발행** 2023년 1월 2일

**지은이** 조앤박·시원스쿨어학연구소
**펴낸곳** (주)에스제이더블유인터내셔널
**펴낸이** 양홍걸 이시원

**홈페이지** www.siwonschool.com
**주소** 서울시 영등포구 국회대로74길 12 시원스쿨
**교재 구입 문의** 02)2014-8151
**고객센터** 02)6409-0878

**ISBN** 979-11-6150-655-5 13740
**Number** 1-110303-19190400-08

**Actual Test AL-AH
AL-AH 실전모의고사
정답 및 해설**

## 목차

# 실전 모의고사 1

모의고사 총평

## QUESTIONS 1-2 Read a text aloud

### Q1 소개문

🔊 MP3 AT1_1

> 📕 발음 강세 ↗ 올려 읽기 ↘ 내려 읽기 / 끊어 읽기

To conclude our program, ↗/ it is time for our local news segment. ↘// Dale Jones, ↗/ a teacher from Woods Valley School, ↗/ has been nominated ↗/ for a National Teaching Award. ↘// Mr. Jones has 23 years of experience ↗/ and has taught English, ↗/ History ↗/ and Creative Writing. ↘// Congratulations, ↗/ Mr. Jones. ↘//

저희 프로그램의 마지막 순서로, 우리 지역 뉴스 코너를 진행할 시간입니다. 우즈 밸리 학교 교사인 데일 존스 씨가 전국 교사상 후보로 지명되었습니다. 존스 씨는 23년의 경력을 지니고 있으며, 영어와 역사, 그리고 창의적 글쓰기를 가르쳐왔습니다. 축하 드립니다, 존스 씨.

**어휘** segment (방송 프로그램의) 한 코너, 부분, 조각  nominate A for B A를 B에 대한 후보로 지명하다  experience 경력, 경험  creative writing 창의적 글쓰기

**고득점 포인트**
- local 로컬(X) 로-우꺼얼(O)
  nominated 노미네이트(X) 나-미네이리듯(O)
  congratulations 콩그레츌레이션(X) 콩그뤠쥬레-이션즈(O)
- woods 우즈(X) 우워-웃쯔(O)
  experience 익스페리언쓰(X) 익쓰삐-어뤼언쓰(O)

### Q2 뉴스

🔊 MP3 AT1_2

> 📕 발음 강세 ↗ 올려 읽기 ↘ 내려 읽기 / 끊어 읽기

Traffic is moving slowly ↗/ in most areas of Delta City ↗/ with a few exceptions. ↘// There is a stalled car ↗/ in the third lane ↗/ on Holland Avenue ↗/ which has left ↗/ only one lane open. ↘// Additionally, ↗/ road construction on Middle Parkway ↗/ has blocked exits four, ↗/ five ↗/ and six. ↘// We suggest taking Jenson Road instead. ↘//

몇몇 곳을 제외하고 델타 시 대부분의 지역에서 차량들이 더디게 이동하고 있습니다. 홀랜드 애비뉴의 3차선에 자동차가 한 대가 멈춘 채로 서 있으며, 이로 인해 오직 하나의 차선만 개방되어 있습니다. 추가로, 미들 파크웨이의 도로 공사로 인해 4번과 5번, 그리고 6번 출구가 막혀 있습니다. 젠슨 로드를 대신 이용하시도록 권해 드립니다.

**어휘** traffic 차량들, 교통  with a few exceptions 몇 가지를 제외하고, 몇몇은 예외로 하고  stalled 멎은, 정지된 leave A B A를 B한 상태로 만들다, A를 B한 채로 남겨 놓다  additionally 추가로, 게다가  construction 공사, 건설  block ~을 가로막다  suggest -ing ~하도록 권하다, ~하도록 제안하다  instead 대신

**고득점 포인트**
- 관사 a를 잊지 말고 연음으로 부드럽게 이어 발음해 주세요. with a few exceptions, there is a stalled car
- 숫자에 끊어 읽기와 억양을 자연스럽게 만들어 줍니다. four, ↗/ five ↗/ and six. ↘//

## QUESTIONS 3-4  Describe a picture

### Q3 다수 인물, 사물, 배경 혼합 사진 (5인 이상)    브레인스토밍

| 1 | 장소 | 길(거리) |
|---|---|---|
| 2 | 주연들 | 앞쪽 사람들 2명 / 벤치에 앉아 / 다리를 꼬고 있음 |
| 3 | 조연 | 그들 옆에 / 나이든 남자가 벤치에 혼자 앉아 / 팔짱을 끼고 있음 |
| 4 | 엑스트라 | 뒤쪽 여자 / 전동 휠체어에 앉아 있음 |
| 5 | 배경 | 뒤쪽 / 사람들과 건물(빌딩)들이 보임 |

<i◁)) MP3 AT1_3

사진 묘사 템플릿 핵심 표현

| 1 | 장소 | This is a picture of a street.<br>이것은 거리의 사진입니다. |
|---|---|---|
| 2 | 주연들 | In the foreground, two people are sitting on a bench with their legs crossed.<br>앞쪽에는, 두 사람이 다리를 꼰 채로 벤치에 앉아 있습니다. |
| 3 | 조연 | Next to them, an elderly man is sitting on a bench alone with his arms crossed.<br>그들 옆에는, 나이든 남성 한 명이 팔짱을 낀 채로 혼자 벤치에 앉아 있습니다. |
| 4 | 엑스트라 | In the background, a woman is sitting on an electric wheelchair.<br>뒤쪽에는, 여자 한 명이 전동 휠체어에 앉아 있습니다. |
| 5 | 배경 | Some people and buildings can be seen in the background.<br>몇몇 사람들과 건물들이 뒤쪽에 보입니다. |

**어휘** with one's legs crossed 다리를 꼰 채로   with one's arms crossed 팔짱을 낀 채로   electric wheelchair 전동 휠체어

**고득점 포인트**
· 다리를 꼰 상태 with their legs crossed, 팔을 꼰 상태 with his arms crossed
· an old man 보다는 an elderly man이 더 공손한 느낌입니다.
· 전동 휠체어의 영단어를 모를 때, 그냥 wheelchair도 좋아요. '휠체어' 말고 '위-얼췌어'로 발음해 주세요.

## Q4 인물 중심 사진 (2인)

### 브레인스토밍

| 1 | 장소 | 도서관 |
|---|------|--------|
| 2 | 주연 | 왼쪽 여자 / 보라색 소파에 앉아 있음 |
| 3 | 주연 | 그녀는 헤드폰을 쓰고 / 랩탑으로 작업 중 |
| 4 | 조연 | 오른쪽 남자 / 파란 체크무늬 셔츠 입고 / 독서 중 |
| 5 | 배경 | 뒤쪽 / 다양한 종류와 색상의 책들이 선반 위에 보임 |

🔊 MP3  AT1_4

사진 묘사 **템플릿** 핵심 표현

| 1 | 장소 | This is a picture of a library.<br>이것은 도서관의 사진입니다. |
|---|------|----------|
| 2 | 주연 | On the left, a woman is sitting on a purple couch.<br>왼쪽에는, 여자 한 명이 보라색 소파에 앉아 있습니다. |
| 3 | 주연 | She is wearing headphones and working on her laptop.<br>그녀는 헤드폰을 쓴 채로 랩탑으로 작업하고 있습니다. |
| 4 | 조연 | On the right, a man in a blue checkered shirt is reading a book.<br>오른쪽에는, 파란색 체크 무늬 셔츠를 입은 남자 한 명이 독서를 하고 있습니다. |
| 5 | 배경 | Different types of colorful books can be seen on the shelves in the background.<br>다양한 종류와 색상의 책들이 뒤쪽에 있는 선반 위에 보입니다. |

**어휘** couch 소파  work on one's laptop 노트북 컴퓨터로 작업하다  checkered 체크 무늬로 된  colorful 여러 색상의, 다채로운

**고득점 포인트**
- 책이 많고 학생들이 공부하는 장소면 library, 책이 많아도 판매하는 카운터가 보이면 bookstore입니다.
- 팔걸이가 없는 소파라 couch, 보라색이라 purple couch, 위에 앉아있으니 sitting on a purple couch 이런식으로 답변 준비 시간에 묘사 요소들을 꼬리잡기처럼 붙여 나가며 정리해 주세요.

# 나만의 답변 만들어 보기

**Q3**

| | | |
|---|---|---|
| 1 | | |
| 2 | | |
| 3 | | |
| 4 | | |
| 5 | | |

**Q4**

| | | |
|---|---|---|
| 1 | | |
| 2 | | |
| 3 | | |
| 4 | | |
| 5 | | |

## 지인과의 대화: 장소/활동 반경 (아파트)

> Imagine that you are talking to a friend on the telephone. You are talking about finding an apartment.
> 당신이 친구와 전화 통화하고 있다고 가정해 보세요. 당신은 아파트를 찾는 일에 대해 이야기하고 있습니다.

🔊 MP3  AT1_5 | AT1_6 | AT1_7

만능 표현

| Q5 | When was the last time you found an apartment to live in, and how long did it take?<br>마지막으로 네가 살 아파트를 찾았던 것은 언제이며, 얼마나 오래 걸렸어? |
|---|---|

| A5 | 핵심 답변  WH P  I found an apartment to live in about 2 years ago.<br>It took about 3 weeks to look for different apartments.<br>약 2년 전에 내가 살 아파트를 찾았어. 서로 다른 아파트들을 찾아보는 데 약 3주가 걸렸어. |
|---|---|

| Q6 | Is the size of an apartment important when choosing a place to live?<br>네가 살 곳을 선택할 때 아파트의 크기가 중요해? |
|---|---|

| A6 | 선택  Yes, it's important to me.<br>이유  Because I don't want to live in a tiny studio.<br>핵심 답변  I need a one bedroom at least.<br>응, 나에게는 중요해. 왜냐하면 아주 작은 원룸에서 살고 싶지 않기 때문이야. 적어도 침실 하나는 필요해. |
|---|---|

| Q7 | What is the hardest thing about choosing an apartment?<br>아파트를 선택하는 것과 관련해서 가장 어려운 점은 무엇이니? |
|---|---|

| A7 | 핵심 답변  It is my budget.<br>돈 부족 P  In my case, I always have a tight budget.<br>돈 P  Because I'm a student and I don't have much money.<br>마무리  So it was not easy to find an affordable apartment.<br>그건 내 예산이야. 내 경우에는, 항상 예산이 빠듯해, 왜냐하면 나는 학생이라 많은 돈을 갖고 있지 않기 때문이야. 그래서 가격이 합리적인 아파트를 찾는 게 쉽지 않았어. |
|---|---|

**어휘** tiny 아주 작은  studio 원룸 (아파트)  at least 적어도, 최소한  budget 예산  tight (비용, 일정 등이) 빠듯한, 빡빡한  affordable 가격이 알맞은, 가격이 합리적인

**고득점 포인트**
- 5번의 found는 아파트를 샀는지가 아니라 찾았는지를 묻는 질문입니다. 몇 년 전에 이사왔는지, 기간은 얼마나 걸렸는지 과거형으로 답해줍니다. 기간을 표현하는 it takes 문장의 과거형을 활용해 주세요.
- 6번에서 집 크기가 중요하지 않다면, 집세가 더 중요하다고 답하고 돈 패턴을 활용할 수도 있어요.
- 이럴 경우, 7번에도 돈 패턴을 쓰게 될 텐데, as I mentioned before (전에 얘기했듯이) 구문을 통해 6번과 비슷한 어휘를 말하더라도 일관성과 맥락을 유지하는 느낌으로 설명해 주세요.

# 나만의 답변 만들어 보기

Imagine that you are talking to a friend on the telephone. You are talking about finding an apartment.

**Q5** When was the last time you found an apartment to live in, and how long did it take?

**A5** _____

_____

**Q6** Is the size of an apartment important when choosing a place to live?

**A6** _____

_____

**Q7** What is the hardest thing about choosing an apartment?

**A7** _____

_____

_____

_____

**이력서**

---

# 폴 칼라니

우드랜드 스트리트 20번지, 홀리 베이, 멜버른 23648
전화번호: (826) 526-8531
이메일: paul.kalani@cmail.com

**희망 직책:** 수석 조경 건축가 (홀리 베이 지역)

**학력**

조경 계획 학사 학위: 호주 국립 대학 (2013)
고등학교 졸업장: 골드 코스트 고등학교 (2007)

**근무 경력**

조경 건축가: 코스트 조경 회사 (2018년-현재)
조경 원예사: 트루그린 조경 회사 (2014년-2018년)

**기술 및 활동**

아랍어 (일상 대화 가능 수준), 스페인어 (유창함)
인턴 근무 프로그램, 가우디 조경 회사, 스페인 (2012년-2013년)

---

Hello, I have an interview with Paul Kalani today, but I left his resume at home. Would you review it for me?
안녕하세요, 제가 오늘 폴 칼라니 씨와 면접이 있는데, 이분의 이력서를 집에 두고 왔습니다. 저를 위해 살펴봐 주시겠어요?

🔊 MP3 AT1_8 | AT1_9 | AT1_10

주어 동사 키워드 전치사

| Q8 | Which university did he get his bachelor's degree from and what year did he get the degree?<br>그가 어느 대학교에서 학사 학위를 받았으며, 몇 년도에 학위를 취득 했나요? |
|---|---|
| A8 | He got his bachelor's degree in landscape planning from Australian National College in 2013.<br>그는 2013년에 호주 국립 대학교에서 조경 계획 학사 학위를 받았습니다. |
| Q9 | We are looking for someone who is good at Spanish for our new project. Do you think he is qualified for that?<br>우리는 새로운 프로젝트를 위해 스페인어를 잘하는 사람을 찾고 있습니다. 이 사람이 그에 대한 자격을 갖추고 있다고 생각하나요? |
| A9 | Yes. He worked for Gaudi's Landscape Company in Spain from 2012 to 2013. And he is fluent in Spanish so he will be fine.<br>네. 2012년부터 2013년까지 스페인의 가우디 조경 회사에서 근무했습니다. 그리고 스페인어가 유창하기 때문에, 문제 없을 겁니다. |

---

**어휘** desired 희망하는, 바라는  landscape 조경  architect 건축가  bachelor's degree 학사 학위  diploma 졸업장, 수료증
conversational 일상 대화의  fluent 유창한

**Q10** Could you tell me more detailed information about Paul Kalani's work experience?

폴 칼라니 씨의 근무 경력과 관련해 더 자세한 정보를 말씀해 주시겠어요?

**A10** Sure. He worked for Truegreen Landscaping as a landscape gardener from 2014 to 2018. Since 2018, he has been working for Coast Landscaping as a landscape architect.

물론입니다. 2014년부터 2018년까지 조경 원예사로 트루그린 조경 회사에서 근무했습니다. 2018년부터는, 조경 건축가로서 코스트 조경 회사에서 계속 근무하고 있습니다.

---

**어휘** detailed 자세한

**고득점 포인트**

· 고등학교, 대학교 학력 중 무엇을 묻는지 파악한 후, 행에 있는 모든 정보를 한 문장으로 말하는 것이 더 쉬워요.

**학력 만능 문장**

He got his 학위 in 전공 from 학교 in 연도

She got her 학위 in 전공 from 학교 in 연도

· 특이 사항에 있는 스페인 회사에서 일했던 경력과 스페인어를 잘한다는 점을 전달해 줍니다.

· 경력을 설명하는 문장 형식을 정확히 알아 두면 위기를 기회로 만들 수 있습니다.

**경력 만능 문장**

과거 경력   He (She) worked for 회사 as 직책 from 연도.

현재 경력   Since 연도, he (she) has been working for 회사 as 직책.

**빈출 문제 추가 연습**

**Q** We would like to hire someone who can help with Spanish clients. Is he qualified for the position?

우리는 스페인 고객들을 도울 수 있는 사람을 고용하고 싶습니다. 그가 이 자리에 적합할까요?

**A** Yes. I think so because he worked for Gaudi's Landscape Company in Spain from 2012 to 2013. And he is fluent in Spanish so he will be fine.

네, 그는 2012년부터 2013년까지 스페인의 가우디 조경 회사에서 일했습니다. 그래서 그는 스페인어가 유창하기 때문에 문제 없을 겁니다.

Hello, I have an interview with Paul Kalani today, but I left his resume at home. Would you review it for me?

**Q8** Which university did he get his bachelor's degree from and what year did he get the degree?

**A8**

**Q9** We are looking for someone who is good at Spanish for our new project. Do you think he is qualified for that?

**A9**

**Q10** Could you tell me more detailed information about Paul Kalani's work experience?

**A10**

## QUESTION 11  Express an opinion

### 직장 생활

Some companies train their new hires by assigning them to work alongside more experienced staff. However, others prefer to conduct training by showing training videos. Which training method is more effective, and why?

Give specific reasons or examples to support your opinion.

어떤 회사들은 경험이 더 많은 직원들과 함께 일할 수 있도록 배정하는 방법으로 신입 사원들을 교육합니다. 하지만, 다른 곳은 교육 동영상을 보여주는 방식으로 교육을 실시하는 것을 선호합니다. 어느 교육 방법이 더 효과적이며, 그 이유는 무엇인가요?
구체적인 이유 또는 예를 들어 당신의 의견을 뒷받침하세요.

### 브레인스토밍 & 노트테이킹

| 서론/결론 T | 본론 T | 패턴 |
|---|---|---|
| 교육 영상이 더 효과적 | 부정 경험 | 회사, 업무 스트레스, 목표 달성, 업무 과다 |

| 서론 | | 교육 영상이 더 효과적 |
|---|---|---|
| **본론**<br><br>**부정 경험 템플릿** | 이유 | 한 번에 신입 교육 가능함 |
| | 상황 | 난 CJ 근무, 작년에 2주 신입 교육함 |
| | 경험 | not easy – 교육, 업무 at the same time<br>업무 스트레스 P, 제 때 일 못 끝냄<br>Also, 가르쳐도, 금방 잊고 실수 많이 함 |
| | 결과 | 더 많이 일하게 됐었음 |
| **결론** | | Basic skills 배우는 건 교육 영상이 더 efficient |

Some companies train their new hires by assigning them to work alongside more experienced staff. However, others prefer to conduct training by showing training videos. Which training method is more effective, and why?

Give specific reasons or examples to support your opinion.

어떤 회사들은 경험이 더 많은 직원들과 함께 일할 수 있도록 배정하는 방법으로 신입 사원들을 교육합니다. 하지만, 다른 곳은 교육 동영상을 보여주는 방식으로 교육을 실시하는 것을 선호합니다. 어느 교육 방법이 더 효과적이며, 그 이유는 무엇인가요?
구체적인 이유 또는 예를 들어 당신의 의견을 뒷받침하세요.

🔊 MP3  AT1_11

**서론/결론 T** 교육 영상이 더 효과적   **본론 T** 부정 경험   **패턴** 회사, 업무 스트레스, 목표 달성, 업무 과다

| 서론 | | I think training by showing training videos is more effective.<br>저는 교육 동영상을 보여주는 방식의 교육이 더 효과적이라고 생각합니다. |
|---|---|---|
| **본론**<br><br>부정 경험<br>템플릿 | 이유 | Because it is fast to teach new hires at once.<br>왜냐하면 한꺼번에 신입 사원들을 가르치는 것이 빠르기 때문입니다. |
| | 상황 | In my case, I work for CJ and last year, I trained some new employees for two weeks.<br>제 경우에는, CJ에서 근무하는데, 작년에, 제가 2주 동안 몇몇 신입 직원들을 교육했습니다. |
| | 경험 | It was not easy to train them and do my work at the same time.<br>그 직원들을 교육하면서 동시에 제 일을 하는 것이 쉽지 않았습니다.<br><br>So I got stressed out too much and was not able to finish my work on time.<br>그래서 스트레스를 너무 많이 받았고 제때 제 일을 완료할 수 없었습니다.<br><br>Also, even if I did my best to teach them, they quickly forgot and made a lot of mistakes.<br>또한, 심지어 제가 가르치는 데 최선을 다한다 하더라도, 그들은 금방 잊어버리고 실수도 많이 했습니다. |
| | 결과 | As a result, I had to work a lot for them.<br>그 결과, 그들을 위해 많은 일을 해야 했습니다. |
| 결론 | | Therefore, watching training videos is more efficient for new hires to learn basic skills.<br>따라서, 교육 동영상을 시청하는 것이 기본적인 능력을 배우는 데 있어 신입 사원들에게 더 효율적입니다. |

**고득점 포인트**

- 본론에 부정 경험 템플릿을 사용하여 극적인 반전 효과를 낼 수 있어요. 본론에서 영상으로 교육하지 않고 직접 했을 때 시간, 노력도 더 걸리고, 스트레스는 물론, 일도 제때 못 끝냈다는 부정적 스토리텔링으로 전개했습니다.
- 과거 예시를 들어야 한다면 메모장에 미리 쓸 과거동사들을 적어 두고 항상 시제 실수에 주의해 주세요.

# 본론 템플릿 추가 연습

앞서 배운 본론 템플릿, 만능 패턴을 활용하여 다른 설정으로 답변을 구성할 수도 있습니다. 다음 본론 템플릿에 맞춰 답변을 연습해 보세요.

| 본론 템플릿 | | 이유 T | 긍정 경험 T | 부정 경험 T | 과거 비교 T |
|---|---|---|---|---|---|
| 본론 | 이유 | 빠르게 교육이 가능함 | | | |
| | 상황 | 난 KT에서 일하고 우리는 신입들을 영상으로 교육함<br>왜냐하면 더 빠르고 생산적임 | | | |
| | 이유 | 또한, 그들도 필요할 때 교육 영상을 반복해 볼 수 있음<br>그래서, 더 쉽게 배울 수 있음 | | | |
| | 상황 | 교육 영상으로 교육하는 것이 더 효율적임 | | | |
| 만능 패턴 | | 회사 | | | |

# 나만의 본론 템플릿 만들어 보기

앞서 배운 본론 템플릿, 만능 패턴을 활용하여 나만의 본론 템플릿을 만들어 보세요.

| 본론 템플릿 | | 이유 T | 긍정 경험 T | 부정 경험 T | 과거 비교 T |
|---|---|---|---|---|---|
| 본론 | 이유 | | | | |
| | 상황 | | | | |
| | 경험 | | | | |
| | 결과 | | | | |
| 만능 패턴 | | | | | |

# 실전 모의고사 2

모의고사 총평

## QUESTIONS 1-2 Read a text aloud

### Q1 광고문

🔊 MP3 AT2_1

디 발음 강세 ↗ 올려 읽기 ↘ 내려 읽기 / 끊어 읽기

If you are looking for a wedding gift or dishes ↗ / just for your kitchen, ↗ / Dora's Dishes ↗ / will provide solutions. ↘ // We sell porcelain, ↗ / stoneware ↗ / and glass dishes ↗ / produced by the best manufacturers ↗ / in the business. ↘ // Also, ↗ / we provide the best prices ↗ / around the country. ↘ // Stop by Dora's Dishes ↗ / today! ↘ //

만약 자신만의 주방을 위한 결혼 선물이나 접시를 찾고 있다면, 도라스 디쉬스가 해결책을 제공해 드리겠습니다. 저희는 업계 최고의 제조사들이 생산하는 도자기 접시와 사기 접시, 그리고 유리 접시를 판매합니다. 또한, 저희는 전국에서 최저가로 제공해 드립니다. 오늘 도라스 디쉬스에 들러 보세요!

**어휘** look for ~을 찾다  porcelain 도자기  stoneware 사기, 석기  manufacturer 제조사  stop by ~에 들르다

**고득점 포인트**
- 어려운 발음은 끊어 읽을 음절을 고려하며 스펠링대로 차분히 읽어요. por / ce / lain, manu / fac / turers
- P와 F 사이와 B와 V 사이에 발음이 꼬이지 않게 주의하세요. provide the best prices

### Q2 안내문

🔊 MP3 AT2_2

디 발음 강세 ↗ 올려 읽기 ↘ 내려 읽기 / 끊어 읽기

Welcome to the Barton Museum of Art. ↘ // We hope your tour today ↗ / is informative and enjoyable. ↘ // Since there are many visitors here today, ↗ / we will divide into three groups. ↘ // After completing your tour, ↗ / you may visit the gift shop, ↗ / purchase a meal in the cafeteria ↗ / or learn about upcoming exhibits ↗ / at the information desk. ↘ //

바튼 미술관에 오신 것을 환영합니다. 오늘 여러분의 투어가 유익하고 즐겁기를 바랍니다. 오늘 이곳에 방문객이 많기 때문에, 세 그룹으로 나누겠습니다. 투어를 완료하신 후에, 선물 매장을 방문하시거나 구내식당에서 식사를 사 드실 수 있으며, 아니면 안내 데스크에서 곧 있을 전시회와 관련해 알아볼 수 있습니다.

**어휘** informative 유익한 (정보를 주는)  enjoyable 즐거운  divide into ~로 나누다  complete ~을 완료하다  learn about ~에 관해 알아보다  upcoming 곧 있을, 다가오는  exhibit 전시(회), 전시물

**고득점 포인트**
- informative 와 information의 강세 차이를 파악하고 콩글리쉬 발음이 나오지 않게 주의하세요.
  informative 인포메이티브(X) 인-f얼머리브(O)     enjoyable 인조이러블(X) 인조-이어블(O)
  purchase 펄췌이스(X) 펄-춰쓰(O)                 exhibits 익스히빗(X) 익씨-빗츠(O)

## QUESTIONS 3-4  Describe a picture

### Q3 인물 중심 사진 (3인)

### 브레인스토밍

| 1 | 장소 | 휴게실 |
|---|---|---|
| 2 | 주연 | 왼쪽 여자 / 데님 셔트 입은 / 테이블에 앉아 / 냅킨을 들고 있음 |
| 3 | 조연들 | 그녀 옆에 남자 2명 / 샌드위치 들고 있음 |
| 4 | 사물 | 샌드위치들, 물통들, 과일이 테이블 위 노란 쟁반에 있음 |
| 5 | 배경 | 뒤쪽 / 한 여자, 냉장고, 전자레인지 보임 |

🔊 MP3  AT2_3

사진 묘사 템플릿 핵심 표현

| 1 | 장소 | <u>This is a picture of</u> a break room.<br>이것은 휴게실의 사진입니다. |
|---|---|---|
| 2 | 주연 | On the left, a woman in a denim shirt is sitting at a table <u>and</u> holding a napkin.<br>왼쪽에는, 데님 셔트를 입은 여자 한 명이 탁자 앞에 앉아 냅킨 한 장을 들고 있습니다. |
| 3 | 조연들 | In front of her, two men are holding their sandwiches.<br>그녀 앞에는, 남자 두 명이 샌드위치를 들고 있습니다. |
| 4 | 사물 | <u>There are</u> sandwiches, bottles of water and fruit on the yellow trays on the table.<br>노란 쟁반에 담긴 샌드위치와 물병, 그리고 과일이 테이블 위에 놓여 있습니다. |
| 5 | 배경 | A woman, refrigerator and microwave <u>can be seen in the background</u>.<br>여자 한 명과 냉장고, 그리고 전자레인지가 뒤쪽에 보입니다. |

**어휘** hold ~을 들다, ~을 붙잡다, ~을 쥐다  tray 쟁반  refrigerator 냉장고  microwave 전자레인지

**고득점 포인트**
- 잠시 쉬는 공간은 break room, 무엇인가 기다리는 공간은 waiting room, 그냥 방은 room
- 청남방이 영어로 jean shirts처럼 느껴지지만, 사실 콩글리쉬에요. a denim shirt로 정확히 표현합니다.
- 배경에 하나씩 보여지는 인물, 사물들은 처음 관사 a를 붙인 후 나열식 주어로 묶어 템플릿으로 정리해 주세요.
  예) a woman, refrigerator and microwave

## Q4 인물 중심 사진 (2인)

### 브레인스토밍

| 1 | 장소 | 라운지 |
|---|---|---|
| 2 | 주연 | 오른쪽 남자 / 바에 앉아 / 머그를 들고 있음 |
| 3 | 조연 | 그의 앞에 남자 / 파란 셔츠 입은 / 스툴에 앉아 / 웃는 중 |
| 4 | 사물 | 카운터 뒤 / 전자레인지와 커피 머신 보임 |
| 5 | 느낌 | 그들은 편안해 보임 |

🔊 MP3  AT2_4

**사진 묘사 템플릿** 핵심 표현

| 1 | 장소 | <u>This is a picture of</u> a lounge.<br>이것은 라운지의 사진입니다. |
|---|---|---|
| 2 | 주연 | On the right, a man is sitting at a bar <u>and</u> holding a mug.<br>오른쪽에, 남자 한 명이 바 앞에 앉아 머그 하나를 들고 있습니다. |
| 3 | 조연 | In front of him, a man in a blue shirt is sitting on a stool <u>while</u> smiling.<br>그의 앞에는, 파란색 셔츠를 입은 남자 한 명이 미소를 지으면서 스툴에 앉아 있습니다. |
| 4 | 사물 | Behind the counter, <u>I can see</u> a microwave and coffee machine.<br>카운터 뒤에는, 전자레인지와 커피 머신이 보입니다. |
| 5 | 느낌 | <u>They look</u> relaxed.<br>그들은 편안해 보입니다. |

**어휘** stool 등받이 없는 의자  while -ing ~하면서  microwave 전자레인지  look A A하게 보이다, A한 것 같다  relaxed 느긋한, 편안한

**고득점 포인트**
- 잠시 쉬는 공간은 break room이지만, 보다 고급스러운 휴식 공간이라면 lounge 로 표현해 주세요.
- 테이블에 앉아 있다면 sitting at a table, 바에 앉아 있다면 sitting at a bar, 둥근 높은 의자에 앉아 있다면 sitting on a stool입니다. 특정 공간 at에 앉았는지, 특정 사물 위 on에 앉았는지 정확도가 중요해요.

# 나만의 답변 만들어 보기

**Q3**

| | | |
|---|---|---|
| 1 | | |
| 2 | | |
| 3 | | |
| 4 | | |
| 5 | | |

**Q4**

| | | |
|---|---|---|
| 1 | | |
| 2 | | |
| 3 | | |
| 4 | | |
| 5 | | |

## 전화 인터뷰: 취미/일상 생활 (사탕)

Imagine that a marketing company is doing research in your area. You have agreed to participate in a telephone interview about candy.

한 마케팅 회사가 당신이 사는 지역에서 설문조사를 하고 있다고 가정해 보세요. 당신은 사탕에 대한 전화 인터뷰에 참여하기로 동의했습니다.

🔊 MP3  AT2_5 | AT2_6 | AT2_7

만능 표현

| Q5 | When was the last time you had candy, and what kind of candy did you have? <br> 마지막으로 사탕을 먹은 것은 언제이며, 어떤 종류의 사탕을 먹었나요? |

| A5 | **핵심 답변** **WH P** I had a chocolate bar yesterday. It was a Snickers bar. <br> I bought it from the convenience store near my place. <br> 어제 초콜릿 바를 하나 먹었습니다. 스니커즈 바였습니다. 집 근처에 있는 편의점에서 구입했어요. |

| Q6 | Where do you usually buy candy, and why do you buy it there? <br> 평소에 어디서 캔디를 구입하며, 왜 그곳에서 구입하나요? |

| A6 | **핵심 답변** I usually buy candies from a convenience store. <br> **이유** Because there are different types of candies there. <br> **할인 P** Also, I get a discount with my credit card. <br> 저는 평소에 편의점에서 사탕을 구입합니다. 왜냐하면 그곳에는 다양한 종류의 사탕이 있기 때문이에요. 또한, 신용카드로 할인도 받습니다. |

| Q7 | When choosing a candy store, which factor do you consider the most? Why? <br> - Customer reviews  - Free candy samples  - Radio advertisements <br> 사탕 가게를 선택할 때, 어느 요소를 가장 많이 고려하나요? 그 이유는 무엇인가요? <br> - 고객 후기   - 무료 사탕 샘플   - 라디오 광고 |

| A7 | **선택** The most important factor is free candy samples when choosing a candy store. <br> **핵심 답변** **WH P** Because I can try different candies for free. <br> **마무리 필러** In this way, it's easy to taste new candies. If I like them, I can buy more so it works for me. <br> 제가 캔디 매장을 선택할 때, 가장 중요한 요소는 무료 사탕 샘플입니다. 왜냐하면, 다양한 사탕들을 무료로 먹어볼 수 있기 때문입니다. 이렇게 하면, 새로운 사탕들을 맛보기 쉽습니다. 마음에 들면 더 많이 구입할 수 있기 때문에, 저한테는 잘 맞더라고요. |

---

**고득점 포인트**

· 캔디라고 하면 딱딱한 사탕이 떠오르지만 영어권에서는 달달한 간식류를 뜻합니다.
· 암기했던 구문들도 최대한 사용하려는 노력이 있어야 쓸 수 있어요. near my place, different types of
· '저한테는 잘 맞더라고요'라는 표현을 기억했다가 필러로 사용하세요. it works for me.

Test 2

Imagine that a marketing company is doing research in your area. You have agreed to participate in a telephone interview about candy.

**Q5**     When was the last time you had candy, and what kind of candy did you have?

A5

**Q6**     Where do you usually buy candy, and why do you buy it there?

A6

**Q7**     When choosing a candy store, which factor do you consider the most? Why?
- Customer reviews   - Free candy samples   - Radio advertisements

A7

## 영수증, 주문서

### 그린위치 사무용 문구점

크리스토퍼 스트리트 25번지, 뉴욕
영업 시간: 월 – 금, 오전 9:00 – 오후 6:00

주문자, 제이콥 에반스

| 제품 | 수량 | 금액 |
|---|---|---|
| 필통 | 8 | 80 달러 |
| 컬러 마커 | 10 | 50 달러 |
| 파일 가방 | 2 | 20 달러 |

총액 150 달러

비용 지불: 현금 (　　) 신용 카드 ( ✓ ) 수표 (　　)

Hello, this is Maria Haddish. My friend Jacob Evans ordered some stationery at your store, and he asked me to pick up the order. Could you answer some of my questions?

안녕하세요, 저는 마리아 해디쉬입니다. 제 친구 제이콥 에반스가 당신 매장에서 몇몇 문구 제품을 주문했는데, 저에게 주문한 것을 가져다 달라고 부탁했습니다. 몇몇 제 질문에 답변해 줄 수 있나요?

🔊 MP3 | AT2_8 | AT2_9 | AT2_10

주어 동사 키워드 전치사

| Q8 | Where is your store located, and what time do you open?<br>매장은 어디에 위치해 있으며, 몇 시에 문을 여나요? |
|---|---|

| A8 | Our store is located at 25 Christopher Street in New York. Our business hours are Monday to Friday, from 9:00 a.m. to 6:00 p.m.<br>저희 매장은 뉴욕의 크리스토퍼 스트리트 25번지에 위치해 있습니다. 영업 시간은 월요일부터 금요일, 오전 9시부터 오후 6시까지입니다. |
|---|---|

| Q9 | I heard that Jacob wanted to pay in cash when he ordered the stationery. Is that correct?<br>제이콥이 문구 제품을 주문했을 때 현금으로 비용을 지불하고 싶어 했다고 들었습니다. 맞나요? |
|---|---|

| A9 | No. Actually, he ordered by credit card.<br>아뇨. 사실, 신용카드로 주문하셨습니다. |
|---|---|

**어휘** stationery 문구점, 문구 제품　ask A to do A에게 ~하도록 부탁하다, A에게 ~하도록 요청하다　pay in cash 현금으로 지불하다

| Q10 | Could you give me all the details of his order? |
|---|---|
| | 주문 사항의 세부 정보를 모두 말씀해 주시겠어요? |

| A10 | Sure. He ordered 8 pencil cases for 80 dollars, 10 color markers for 50 dollars, and 2 file bags for 20 dollars. The total is 150 dollars. |
|---|---|
| | 물론입니다. 80달러에 8개의 필통을, 50달러에 10개의 컬러 마커를, 그리고 20달러에 2개의 파일 가방을 주문하셨습니다. 총액은 150달러입니다. |

**어휘** details 상세 정보, 세부 사항　order ⑲ 주문(품)

**고득점 포인트**

• 가게 주소를 말할 때, is located at 주소 in 도시 형식으로 표현합니다.
Our store is located at 25 Christopher Street in New York.

• 영업 시간을 말할 때, 아래 문장 형식도 챙겨두세요.
Our business hours are Monday to Friday, from 9:00 a.m. to 6:00 p.m.

• 아래 형식을 활용하면 한 문장에 모든 정보를 답할 수 있습니다.
**영수증 만능 문장**
사람 bought/ ordered 구매 수량 + 물품 for 가격.

**빈출 문제 추가 연습**

**Q** As I remember, the order has been paid by check. Could you confirm that?
제가 기억하기로는 주문은 수표로 결제되었습니다. 확인해 주시겠어요?

**A** No. Actually, it has been paid by credit card.
아뇨. 사실, 신용카드로 주문하셨습니다.

Hello, this is Maria Haddish. My friend Jacob Evans ordered some stationery at your store, and he asked me to pick up the order. Could you answer some of my questions?

| Q8 | Where is your store located, and what time do you open? |

A8 _____

_____

| Q9 | I heard that Jacob wanted to pay in cash when he ordered the stationery. Is that correct |

A9 _____

_____

| Q10 | Could you give me all the details of his order? |

A10 _____

_____

## QUESTION 11  Express an opinion

### 능력, 자질

Do you agree or disagree with the following statement?

*The most important factor for a successful sales staff member is extensive product knowledge.*

Give specific reasons or examples to support your opinion.

당신은 다음 의견에 동의하나요, 아니면 반대하나요? 성공적인 영업 사원이 되는 데 있어 가장 중요한 요소는 폭넓은 제품 관련 지식이다. 구체적인 이유 또는 예를 들어 당신의 의견을 뒷받침하세요.

### 브레인스토밍 & 노트테이킹

| 서론/결론 T | 본론 T | 패턴 |
|:---:|:---:|:---:|
| 동의 | 긍정 경험 | 전문가 정보 |

| 서론 | | 동의 | |
|:---:|:---:|:---:|:---|
| **본론**<br>**긍정 경험<br>템플릿** | | 이유 | 많이 알아야 많이 팔 수 있음 |
| | | 상황 | 전자 제품 살 때, HiMart 감<br>서준, the manager, 최신 제품 정보 물어봄 |
| | | 경험 | I trust him, 새 기능들 많이 알고 맞춤 정보 받음 - 항상 그에게서 구매 |
| | | 결과 | 판매왕, he became a manager in his 20's |
| **결론** | | | 판매 직원은 should have 방대한 제품 정보 to be successful |

Do you agree or disagree with the following statement?

*The most important factor for a successful sales staff member is extensive product knowledge.*

Give specific reasons or examples to support your opinion.

당신은 다음 의견에 동의하나요? 아니면 반대하나요?
성공적인 영업 사원이 되는 데 있어 가장 중요한 요소는 폭넓은 제품 관련 지식이다.
구체적인 이유 또는 예를 들어 당신의 의견을 뒷받침하세요.

MP3 AT2_11

서론/결론 T 동의　본론 T 긍정 경험　패턴 전문가 정보

| 서론 | | Yes, I agree that the most important factor for a successful sales staff member is extensive product knowledge.<br>네, 저는 성공적인 영업 사원이 되는 데 있어 가장 중요한 요소가 폭넓은 제품 관련 지식이라는 점에 동의합니다. |
|---|---|---|
| 본론<br><br>긍정 경험<br>템플릿 | 이유 | Because if you know more about products, you can sell more.<br>왜냐하면 제품에 관해 더 많이 알고 있으면, 더 많이 판매할 수 있기 때문입니다. |
| | 상황 | In my case, I go to HiMart when I buy new electronic goods.<br>제 경우에는, 새 전자 제품을 구입할 때 하이마트에 갑니다.<br><br>I usually ask Seo-Jun, the manager there to find information about the latest products.<br>저는 평소에 최신 제품과 관련된 정보를 찾기 위해 그곳 책임자인 서준 씨에게 주로 문의합니다. |
| | 경험 | I trust him because he knows a lot about new features and I can get customized feedback.<br>저는 그분을 신뢰하는데, 왜냐하면 그 분은 새로운 제품 특징에 관해 많이 알고 있고 저에게 맞춰진 조언도 얻을 수 있기 때문입니다.<br><br>So I always buy goods from him.<br>그래서 저는 항상 그를 통해 제품을 구입합니다. |
| | 결과 | That's why he is the best sales person at the store and quickly became a manager in his 20's.<br>이것이 바로 서준씨가 이 매장에서 최고의 영업 사원이면서 20대의 나이에 빠르게 책임자가 된 이유입니다. |
| 결론 | | Therefore, a salesperson should have extensive product knowledge to be successful.<br>따라서, 영업 사원이 성공하려면 폭넓은 제품 관련 지식을 갖고 있어야 합니다. |

**고득점 포인트**

• 사실 관계는 점수와는 무관하므로, "내가 판매 사원인데", "예전에 판매 사원이었을 때" 처럼 대담하게 상황 설정을 할 수 있다면, 본론 이야기를 훨씬 쉽게 구조화 할 수 있어 유리합니다. 이왕하는 설정, 현재 시제가 편합니다.

# 본론 템플릿 추가 연습

앞서 배운 본론 템플릿, 만능 패턴을 활용하여 다른 설정으로 답변을 구성할 수도 있습니다. 다음 본론 템플릿에 맞춰 답변을 연습해 보세요.

| 본론 템플릿 | | 이유 T | 긍정 경험 T | ~~부정 경험 T~~ | 과거 비교 T |
|---|---|---|---|---|---|
| 본론 | 이유 | 많이 알아야 많이 팔 수 있음 | | | |
| | 상황 | 지난달, 냉장고사러 HiMart 갔었음 | | | |
| | 이유 | 거기 어떤 직원에게 신제품 정보를 물어봤음<br>그는 잘 몰랐고, 난 기분이 안 좋았음 | | | |
| | 상황 | 결국, 다른 제품 정보 많이 아는 직원에게 구매했음<br>판매원이 성공하려면 신제품 정보를 알아야 함 | | | |
| 만능 패턴 | | 기분 | | | |

# 나만의 본론 템플릿 만들어 보기

앞서 배운 본론 템플릿, 만능 패턴을 활용하여 나만의 본론 템플릿을 만들어 보세요.

| 본론 템플릿 | | 이유 T | 긍정 경험 T | 부정 경험 T | 과거 비교 T |
|---|---|---|---|---|---|
| 본론 | 이유 | | | | |
| | 상황 | | | | |
| | 경험 | | | | |
| | 결과 | | | | |
| 만능 패턴 | | | | | |

# 실전 모의고사 3

모의고사 총평

## QUESTIONS 1-2  Read a text aloud

### Q1 뉴스

MP3  AT3_1

디 발음  강세 ↗ 올려 읽기 ↘ 내려 읽기 / 끊어 읽기

The Department of Natural Resources ↗/ is conducting public safety improvement work ↗/ at Dallas State Park, ↗/ beginning October twenty first ↗/ and continuing ↗/ through November second. ↘// During the project, ↗/ the State Park will remain open, ↗/ though park visitors ↗/ may experience periodic traffic stops, ↗/ dusty air ↗/ and other inconveniences. ↘//

천연 자원 관리국에서 댈러스 주립 공원에 공공 안전 개선 작업을 실시하며, 10월 21일부터 시작해 11월 2일까지 진행됩니다. 이 프로젝트 중에, 이 주립 공원이 계속 개장되기는 하지만, 공원 방문객들께서는 주기적인 차량 정차와 공기 중에 먼지, 그리고 기타 여러 불편함을 겪으실 수 있습니다.

**어휘** natural resources 천연 자원  improvement 개선, 향상  remain 계속 ~한 상태이다, ~한 상태로 남아 있다  experience ~을 겪다, ~을 경험하다  periodic 주기적인  dusty 먼지가 많은  inconvenience 불편함

**고득점 포인트**
- 강세 법칙에 적용되는 단어들을 사전 연습해 정확히 발음해 주세요. public, safety, periodic, traffic
- 숫자는 전체적으로 잘 들려야 하지만, 자식 숫자의 경우, 뒤 숫자(first)를 더 강조해요. twenty first
- inconveniences 인컨베니언스(X) 인컨v위-니언씨쓰(O)

### Q2 소개문

MP3  AT3_2

디 발음  강세 ↗ 올려 읽기 ↘ 내려 읽기 / 끊어 읽기

Tonight ↗/ on the Evening News, ↗/ we have a special report ↗/ on mobile phones. ↘// Almost everyone today ↗/ has a mobile phone ↗/ for making calls, ↗/ texting ↗/ and browsing the internet. ↘// How has this affected our daily lives? ↘// Dr. Jennifer Ridgewood, ↗/ who has just published a book on the subject, ↗/ is here tonight ↗/ to discuss mobile phones with us. ↘//

오늘 밤 저녁 뉴스에서는, 휴대폰에 관한 특별 보도가 마련되어 있습니다. 요즘 거의 모든 사람이 전화 통화와 문자 메시지 전송, 그리고 인터넷 검색을 위해 휴대폰을 갖고 있습니다. 이것이 우리의 일상 생활에 어떻게 영향을 미쳤을까요? 이 주제에 관한 신간을 출간하신 제니퍼 리지우드 박사님이 오늘밤 우리에게 휴대폰에 대한 이야기를 들려 주시기 위해 이 자리에 오셨습니다.

**어휘** make a call 전화를 걸다  browse ~을 검색하다, ~을 둘러보다  affect ~에 영향을 미치다  publish ~을 출간하다  discuss ~을 이야기하다, ~을 논의하다

**고득점 포인트**
- 모음의 소리 앞 the '디' 발음과 위치는 준비 시간에 미리 파악해 둡니다.
- 복수급 명사들에 -s 를 끝까지 발음해 주세요. news, phones, calls, lives
- Dr. 은 doctor의 줄임말이며 '닥터'로 풀어 읽어줍니다.

# QUESTIONS 3-4  Describe a picture

## Q3 인물 중심 사진 (3인)

## 브레인스토밍

| 1 | 장소 | 전자 제품 가게(매장) |
|---|---|---|
| 2 | 주연 | 중간 여자 / 의자에 앉아 / 헤드폰을 만지며 / 웃는 중 |
| 3 | 주연 | 그녀는 데님 셔츠, 청바지를 입고 있음 |
| 4 | 사물 | 가게(매장)에 다양한 종류의 헤드폰과 전자 제품들이 진열되어 있음 |
| 5 | 느낌 | 그녀는 즐거워 보임 |

🔊 MP3  AT3_3

<u>사진 묘사 템플릿</u> 핵심 표현

| 1 | 장소 | <u>This is a picture of</u> an electronics store.<br>이것은 전자 제품 매장의 사진입니다. |
|---|---|---|
| 2 | 주연 | In the middle, a woman is sitting on a chair <u>and</u> touching her headphones <u>while</u> smiling.<br>중간에는, 여자 한 명이 의자에 앉아 웃으며 헤드폰을 만지고 있습니다. |
| 3 | 주연 | She is wearing a denim shirt <u>and</u> jeans.<br>그녀는 데님 셔츠와 청바지를 입고 있습니다. |
| 4 | 사물 | Different types of headphones and electronic products are displayed in the store.<br>다양한 종류의 헤드폰과 전자 제품들이 매장에 진열되어 있습니다. |
| 5 | 느낌 | <u>She looks</u> happy.<br>그녀는 즐거워 보입니다. |

**어휘** electronics 전자 제품  while -ing ~하면서  look A A하게 보이다, A한 것 같다

**고득점 포인트**
- an electronics store가 제일 정확할 뿐 꼭 써야하는 것은 아니에요. 편안하게 a store를 써도 무방합니다.
- '손을 들고 있다, 손을 올리고 있다' 이렇게 접근하면 불확실성이 높아져 실수할 수 있어요. 확실하지만 딱히 틀린 느낌이 없는 touching her headphones로 센스있게 위기를 득점 기회로 만드세요.
- 주변 사물들은 암기 구문으로 쉽게 정리하세요. Different types of headphones and electronic products

## Q4 인물 중심 사진 (3인)

### 브레인스토밍

| 1 | 장소 | 회의실 |
|---|------|--------|
| 2 | 주연 | 중간 발표자 / 정장 입고 / 서서 / 왼쪽 남자를 가리키고 있음 |
| 3 | 조연들 | 사람들 2명 / 테이블에 둘러 앉아 / 발표자를 보고 있음 |
| 4 | 조연1 | 왼쪽 남자 / 손을 들고 있음 |
| 5 | 사물 | 뒤쪽 / 흰 칠판(화이트 보드)이 보임 |

🔊 MP3 AT3_4

**사진 묘사 템플릿** 핵심 표현

| 1 | 장소 | <u>This is a picture of</u> a meeting room.<br>이것은 회의실의 사진입니다. |
|---|------|---|
| 2 | 주연 | In the middle, a presenter in a suit is standing <u>and</u> pointing at a man on the left.<br>중간에는, 정장을 입은 발표자가 서서 왼쪽에 있는 남자를 가리키고 있습니다. |
| 3 | 조연들 | Two people are sitting around a table <u>and</u> looking at the presenter.<br>두 사람이 테이블에 둘러 앉아 발표자를 보고 있습니다. |
| 4 | 조연1 | The man on the left is raising his hand.<br>왼쪽에 있는 남자는 손을 들고 있습니다. |
| 5 | 사물 | <u>I can see</u> a whiteboard in the background.<br>뒤쪽에는 화이트보드가 보입니다. |

**어휘** presenter 발표자  point at ~을 가리키다  raise one's hand 손을 들다

**고득점 포인트**
- 가운데 남자를 a man in the middle로 표현해도 좋지만, a presenter로 말하는 순간 등급이 달라집니다.
- 한 번 언급된 사람을 다시 말할 때는 정관사 the로 특정해 줍니다.
- 빈출 동작인 손을 드는 표현을 기억해 두세요. raising his hand

# 나만의 답변 만들어 보기

**Q3**

| | | |
|---|---|---|
| 1 | | |
| 2 | | |
| 3 | | |
| 4 | | |
| 5 | | |

**Q4**

| | | |
|---|---|---|
| 1 | | |
| 2 | | |
| 3 | | |
| 4 | | |
| 5 | | |

Test 3

## 전화 인터뷰: 인터넷/전자 기기 (인터넷 서비스 업체)

Imagine that a marketing firm is conducting research about the internet service providers in your area. You have agreed to participate in a telephone interview about them.

한 마케팅 회사가 당신이 사는 지역의 인터넷 서비스 공급 업체들에 대해 조사를 실시하고 있다고 가정해 보세요. 당신은 이와 관련된 전화 인터뷰에 참여하기로 동의했습니다.

🔊 MP3 AT3_5 | AT3_6 | AT3_7

만능 표현

**Q5** Are there many internet providers that people can choose from in your area? What is the most popular internet provider?

당신이 사는 지역에는 사람들이 선택할 수 있는 인터넷 공급 업체들이 많이 있나요? 무엇이 가장 인기 있는 인터넷 공급 업체인가요?

**A5**

`핵심 답변` Yes, there are some internet providers in my area but the most popular one is KT.

`추가 답변` I've been using it for 5 years.

네, 제가 사는 지역에 몇몇 인터넷 공급 업체들이 있지만, 가장 인기 있는 곳은 KT입니다. 저는 업체를 5년째 이용해오고 있습니다.

**Q6** Would you be willing to replace your current internet provider? Why?

현재 이용하고 있는 인터넷 공급 업체를 교체할 의향이 있나요? 그 이유는 무엇인가요?

**A6**

`핵심 답변` No, I'm not willing to replace my current internet provider.

Because their internet connection is fast and reliable.

`할인 P` Also, I can get a discount with my credit card.

아뇨, 저는 현재 이용하고 있는 인터넷 공급 업체를 교체할 의향이 없습니다. 왜냐하면, 그곳의 인터넷 연결 상태는 빠르고 믿을 수 있기 때문입니다. 또한, 제 신용카드로 할인도 받을 수 있습니다.

**Q7** When choosing an internet service provider, what factor do you consider the most, and why?

인터넷 서비스 공급 업체를 선택할 때, 어떤 요소를 가장 많이 고려하며, 그 이유는 무엇인가요?

**A7**

`선택` The most important factor is the speed.

`취미 P` `WH P` In my case, my hobby is playing online games with my friends on my

`스마트폰 P` smartphone.

`핵심 답변` I can't play online games without a reliable internet connection.

`마무리` That's why I use KT. They offer fast internet.

가장 중요한 요소는 속도입니다. 제 경우에는, 취미가 스마트폰으로 친구들과 온라인 게임을 하는 것입니다. 믿을 수 있는 인터넷 연결 서비스 없이는 온라인 게임을 할 수 없습니다. 그게 바로 제가 KT를 이용하는 이유입니다. 그곳은 빠른 인터넷을 제공합니다.

# 나만의 답변 만들어 보기

Imagine that a marketing firm is conducting research about the internet service providers in your area. You have agreed to participate in a telephone interview about them.

**Q5** Are there many internet providers that people can choose from in your area? What is the most popular internet provider?

**A5**

**Q6** Would you be willing to replace your current internet provider? Why?

**A6**

**Q7** When choosing an internet service provider, what factor do you consider the most, and why?

**A7**

**여행, 출장 일정**

### 런던 패키지 여행 일정표

| 3월 20일 | |
| --- | --- |
| 오전 10:00 | 도착: 히스로 호텔 (체크인) |
| 오후 1:00 | 가이드 동반 반나절 여행: 버킹엄 궁전 |
| 오후 5:00 | 봄 재즈 축제 (무료, 로즈 가든) |
| **3월 21일** | |
| 오전 9:00 | 자유 쇼핑 시간 (센트럴 아울렛 쇼핑몰 / 3시간) |
| 오후 5:00 | 야간 투어: 역사적인 건물 및 건축 양식 (시내 / 2시간) |
| **3월 22일** | |
| 오전 10:30 | 자유 시간 (런던 국립 공원) |
| 오후 12:00 | 점심 식사 (코벤트 가든 마켓) |
| 오후 6:00 | 출발: 히스로 공항 |

Hi. I was looking at your website and saw that you offer a packaged tour in London. I'd like to get some more information about this trip.

안녕하세요. 제가 귀사의 웹 사이트를 살펴보다가 런던 패키지 여행을 제공한다는 것을 확인했습니다. 이 여행과 관련된 정보를 좀 더 얻고 싶습니다.

◁» MP3 | AT3_8 | AT3_9 | AT3_10

주어 동사 키워드 전치사

| Q8 | What date does the packaged tour begin and where would I be staying?<br>며칠에 이 패키지 여행이 시작되며, 어디에서 머무르게 될까요? |
| --- | --- |
| A8 | It will begin on March 20th at 10 a.m. and you will stay at the Hotel Heathrow.<br>이 여행은 3월 20일 오전 10시에 시작되며, 히스로 호텔에서 머물게 될 예정입니다. |
| Q9 | I heard that the cost of the packaged tour also covers free shopping. Is that right?<br>이 패키지 투어 비용이 무료 쇼핑에 대한 비용도 포함되어 있다고 들었습니다. 맞나요? |
| A9 | No. Actually, you will have a free time for shopping for 3 hours on March 21st at 9 a.m.<br>아뇨. 사실, 3월 21일 오전 9시에 3시간 동안 쇼핑할 수 있는 자유 시간이 있을 것입니다. |

**어휘** guided 가이드를 동반하는  architecture 건축 양식, 건축학  see that ~임을 확인하다, ~임을 알게 되다  offer ~을 제공하다
cover (비용 등) ~을 충당하다, ~을 부담하다  free 무료의  actually 사실, 실은

| Q10 | Can you give me all of the details about the tours that are scheduled? |
| --- | --- |
| | 예정된 여행들에 대해 세부 사항을 모두 알려줄 수 있나요? |

| A10 | OK. On March 20th, at 1:00 p.m., you will have a half-day guided tour at Buckingham Palace.<br><br>Also, there is a night tour in downtown for 2 hours. You will see historic buildings and architecture.<br><br>알겠습니다. 3월 20일, 오후 1시에, 버킹엄 궁전에서 반나절 동안의 가이드 동반 투어가 있을 것입니다. 또한, 2시간동안 시내에서 진행되는 야간 투어도 있습니다. 역사적인 건물과 건축 양식을 보게 될 것입니다. |
| --- | --- |

**어휘** details 상세 정보, 세부 사항  scheduled 예정된

**고득점 포인트**

· 질문 속 동사 형태를 복붙하여 답할 필요는 없어요. 내가 쓰기 편한 동사를 사용하세요.

**Q** Where would I be staying?

**A** You will stay at the Hotel Heathrow.

· 시간의 양 앞에 for, 날짜 앞에 on, 시간 앞에 at 을 씁니다.

a free time for shopping for 3 hours on March 21st at 9 a.m.

· 10번에서 '투어'를 듣는 순간, 표에서 2건을 찾고, 어떤 동사와 주어를 사용할지 선택한 후,
키워드 사이에 적합한 전치사를 적용 순으로 문장을 만들어 주세요.

**빈출 문제 추가 연습**

**Q** I understand the Spring Jazz Festival will be at 5 p.m. on March 21st. Is that correct?
봄 재즈 페스티벌이 3월 21일 오후 5시에 있을 것으로 알고 있습니다. 맞나요?

**A** I'm sorry but, the festival will be on March 20th at 5 p.m.
죄송하지만, 그 페스티벌은 3월 20일 오후 5시에 있습니다.

Hi. I was looking at your website and saw that you offer a packaged tour in London. I'd like to get some more information about this trip.

| Q8 | What date does the packaged tour begin and where would I be staying? |
| --- | --- |

A8

| Q9 | I heard that the cost of the packaged tour also covers free shopping. Is that right? |
| --- | --- |

A9

| Q10 | Can you give me all of the details about the tours that are scheduled? |
| --- | --- |

A10

## QUESTION 11 Express an opinion

### 일상 생활

Do you agree or disagree with the following statement?

*In the future, people will have more free time.*

Give specific reasons or examples to support your opinion.

당신은 다음 의견에 동의하나요, 아니면 반대하나요?
*미래에는, 사람들이 더 많은 여유 시간을 갖게 될 것이다.*
구체적인 이유 또는 예를 들어 당신의 의견을 뒷받침하세요.

### 브레인스토밍 & 노트테이킹

| 서론/결론 T | 본론 T | 패턴 |
|---|---|---|
| 동의 | 이유 | 인터넷 동사, 스마트폰, 인터넷, 시간, 노력 |

| 서론 | | 동의 |
|---|---|---|
| **본론**<br>이유 템플릿 | 이유 | 인터넷 – 더 많은 시간 여유 |
| | 상황 | 난 스마트폰으로 온라인상 구매<br>상점에 안가도 됨, Save T/E |
| | 이유 | 줌으로 일함, about 3 times a week |
| | 상황 | 요즘 출퇴근 안함, 집에서 여가 시간 여유, 더 쉼 |
| **결론** | | 최신 기술 – 사람들, 미래에 더 많은 시간 O |

Do you agree or disagree with the following statement?

*In the future, people will have more free time.*

Give specific reasons or examples to support your opinion.

당신은 다음 의견에 동의하나요, 아니면 반대하나요?

*미래에는, 사람들이 더 많은 여유 시간을 갖게 될 것이다.*

구체적인 이유 또는 예를 들어 당신의 의견을 뒷받침하세요.

◁» MP3  AT3_11

| 서론/결론 T 동의 | 본론 T 이유 | 패턴 인터넷 동사, 스마트폰, 인터넷, 시간, 노력 |

| 서론 | | Yes, I agree that people will have more free time in the future.<br>네, 저는 사람들이 미래에 더 많은 여유 시간을 갖게 될 것이라는 점에 동의합니다. |
|---|---|---|
| 본론<br><br>이유 템플릿 | 이유 | Because people already have more free time thanks to the internet.<br>왜냐하면 사람들이 인터넷 덕분에 이미 더 많은 여유 시간을 갖고 있기 때문입니다. |
| | 상황 | In my case, I buy things on the internet by using my smartphone.<br>제 경우에는, 스마트폰을 이용해 인터넷에서 물건을 구입합니다. |
| | | I don't need to go to stores anymore so I can save time and effort.<br>더 이상 상점에 갈 필요가 없기 때문에, 시간과 노력을 아낄 수 있습니다. |
| | 이유 | Also, I work by Zoom at home about three times a week.<br>또한, 저는 일주일에 약 세 번씩 집에서 줌으로 일합니다. |
| | 상황 | I don't have to commute these days so I have more free time to relax at home.<br>요즘은 통근할 필요가 없기 때문에, 집에서 쉴 수 있는 여유 시간이 더 많습니다. |
| 결론 | | From my experience, I believe people will have more free time in the future thanks to the latest technology.<br>제 경험으로 볼 때, 최신 기술 덕분에 사람들이 미래에 더 많은 여유 시간을 갖게 될 거라고 생각합니다. |

**어휘** have free time 여유 시간이 있다  agree that ~라는 점에 동의하다  don't need to do ~할 필요가 없다  anymore (not과 함께) 더 이상  commute 통근하다  relax 쉬다, 느긋하게 있다  experience 경험  latest 최신의

**고득점 포인트**
- 현재의 무엇이 미래에 사람들의 여가 시간을 늘려줄지 실제 경험, 예시 등으로 주장하는 것이 고득점에 유리합니다
- 암기했던 만능 패턴 구문들을 최대한 찾아보고 붙여주려는 훈련이 있어야, 실제 시험장에서 사용할 수 있어요.
- 서론과 결론이 너무 똑같지 않도록 품사 몇 개만 살짝 바꿔서 마무리 해주세요.

## 본론 템플릿 추가 연습

앞서 배운 본론 템플릿, 만능 패턴을 활용하여 다른 설정으로 답변을 구성할 수도 있습니다. 다음 본론 템플릿에 맞춰 답변을 연습해 보세요.

| 본론 템플릿 | | 이유 T | 긍정 경험 T | 부정 경험 T | 과거 비교 T |
|---|---|---|---|---|---|
| 본론 | 이유 | 인터넷으로 더 많은 시간 여유가 생김 | | | |
| | 상황 | 내가 어렸을 때, 나는 항상 시장에서 물건을 샀음 | | | |
| | 경험 | 그러나 요즘은 스마트폰으로 물건 구매하며, 상점에 안 가도 돼서 시간, 노력이 아껴짐 | | | |
| | 결과 | 이런 이유로, 미래에는 더 쉽고 편하게 살게 되고, 여가 시간도 많아질 것이라 생각함 | | | |
| 만능 패턴 | | 인터넷 동사, 스마트폰, 인터넷 시간, 노력 | | | |

## 나만의 본론 템플릿 만들어 보기

앞서 배운 본론 템플릿, 만능 패턴을 활용하여 나만의 본론 템플릿을 만들어 보세요.

| 본론 템플릿 | | 이유 T | 긍정 경험 T | 부정 경험 T | 과거 비교 T |
|---|---|---|---|---|---|
| 본론 | 이유 | | | | |
| | 상황 | | | | |
| | 경험 | | | | |
| | 결과 | | | | |
| 만능 패턴 | | | | | |

## QUESTIONS 1-2  Read a text aloud

### Q1  광고문

🔊 MP3  AT4_1

디 발음  강세  ↗ 올려 읽기  ↘ 내려 읽기  / 끊어 읽기

---

This is your new local gym, ↗/ The East Athletic Club. ↘// This new place ↗/ is for everyone ↗/ to come and enjoy a healthy lifestyle. ↘// Members can have many exercise options ↗/ through any of 20 fitness classes, ↗/ including kickboxing, ↗/ yoga ↗/ and cycling. ↘// After you've finished exercising, ↗/ enjoy our healthy breakfast for free. ↘// There's something for everyone ↗/ here. ↘//

---

이곳은 여러분의 새 지역 체육관 이스트 어슬레틱 클럽입니다. 새로 문을 연 이곳은 모든 분들이 오셔서 건강한 생활 방식을 즐길 수 있는 곳입니다. 회원이 되시면 킥복싱과 요가, 그리고 사이클링을 포함한 20가지 피트니스 강좌들 중 어느 것을 통해서든 많은 운동 선택권을 갖고 계실 수 있습니다. 운동을 끝마치신 후에는, 건강에 좋은 저희 아침 식사를 무료로 즐겨 보세요. 이곳엔 여러분을 위한 특별한 것이 있습니다.

**어휘** local 지역의, 현지의  exercise 운동  including ~을 포함해  for free 무료로

**고득점 포인트**
- 3종 폭탄 (-s, 디, 쉼표)에 주의하며 읽습니다. 만약, 실수를 해도 고쳐 읽으면 실점하지 않습니다.
- 강세가 앞에 있는 단어들 입니다. local, everyone, lifestyle, kickboxing, yoga, breakfast, something

### Q2  안내문

🔊 MP3  AT4_2

디 발음  강세  ↗ 올려 읽기  ↘ 내려 읽기  / 끊어 읽기

---

The City School District ↗/ will be providing free meals ↗/ during the summer ↗/ while school is out. ↘// According to CSD, ↗/ the program will run ↗/ from June 11 through August 13, ↗/ Monday through Friday ↗/ from 10:00 a.m. to 11:00 a.m. ↗/ at Hillside Elementary, ↗/ Village Middle ↗/ and McArthur High School. ↘//

---

시 교육청에서 학교가 운영되지 않는 여름 동안 무료 식사를 제공할 예정입니다. 교육청에 따르면, 이 프로그램은 6월 11일부터 8월 13일까지, 월요일에서 금요일, 오전 10시에서 오전 11시까지 힐사이드 초등학교와 빌리지 중학교, 그리고 맥아더 고등학교에서 운영될 예정입니다.

**어휘** City School District 시 교육청  according to ~에 따르면  run 운영되다, 진행되다  (from) A through B (기간 등) A에서 B까지

**고득점 포인트**
- 이니셜은 또박또박 잘 들리게 읽는 것이 핵심입니다. C / S / D
- 한 덩어리로 묶어 읽을 부분을 미리 읽어주세요.
  from June 11 through August 13, Monday through Friday, from 10:00 a.m. to 11:00 a.m.
- 고유 명사의 발음을 정확히 모르겠다면 스펠링대로 잘 읽어주기만 하면 감점 되지 않습니다.

## Q3 인물 중심 사진 (2인)

### 브레인스토밍

| 1 | 장소 | 집 청소를 하는 두 사람 |
|---|---|---|
| 2 | 주연 | 중간 여자 / 유니폼 입은 / 쭈그리고(웅크리고) 앉아 / 바닥 닦는 중 |
| 3 | 사물 | 그녀 옆에 / 청소 도구들이 보임 |
| 4 | 조연 | 뒤쪽 남자 / 사다리에 올라 서서 / 일하고 있음 |
| 5 | 배경 | 왼쪽에 / 두 개의 창문들이 보임 |

🔊 MP3  AT4_3

**사진 묘사 템플릿** 핵심 표현

| 1 | 장소 | This is a picture of two people cleaning a house.<br>이것은 두 사람이 집을 청소하는 사진입니다. |
|---|---|---|
| 2 | 주연 | In the middle, a woman in a uniform is crouching down and brushing the floor.<br>중간에는, 유니폼을 입은 여자가 웅크리고 앉아 바닥을 닦고 있습니다. |
| 3 | 사물 | I can see some cleaning tools next to her.<br>그녀 옆에 몇몇 청소 도구들이 보입니다. |
| 4 | 조연 | In the background, a man is standing on a ladder and working.<br>뒤쪽에는 남자 한 명이 사다리에 올라 서서 일하고 있습니다. |
| 5 | 배경 | Two windows can be seen on the left.<br>왼쪽에 두 개의 창문들이 보입니다. |

**어휘** crouch down 웅크리고 앉다, 쭈그리고 앉다  brush ~을 솔로 닦다  tool 도구, 공구  ladder 사다리

**고득점 포인트**

- 정확한 장소명을 모를 때, This is a picture of two people cleaning a house.처럼 인물의 행동을 구문으로 활용하여 문장을 만들어 주세요.
- 주연은 딱 봐도 유니폼을 입고, 쭈그려 앉아, 청소하는 3가지 묘사 포인트가 핵심입니다.
- 청소 용품의 정확한 이름을 모를 때, some cleaning tools처럼 포괄적인 표현으로 위기를 극복해 보세요.

## Q4 인물 중심 사진 (3인)

### 브레인스토밍

| 1 | 장소 | 뷔페 식당(레스토랑) |
|---|------|----------------|
| 2 | 주연 | 왼쪽 여자 / 와인 한 잔을 들고 / 웃고 있음 |
| 3 | 조연 1 | 중간 여자 / 음식을 식품 보온기에서 집고 있음 |
| 4 | 조연 2 | 오른쪽 남자 / 접시를 들고 있음 |
| 5 | 배경 | 그들 주변에 / 많은 음식과 사람들이 보임 |

### 사진 묘사 템플릿 핵심 표현

| 1 | 장소 | <u>This is a picture of</u> a buffet restaurant.<br>이것은 뷔페 레스토랑의 사진입니다. |
|---|------|----------------|
| 2 | 주연 | On the left, a woman is holding a glass of wine <u>while</u> smiling.<br>왼쪽에는, 여자 한 명이 웃으며 와인 한 잔을 들고 있습니다. |
| 3 | 조연 1 | A woman in the middle is picking up some food from a food warmer.<br>중간에 있는 여자 한 명이 식품 보온기에서 몇 가지 음식을 집어 들고 있습니다. |
| 4 | 조연 2 | On the right, a man is holding his plate.<br>오른쪽에는, 남자 한 명이 접시를 들고 있습니다. |
| 5 | 배경 | A lot of food and people <u>can be seen</u> around them.<br>그들 주변에 많은 음식과 사람들이 보입니다. |

**어휘** pick up ~을 집어 들다  warmer 보온기

**고득점 포인트**
- 와인 한 잔, 물 한 병 등 액체가 담긴 물건을 묘사할 때, 용기 + 액체 순으로 설명합니다.
  a glass of wine, a bottle of water, a cup of coffee, a bowl of soup
- food warmer라는 단어가 떠오르지 않는다면, picking up some food까지만 말해줘도 됩니다.
- 접시는 a plate, 요리 (음식+접시)는 a dish로 표현합니다.

**Q3**

| 1 | | |
|---|---|---|
| 2 | | |
| 3 | | |
| 4 | | |
| 5 | | |

**Q4**

| 1 | | |
|---|---|---|
| 2 | | |
| 3 | | |
| 4 | | |
| 5 | | |

## 전화 인터뷰: 취미/일상 생활 (예술품 구입)

Imagine that a British marketing company is doing research in your country. You have agreed to participate in a telephone interview about a work of art.

한 영국 마케팅 회사가 당신의 나라에서 조사하고 있다고 가정해 보세요. 당신은 예술품과 관련된 전화 인터뷰에 참여하는 데 동의했습니다.

🔊 MP3  AT4_5 | AT4_6 | AT4_7

만능 표현

**Q5** When was the last time you bought a work of art, and what did you buy?
마지막으로 예술품을 구입한 것은 언제이며, 무엇을 구입했나요?

**A5** | 핵심 답변 | WH P | I bought a small oil painting about 2 months ago.
I got it at an outdoor flea market near my place.
저는 약 2개월 전에 작은 유화를 하나 구입했습니다. 집 근처에 있는 야외 벼룩 시장에서 구입했습니다.

**Q6** If you bought a work of art, would you buy it directly from a store or on the internet?
만약 예술품을 구입한다면, 매장에서 직접 구입하시겠어요, 아니면 인터넷에서 구입하시겠어요?

**A6** | 선택 | I'd like to buy it directly from a store.
| 백화점 P | Because I want to check the quality of the art works.
| 제품 비교 P | Also, I can compare them in person.
저는 매장에서 직접 구입하고 싶습니다. 예술품들의 수준을 확인해보고 싶기 때문입니다. 또한, 직접 가서 그것들을 비교해볼 수도 있습니다.

**Q7** What is the most important thing when buying a work of art?
- Theme    - Size    - Artist
예술품을 구입할 때 가장 중요한 것이 무엇인가요?
- 주제    - 크기    - 미술가

**A7** | 선택 | The most important thing when buying a work of art is the theme.
| 핵심 답변 | In my case, I like pop art because it's colorful and pleasant to look at.
| 추가 이유 | Also, it matches with the interior of my home.
| 스트레스 P | When I look at it, I can relieve stress and refresh myself.
제가 예술품을 구입할 때 가장 중요한 것은 주제입니다. 제 경우에는, 팝 아트를 좋아하는데 다채로우면서 보는 즐거움이 있기 때문입니다. 또한, 제 집 실내와 어울립니다. 그것을 볼 때, 스트레스를 풀고 기분을 전환할 수 있습니다.

**고득점 포인트**
· 주제는 어려워도 디렉팅만 잘하면 만능 패턴을 사용할 수 있어요. 품질이 중요한 만큼 백화점 패턴을 활용했습니다.
· 7번에서는 최소 1개 이상의 이유가 생각나는 선택지를 골라 본인 성향과 연결해 답변해 주세요.

# 나만의 답변 만들어 보기

Imagine that a British marketing company is doing research in your country. You have agreed to participate in a telephone interview about a work of art.

**Q5** When was the last time you bought a work of art, and what did you buy?

**A5**

**Q6** If you bought a work of art, would you buy it directly from a store or on the Internet?

**A6**

**Q7** What is the most important thing when buying a work of art?
- Theme    - Size    - Artist

**A7**

행사 일정

## 먼로 IT 컨퍼런스
9월 2일 - 3일
먼로 이벤트 홀

### 9월 2일

| | | |
|---|---|---|
| 오전 10:00 | 개회사 | 벤자민 테일러 |
| 오전 10:30 | 강연: 성공을 위한 전략 | 노아 해밀턴 |
| 오전 11:30 | 토론: 신생 기술 | 윌리엄 로페즈 |

### 9월 3일

| | | |
|---|---|---|
| 오전 10:00 | 강연: 빠른 기술 변화 | 노아 해밀턴 |
| 정오 | 컨퍼런스 오찬 | |
| 오후 1:00 | 토론: 트렌드를 선도하는 방법 | 새뮤얼 에반스 |

Hello, this is Andrew. I'm planning on attending the Monroe IT conference. But I just lost my schedule sheet. Could I ask you a few questions about the conference?

안녕하세요, 저는 앤드류입니다. 저는 먼로 IT 컨퍼런스에 참석할 계획입니다. 하지만 방금 제 일정표를 분실했습니다. 이 컨퍼런스와 관련해 몇 가지 질문을 해도 될까요?

🔊 MP3  AT4_8 | AT4_9 | AT4_10

주어 동사 키워드 전치사

| Q8 | What date does the conference start, and where is it located? |
|---|---|
| | 며칠에 이 컨퍼런스가 시작되며, 장소가 어디에 위치해 있나요? |

| A8 | The conference will start on September 2nd at 10:00 a.m. and it will be held in Monroe Event Hall. |
|---|---|
| | 이 컨퍼런스는 9월 2일 오전 10시에 시작될 것이며, 먼로 이벤트 홀에서 개최될 것입니다. |

| Q9 | As far as I know, we don't have time to eat something on the second day. Is that correct? |
|---|---|
| | 제가 알기로는, 둘째 날에 뭔가를 먹을 시간이 없습니다. 맞나요? |

| A9 | Don't worry. There is a conference luncheon at Noon. |
|---|---|
| | 걱정하지 마세요. 정오에 컨퍼런스 오찬이 있습니다. |

**어휘** strategy 전략  emerging 신생의, 떠오르는  luncheon 오찬  plan on -ing ~할 계획이다  attend ~에 참석하다  schedule sheet 일정표  as far as I know 제가 알기로는, 제가 아는 한  have time to ~할 시간이 있다

**Q10** I'm looking forward to listening to Noah Hamilton's lectures. Could you tell me all the details of the lectures given by him?

제가 노아 해밀턴 씨의 강연을 듣는 것을 고대하고 있습니다. 그가 진행하는 강연에 대해 세부사항을 모두 알려줄 수 있나요?

**A10** OK. On September 2nd, at 10:30 a.m., the lecture called Strategies for Success will be led by him.

On September 3rd, at 10:00 a.m., he will give the lecture called Rapid Changes in Technologies.

알겠습니다. 9월 2일, 오전 10시 30분에, 성공을 위한 전략이라는 강연이 그에 의해 진행될 것입니다.

9월 3일, 오전 10시에는, 빠른 기술 변화라는 강연을 할 예정입니다.

---

**어휘** look forward to -ing ~하는 것을 고대하다  details 상세 정보, 세부 사항  give a lecture 강연하다  called ~라는 이름의, ~라고 부르는  lead ~을 진행하다, ~을 이끌다

**고득점 포인트**

• 날짜를 읽을 때, 실수로 '셉템버 투, 셉템버 뜨리'로 읽지 않도록 기수에 주의합니다.

• luncheon(오찬)은 손님을 초대하여 함께 먹는 점심 식사를 뜻합니다.

**빈출 문제 추가 연습**

**Q** I am an engineer and want to attend all the discussion sessions. Could you give me all the details of the discussions during the conference?

저는 엔지니어이고 모든 토론 세션에 참석하고 싶습니다. 컨퍼런스 동안 진행되는 모든 토론의 상세 정보를 알려주시겠어요?

**A** OK. On September 2nd, at 11:30 a.m., the discussion called Emerging Technologies will be led by William Lopez.

On September 3rd, at 1:00 p.m., Samuel Evans will run the discussion called How to Lead Trends.

알겠습니다. 9월 2일 오전 11시 30분에 이머징 테크놀로지라는 토론이 윌리엄 로페즈 씨에 의해 진행될 예정입니다.

9월 3일 오후 1시에 세뮤얼 에반스 씨가 트렌드를 선도하는 방법이라는 토론을 진행할 예정입니다.

Hello, this is Andrew. I'm planning on attending the Monroe IT conference. But I just lost my schedule sheet. Could I ask you a few questions about the conference?

**Q8** What date does the conference start, and where is it located?

**A8** _____

_____

**Q9** As far as I know, we don't have time to eat something on the second day. Is that correct?

**A9** _____

_____

**Q10** I'm looking forward to listening to Noah Hamilton's lectures. Could you tell me all the details of the lectures given by him?

**A10** _____

_____

## QUESTION 11 Express an opinion

### 교육

If a high school had to organize a day trip for students, which option would be more beneficial; touring a local university or visiting a zoo?

Choose one and support your opinion with specific reasons and examples.

만일 한 고등학교에서 학생들을 위해 당일 여행을 계획해야 한다면, 지역 대학교 견학과 동물원 방문 중에서 어느 선택지가 더 유익할 것 같은가요?

하나를 고른 뒤, 구체적인 이유 또는 예를 들어 당신의 의견을 뒷받침하세요.

### 브레인스토밍 & 노트테이킹

| 서론/결론 T | 본론 T | 패턴 |
|---|---|---|
| 동물원 방문 하기 | 긍정 경험 | 스트레스, 에너지 |

| 서론 | | 동물원 방문 하기 → more beneficial |
|---|---|---|
| **본론**<br>긍정 경험<br>템플릿 | 이유 | 스트레스 풀 수 있음 |
| | 상황 | 나 고등학생 때, 동물원 견학 갔었음 |
| | 경험 | 다양한 동물들 보면서, 기분 전환 P<br>Also, 친구들과 좋은 시간 → 에너지 P |
| | 결과 | 내 경우, relax a bit 하기 좋았음 |
| **결론** | | 고등학생, 동물원 가는 것, better |

If a high school had to organize a day trip for students, which option would be more beneficial; touring a local university or visiting a zoo?

Choose one and support your opinion with specific reasons and examples.

만일 한 고등학교에서 학생들을 위해 당일 여행을 계획해야 한다면, 지역 대학교 견학과 동물원 방문 중에서 어느 선택지가 더 유익할 것 같은가요?

하나를 고른 다음, 구체적인 이유 또는 예를 들어 당신의 의견을 뒷받침하세요.

◁》 MP3 AT4_11

서론/결론 T 동물원 방문하기   본론 T 긍정 경험   패턴 스트레스, 에너지

| 서론 | | I think visiting a zoo is more beneficial for students.<br>저는 동물원을 방문하는 것이 학생들에게 더 유익하다고 생각합니다. |
|---|---|---|
| 본론<br><br>긍정 경험<br>템플릿 | 이유 | Because they can relieve stress.<br>왜냐하면 학생들이 스트레스를 풀 수 있기 때문입니다. |
| | 상황 | In my case, when I was a high school student, I went on a day trip to a zoo.<br>제 경우에는, 고등학생이었을 때, 한 동물원으로 당일 여행을 갔습니다. |
| | 경험 | While seeing different types of animals, I was able to refresh myself.<br>다양한 동물들을 보는 동안, 기분을 전환할 수 있었습니다.<br><br>Also, I had a good time with my friends and got more energy there.<br>또한, 그곳에서 친구들과 좋은 시간을 보내면서 더 많은 에너지를 얻었습니다. |
| | 결과 | For me, it was a good chance to relax a bit.<br>저에게는, 약간의 휴식을 취할 수 있는 좋은 기회였습니다. |
| 결론 | | So visiting a zoo is better for high school students.<br>그래서 동물원을 방문하는 것이 고등학생들에게 더 좋습니다. |

어휘 organize ~을 마련하다, ~을 조직하다   day trip 당일 여행   beneficial 유익한, 이로운   be able to ~할 수 있다   relax 느긋하게 있다, 쉬다   a bit 조금, 약간

고득점 포인트

- 고등학생의 견학 장소를 설정해야 하므로, 나를 고등학생으로 두고 설명하는 것보다 과거 고등학생 때 경험으로 설명하는 것이 쉽습니다. 답변 준비 시, 메모장에 사용 할 과거 시제 동사와 복수급 키워드를 정리해두세요.
- 만약 현재 시제로 답하고 싶다면 요즘 고등학생들을 주어로 활용하여 일반적인 사실과 상식 선에서 답변해 주세요.

## 본론 템플릿 추가 연습

앞서 배운 본론 템플릿, 만능 패턴을 활용하여 다른 설정으로 답변을 구성할 수도 있습니다. 다음 본론 템플릿에 맞춰 답변을 연습해 보세요.

| 본론 템플릿 | | 이유 T | 긍정 경험 T | 부정 경험 T | 과거 비교 T |
|---|---|---|---|---|---|
| 본론 | 이유 | 스트레스 풀 수 있음 | | | |
| | 상황 | 고등학생들이 동물들을 보면, 스트레스 풀리고 기분 전환 가능 | | | |
| | 이유 | 또한, 친구들과 좋은 시간을 보낼 수 있음 | | | |
| | 상황 | 내 경우, 고등학교 때 친구들과 동물원 갔었음<br>지금까지 기억나는 좋은 추억이 됨 | | | |
| 만능 패턴 | | 스트레스, 기분, 에너지 | | | |

## 나만의 본론 템플릿 만들어 보기

앞서 배운 본론 템플릿, 만능 패턴을 활용하여 나만의 본론 템플릿을 만들어 보세요.

| 본론 템플릿 | | 이유 T | 긍정 경험 T | 부정 경험 T | 과거 비교 T |
|---|---|---|---|---|---|
| 본론 | 이유 | | | | |
| | 상황 | | | | |
| | 경험 | | | | |
| | 결과 | | | | |
| 만능 패턴 | | | | | |

Test 4

# 실전 모의고사 5

모의고사 총평

## QUESTIONS 1-2  Read a text aloud

### Q1  자동 응답 메시지

◁》MP3 AT5_1

디 발음  강세 ↗ 올려 읽기  ↘ 내려 읽기  / 끊어 읽기

Thank you for calling ↗/ Shoestock Customer Support Center. ↘// If you know the party's extension, ↗/ please press 1. ↘// Your call is important to us ↗/ but our office is currently closed. ↘// Please visit our website, ↗/ Shoestock.com, ↗/ for more contact options, ↗/ directions to our store ↗/ or to browse our inventory. ↘// We look forward to assisting you. ↘//

슈스탁 고객 지원 센터에 전화 주셔서 감사합니다. 담당자의 내선 번호를 알고 계시는 경우, 1번을 눌러주세요. 고객님의 전화가 저희에게 중요하지만, 사무실이 현재 문을 닫은 상태입니다. 추가 연락 옵션이나 저희 매장으로 오시는 길 안내 확인, 또는 제품 재고를 둘러보기를 원하실 경우에는 저희 웹사이트 Shoestock.com을 방문해 주시기 바랍니다. 고객님을 도와 드릴 수 있기를 고대합니다.

**어휘** party 당사자, 상대방  extension 내선 전화(번호)  currently 현재  contact 연락, 접촉  directions to ~로 가는 길 안내  inventory 재고 (목록)  look forward to -ing ~하기를 고대하다

**고득점 포인트**
· Shoestock 슈스탁을 Shoes stock 슈즈 스탁으로 발음하지 않도록 주의해 주세요.
· 앞에 강세 있는 빈출 돌발 단어에 주의해 주세요. currently, inventory
· 앞에 강세 있는 단어에 주의해 주세요. customer, visit, website, contact

### Q2 소개문

◁》MP3 AT5_2

디 발음  강세 ↗ 올려 읽기  ↘ 내려 읽기  / 끊어 읽기

This evening, ↗/ we are happy to welcome the great fiction writer ↗/ Elizabeth Clarkson ↗/ to Compass Bookstore. ↘// Inspiring, ↗/ fascinating ↗/ and entertaining, ↗/ Ms. Clarkson's novels ↗/ have delighted her fans ↗/ for many years. ↘// Her fans are particularly pleased ↗/ with her most recent work. ↘// Before we sit down ↗/ and speak with her, ↗/ let me give you ↗/ a quick background of her literary career. ↘//

오늘 저녁에, 훌륭한 소설 작가 엘리자베스 클락슨 씨를 저희 콤파스 서점으로 맞이하게 되어 기쁩니다. 영감을 주고 매력적이면서 재미있는 클락슨 씨의 소설들은 수년 간 팬들에게 많은 기쁨을 주었습니다. 팬들은 특히 클락슨 씨의 최근 작품에 만족하고 있습니다. 자리에 앉아 그녀와 이야기 나누기 전에, 제가 클락슨 씨의 문학 작품 경력에 관한 배경을 간략히 설명해 드리겠습니다.

**어휘** inspiring 영감을 주는  fascinating 매력적인  entertaining 재미있는, 즐거움을 주는  delight ~을 기쁘게 하다  work (글, 그림, 음악 등의) 작품, 작업물  let me 제가 ~하겠습니다  give A a background of B A에게 B에 관한 배경을 설명하다  literary 문학의

**고득점 포인트**
· 어려운 단어들이 나열되어 있을 때는 천천히 또박또박 읽습니다. great fiction writer, her literary career

## Q3 인물 중심 사진 (2인)

### 브레인스토밍

| 1 | 장소 | 이사(이삿짐) 트럭 |
| 2 | 주연 | 앞쪽 남자 / 유니폼 입은 / 몸을 숙이고 / 박스 옮기는 중 |
| 3 | 조연 | 중간 남자 / 박스를 들고 / 그를 보고 있음 |
| 4 | 사물 | 트럭 안에 / 가구들이 보임 |
| 5 | 배경 | 자동차들과 나무들이 사진의 양쪽에 보임 |

🔊 MP3  AT5_3

Test 5

사진 묘사 템플릿 핵심 표현

| 1 | 장소 | <u>This is a picture of</u> a moving truck.<br>이것은 이삿짐 트럭의 사진입니다. |
| 2 | 주연 | In the foreground, a man in a uniform is leaning forward <u>and</u> moving a box.<br>앞쪽에는, 유니폼을 입은 남자 한 명이 몸을 앞으로 숙여 상자 하나를 옮기고 있습니다. |
| 3 | 조연 | A man in the middle is holding a box <u>and</u> looking at him.<br>중간에 있는 남자 한 명이 상자를 든 채로 그를 보고 있습니다. |
| 4 | 사물 | <u>I can see</u> some furniture in the truck.<br>트럭 안에 몇몇 가구가 보입니다. |
| 5 | 배경 | Some cars and trees <u>can be seen</u> on both sides of the picture.<br>몇몇 자동차와 나무들이 사진 양 쪽에 보입니다. |

**어휘** moving truck 이삿짐 트럭  lean forward 몸을 앞으로 숙이다  on both sides of ~의 양 옆에

**고득점 포인트**
- 장소 문장 템플릿의 장소명에 a truck 이나 two men 처럼 핵심 어휘를 활용해도 됩니다.
- leaning forward (몸을 앞으로 숙인)이란 표현을 활용해 주세요.

## Q4 다수 인물, 사물, 배경 혼합 사진 (5인 이상)    브레인스토밍

| 1 | 장소 | 분수(분수대) |
|---|------|-----------|
| 2 | 주연들 | 사람들 / 분수(분수대) 주변에 둘러 앉아 / 쉬는 중 |
| 3 | | 중간 두 여자들 / 무엇인가 먹고 있음 |
| 4 | 사물 | 분수(분수대)의 중간 / 큰 조각상이 보임 |
| 5 | 배경 | 뒤쪽 / 많은 사람들이 보임 |

🔊 **MP3** AT5_4

**사진 묘사 템플릿** 핵심 표현

| 1 | 장소 | This is a picture of a fountain.<br>이것은 분수대의 사진입니다. |
|---|------|----|
| 2 | 주연들 | Some people are sitting around the fountain and relaxing.<br>몇몇 사람들이 분수대 주변에 둘러 앉아 쉬고 있습니다. |
| 3 | 주연들 | Two women in the middle are eating something.<br>중간에 있는 두 여자들은 무엇인가를 먹고 있습니다. |
| 4 | 사물 | I can see a big statue in the middle of the fountain.<br>분수대 중간에 큰 조각상이 하나 보입니다. |
| 5 | 배경 | A lot of people can be seen in the background.<br>많은 사람들이 뒤쪽에 보입니다. |

**어휘** fountain 분수대   relax 쉬다   statue 조각상

**고득점 포인트**

· 분수는 fountain, 조각상은 sculpture, 동상은 statue입니다.
· 시간 관계상 인물들의 개별 묘사는 어려우므로, 분수 주변에 앉아 쉬는 중이라는 묘사로 전체적인 동작 설명을 해주세요. 사진 중간에 무엇인가 먹고 있는 두 명이 잘 보이므로 간단하게 한 문장 정도 추가해 주면 고득점에 유리합니다.

**Q3**

| | |
|---|---|
| 1 | |
| 2 | |
| 3 | |
| 4 | |
| 5 | |

**Q4**

| | |
|---|---|
| 1 | |
| 2 | |
| 3 | |
| 4 | |
| 5 | |

## QUESTIONS 5-7  Respond to questions

### 전화 인터뷰: 인터넷/전자 기기 (인터넷)

> Imagine that a technology magazine is doing research in your country. You have agreed to participate in a telephone interview about the internet.
>
> 한 기술 잡지가 당신 국가에서 설문조사를 하고 있다고 가정해 보세요. 당신은 인터넷과 관련된 전화 인터뷰에 참여하기로 동의했습니다.

🔊 MP3  AT5_5 | AT5_6 | AT5_7

만능 표현

| Q5 | How much time do you spend online per day? What do you usually use the internet for?<br>하루에 얼마나 많은 시간을 온라인에서 소비하시나요? 평소에 무엇을 위해 인터넷을 이용하시나요? |
|---|---|

**A5**

| 핵심 답변 | WH P | I spend 2 hours per day on the internet. |
| 온라인 동사 | | I usually find information or communicate with friends on my smartphone. |

저는 하루에 2시간을 인터넷에 소비합니다. 저는 주로 스마트폰으로 정보를 찾거나 친구들과 소통합니다.

| Q6 | Would you be interested in taking a class online? Why or why not?<br>온라인으로 강좌를 들으시는 데 관심이 있으신가요? 그 이유는 무엇인가요? |
|---|---|

**A6**

| 선택 | Yes, I'd like to take a class online. |
| 핵심 답변 | Because it's convenient. |
| 시간, 노력 P | I don't want to waste time and effort traveling to a class. |

네, 온라인으로 강좌를 듣고 싶습니다. 왜냐하면 편리하기 때문입니다. 강좌를 들으러 이동하는 데 시간과 노력을 낭비하고 싶지 않습니다.

| Q7 | When taking a class online, which of the following devices would you prefer to use?<br>- Smartphone   - Laptop   - Tablet<br>온라인으로 강좌를 들을 때, 다음 중 어느 기기를 이용하고 싶은가요?<br>- 스마트폰    - 노트북 컴퓨터   - 태블릿 컴퓨터 |
|---|---|

**A7**

| 선택 | | I would prefer to use a tablet. |
| 핵심 답변 | WH P | In my case, I use my tablet to take English courses online. It's portable and lightweight. So I can take online courses anywhere. |
| 추가 이유 | | Also, it has a larger screen than a smartphone so it's easier to watch a class. |

저는 태블릿을 이용하고 싶습니다. 제 경우에는, 온라인으로 영어 수업 과정을 듣는 데 태블릿을 이용합니다. 그것은 휴대할 수 있고 가볍기 때문에, 어디서든 온라인 수업 과정을 들을 수 있습니다. 또한, 스마트폰보다 화면이 더 크기 때문에, 강좌를 시청하기 더 쉽습니다.

---

**고득점 포인트**

· 해당 주제에서 '구매, 소통, 정보, 학습'의 인터넷 4종 동사를 적극 활용해 보세요.
· 편의성을 고려한다면 스마트폰이나 태블릿을, 큰 화면이 중요하다면 랩탑을 선택합니다.

Imagine that a technology magazine is doing research in your country. You have agreed to participate in a telephone interview about the internet.

**Q5**     How much time do you spend online per day? What do you usually use the internet for?

**A5**     _____

           _____

**Q6**     Would you be interested in taking a class online? Why or why not?

**A6**     _____

           _____

**Q7**     When taking a class online, which of the following devices would you prefer to use?
           - Smartphone     - Laptop     -Tablet

**A7**     _____

           _____

           _____

           _____

## 수업 일정

### 여름 댄스 수업

날짜: 7월 14일 ~ 7월 29일
등록 마감 기한: 6월 25일

| 시간 | 수업 | 레벨 | 요일 |
|---|---|---|---|
| 오전 9:30 -10:30 | 리듬 및 동작 | 중급 | 매주 화요일 |
| 오전 10:30 -11:30 | 케이팝 댄스 입문 | 초급 | 매주 금요일 |
| 오전 11:30 - 오후 1:00 | 전문 발레 | 고급 | 매주 월요일 |
| 오후 1:00 -2:00 | 기본 안무 | 초급 | 매주 목요일 |
| 오후 2:00 -3:30 | 마스터 힙합 댄스 | 고급 | 매주 금요일 |
| 오후 3:30 -4:30 | 현대 무용 | 중급 | 매주 수요일 |

Hello, this is Amy. I'm interested in taking the Summer dance classes you uploaded on your website. I'd like to ask some questions about the classes.

안녕하세요, 저는 에이미입니다. 귀사의 웹 사이트에 업로드한 여름 댄스 수업을 수강하는 데 관심이 있습니다. 이 수업들과 관련해 몇 가지 질문을 드리고자 합니다.

🔊 MP3 AT5_8 | AT5_9 | AT5_10

주어 동사 키워드 전치사

**Q8** On what day will the rhythm and move class be held and when is the deadline for registration?
무슨 요일에 리듬과 동작 수업이 열리며, 등록 마감 기한은 언제인가요?

**A8** The class will be held on Tuesdays at 9:30 a.m. The deadline of the registration is June 25th.
그 수업은 매주 화요일 오전 9시 30분에 열릴 예정입니다. 등록 마감 기한은 6월 25일입니다.

**Q9** As far as I know, I can participate in the contemporary movement class on Thursdays, right?
제가 알기로는, 매주 목요일에 현대 무용 수업에 참가할 수 있는데, 맞나요?

**A9** I'm sorry but, it will be held on Wednesdays at 3:30 p.m. It is an intermediate level.
죄송하지만, 그 강좌는 매주 수요일 오후 3시 30분에 열릴 예정입니다. 중급 강좌입니다.

---

**어휘** deadline 마감 기한  registration 등록  intermediate 중급의  professional 프로의, 전문적인  choreography 안무  contemporary 현대의  be interested in ~에 관심이 있다  as far as I know 제가 알기로는, 제가 아는 한  participate in ~에 참가하다

**Q10** I'm particularly interested in advanced classes. Can I ask for all the classes specially designed for advanced students?

저는 특히 고급 수업에 관심이 있습니다. 고급반 학생들을 위해 특별히 만들어진 수업에 대해 모두 알 수 있나요?

**A10** OK. You can attend the Professional Ballet class on Mondays at 11:30 a.m. Also, there is the Master Hip Hop Dance class on Fridays at 2:00 p.m.

알겠습니다. 매주 월요일 오전 11시 30분에 전문 발레 수업에 참석할 수 있습니다. 또한, 매주 금요일 오후 2시에 마스터 힙합 댄스 수업도 있습니다.

---

**어휘** ask for ~을 요청하다  designed 계획된, 고안된, 만들어진  attend ~에 참석하다

**고득점 포인트**

· 첫 일정 (first class)로 질문하지 않고 주제 (rhythm and move)로 질문한 돌발이었습니다.
  마감일을 답할 때, June 25th 앞에 전치사 on 없이 A is B 구조로 답변해 주세요.

· 대부분의 수험자들이 표 분석을 할 때 표 위에서 아래로 읽기 때문에 제일 마지막 줄 내용을 못 읽은채 질문을 듣는 경우가 많습니다.
  마지막 행의 정보를 빠르게 파악하고 답변하는 순발력이 중요합니다.

· advanced classes를 듣는 순간, 해당 줄에 있는 키워드를 활용해 중얼중얼 문장을 만드세요.

· 복수급 요일들 끝에 -s까지 정확히 발음해 주세요.

**빈출 문제 추가 연습**

**Q** I think I will be able to attend the beginners classes.
Could you give me all the details of the classes that will be offered to beginners?
저는 초급 강좌에 참석할 수 있을 것 같습니다. 초보자들에게 제공될 강좌의 모든 세부 사항을 알려주시겠어요?

**A** Sure. You can attend the Intro to K-Pop Dance class on Fridays at 10:30 a.m.
Also, there is the Basic Choreography class on Thursdays at 1:00 p.m.
물론입니다. 케이팝 댄스 초급반은 매주 금요일 오전 10시 30분에 참석할 수 있습니다. 또한, 기본 안무 강좌가 매주 목요일 오후 1시에 있습니다.

Hello, this is Amy. I'm interested in taking the Summer dance classes you uploaded on your website. I'd like to ask some questions about the classes.

**Q8** On what day will the rhythm and move class be held and when is the deadline for registration?

**A8**

**Q9** As far as I know, I can participate in the contemporary movement class on Thursdays, right?

**A9**

**Q10** I'm particularly interested in advanced classes. Can I ask for all the classes specially designed for advanced students?

**A10**

## 인터넷

Do you think a mobile phone can replace a laptop computer? Why or why not?

Give specific reasons or examples to support your opinion.

당신은 휴대폰이 노트북 컴퓨터를 대체할 수 있다고 생각하나요? 그 이유는 무엇인가요?

구체적인 이유 또는 예를 들어 당신의 의견을 뒷받침하세요.

## 브레인스토밍 & 노트테이킹

| 서론/결론 T | 본론 T | 패턴 |
|---|---|---|
| 동의 | 이유 | 스마트폰, 언제 어디서, 회사 |

| 서론 | | 동의 |
|---|---|---|
| **본론** | 이유 | 요즘 사람들은 휴대폰을 랩탑처럼 씀 |
| | 상황 | 난 스마트폰으로 e-book 읽고 영화 봄<br>portable, lightweight, convenient, 언제 어디서 P |
| **이유 템플릿** | 이유 | 또 직장에서도, check emails, have meetings 가능 |
| | 상황 | it's easy to work with my coworkers, office 밖에서 |
| 결론 | | 스마트폰은 랩탑을 대신할 수 있음 |

Test 5

Do you think a mobile phone can replace a laptop computer? Why or why not?

Give specific reasons or examples to support your opinion.

당신은 휴대폰이 노트북 컴퓨터를 대체할 수 있다고 생각하나요? 그 이유는 무엇인가요?
구체적인 이유 또는 예를 들어 당신의 의견을 뒷받침하세요.

🔊 MP3 AT5_11

**서론/결론 T** 동의　**본론 T** 이유　**패턴** 스마트폰, 언제 어디서, 회사

| 서론 | | Yes, I think a mobile phone can replace a laptop computer.<br>네. 저는 휴대폰이 노트북 컴퓨터를 대체할 수 있다고 생각합니다. |
|---|---|---|
| **본론**<br><br>이유 템플릿 | 이유 | Because people use their mobile phones as their computers these days.<br>왜냐하면 사람들이 요즘 휴대폰을 컴퓨터로 이용하고 있기 때문입니다. |
| | 상황 | In my case, I read e-books or watch movies on my smartphone.<br>제 경우에는, 스마트폰으로 전자 도서를 읽거나 영화를 봅니다. |
| | | It's portable and lightweight so it's convenient to use anytime, anywhere.<br>휴대할 수 있고 가볍기 때문에, 언제 어디서든 이용하기 편리합니다. |
| | 이유 | Also, for work, I can check emails or have meetings on my smartphone.<br>또한, 일을 할때, 스마트폰으로 이메일을 확인하거나 회의를 할 수 있습니다. |
| | 상황 | So it's easy to work with my coworkers when I'm out of the office.<br>그래서 제가 사무실 밖에 있을 때 동료 직원들과 일하기 쉽습니다. |
| 결론 | | So smartphones can be used instead of laptops.<br>따라서 스마트폰은 노트북 컴퓨터 대신 이용될 수 있습니다. |

**어휘** replace ~을 대체하다　portable 휴대할 수 있는　lightweight 가벼운, 경량의　convenient 편리한　coworker 동료 (직원)　be out of ~ 밖에 있다

**고득점 포인트**
• 인터넷 4종 동사 (buy, communicate, get information, learn)를 활용해 본인만의 예시를 만들어 보세요.
• 다양한 시작 문장과 만능 패턴을 본인만의 독창적인 경험과 이유에 자연스럽게 연결해 주세요.

## 본론 템플릿 추가 연습

앞서 배운 본론 템플릿, 만능 패턴을 활용하여 다른 설정으로 답변을 구성할 수도 있습니다. 다음 본론 템플릿에 맞춰 답변을 연습해 보세요.

| 본론 템플릿 | | 이유 T | (긍정 경험 T) | 부정 경험 T | 과거 비교 T |
|---|---|---|---|---|---|
| 본론 | 이유 | 요즘 사람들은 휴대폰을 랩탑처럼 씀 | | | |
| | 상황 | 난 스마트폰으로 책도 읽고 영화도 봄<br>언제 어디서나 스트레스 풀고 기분 전환 가능 | | | |
| | 경험 | 휴대가 쉽고 가벼워서 사용이 편함 | | | |
| | 결과 | 무거운 랩탑은 요즘 집에서만 씀 | | | |
| 만능 패턴 | | 스마트폰, 언제 어디서 | | | |

## 나만의 본론 템플릿 만들어 보기

앞서 배운 본론 템플릿, 만능 패턴을 활용하여 나만의 본론 템플릿을 만들어 보세요.

| 본론 템플릿ㄴㄴ | | 이유 T | 긍정 경험 T | 부정 경험 T | 과거 비교 T |
|---|---|---|---|---|---|
| 본론 | 이유 | | | | |
| | 상황 | | | | |
| | 경험 | | | | |
| | 결과 | | | | |
| 만능 패턴 | | | | | |

Test 5

시원스쿨 LAB

시원스쿨 4주 완성

# TOEIC
# Speaking
## 학습지

조앤박 | 시원스쿨어학연구소

10

시원스쿨
**토익스피킹학습지**

**초판 1쇄 발행** 2023년 1월 2일

**지은이** 조앤박·시원스쿨어학연구소
**펴낸곳** (주)에스제이더블유인터내셔널
**펴낸이** 양홍걸 이시원

**홈페이지** www.siwonschool.com
**주소** 서울시 영등포구 국회대로74길 12 시원스쿨
**교재 구입 문의** 02)2014-8151
**고객센터** 02)6409-0878

**ISBN** 979-11-6150-655-5 13740
**Number** 1-110303-19190400-08

# 10

## 시험장에 들고가는
## 핵심 노트

## 목차

---

## 시험장 기본 정보 및 주의 사항

### 시험 진행 방식

시험 응시표 작성 10분 → 비밀유지 서약서 → 오리엔테이션 20분

녹음 확인 3분 ← 시험 20분 ← 응시 사진 현장 촬영

### 시험 응시표 작성 노하우

· 시험장 칠판에 아래 시험 응시표에 작성할 내용이 적혀 있습니다.

· 컴퓨터 싸인펜으로 해당 내용을 OMR 카드에 채워줍니다.

· 수험번호/ 응시일/ 생년월일/ 회차/ 센터코드/ 시험시간/ 응시과목(speaking_only)

### 기기 점검 & 설문 조사

· 헤드셋을 미리 귀에 맞게 맞춰주세요.

· 마이크는 주로 왼쪽에 위치해 있으며 손가락 두 마디 정도 공간을 띄워 둡니다.

· 듣기 음량 조절 버튼은 우측 상단에 있으며 녹음 테스트 시, 미리 세팅해 주세요.

· 녹음 시, 세팅해 둔 마이크는 되도록 손으로 만지지 않습니다.

· 화면의 지시 사항에 따라 우측 상단 continue 버튼을 클릭하여 다음 화면으로 이동합니다.

· 설문 조사 완료 후, 화면의 마지막 페이지에서 기다리면 감독관의 지시에 따라 시험이 시작됩니다.

### 시험 준비 및 주의 사항

· 한 문항의 답변이라도 녹음이 안되면 기기 오작동으로 인지하여 채점이 되지 않을 수 있으니 최선을 다해 답변을
  녹음해 주세요.

· 너무 큰 목소리는 부정 행위로 간주될 수 있으므로 적당한 성량으로 녹음해 주세요.

· OMR 카드 뒷면의 메모장에 사전에 필기를 하는 것은 부정 행위이므로 시험이 시작된 후 필기합니다.

· 시험장에서 제공한 컴퓨터 싸인펜만 사용할 수 있으므로, 시험 응시표 작성 시 펜의 상태를 파악해 주세요.

## 1  시험 직전 입 풀기 연습

아래 지문을 소리 내어 읽으며 입을 풀어보세요.

> Please join us on Thursday, April twentieth, for the opening of Joe's Restaurant. This new downtown dining option offers nutritious meals at affordable prices. For example, you can eat breakfast, lunch or dinner for less than 9 dollars per person. If you want a healthy meal at a reasonable price, visit Joe's Restaurant this spring.

## 2  모범 답안

디 발음  강세  ↗ 올려 읽기  ↘ 내려 읽기  / 끊어 읽기

> Please join us on Thursday, ↗ / April twentieth, ↗ / for the opening of Joe's Restaurant. ↘ // This new downtown dining option ↗ / offers nutritious meals ↗ / at affordable prices. ↘ // For example, ↗ / you can eat breakfast, ↗ / lunch ↗ / or dinner ↗ / for less than 9 dollars per person. ↘ // If you want a healthy meal ↗ / at a reasonable price, ↗ / visit Joe's Restaurant ↗ / this spring. ↘ //

## 3  준비 시간 활용법 (45초)

지문 읽기에서는 준비 시간 45초 동안 최대한 꼼꼼히 읽어 연습해 놓는 것이 가장 중요합니다.

**초벌 읽기**

- 초반 30초 정도 고유 명사, 어려운 단어의 발음, 억양, 강세와 연음, 나열식 구조의 억양 및 묶어 읽을 단위 등을 손가락으로 쭉 가이드 리딩하면서 소리 내어 전체적으로 읽습니다.

**폭탄 위치 기억**

- 나머지 준비 시간 동안 초벌 읽기 중 어려웠던 부분으로 돌아가 잘 안되는 발음, 강세, 억양, 묶어 읽기, 연음을 최대한 자연스럽게 살려 읽기를 반복합니다.
- 읽으면서 지문의 유형을 파악해 뉘앙스를 살려주고, 지문 속 3종 폭탄의 위치를 기억해 둡니다.

## 4  답변 시간 활용법 (45초)

45초는 지문 읽기에 충분한 시간입니다. 너무 조급한 마음에 빨리 읽다 보면 실수를 연발할 수 있으니, 기억해 두었던 부분들을 차분히 손가락으로 짚어가며 정확하고 경쾌하게 읽어줍니다.

- 삐 소리가 나면 1초 쉬고 녹음을 시작합니다.
- 연습해 둔 강조 키워드 (고유명사, 중요한 의미의 동사, 비교급, 최상급, 부사, 부정어, 숫자)의 철자를 정확하고 자연스럽게 읽어주면서, 사이사이에 끼어있는 3종 폭탄을 차분하게 처리해가며 읽어주세요.
- 묶을 때 묶고, 쉴 때 쉬면서 목소리에 자신감을 실어 읽습니다.
- 지문의 유형에 따라 억양을 약간 올리거나 내려 과장해도 좋습니다.
- 지문을 모두 읽고 난 후 몇 초 남는 시간은 상관 없습니다. 조용히 다음 질문을 기다려주세요.


## 5  시험장 고득점 포인트

- 지문 속 3종 폭탄 찾아 정확히 연습해 둡니다.

  ① 복수급 발음 [S]    복수급 단어 뒤 -s 까지 정확히 발음

  ② 더 vs. 디    the 뒤에 모음 소리가 오면 '디', 자음 소리가 오면 '더'

  ③ 나열식 구조 [쉼표]   나열식 구조의 쉼표에서 억양 연습

- 고유 명사처럼 처음 보는 단어는 강세, 억양 공식을 최대한 활용하여 스펠링대로 읽어주면 실점하지 않습니다.
- 두 단어가 연결된 표현들이 A, B and/or C 와 같은 나열식 구조입니다.
  단어들 사이에도 억양이 생기므로 작은 억양, 큰 억양이 자연스럽도록 연습해 주세요.
- 어려운 단어들을 빨리 발음하다 보면 혀가 꼬입니다. 연음에서 실수가 없도록 또박또박 정확히 녹음하는 것이 고득점에 더 유리합니다.
- 손가락 가이드 리딩을 꼭 해주세요. 줄 바꿈 시, 묶어 읽어야 할 어구라면 손가락-눈-발음순으로 시선을 옮겨 읽으며 끊어지지 않게 주의합니다.
- 실수할 경우에는 해당 부분을 다시 정확히 읽은 다음, 자연스럽게 읽어나가면 실점하지 않습니다.
- 안내문, 광고문, 뉴스, 소개문, 자동 응답 메세지 등 지문의 유형을 파악해 뉘앙스를 살려줍니다.
- 제일 중요한 것은 전달력과 자신감입니다. 또박또박 경쾌하게 감정을 전달해 읽어주세요.

## 6 읽기 전략

**3종 폭탄**

| | | |
|---|---|---|
| 복수급 발음 [S] | customers | facilities |
| 정관사 the [디] | the art | the evening |
| 나열식 구조 [쉼표] | your name, ↗ / address ↗ / and telephone number. ↘ // | |

## 7 강세 전략

**모음 강세**  강세를 받는 모음의 음절을 조금 더 길게 읽기
building, events

**2음절 강세**  명사, 형용사, 부사는 첫 음절에, 동사는 두 번째 음절에 강세
garden, provide

**접미사 강세**

| -tion, -sion, -ic | 바로 앞 음절 강세 | condition, public |
|---|---|---|
| -ate, -ize, -ise, 자음+y | 뒤에서 3번째 음절 강세 | celebrate, community |

**숫자 강세**  10단위 첫 가장 숫자는 첫 음절에, 뒤 따라오는 자식 숫자들은 뒷 음절에 강세
ten, eleven

**복합 품사 강조**  첫 음절에 강세, 형용사의 경우만 뒷 음절에 강세
timetable, old-fashioned

**부사 강조**  상대적으로 더 길게 읽어 강조
all, approximately

## 8 억양 전략

**나열식 구문 억양**  단어 3개가 나열될 때, and, or 에서 억양 올리고 마침표에서 억양 내리기

all suits, ↗ dresses ↗ and shoes. ↘

## 문장 끝 억양

| 평서문은 끝에 억양 내리기 | We thank you for shopping with us. ↘ |
| 의문사 의문문 끝에 억양 내리기 | What are you waiting for? ↘ |
| Yes or No 의문문은 끝에 억양 올리기 | Are you looking for the best deals today? ↗ |

# 9 끊어 읽기 전략

## 쉼표, 마침표 끊어 읽기

| 쉼표에서 숨쉬고, 마침표에서 제대로 멈추기 | Fiction, / fantasy / and horror. // |
| 인사말에 살짝 끊기 | Good afternoon / Little Falls Bookstore customers. // |
| 부사는 단어 앞뒤로 단독 강조 | Additionally, / you'll find extensive genres on sale / |

## 구, 절 단위 끊어 읽기

전치사구 (in, at, on, for, of)와 준동사구 (to부정사, 분사) 앞에서 끊어 읽기

We encourage you / to take advantage of this week's promotions //

전치사 앞에서 끊어 읽고, 하나의 의미 단위로써 묶을 필요가 있는 경우는 묶어 읽기

As you browse our wide variety of books, /

관계사절 (that, which, who) 앞에서 끊어 읽기

This week's promotions / which end on Sunday. //

## 한 의미 단위 묶어 읽기

긴 주어, 고유 명사, 한 의미상의 어구 묶어 읽기

Little Falls Bookstore customers! // If you purchase any three books, / you'll receive a fourth one free. //

## 1  시험 직전 입과 눈 풀기 연습

아래 사진 속 묘사 표현들을 준비 시간 45초 동안 입으로 소리 내어 찾아보세요.

## 2  모범 답안

원어민 MP3 음원을 들으며 입을 풀어주세요.

사진 묘사 템플릿 핵심 표현

<u>This is a picture taken</u> outdoors.
On the right, a woman is sitting on a bench <u>and</u> talking on the phone.
Next to her, a woman is holding her cell phone with her legs crossed.
Behind them, some people are walking on the sidewalk.
Some cars and buildings <u>can be seen in the background</u>.

## 3  준비 시간 활용법 (45초)

준비 시간 45초 동안 묘사할 부분을 동선에 따라 순서대로 미리 정리해 두세요.

### 사진 장소 파악

- 초반 5초 정도 사진을 전체적으로 훑어 보면서 장소와 핵심 인물들을 파악합니다.

### 핵심 어휘와 묘사 순서 정하기

- 핵심 인물부터 찾아 주연급 → 조연급 → 사물 및 엑스트라 → 배경으로 묘사 순서를 정합니다.
- 인물들의 위치를 파악하고 알맞는 전치사 위치 표현을 찾습니다.
- 인물별 핵심 몸, 손, 얼굴 동작을 1-2개씩 찾아 중얼거리며 입으로 준비해 주세요.
- 복수급 인물들의 are 동사ing 형식은 실수 없도록 미리 연습해 둡니다.
- 사물과 배경 키워드 어휘들을 찾아 사물 템플릿, 배경 템플릿에 적용할 준비를 합니다.

## 4  답변 시간 활용법 (30초)

준비 시간보다 답변 시간이 짧기 때문에 초반에 빠르고 정확하게 핵심 인물들을 묘사해 주세요.

- 삐 소리가 나면 1초 뒤에 녹음을 시작합니다.
- 장소 템플릿을 이용해 빠르게 사진의 장소를 설명합니다.
- 준비 시간에 미리 생각해둔 묘사 순서대로 설명해 나갑니다.
- **옆으로 펼쳐진 사진** 크고 능동적인 동작 → 수동적인 동작순으로 묘사
- **앞뒤로 펼쳐진 사진** 앞에 있고 핵심적인 인물, 사물 → 작고 멀리 있는 배경순으로 묘사
- 주연급 인물과 조연급 인물의 몸, 손, 얼굴 동작을 정확히 묘사해 줍니다.
- 한 문장이 끝날 때마다 사진 아래 타이머를 확인하면서 시간을 관리하세요. 시간이 조금 늘어지는 것 같으면 배경 묘사는 짧게 줄여 시간 내 문장을 마칩니다.
- 시간이 조금 남는 것 같으면 인물이나 사물 묘사를 한 마디 더 추가해 시간을 맞추고, 이미 배경 묘사까지 끝난 상황이라면 사진에 대한 느낌을 추가합니다.

## 5  시험장 고득점 포인트

- 다수의 인물 사진은 인물들을 묶어서 묘사한 후 세부 포인트를 추가로 묘사하고, 소수의 인물 사진은 한 명 씩 세부적으로 묘사한 후 전체적인 배경, 느낌으로 마무리 합니다.
- 30초 동안 사진을 전부 묘사하긴 어려우니 너무 욕심부리지는 말아야 합니다. 꼭 필요한 인물들의 핵심 동작, 사물들의 상태 표현을 선택하여 집중해 주세요.

- 사진 속의 한 눈에 띄고 넓은 면적을 차지하고 있는 핵심 인물, 사물을 묘사해야 고득점에 유리합니다.
- 색상, 크기 묘사는 좋은 득점 포인트입니다.
  쉬운 형용사(red, blue, big, small)를 활용하여 효과적으로 묘사해 보세요.
- 단수와 복수, 수일치에서 실수가 일어나지 않도록 답변에 사용할 표현들은 준비 시간에 미리 입으로 중얼중얼 연습해 두세요.
- 급할 경우, 단순한 문장 여러 개로 더 빠르게 많이 묘사하는 것도 좋습니다.
- 처음 묘사하는 사물은 I can see로 시작하고, 테이블 위에 사물들은 there are 로 시작한다는 식으로 본인만의 템플릿 사용 순서를 미리 짜두세요.
- 배경 묘사 시, 배경 템플릿을 활용해 남은 시간에 따라 답변 가능하도록 준비해 주세요.

## 6  만능 패턴 & 템플릿

### 위치 표현

| | | |
|---|---|---|
| in the foreground | 앞쪽에는 | a cup in the foreground |
| in the middle | 중간에는 | a counter in the middle |
| in the background | 뒤쪽에는 | trees in the background |
| on the left | 왼쪽에는 | a woman on the left |
| on the right | 오른쪽에는 | a man on the right |
| | | |
| around | 주위에 | around a table |
| in front of | 앞에 | In front of them |
| next to | 옆에 | next to him |
| behind | 뒤에 | Behind her |
| along | 따라서 | along the street |
| on both sides of | 양쪽에 | on both sides of the picture |

### 한 문장에 여러 동작 더하기

| | |
|---|---|
| wearing / in + 복장 더하기 | A woman wearing / in a dress is sitting at a table. |
| while / and + 동사ing | A woman is writing something while / and talking on the phone. |

### 사진 묘사 템플릿

| | | |
|---|---|---|
| 장소 템플릿 | This is a picture of a(an) 장소. | This is a picture of a café. |

**Tip** 장소 파악이 안될 때: This is a picture taken indoors / outdoors.

| | |
|---|---|
| 인물 is 동사ing | A man is talking on the phone. |
| 인물들 are 동사ing | Two women are smiling. |

**사물 템플릿**

| | |
|---|---|
| I can see 사물(들) | I can see different types of books on the left. |
| There are 사물들 | There are some documents on a table. |
| 사물 is p.p. | A laptop is placed on a table. |
| 사물들 are p.p. | Cars are parked along the street. |

**배경 템플릿**

| | |
|---|---|
| 배경 사물(들) / 엑스트라 | can be seen in the background |
| | Some buildings can be seen in the background. |

**느낌 템플릿**

| | |
|---|---|
| They look 형용사 | They look busy. |
| I'd like to visit this place someday | |

**Tip** 그 외 형용사: happy, serious, relaxed

## 7  인물의 핵심 동작 표현

**몸 동작**

| | | | |
|---|---|---|---|
| 앉아 있는 중 | sitting at a table | sitting around a table | relaxing |
| 서 있는 중 | standing | leaning forward | leaning on (against) a wall |
| 활동 중 | walking | running | riding a scooter |

**손 동작**

| | | | |
|---|---|---|---|
| 손으로 잡는 느낌 | holding a cellphone | writing something | |
| 손가락을 쓰는 느낌 | typing on a keyboard | working on a computer | pointing at a monitor |
| 손바닥, 팔을 쓰는 느낌 | making a hand gesture | handing fruit to him | reaching for something |

**Tip** 정확히 무엇을 하는지 모를 경우: making a hand gesture
눈과 손으로 무엇인가 찾는 느낌일 경우: looking for something

**얼굴 동작**

| | | | |
|---|---|---|---|
| 입 | smiling | talking about something | talking on a phone |
| 귀 | listening to him | | |
| 눈 | looking at him | facing each other | |

## 1  시험 직전 입 & 뇌 풀기 연습

지시문 속 주제를 파악한 후, 브레인스토밍을 해보세요. 5번 15초, 6번 15초, 7번 30초의 답변 시간 동안 WH 패턴, 만능 패턴, 이유 문장 템플릿과 답변 기준점을 적용해 답변해 보세요. 초를 다투는 유형인만큼 적절한 시간 분배를 통해 속도를 조절하고 일관성 있게 답변합니다.

---

Imagine that a British marketing firm is doing research in your country. You have agreed to participate in a telephone interview about bicycles.

**Q5**  When was the last time you bought a bicycle, and were you satisfied with it?

**Q6**  What is your favorite park in your area, and is it a good place to ride a bicycle?

**Q7**  When choosing a bicycle shop, what is the most important factor to consider?
- Variety of bicycles    - Friendly staff    - Reasonable prices

---

## 2  모범 답안

원어민 MP3 음원을 들으며 입을 풀어주세요.

*WH 패턴/만능 패턴*

---

**A5**  I bought my bicycle about 2 years ago on the internet. And yes, I was satisfied with it.

**A6**  My favorite park is Olympic Park near my place. And yes, it's a good place to ride a bicycle. I go there about once or twice a week.

**A7**  The most important factor is a reasonable price. In my case, I'm a student and I don't have much money. So I want to buy a bicycle at a cheap price. That's why I bought my bicycle online.

---

## 3  준비 시간 활용법 (지시문이 나오는 동안 10초)

화면에 지시문이 보이는 순간, 빠르게 주제를 찾습니다. 나레이션 시간(약 10분 내외)을 활용해 주제에 대한 다양한 전략들을 최대한 머릿속에 떠올립니다.

### WH 패턴
- 언제 마지막으로, 얼마나 자주, 어디서, 누구와, 무엇을, 왜 하는지에 대한 답변인 WH 패턴을 떠올려 두세요.

### 만능 패턴
- 주제와 관련해 예상되는 질문들의 이유가 될 만한 만능 패턴들을 생각해 둡니다.

### 개인적인 답변 아이디어 & 경험 설정
- 직접적인 답변에 필요한 어휘와 표현, 경험 설정 방향 등을 미리 생각해 보세요.


## 4  준비 시간 활용법 (문항별 3초)

질문이 화면에 보이는 순간 속독하면 3초 보다 많은 준비 시간을 확보 할 수 있습니다.

- 질문을 속독하여 빠르게 파악해주면, 나레이션 및 답변 전후 삐 소리가 나는 자투리 시간까지 최대한 활용할 수 있습니다. 여분의 준비 시간으로 사용하세요.


## 5  답변 시간 활용법

### Q5 의문문 1-2개 (답변 시간: 15초)
- 질문을 활용하여 첫 문장을 만들어 답변한 후 7~5초 남는 시간도 관련 설명을 덧붙여 최대한 시간을 꽉 채워 말합니다.

### Q6 돌발 질문 + Why (답변 시간: 15초)
- 생각해 본 적 없는 질문이 나와도 당황하지 말고 묻는 내용에 간단히 답과 이유를 말합니다. 이유는 한 가지면 충분합니다.

### Q7 나의 의견 + 이유 1-2개 (답변 시간: 30초)
- 5번, 6번 보다 길고 체계적으로 연관성 있게 말해야 합니다. 경험 설정과 만능 패턴들을 최대한 활용하여 질문의 이유를 확장하세요.

## 6 시험장 고득점 포인트

- 나레이션이 흘러 나오는 약 10초 동안 주제와 관련해 사용 할 WH 패턴, 만능 패턴, 개인적인 답변 아이디어, 경험 설정, 어휘 등을 최대한 많이 떠올립니다.
- 어떤 주제라도 부정적인 답변보다는 긍정적인 답변으로 시작해주세요. 그래야 뒤에 따라 나오는 질문들에도 추가 답변이나 부연 설명을 하기 쉬워집니다.
- 만능 패턴들은 작정하고 쓰려고 마음 먹어야 생각이 납니다. 시험 보기 직전까지 중얼거리며 상기시켜 두면, 실제 질문들을 만나는 순간 더 빨리 기억납니다.
- 단순한 문장 여러 개를 연결해 빠르게 답변하는 것도 좋습니다.
- 답변 시, 지속적으로 질문을 보면서 묻는 말에 대답하고 있는지 체크해 주세요.

## 7 만능 패턴 및 템플릿

### WH 패턴

| 빈도 | How often ~ ? |
| | about once or twice a day / a week / a month / a year |

| 장소 | Where ~ ? |
| | on the internet / online / at the department store |

| 사람 | Who ~ ? |
| | with my friends / with my family |

| 과거 시점 | When was the last time / When did you ~ ? |
| | about 2 days ago / about 2 weeks ago / about 2 months ago |

| 수단, 방법, 느낌 | How ~ ? |
| | on the internet / on my smartphone |

| 거리(시간) | How long / How far ~ ? |
| | about 2 minutes / about 10 minutes / about an hour |

| 이유 문장 템플릿 | I can 동사 ~ | It is economical ~ |
| | I want to 동사 ~ | It is fast ~ |
| | I need to 동사 ~ | It is convenient ~ | It is easy ~ |

| | |
|---|---|
| 돈 패턴 | I'm a student and I don't have much money. |
| | I don't want to spend much money on that. |
| 돈 부족 패턴 | These days, I have a tight budget. |
| 시간, 노력 패턴 | I can save time and effort. |
| | I don't want to waste time and effort. |
| 시간 부족 패턴 | These days, I'm busy with a lot of work and I don't have enough time to (동사). |
| 인터넷 패턴 | on the internet / online |
| 인터넷 동사 4 | buy things / communicate with others/ find information/ learn new things |
| 스마트폰 패턴 | on my smartphone / by using my smart phone |
| 언제 어디서나 패턴 | anytime & anywhere / whenever I want |
| 가성비, 무료 패턴 | at a reasonable price / for free |
| 스트레스 패턴 | I can relieve stress and refresh myself. |
| 기분 패턴 | I feel good and happy. |
| 에너지 패턴 | I get more energy. |
| 건강 패턴 | I'm on a diet because I want to be healthy. |
| 취미 패턴 | My hobby is playing tennis (basketball) |
| 여행 패턴 | I can enjoy great food and views. |
| 문화 패턴 | I can experience new cultures. |
| 학습 패턴 | It's beneficial to learn new things from others. |
| 견문, 지식 패턴 | In this way, I can broaden my perspective and knowledge. |
| 친구 패턴 | I can meet new people and make friends. |
| 소통 패턴 | I think interacting with others is important. |
| 사회성 패턴 | Because I can learn social skills, communication skills and teamwork. |
| 성격 패턴 | My personality became more open-minded and well-rounded. |
| 피플-펄슨 패턴 | I just like it! because I'm a people-person. |
| 내구성 패턴 | For me, durability is very important because I usually use things for a long time. |
| 백화점 패턴 | When I want to check the quality of the products, I go to the department store. |
| 제품 비교 패턴 | I can compare the items in person or try them on. |
| 할인 패턴 | I get a discount with my membership card so I can save money. |

| 후기 찾기 | I read reviews on the internet to find information about _____. |
| 본인 신뢰 | I know what I want the most. |
| 돈 절약 | It's free to get useful information so I don't have to spend money. |
| 시간, 노력 절약 | I can save time and effort by using my smartphone. |

**친구 정보 패턴**

| 친구 문의 | Asking my friends is the best way to find the latest information about _____. |
| 친구 신뢰 | I can trust them because they know my taste.<br>I want to get reliable recommendations from them. |
| 돈 절약 | It's free to get useful information so I don't have to spend money. |
| 시간, 노력 절약 | When I get customized feedback from them, I can save time and effort. |

**전문가 정보 패턴**

| 전문가 문의 | I ask experts to find information about _____. |
| 전문가 신뢰 | I can trust them because they know what want.<br>I want to get reliable recommendations from them. |
| 시간, 노력 절약 | When I get customized feedback from them, I can save time and effort. |

## 8 답변 기준점

**장소 (온라인 vs. 오프라인)**

| 온라인 | about 빈도 / on the internet / on my Smartphone / anytime / anwhere |
| 오프라인 | called 장소명 / near 위치 / 위치 / about 빈도 / with 누구랑 |

**돈, 시간, 노력 (MTE 절약 vs. 낭비)**

| 절약 | I can save time and effort. |
| 낭비 | I don't want to spend much money on that. |

**대인관계 (혼자 vs. 함께)**

| 혼자 | on my smartphone |
| 함께 | with my friends or family |

## 1 시험 직전 입과 귀 풀기 연습

아래 표에서 준비 시간 45초 동안 찾아야 하는 문항별 예상 키워드와 관련 답변 요소들을 입으로 소리 내어 찾아보세요.

### Annual Human Resources Conference
**Hilton Hotel, Convention Hall A**
**Sunday, July 10**
**Registration Fee: $25 ($30 after July 7)**

| | | |
|---|---|---|
| 9:00 a.m. – 9:40 a.m. | Lecture: Recruiting Online | Reza Jones |
| 9:40 a.m. – 10:30 a.m. | Speech: Company Benefits and Legal Accountability | Sun Woo Nam |
| 10:30 a.m. – 11:50 a.m. | Lecture: Training New Employees | Joe Leigh |
| Noon – 1:30 p.m. | Lunch (included in the registration fee) | Thomas Lynch |
| 1:30 p.m. – 2:30 p.m. | Workshop: Finding Perfect Careers | Micah Villi |
| 2:30 p.m. – 4:00 p.m. | Discussion: Interviewing Online | Adam Thomson |

\* 실제 시험장에서도 질문이 보이지 않습니다. 상단에 QR code 음원을 들으며 실전처럼 질문에 답해주세요.

## 2 모범 답안

원어민 MP3 음원을 들으며 입을 풀어주세요.

주어 동사 키워드 전치사

**A8** The conference will be held on Sunday, July 10th at 9 a.m. in Convention Hall A at the Hilton Hotel.

**A9** I'm sorry but, it is 25 dollars. You Should pay 30 dollars after July 7th.

**A10** OK. The lecture on recruiting online will be led by Reza Jones at 9 a.m. And then, Adam Thomson will lead the discussion on interviewing online at 2:30 p.m.

## 3 준비 시간 활용법 (표 분석 45초)

표 분석을 위해 주어진 준비 시간 동안 최대한 많은 정보를 읽고 답변에 사용할 동사, 전치사를 기억해두는 능력이 득점을 좌우합니다. 표의 상단, 중단, 하단으로 구분하여 답변 가능성이 높은 정보의 위치를 준비 시간에 미리 정리해 둡니다.

① 상단의 기본 정보를 먼저 확인합니다.

② 위에서 아래로 열을 따라 구분 기준이 무엇인지 파악해 줍니다.

③ 좌우로 행의 내용을 따라 읽으며 필요한 문장 요소를 미리 넣어보며 문장화 연습 해줍니다.

## 문항별 예상 질문 & 답변 키워드 파악

| Q8 | 기본 정보 질문 |
|---|---|
| 정보의 위치 | 주로 상단에 위치 |
| 답변 키워드 | 시간, 날짜, 기간, 요일, 장소 첫 일정, 마감일 등 |

| Q9 | 특정 정보, 특이 사항 질문 |
|---|---|
| 정보의 위치 | 주로 표 중간, 하단에 위치 |
| 답변 키워드 | 길이가 제일 긴 문장, 점심 시간, 문장 부호(별표, 취소선, 괄호, 기호) 등 |

| Q10 | 공통된 정보 질문 |
|---|---|
| 정보의 위치 | 주로 표 중간, 하단에 위치 |
| 답변 키워드 | 공통적인 일정, 주제, 인물, 장소 또는 특정 시간대의 일정 등 |

# 4 준비 시간 활용법 (문항별 3초)

방금 들은 질문의 답변 키워드를 빠르게 표에서 찾아 적합한 답변 요소들과 연결합니다.

① 표에서 답변 키워드를 찾습니다.

② 연결하기 적합한 주어, 동사, 만능 문장 등을 떠올립니다.

③ 준비 시간에 연습해 둔 전치사를 기억해 둡니다.

# 5 답변 시간 활용법

유형별로 암기해 둔 만능 문장과 동사를 문법 실수 없이 또박또박 답변합니다.

## Q8 의문문 1-2개 (답변 시간: 15초)

- 대부분 의문사 의문문(WH Questions) 또는 일반 의문문(Yes or No Questions) 중 무작위로 2개의 질문이 나오며, 의문사에 맞는 답변을 해야 합니다. 의문문에 알맞은 답변만 해도 득점엔 문제가 없지만, 답변 후 시간이 6~5초 정도로 꽤 남는다면 추가 정보 한 가지를 덧붙여 답변합니다.

- 표 분석 중 어렵게 느껴진 정보, 특이 사항 또는 마지막 행의 추가 정보에서 문제가 출제되기도 합니다. 문제를 들을때, 표를 전방위적으로 보면서 빠르게 키워드를 찾고 질문의 뉘앙스에 맞춰 답변해 주세요.

**Q10 공통 정보 나열 2-3개 (답변 시간: 30초)**

- 10번 문제는 공통 정보를 나열하여 연관성 있게 말해야 합니다. 적절한 동사, 관사, 전치사, 접속사 등을 활용해 유창하게 정보를 전달하세요. 답변은 완전한 문장으로 답변합니다.


## 6 시험장 고득점 포인트

- 화면에 표가 뜨면 바로 표 분석에 돌입하세요. 표에 있는 정보를 완전한 문장으로 말하는 데 필요한 주어, 동사, 전치사 등을 미리 중얼거리며 준비해 둡니다.
- 8번은 기본 정보에서, 9번은 돌발적 정보나 제일 긴 문장에서, 10번은 2~3개의 공통 정보에 대해 질문을 합니다.
- 질문을 들을 때, 아래 3가지 듣기 포인트와 순서를 꼭 기억하세요.

  ① 의문사: 질문 파악

  ② 명사: 해당 키워드가 있는 행 찾기

  ③ 동사: 들은 동사 / 요청 사항에 적합한 동사

- 만약 듣지 못했다면, 삐 소리 이후 시험장에 울려 퍼지는 행의 내용을 활용해 답변합니다.
- 9번의 경우, 질문 뉘앙스를 못 들으면 답변 뉘앙스도 애매해지므로, 차라리 Yes, No처럼 직접적인 답변은 빼고, 확인해 줄 정보만 답변해 주세요.
- 생각이 정리되지 않았다면, 삐 소리가 난 뒤에도 um, let me see 로 시간을 벌면서 2~3초 동안 적합한 주어, 동사를 떠올려 한 번에 정확하게 말하는 것이 득점에 유리합니다.
- 고득점을 위해, 추가적인 정보 1~2개를 덧붙여 대답하면 좋지만, 틀릴 것 같으면 질문에 대한 답변만 하는 것이 더 좋습니다.
- 9-10번은 한 명이 질문하는 컨셉이므로 동일한 행의 정보를 두 번 묻지 않습니다. 즉, 8번에서 사용된 정보는 9번이나 10번에서 다시 사용되지 않아요. 9번의 답변이 끝난 시점까지 언급되지 않은 공통 키워드가 있다면, 그것이 10번 키워드 임을 사전에 알 수 있어요. 9번 답변 후 시간이 남는다면, 미리 답변 연습을 시작 할 수도 있습니다.


## 7 전치사 활용

### 시간 전치사

in in May / in 2023 / in the morning

on on Friday, Oct. 12th / on the 23rd / on the weekends

at at 9:30 a.m. / at 12 o'clock / at noon

### 장소 전치사

in in meeting room A / in New York / in Chicago

at at the Ace Hotel / at the Brooklyn Center

## 문장 부호 전치사

| | | | |
|---|---|---|---|
| on (관련 내용) | ~와 관련한 | called (제목) | ~이라는 제목의 |
| about (주제) | ~에 대한 | by (사람) | ~씨의 진행 하에 |
| with (사람, 물건) | ~과 함께 | for (사람, 대상) | ~을 위한 |

# 8 만능 패턴 및 템플릿

## 핵심 동사를 기준으로 문장 시작하기

The workshop will be held in room 201.

The meeting has been moved to Wednesday.

### lead

Jennifer will lead the workshop on Monday at 11 a.m.

The workshop will be led by Jennifer on Monday at 11 a.m.

### give

He will give a speech.

A speech will be given by Tom.

### talk

Martin will talk about trends in sales at the Franklin Center at 1 p.m.

### attend

You will attend the meeting in Room 201 at 10 a.m.

## There로 문장 시작하기

There is a session called French Baking 101.

There are two meetings in the seminar.

## It으로 문장 시작하기

It is 20 dollars.

It will start at 9:30 a.m.

## 9 틀린 정보 정정하기

No. Actually, + 올바른 정보

No. Actually, Kevin will lead the session at 3 p.m.


I'm sorry but + 올바른 정보

I'm sorry but the meeting will be held in Room 101.


Don't worry. + 올바른 정보

Don't worry. You won't miss anything.


## 10 정보 나열하기

시간 순서

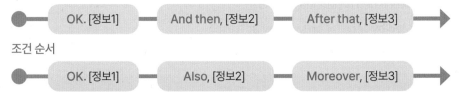

조건 순서

## 11 표 전용 만능 문장

- 마감일 만능 문장    The deadline for the registration is 날짜
- 수업 만능 문장    You will attend the 수업 제목 class on 수업 주제.
  You will learn about 수업 내용.
- 면접관 만능 문장    You will have an interview with 지원자
- You will interview 지원자
- There is an interview with 지원자
- 지원자 만능 문장    He / She applied for a 직책 position.
- 이력서 학력 만능 문장
  He got his 학위 in 전공 from 학교 in 연도.
  She got her 학위 in 전공 from 학교 in 연도.
- 이력서 경력 만능 문장
  과거 이력    He / She worked for 회사 as 직책 from 연도.
  현재 이력    Since 연도, he / she has been working for 회사 as 직책.
- 출장 만능 문장
  depart from 도시 at 몇 시 and arrive in 도시 at 몇 시
  stay at the 호텔 for 기간

모범 답안 MP3

## 1 시험 직전 입 & 뇌 풀기 연습

질문을 파악한 후, 서론, 본론, 결론 템플릿을 활용해 메모장에 답변 구조를 요약합니다. WH 패턴, 만능 패턴, 답변 기준점, 11번 템플릿, 시작 문장들, 필러 등 모든 답변 요소들을 적극 활용해 본인의 의견과 접목시켜 확장해 주세요. 답변 시간이 가장 긴 유형인만큼 적절한 시간 분배를 통해 속도를 조절하고 일관성 있게 답변합니다.

---

Which of the following do you think is the most effective way to relieve stress?

Choose one of the options below and give specific reasons or examples to support your opinion.

- Watching TV

- Listening to music

- Playing games

---

## 2 모범 답안

원어민 MP3 음원을 들으며 입을 풀어주세요.

**패턴** 기분, 취미, 업무 과다, 업무 스트레스, 스마트폰, 스트레스, 에너지 패턴

---

The most effective way to relieve stress is listening to music.

Because it makes me feel good and happy.

In my case, my hobby is listening to different types of music like hip hop, K-pop or classical.

These days, I work a lot so I get stressed out too much.

When I have free time, I listen to music on my smartphone to relieve stress and refresh myself.

In this way, I get more energy to get back to work again.

Therefore, listening to music is the best way to relieve stress.

## 3 준비 시간 활용법 (45초)

의견 제시하기 문제는 순발력과 생각의 전환이 필요한 유형입니다. 할 말이 더 많은 쪽으로 선택하여 본론 템플릿과 만능 패턴을 활용해 이유-상황-경험-결과의 순서로 스토리를 구성합니다.

- 화면에 질문이 뜨면 바로 집중해서 질문을 빠르게 이해해 주세요.
- 이해가 되지 않을 경우, 한 번 더 천천히 질문을 읽어 정확한 의도와 답변 방향을 파악합니다.
- 답변에 활용할 서론 템플릿을 적용해 둡니다.
- 답변 기준점, 만능 패턴, 본론 템플릿을 활용해 경험 설정을 만들기 가장 쉬운 조건을 선택하세요.
- 메모장에 이유 – 상황 – 경험 – 결과에 따라 간단한 스토리를 구성하고 사용할 패턴도 알아보기 쉽게 메모합니다.
- 결론 템플릿을 활용하여 서론 문장을 조금 다르게 바꿔주세요.

## 4 답변 시간 활용법 (60초)

### 서론 (약 10초)
- 삐 소리가 나면 1초 쉬고 녹음을 시작합니다.
- 준비 시간에 생각해 둔 서론 템플릿에 질문을 복붙하여 서론을 완성합니다.

### 본론 (약 40초)
- 메모장에 적어둔 본론 템플릿 (이유/ 긍정 경험/ 부정 경험/ 과거 비교)과 만능 패턴들에 살을 붙여가며 차근차근 내용을 연결합니다.
- 다양한 시작 문장을 활용해 답변에 활용합니다.
- 문장 간의 부드러운 연결을 위해 적합한 연결어를 사용합니다.
- 답변 중간중간 타이머를 확인해 가며 10초 정도 남기고 본론을 마무리할 수 있도록 답변량을 조절합니다.

### 결론 (약 10초)
- 준비 시간에 생각해 둔 결론 템플릿으로 서론 문장을 간단히 바꿔 결론을 완성합니다.

## 5 시험장 고득점 포인트

- 질문이 화면에 나왔을 때, 질문을 한 번에 독해하는 것이 유리합니다. 이해가 잘 가지 않는다면, 뒤에서부터 역으로 읽는 방법도 빠른 독해에 도움이 됩니다.
- 답변 기준점으로 선택지를 비교해 보면 더 많이 말할 수 있는 조건을 쉽게 찾을 수 있어요.
- 생각은 쉽게 풀어가려고 노력하세요.
- 본론 템플릿을 정하고, 메모장에 키워드 위주로 중얼거리며 빠르고, 간단하게 필기해 주세요.

- 같은 문장의 반복, 머뭇거림 등을 방지하려면, 본론에서 전개할 이유와 설명들을 잘 보이게 적어두어야 합니다.
- 긴 문장으로 말하기 어렵다면, 간단한 문장도 좋습니다. 대신 연결어를 적절히 사용해 주세요.
- 이미 비슷한 문제로 브레인스토밍해 둔 구조가 있다면 적극 활용합니다.
- 만능 패턴과 본론 템플릿은 작정하고 쓰려는 다짐이 있어야 활용할 수 있습니다. 열심히 암기해 두고, 정작 실제 시험에서는 완전히 새로운 이야기로 풀어가게 된다면 문법 실수는 물론이고 구조적으로도 허술한 답변을 하게 됩니다.
- 돌발 주제나 질문을 만났을 때, 어색한 상황 설정, 다소 뻔뻔한 이유일지라도 60초 동안 최대한 설명하겠다는 마음가짐이 중요합니다. 채점자는 사실 여부를 판단하는 것이 아니라 질문 자체를 잘 이해했는지, 질문에 상응하는 답변으로 일관성 있게 말하는지, 내용을 잘 알아들을 수 있는지 등을 더 중요하게 생각하니까요.
- 질문에 따라 60초 답변 시간이 길 수도, 짧을 수도 있으므로, 답변 중 지속적으로 타이머를 체크해 시간 내 답변을 마쳐주세요.

## 6 만능 패턴 및 템플릿

### 멘붕을 메우는 시작 문장

| 행동 설명할 때 | I can _____ / I usually _____ / I tend to _____ |
|---|---|
| 하기 싫을 때 | I don't want to ____ / I don't need to ____ / I don't have to ____ / |
| 느낌을 표현할 때 | It's easy to ____ / It's good to ____ / <br> It's efficient for me to ____ / It's beneficial for me to ____ / |

### 멘붕을 메우는 필러

| 저한테는 잘 맞더라고요. <br> 저는 별로더라고요. | It works for me. <br> It doesn't work for me. |
|---|---|
| 내 취미는 ~인데 <br> 그래서~ | My hobby is ~ so [결과] |
| 그건 상황마다 다르지만 <br> 제 경우에는 | It depends on the situation but in my case, ~ |

### 회사원 만능 패턴

| 회사 패턴 | I work for [회사명] with my coworkers. |
|---|---|
| 목표 달성 패턴 | I can finish my work on time and achieve more. |

| 업무 과다 패턴 | These days, I work a lot. |
|---|---|
| 업무 스트레스 패턴 | I get stressed out too much. |
| 불만족 패턴 | I'm not happy with my job. |

| 능력 패턴 | My boss / My coworker, [이름] has [ _____ 능력]. |
|---|---|
| 문제 해결 패턴 | When I have some problems at work, he / she solves them quickly. |
| 좋은 결과 패턴 | Thanks to his / her [ _____ 능력], our team had better results last month. |

## 7 서론 및 결론 템플릿

### 찬반형 질문

| | 동의 | 반대 |
|---|---|---|
| 서론 | I agree that ~ | I disagree that ~ |
| 결론 | Therefore, 동명사 is efficient. | Therefore, 동명사 is not efficient. |
| | For these reasons, 주어 should 동사. | |

### 선호형 질문

| | 비교급 | 최상급 |
|---|---|---|
| 서론 | I'd prefer 명사 / to 동사 | The most important factor is 명사 / 동명사. |
| | 동명사 is better. | 명사 / 동명사 is the most important factor. |
| 결론 | So 동명사 is much better. | So 동명사 is the best. |

### 장단점 질문

| | 장점 | 단점 |
|---|---|---|
| 서론 | There are some advantages of 동명사. | There are some disadvantages of 동명사. |
| 결론 | Therefore, 동명사 is beneficial. | Therefore, 동명사 is not beneficial. |

## 8  본론 템플릿

**이유**

| | | |
|---|---|---|
| **본론**<br><br>**이유 템플릿** | **이유 1** | 주장에 대한 이유 1<br><br>Because it is ~ / Because I can ~ |
| | **상황 1** | 이유에 대한 상황 설정 1<br><br>In my case, ~ |
| | **이유 2** | 주장에 대한 이유 2<br><br>Also, it is ~ / I can ~ |
| | **상황 2** | 이유에 대한 상황 설정 2<br><br>시작 문장 + 본인 의견 + 만능 패턴 |

**긍정 경험**

| | | |
|---|---|---|
| **본론**<br><br>**긍정 경험<br>템플릿** | **이유** | 주장에 대한 핵심 이유<br><br>Because it is ~ / Because I can ~ |
| | **상황** | 경험 설명을 위한 상황 설정<br><br>In my case, ~ |
| | **경험** | 긍정적 경험 예시<br><br>시작 문장 + 본인 의견 + 만능 패턴 |
| | **결과** | 긍정적 결과<br><br>So ~ / In this way, ~ / As a result, ~ |

**부정 경험**

| 본론 | 이유 | 주장에 대한 핵심 이유 |
| :---: | :---: | :--- |
| | | Because it is ~ / Because I can ~ |
| **부정 경험 템플릿** | 상황 | 경험 설명을 위한 상황 설정 |
| | | In my case, ~ |
| | 경험 | 부정적 경험 예시 |
| | | 시작 문장 + 본인 의견 + 만능 패턴 |
| | 결과 | 부정적 결과 |
| | | So ~ / In this way, ~ / As a result, ~ |

**과거 비교**

| 본론 | 이유 | 주장에 대한 핵심 이유 |
| :---: | :---: | :--- |
| | | Because it is ~ / Because I can ~ |
| **과거 비교 템플릿** | 상황 | 이전 상황 설정 |
| | | In my case, when I was a ~, I used to ~ |
| | 경험 | 이후 상황 설정 |
| | | But these days, 시작 문장 + 본인 의견 + 만능 패턴 |
| | 결과 | 경험에 따른 결과 |
| | | So ~ / In this way, ~ / As a result, ~ |

시원스쿨LAB(lab.siwonschool.com)

시원스쿨 토익스피킹학습지

## Scratch Paper

시원스쿨LAB(lab.siwonschool.com)

시원스쿨 토익스피킹학습지

Scratch Paper

## Scratch Paper